教育部哲学社会科学发展报告培育项目（BJBGP024）资

中部竞争力蓝皮书

BLUE BOOK OF
CENTRAL COMPETITIVENESS

中国中部经济社会竞争力报告
（2015）

ANNUAL REPORT ON ECONOMIC AND SOCIAL
COMPETITIVENESS OF CENTRAL CHINA (2015)

教育部人文社会科学重点研究基地
南昌大学中国中部经济社会发展研究中心　编

社会科学文献出版社
SOCIAL SCIENCES ACADEMIC PRESS（CHINA）

图书在版编目（CIP）数据

中国中部经济社会竞争力报告. 2015/教育部人文社会科学重点研究基地南昌大学中国中部经济社会发展研究中心编. —北京：社会科学文献出版社，2015.12
（中部竞争力蓝皮书）
ISBN 978 - 7 - 5097 - 8408 - 2

Ⅰ. ①中…　Ⅱ. ①教…　Ⅲ. ①区域经济发展 - 竞争力 - 研究报告 - 中国 - 2015 ②社会发展 - 竞争力 - 研究报告 - 中国 - 2015 Ⅳ. ①F127

中国版本图书馆 CIP 数据核字（2015）第 276637 号

中部竞争力蓝皮书
中国中部经济社会竞争力报告（2015）

编　者／教育部人文社会科学重点研究基地
南昌大学中国中部经济社会发展研究中心

出 版 人／谢寿光
项目统筹／邓泳红　陈　颖
责任编辑／陈　颖　陈晴钰

出　版／社会科学文献出版社·皮书出版分社（010）59367127
地址：北京市北三环中路甲 29 号院华龙大厦　邮编：100029
网址：www. ssap. com. cn
发　行／市场营销中心（010）59367081　59367090
读者服务中心（010）59367028
印　装／北京季蜂印刷有限公司

规　格／开 本：787mm × 1092mm　1/16
印 张：23. 75　字 数：360 千字
版　次／2015 年 12 月第 1 版　2015 年 12 月第 1 次印刷
书　号／ISBN 978 - 7 - 5097 - 8408 - 2
定　价／89. 00 元

皮书序列号／B - 2012 - 249

《中国中部经济社会竞争力报告（2015）》
编 委 会

摘　要

《中国中部经济社会竞争力报告（2015）》由教育部人文社会科学重点研究基地南昌大学中国中部经济社会发展研究中心编撰，以"中部竞争力"为研究主题，由"总报告、综合评价篇、城市评价篇、产业评价篇、企业评价篇、科技评价篇、区域发展篇"七大部分组成。

总报告作为全书的总论，围绕中部竞争力问题，从宏观上揭示和解释了中部经济社会竞争力态势，并分别对中部地区城市、产业、企业、科技的竞争力评价进行了概述。

综合评价篇以中部地区经济可持续发展为主线，资源承载和环境保护为支撑，科教文化创新为动力，民生保障为目标，构建了中部经济社会竞争力的评价指标体系和评价模型，对中部六省经济社会竞争力进行分项评价、综合评价及排序，揭示了中部经济社会竞争力的整体态势、结构特征、省际差异，并分别提出中部六省提升经济社会竞争力的政策建议。

城市评价篇根据城市竞争力内涵，结合中国都市圈发展特征与中部地区发展特点，构建了中部地区城市竞争力评价指标体系，采用计量分析方法、综合指数分析方法建立了中国都市圈特别是中部城市竞争力的综合评价模型。在此基础上，从城市群发育水平、实力水平以及绩效水平三方面综合评价中国不同区域都市圈的综合竞争力。

产业评价篇构建了不同产业竞争力评价指标体系，构建了产业竞争力横向和纵向评价模型，运用线性加权、因子分析法、综合指数法等对中部六省产业竞争力进行实证分析，并对评价结果进行横向和纵向比较分析。在此基础上，提出了提高中部地区产业竞争力的若干对策与建议。

企业评价篇根据区域企业竞争力的双重内涵和属性，在波特的"国家钻石模型理论"基础上，形成了以"环境－能力－潜力"为核心的"三大构件、六项指征"的"三维一体"的区域企业竞争力评价模型，运用该模型对中部

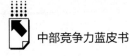

六省区域企业竞争力进行了研究。在此基础上，提出了提升中部地区企业竞争力的对策建议。

科技评价篇分为科技竞争力综合评价、科技投入产出分析和科技资源配置效率分析三部分。科技竞争力综合评价部分采用熵权法对六省的综合竞争力进行评价；科技投入产出部分通过构建指标体系，对比分析六省科技活动情况；科技资源配置采用 DEA 方法测算。在此基础上，提出培育和提升中部科技竞争力的政策建议。

区域发展篇通过建立资本、人力、基础设施、自然资源、外商投资以及市场发展程度指标体系，系统分析了中部六省在经济发展驱动力方面的特征和定位，同时运用 1995～2012 年的面板数据，着重研究资本、人力、基础设施、自然资源情况以及市场发展程度和开放程度对中部崛起的影响以及中部地区经济增长驱动力在全国范围内的定位分析。

Abstract

The Annual Report on Economic and Social Development Competitiveness of Central China 2015 compiled by the research center of central China economic and social development in Nanchang University, which is a key research institute of humanities and social sciences in Ministry of Education, is a blue book about the competitiveness of central China. It is mainly composed of six parties that are general report, comprehensive evaluation, urban evaluation, industry evaluation, enterprise evaluation, science and technology evaluation, and regional evaluation.

General report, as the pandect of this book, focuses on problems around the competitiveness of central China. It discloses and interprets the development tendency of central China at the macro level and meanwhile it summarizes and expounds competitiveness evaluation of unban, industry, enterprise and science and technology of central China respectively.

At the chapter comprehensive evaluation, the evaluation index system and evaluation models of economic and social competitiveness of central China are established on the basis of regarding sustainable economic development of the central China as mainline, capacity of resources and environment protection as support, innovation of science, education and culture as the impetus and safeguarding of people's livelihood as the goal. It evaluates and ranks the monomial and comprehensive competitiveness of economic and social development of the six provinces in central China. Then, overall tendency, structural characteristics and provincial differences of the economic and social competitiveness of central China are disclosed and thus countermeasures and suggestions to improve economic and social competitiveness of the six provinces in central China are proposed separately.

According to the connotation of urban competitiveness and development characteristics of the central China, urban competitiveness evaluation index system is constructed and urban competitiveness evaluation models are set up with the application of factor analysis during this chapter. Based on this, it carries on

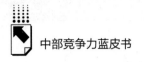

comprehensive evaluation of the urban competitiveness of central China. Subsequently, spatial analysis has been applied to probe into spatial differentiation characteristics and its development tendency of comprehensive and monomial competitiveness of the central China urban.

At the chapter industry evaluation, evaluation index system of different industrial's competitiveness is established and the vertical and horizontal evaluation models of industrial's competitiveness are constructed. It also conducts an empirical analysis on industry competitiveness of the six provinces of central China by using the linear weighting method, factor analysis and synthetical index method, etc. After that, several countermeasures and proposals are recommended to improve industry competitiveness of Central China on the basis of vertical and horizontal comparative study on the results of assessment.

With the Michael Porter's National Diamond framework serving as the foundation, it formulates "Three-Dimensional" region enterprise competitiveness evaluation models according to the study on dual connotations and attributes of regional enterprise competitiveness during the chapter five. These models are characterized by "Three Components and Six Indications" in which "environment-capacity-potential" act as the three nuclear factors. By using of these models, research about regional enterprise competitiveness of the six provinces in central China is conducted. The basis of this, countermeasures and suggestions are put forward to improve the enterprise competitiveness of central China.

The chapter science and technology evaluation defines the concept of scientific and technological progress and expounds on the significance of science and technology progress to economic development. Based on the comprehensive analysis on measurement methods and models of DEA, it puts forward a new calculation model to compare the input-output efficiency. Finally, compare the different among the six provinces in central China based on the comprehensive analysis and give some suggestion.

The regional development provides a model based on the indices of capital, human being, infrastructure, resources, FDI, and market. In the model, panel data from 1995-2013 is used and comprehensive analysis is given. Finally, the contribution to economic development of the six factors is shown and suggestion is provided based on the contribution.

004

前　言

　　中部地区在地理构成上是承东启西、连南贯北的重要区域，同时在社会发展与经济联系等方面，也承载着许多重要功能。2006 年，中央出台了《关于促进中部地区崛起的若干意见》，明确规定了促进中部地区崛起的重大任务。2009 年，国务院正式批复了《促进中部地区崛起规划》，标志着促进中部地区崛起进入了加速推进的新阶段。2008 年以来，中部地区国家级战略性区域规划的相继出台、实施，尤其在"长江经济带"和"一带一路"等包含整体性、区域性、功能性和阶段性等不同侧重的大战略背景下，具有较强针对城市群建设和经济区构建的不断推进，使中部六省之间的经济社会联系日趋紧密，要素流动和产业转移趋势持续加强，竞争与合作态势日益凸显，区域一体化进程加快，中部地区整体竞争力不断提升。

　　20 世纪 80 年代后期，竞争力研究成为国际学术界的研究热点，以世界经济论坛与洛桑国际管理学院发表的《全球竞争力报告》及波特的"国家竞争优势钻石模型"最具代表性。20 世纪 90 年代末期，区域竞争力受到国内学者的高度重视和广泛关注，开始成为一种进行区域竞争优势评价、比较的工具。

　　区域经济社会竞争力是一个区域在竞争和发展的过程中与其他区域相比较，在资源环境约束下持续提高经济社会发展绩效、不断促进地区繁荣和提升国民福祉的能力，是区域持续发展的重要支撑力量，是衡量区域发展综合能力的重要标尺。

　　本书旨在通过对中国中部竞争力研究，为国家中部崛起战略服务，为我国 21 世纪打造新的区域经济增长极、保持经济持续稳定增长、促进社会公平和谐发展服务。本书以中部经济社会竞争力评价为主体，同时对中部地区城市竞争力、中部地区产业竞争力、中部地区企业竞争力和中部地区科技教育竞争力进行评价和比较分析，对于剖析中部地区竞争优势、挖掘中部地区竞争潜力、提升中部地区竞争能力等具有重要的战略意义。

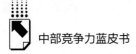

本书是教育部哲学社会科学发展报告培育项目（BJBGP024）的重要研究成果，还得到了教育部重点人文社科研究基地重大招标课题"中部地区低碳竞争力比较研究（11JJD790014）"、国家发改委地区司 2014 年专项课题"新时期中部地区的发展战略定位"资助；同时，也得到了全国尤其是中部地区著名专家学者的大力支持，在此特致以衷心感谢。

南昌大学中国中部经济社会发展研究中心
《中国中部经济社会竞争力报告》编辑部
2015. 4. 25

目　录

B I　总报告

B II　综合评价篇

B III　城市评价篇

B IV 产业评价篇

B V 企业评价篇

B VI 科技评价篇

B VII 区域发展篇

B VIII 附录

皮书数据库阅读**使用指南** ☞

CONTENTS

ℬ I General Report

ℬ II Comprehensive Evaluation

BⅢ Urban Evaluation

BⅣ Industry Evaluation

BⅤ Enterprise Evaluation

BⅥ Science and Technology Evaluation

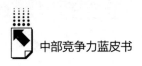
B.Ⅶ   Regional Development

B.Ⅷ   Appendix

总 报 告

General Report

B.1

中部经济社会竞争力研究

傅春 周绍森*

摘 要： 综合评价篇以中部地区经济可持续发展为主线，资源承载和环境保护为支撑，科技文化创新为动力，民生保障为目标构建评价指标体系，对中部六省经济社会竞争力进行综合评价、分项评价、位次排序、省际差异和分析解释，并对中部六省提出了针对性的对策建议。城市评价篇依据城市竞争力内涵，结合中部地区自身发展的特点，构建了中部地区城市竞争力评价指标体系，使用因子分析方法建立了中部地区城市竞争力的综合评价模型，对中部城市竞争力进行了评价，并进一步采用了空间分析法对中部地区城市竞争力进行了空间分异特征及其演变趋势分析。产业评价篇设计了中部地区三次产业竞争力评

* 傅春，女，南昌大学中国中部经济社会发展研究中心教授，博导，主要研究方向为资源与环境管理；周绍森，教授，博导，主要从事区域经济发展、新增长理论、人力资本与科技创新等研究。

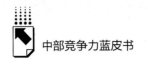

价指标体系，运用线性加权、因子分析法、综合指数法等方法对其竞争力进行实证分析，并进行了横向和纵向比较分析。在此基础上，提出了提高中部地区产业竞争力的对策与建议。企业评价篇分析了区域企业竞争力的双重内涵和属性，形成了以"环境－能力－潜力"为核心的"三大构件、六项指征"的区域企业竞争力指标评价体系。运用区域企业竞争力评价体系对中部企业竞争力平均水平、六省企业竞争力分项指标指数进行综合比较、排序并提出了政策建议。科技评价篇界定了科技进步的概念，阐述了科技进步对经济发展的重要意义。在全面分析国内外关于科技进步贡献率测算方法模型的基础上，从我国国情出发，创新性地提出科技进步新测算模型，对中部六省2001～2012年科技进步贡献率进行了实证分析，并对中部六省科技活动投入与产出进行了比较分析。

关键词：　中部地区　经济社会竞争力

一　中部地区经济社会竞争力综合评价

（一）中部经济社会竞争力评价指标体系

经济社会竞争力是在资源环境约束下，一个地区持续提高经济社会发展绩效、不断促进地区繁荣的经济发展竞争力、资源环境竞争力、科教文化竞争力和民生保障竞争力的函数。

区域经济社会竞争力＝F（经济发展竞争力，资源环境竞争力，科教文化竞争力，民生保障竞争力）。以可持续发展为主线，资源承载和环境保护为支撑，科技文化创新为动力，民生保障为目标，构建中部经济社会竞争力指标体系，具体包含目标层（A）、准则层（B）、维度层（C）、指标层（D）4个目标层、4个准则层、12个维度层以及86个指标。

国民福祉的提升是一种获取相对竞争优势的综合能力。根据对经济社会竞争力的定义，中部经济社会竞争力是包含经济发展竞争力、资源环境竞争力、科教文化竞争力和民生保障竞争力四个分项竞争力的综合竞争力，是 12 个维度竞争力的加权合成，也是 86 项具体评价指标的综合集成。

采用加权求和的加法模型作为中部经济社会竞争力的评价模型，对 2013 年中部六省经济社会竞争力进行评价、排序、分析和解释。确定指标权重采取层次分析法和德尔菲法。数据标准化处理采用极差标准化方法，正向和逆向指标标准化公式分别为：

$$X_{ij} = \frac{x_{ij} - \min(x_{ij})}{\max(x_{ij}) - \min(x_{ij})} \qquad X_{ij} = \frac{\max(x_{ij}) - x_{ij}}{\max(x_{ij}) - \min(x_{ij})}$$

中部经济社会竞争力评价模型如下：

$$F_a = \sum_{b=1}^{4} w_b \cdot x_b = \sum_{c=1}^{12} w_c \cdot x_c = \sum_{d=1}^{86} w_d \cdot x_d$$

（二）中部经济社会分项竞争力评价结果

表 1　中部经济社会竞争力得分（2013）

	经济发展竞争力	资源环境竞争力	科教文化竞争力	民生保障竞争力	综合竞争力
山西	0.326	0.430	0.436	0.389	0.393
安徽	0.515	0.374	0.508	0.386	0.459
江西	0.374	0.489	0.409	0.562	0.445
河南	0.586	0.251	0.326	0.645	0.453
湖北	0.652	0.394	0.572	0.544	0.555
湖南	0.514	0.387	0.382	0.567	0.460

表 2　中部经济社会竞争力排序（2013）

	经济发展竞争力	资源环境竞争力	科教文化竞争力	民生保障竞争力	综合竞争力
山西	6	2	3	5	6
安徽	3	5	2	6	3
江西	5	1	4	3	5
河南	2	6	6	1	4
湖北	1	3	1	4	1
湖南	4	4	5	2	2

表3　2013年中部六省经济社会竞争力各维度得分

	山西	安徽	江西	河南	湖北	湖南
规模维度	0.064	0.450	0.188	0.846	0.605	0.432
速度维度	0.160	0.708	0.612	0.491	0.847	0.742
结构维度	0.843	0.409	0.382	0.336	0.519	0.395
资源维度	0.656	0.393	0.439	0.352	0.311	0.288
生态维度	0.170	0.314	0.672	0.093	0.534	0.561
环保维度	0.456	0.405	0.391	0.294	0.351	0.331
科技维度	0.117	0.584	0.057	0.216	0.760	0.350
教育维度	0.580	0.406	0.631	0.450	0.577	0.451
文化维度	0.746	0.528	0.660	0.330	0.264	0.337
民生维度	0.267	0.477	0.643	0.617	0.577	0.691
社保维度	0.469	0.164	0.233	0.602	0.446	0.484
安全维度	0.570	0.492	0.853	0.782	0.611	0.384

表4　2013年中部六省经济社会竞争力各维度排名

	山西	安徽	江西	河南	湖北	湖南
规模维度	6	3	5	1	2	4
速度维度	6	3	4	5	1	2
结构维度	1	3	5	6	2	4
资源维度	1	3	2	4	5	6
生态维度	5	4	1	6	3	2
环保维度	1	2	3	6	4	5
科技维度	5	2	6	4	1	3
教育维度	2	6	1	5	3	4
文化维度	1	3	2	5	6	4
民生维度	6	5	2	3	4	1
社保维度	3	6	5	1	4	2
安全维度	4	5	1	2	3	6

1. 经济发展竞争力

2013年中部六省经济发展竞争力，得分最高的是湖北（0.652），其次是河南（0.586）、安徽（0.515）、湖南（0.514）、江西（0.374），山西得分最低（0.326）。得分最高的湖北和得分最低的山西相差较大。

从经济发展竞争力的规模维度来看：2013年，河南省的规模维度得分为

0.846，排在中部六省第一位；湖北排名第二，得分为 0.605；排在之后的是安徽和湖南，得分分别为 0.450 和 0.432；江西和山西排在最后，得分分别为 0.188 和 0.064，得分最高的河南和得分最低的山西相差很大；

从经济发展竞争力的速度维度来看：2013 年，湖北发展速度最快，得分为 0.847；得分排在第二和第三的是湖南和安徽，得分分别为 0.742 和 0.708；之后是江西（0.612）、河南（0.491），山西得分最低，为 0.160；

从经济发展竞争力的结构维度来看：2013 年，经济发展竞争力的结构维度得分山西排名第一，为 0.843；其次是湖北（0.519）；然后依次为安徽、湖南、江西。河南最后，得分为 0.336。

从经济发展竞争力三个维度得分的省际变异系数来看，规模维度的变异系数仍是经济发展竞争力三个维度中最大的，速度维度的变异系数居中，结构维度的变异系数最小。

2. 资源环境竞争力

2013 年从中部六省资源环境竞争力整体来看：2013 年，中部六省资源环境竞争力得分最高的是江西（0.489），得分最低的是河南（0.251），两省相差 0.248。介于江西和河南之间的中部其他四省的资源环境竞争力得分由高到低依次为山西（0.430）、湖北（0.394）、湖南（0.387）、安徽 0.374）。

从资源维度来看：2013 年，山西得分最高，为 0.656，高出排名第二的江西（0.439）0.217，山西在资源维度方面具有明显的"首位"优势。排名最后的是湖南，得分仅为 0.288。排名第三、第四、第五的分别是安徽（0.393）、河南（0.352）、湖北（0.311）。

从生态维度来看：2013 年，江西得分最高，为 0.672，其次是湖南和湖北，得分分别为 0.561 和 0.534，然后依次是安徽（0.314）、山西（0.170）和河南（0.093）。

从环保维度来看：2013 年，山西的环保维度得分最高，为 0.456，其次是安徽，为 0.405。然后得分由高到低依次为江西（0.391）、湖北（0.351）、湖南（0.331）和河南（0.294）。

从中部六省资源环境竞争力的三个维度得分的变异系数来看，中部地区生态维度的变异系数最大，环保维度的变异系数最小，资源维度的变异系数居中。

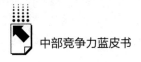

3. 科教文化竞争力

从中部六省科教文化竞争力来看：2013 年，中部六省科教文化竞争力得分最高的是湖北（0.572），得分最低的是河南（0.326），介于其间的得分由高到低依次是安徽（0.508）、山西（0.436）、江西（0.409）、湖南（0.382）。

从科技维度来看：2013 年，湖北得分最高，为 0.760，远超出排名第二的安徽（0.584）。排名最末是江西，得分仅为 0.057。排名第三、第四、第五的分别是湖南（0.350）、河南（0.216）、山西（0.117）；

从教育维度来看：2013 年，江西得分最高，为 0.631，然后得分从高到低依次为山西（0.580）、湖北（0.577）、湖南（0.451）、河南（0.450），安徽（0.406）；

从文化维度来看：2013 年，科教文化竞争力的文化维度得分山西最高，得分为 0.746，江西第二，得分为 0.660。第三到第五的省份由高到低依次为安徽（0.528）、湖南（0.337）、河南（0.330），得分最低的是湖北，为0.264。

从科教文化竞争力三个维度得分的变异系数来看，2013 年呈倒"V"形，科技维度和文化维度的变异系数较小，而教育维度的变异系数较大。

4. 民生保障竞争力

从中部六省民生保障竞争力整体来看：2013 年，中部六省之中，河南民生保障竞争力得分最高（0.645），安徽最低（0.386）。第二到第五依次是湖南（0.567）、江西（0.562）、湖北（0.544）和山西（0.389）。

从民生维度来看：2013 年，湖南得分最高，为 0.691；江西次之，得分为0.643；河南得分为 0.617，由 2006 年的第一位降到 2013 年的第三位。然后得分由高到低依次为湖北（0.577）、安徽（0.477），得分最低的是山西，为0.267；

从社保维度来看：2013 年，河南第一，得分为 0.602；湖南次之，得分为0.484；然后依次为山西（0.469）、湖北（0.446）、江西（0.233），安徽最低，得分为 0.164；

从安全维度来看：2013 年江西得分最高，为 0.853；河南次之，为 0.782；然后由高到低依次为湖北（0.611）、山西（0.570）、安徽（0.492），湖南得分最低（0.384）。

中部地区民生保障竞争力三个维度得分的变异系数来看，2013年社保维度的变异系数是三个维度中最高的，安全维度得分的变异系数最低，民生维度得分的变异系数居中。

（三）中部经济社会综合竞争力评价结果

从经济社会综合竞争力来看，2013年中部六省经济社会综合竞争力湖北最高，得分为0.555；湖南次之，得分为0.460；然后依次是安徽（0.459）、河南（0.453）、江西（0.445），山西最低，得分为0.393。

湖北经济社会综合竞争力继续排在中部六省首位，主要是由于湖北在经济发展竞争力和科教文化竞争力方面的竞争优势十分明显，2013年，湖北省的资源环境竞争力也有所增强，民生保障竞争力虽然相对靠后，但不影响湖北省排在中部六省第一位。

湖南经济社会综合竞争力排名升到第二，主要是因为2013年湖南资源环境竞争力和科教文化竞争力较2006年有较大的提升，处于中部六省的偏上水平，而其民生保障竞争力排名也靠前。

安徽经济社会综合竞争力排名第三，主要因为安徽在科教文化竞争力方面的竞争优势仅次于湖北，较2006年有大幅的提高，且资源环境竞争力也处于中部六省中等偏上水平，虽然民生保障竞争力处于靠后地位，但与其他中部五省的差距不大。总体来说2006年相比，安徽有了很大进步，尤其是在经济发展竞争力和科教文化竞争力升幅最大。

河南经济社会综合竞争力排名第四，较2006年下降，主要是因为其经济发展竞争力滑落到第二位，科教文化竞争力排在中部六省最后一位，虽然其民生保障竞争力一直都排在前列，但其资源环境竞争力较低，使得河南的综合竞争力较2006年下降。

江西经济社会综合竞争力排名第五，和2006年一样，江西在资源环境竞争力具有十分突出的竞争优势，而在其他三个方面较其他省份差距较大，但好的方面是，江西2013年在经济发展竞争力、科教文化竞争力和民生保障竞争力方面较2006年也有较大的进步，排名中游位置。

山西经济社会综合竞争力排名第六，虽然其在资源环境竞争力方面具有优势，但在其他三个分项竞争力方面处于中部六省的中等偏下或靠后位置。

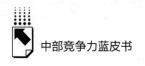

二 中部城市竞争力评价

（一）中部城市竞争力评价指标体系

考虑到中国都市圈评价指标体系建立过程中的（1）综合性，（2）可比性，（3）可操作性，（4）特色性等原则，根据都市圈综合竞争力理论模型，构建都市圈评价指标体系，见附录3。

（二）城市竞争力评价方法解释

（1）评价指标的无量纲化处理

为了使各项指标具有可比性，必须对其进行无量纲化处理。目前对都市圈评价各项指标尚无成熟的标准值，本报告将采用《中国都市圈评价报告2007》改进后的功效系数法对总量指标和比率指标进行无量纲化处理，其方法如下。

设 $E = \{E_1, E_2, \cdots E_n\}$ 为本次评价的都市圈样本，$I = \{I_1, I_2, \cdots I_n\}$ 为总量指标和比率指标集，M_{ij} 为都市圈 E_i 的第 I_j 项指标的测度值，$E_i \in E$，$I_i \in I$。无量纲的效用值为 ξ_{ij}，ξ_{ij} 是 M_{ij} 的函数，其公式为：

$$\xi_{ij} = f(M_{ij}) = (M_{ij}/M_{hj}) \times 100, i = 1,2,\cdots,n, j = 1,2,\cdots,m$$

M_{sj}，M_{hj} 为都市圈样本第 j 项指标的最小值和最大值，ξ_{ij} 实际上是对应 M_{ij} 的评价值得分，$\xi_{ij} \in [0, 11]$

（2）评价指标权重选择

本书采用专家评价法来解决权重的选择问题。按照前述的都市圈综合竞争力理论模型，根据专家的打分，最终确定各影响因素对评价目标的影响权重，见附录4。

对目标层影响最大的三个指标是交通联系强度、首位城市第三产业产值和圈内城市发育度，影响因子分别为0.125、0.09和0.075。交通联系强度代表着都市圈内部城市经济联系的紧密程度，首位城市第三产业产值的高低代表着都市圈中心城市的服务功能大小，是中心城市经济势能高低的标志，而圈内城市发育度这一指标代表着都市圈城市等级体系的完备程度。这符合我们对于都市圈的理解，一个强大的中心城市，一个完备的城市等级体系，密切的经济联系。

需要说明的是，将发育指数的权重设定为 0.5，其主要原因是我国当前都市圈正处在发育成长阶段，这一指标需要随着我国都市圈的发展做出调整。

（3）计算方法

都市圈综合竞争力评价指标体系包括指标层、子准则层、准则层三个层次，则从指标层开始汇总并递阶，就能最终得到评价结果。

$$评价结果 = \sum_i^n \lambda_i \left[\sum_j^m \lambda_j \left(\sum_k^h \lambda_k \xi_{ijk} \right) \right]$$

其中，λ_k 表示在某个子准则中指标 ξ_{ijk} 的权重，h 表示在该子准则中的指标个数；λ_j 表示在某个准则中子准则的权重，m 表示在该准则中子准则的数量；λ_i 表示在目标层中各准则的权重，n 表示准则的数量。

（三）城市竞争力综合评价

根据 4 个准则综合评价，我们得出了中国都市圈在发育度方面的排名，但每一个准则的排名又不尽相同，具体如下。

（1）交通联系准则评价

交通联系准则的评价主要是依据高速公路、铁路、普通公路和河海运输四个变量，并依据其重要性递减赋值。一方面，由于近年来全国范围内大规模的公路、铁路网，特别是高速铁路网的建设，各都市圈中心城市与周边城市的交通通达性大大改善，另一方面，交通联系强度在很大程度上受城市的地理位置制约，难以通过主观努力改变；因此，各都市圈在交通联系强度方面的得分差距不大，大多在 90 分以上。除了由于地理位置制约，没有海运或者河运之外，随着基础设施的完善，都市圈内部的交通已经日益完善，评分基本固定。值得一提的是青岛圈，由于青岛与日照的铁路的建成，圈内的交通联系更加便捷，其交通联系强度评分得到提升，排名也由 2007 年的第 18 名大幅度提升到今年的第 14 名（见表 5）。随着近年来大规模的交通基础设施建设，大部分都市圈内的公路、铁路交通网络已经比较完善，在交通联系强度方面，评分很难再提升。交通网络的完善不仅使得绝大部分中心城市与周边城市之间形成了立体交通系统网络，而且为都市圈的发展打下了良好的基础。

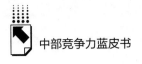

（2）经济落差准则评价

交通联系强度有受地理位置制约的因素，而经济落差、城市体系发育程度以及中心城市地位则是可以通过经济发展刺激政策等人为因素提升。通过评价结果，我们发现，因为各个地区都在努力发展当地经济，因此经济落差也是一个相对稳定的指标。

在反映中心城市与周边城市人均 GDP 与地均 GDP 落差的经济落差方面，民营经济发达的杭州圈和市场经济发达的广州圈轮流坐上第一把交椅，而且在人均 GDP 和地均 GDP 方面，周边城市与中心城市的比值都大于 1，这表明周边城市经济发达，而发达的经济腹地则更有利于都市圈的发展。重庆圈则相反，周边城市与中心城市的人均 GDP 比值只有 0.12，说明圈内经济落差太大，城市体系不完备，这也是影响重庆圈发育度的重要因素之一。城市体系不发达本是大连圈发展的致命弱点，但从分项结果看，大连圈则一改以往的经济落差大的状况，由 2007 年的第 7 名提升到 2013 年的第 3 名（见表 5）。2007 年大连圈周边县级市的人均 GDP 仅相当于大连市中心城区的 37%，而地均 GDP 则只有 8%；今年则分别是 92.5% 和 15%。周边城市发展更快了，因此缩小了与周边城市的差距。

（3）圈内城市体系准则评价

圈内城市体系是从非农人口比重及圈内城市发育度 2 个指标进行评价的，其中城市等级是按照城市非农业人口规模分 5 个档次递增赋值。

从城市体系角度，上海都市圈的城市体系最完备，城市体系得分高达 308 分，位居这个方面评分第一。

上海市有今天这样的发展，与其有长三角这样广阔富饶的经济腹地密不可分。与之相比，首都圈的一个短板就是城市体系没有上海都市圈完备，城市落差太大，中心城市缺乏能量传递的二传手，城市体系累计得分仅有 128 分，远低于第二名的广州圈 188 分的结果。虽然这种评分有不合理之处，例如缺乏腹地或者腹地城市规模较小的重庆圈和大连圈在这方面的得分就比较低，仅有 32 分和 16 分，但也能从数据角度管窥城市体系的完备性。城市体系是都市圈发育的重要元素，城市体系越完备，都市圈的发育度也越高。

由于参加评价的 22 个都市圈是中国经济发展较好的地区，因此，都市圈内非农业人口平均比率也高于中国平均 51% 的水平,绝大多数都市圈的非农人口比率在 60% 上下浮动。其中比率最高的是上海都市圈,达到 75%。与之相比,南昌都市圈的城市化水平则偏低,仅有 43%。2007 年的评价报告显示,当时重庆圈的非农业人口比率只有 43.7%。经过这些年的发展,已经大幅度提升,目前城市化率已经达到 58%。

此外,成都圈、太原圈、武汉圈、石家庄圈的城市化率都大幅度提升,达到或接近 60%。总体而言,城市化率水平较高的仍然是东部沿海的都市圈,除了上海之外,汕头圈、大连圈、沈阳圈和青岛圈城市化水平较高。而哈尔滨、长春、郑州、合肥的城市化率都有待进一步提升。

(4)中心城市地位准则评价

中心城市地位是从中心城市非农业人口及第三产业比值 2 个指标进行评判的。在这个准则中,首都圈位居第一,上海圈居第二

上海的城市规模在中国位居榜首,2013 年常住人口达到 2415 万人,非农人口达到 2125 万人,高于北京 2115 万人、1825 万人的水平,以及广州 1293 万人、1102 万人的水平。在所有首位城市中,南昌的非农人口最少,仅有 236 万人,与 2007 年中国都市圈评价报告显示的太原市水平相当,当时太原市的非农人口是 238.93 万人;其次是太原市和汕头市,分别为 357 万、377 万人。

2013 年,首都圈、上海圈和广州圈的首位城市第三产业产值分别为 149861803.6 万元、134451594.9 万元、99644966.65 万元。2006 年这一指标则分别为 47618834.34 万元、46210300.64 万元和 29786285.35 万元。从中心城市第三产业发展角度(不考虑价格因素)看,增长了 2 倍左右,其中广州市的增长最快,上海则最慢。

从第三产业比重角度看,北京位居榜首,达到 76.9%,广州和上海分别为 64.6%、62.2%。从中心城市服务业发展角度看,这三大中心城市服务功能凸显,而重庆、大连、沈阳、长春、石家庄、郑州、长沙、合肥、南昌的第三产业比重基本在 40%,产业发展处于"二三一"阶段,中心城市的经济势能有待提升。其他都市圈首位城市第三产业比重徘徊于 50% 上下,具有一定的辐射能力,但对周边城市的带动能力不大。

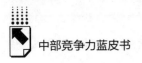

表5　2013年中国都市圈发育度排名

都市圈	交通联系强度		经济落差		城市体系		中心城市地位		发育指数	
	评价指数	排名	评价指数	排名	评价指数	排名	评价指数	排名	评价指数	排名
上海圈	97.58	7	24.41	11	100.00	1	93.83	2	82.43	1
广州圈	98.21	6	75.02	1	49.30	7	60.64	3	70.07	2
首都圈	94.74	10	20.92	14	54.00	5	94.34	1	69.67	3
杭州圈	92.63	21	61.66	2	56.43	3	30.15	7	58.64	4
重庆圈	100.00	1	10.3	22	37.31	18	53.65	4	52.48	5
成都圈	98.95	4	14.4	20	45.07	11	40.67	5	51.08	6
沈阳圈	94.74	15	27.46	6	56.07	4	25.03	9	50.7	7
南京圈	100.00	2	27.25	8	56.76	2	18.38	17	50.15	8
武汉圈	98.95	5	13.63	21	49.38	6	32.76	6	49.63	9
青岛圈	94.74	14	25.16	10	41.75	14	27.49	8	47.40	10
大连圈	94.74	12	41.44	3	36.53	20	20.12	14	47.14	11
长沙圈	100.00	3	19.01	15	46.65	8	21.08	12	46.79	12
济南圈	88.42	22	33.89	4	45.66	9	20.27	13	46.38	13
石家庄圈	94.74	16	27.34	7	45.15	10	19.29	16	46.23	14
郑州圈	94.74	20	21.9	13	44.83	12	21.95	10	45.86	15
西安圈	94.74	19	16.35	17	44.05	13	21.71	11	44.48	16
合肥圈	97.37	8	22.28	12	40.85	17	16.89	18	44.08	17
长春圈	94.74	11	29.66	5	33.82	21	14.9	19	42.54	18
汕头圈	94.74	17	25.76	9	40.86	16	9.74	22	41.97	19
太原圈	94.74	18	17.2	16	40.93	15	12	20	40.96	20
哈尔滨圈	94.74	13	15.25	18	32.5	22	19.77	15	40.79	21
南昌圈	97.37	9	15.21	19	37.08	19	9.76	21	39.58	22

数据来源：作者根据统计数据加工整理得。

　　同时，我们将采用第四部分的评价指标体系，对中部城市群，从发育度、实力水平、绩效水平，三个方面，用23个指标，考察6个城市群的综合竞争力。

表6　2013年中国中部都市圈竞争力排名

都市圈	竞争力指数		发育度指数		实力指数		绩效指数	
	排名	评分	评分	排名	评分	排名	评分	排名
郑州圈	1	84.21	42.33	2	26.85	1	15.03	2
武汉圈	2	80.52	44.86	1	21.02	2	14.65	3
长沙圈	3	75.45	41.57	3	16.54	3	17.34	1

都市圈	竞争力指数		发育度指数		实力指数		绩效指数	
	排名	评分	评分	排名	评分	排名	评分	排名
合肥圈	4	63.03	38.82	4	12.05	5	12.16	4
南昌圈	5	58.89	32.13	6	14.87	4	11.88	5
太原圈	6	52.33	32.79	5	7.72	6	11.81	6

三 中部产业竞争力评价

（一）产业竞争力内涵

产业竞争力是国家（区域）竞争力的基础，既包括当前市场显性竞争力，如产业规模、产业效益等，同时也包括潜在的、支撑可持续发展的能力，如产业资源、产业环境等。

（二）中部地区产业竞争力评价结果

根据产业竞争力内涵和不同产业特征，分别设计了三次产业 13 个不同产业的竞争力评价指标体系：（1）以粮食产业和畜牧业为代表的农业产业；（2）以食品加工、纺织、医药为代表的工业产业；（3）以旅游业和文化产业为代表的服务业。根据评价指标体系，以 2012 年、2013 年统计数据为样本，构建了产业竞争力横向和纵向评价模型，从横向和纵向两个维度分析并评价了中部六省三次产业 13 个不同产业的竞争力。

1. 中部地区农业产业竞争力评价

中部地区是我国商品粮基地，农业基础较好，但各省农业发展不平衡。考虑到各省具体情况及可比性，选取了有代表性的粮食产业与畜牧业进行实证评价。在粮食产业竞争力评价中，在广泛征求农业专家和农业管理部门意见的基础上，最终设计了由市场竞争力、资源要素竞争力、环境竞争力三个一级指标，产业规模、产业效益、产业资源、产业投入、基础设施、科技水平、生态环境、政策环境八个二级指标以及 18 个具体指标构成的指标体系。构建了 $F =$

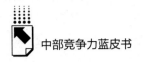

$\sum_{k=1}^{n} f_k \left\{ \sum_{i=1}^{m} w_{ki} \left(\sum_{j=1}^{l} a_{ij} X_{ij} \right) \right\}$ 的产业竞争力横向评价模型和 $M_v = \dfrac{\sum (X_{i,t} \times W_i)}{\sum (X_{i,2010} \times W_i)} \times$ 100 纵向评价模型。在对指标数据进行标准化处理的基础上，应用横向评价模型，计算得到 2013 年中部六省粮食产业竞争力综合排名依次为：河南、湖南、湖北、江西、安徽、山西。应用纵向评价模型，计算结果与 2011 年的排序完全一致；而 2010~2012 年竞争力增长指数排序依次为：江西、山西、湖南、湖北、安徽、河南。采用同样的方法对畜牧业竞争力进行评价，得出 2012 年中部六省畜牧业竞争力排序为河南、湖南、湖北、江西、安徽、山西，排序与 2011 年相比没有变化；而 2010~2012 年竞争力增长指数排序依次为：江西、安徽、湖北、湖南、山西、河南。

2. 中部地区工业产业竞争力评价

结合中部地区工业现状及工业竞争力的一般评价模式，选取了食品加工、纺织、化工、医药等九大产业，设计了由市场竞争力和可持续发展能力两个一级指标，由产业规模、产业效益、资源重复利用力、资产利用力和技术创新力五个二级指标及 15 个具体指标构成的指标体系。运用综合指数法，计算得出中部地区工业竞争力综合指数分别由 2009 年的 100 增长到 2010 年、2011 年和 2012 年的 114.63、131.21 和 132.06，其中 2010 年、2011 年增长较快，而 2012 年增长速度明显放缓。其中 2011~2012 年各省增长指数排序为：河南省（12.34）、江西省（9.01）、安徽省（5.49）、湖南省（1.72）、山西省（0.43）和湖北省（-1.53）。

运用因子分析法对 9 个工业产业竞争力进行实证评价并排序，得出如下评价结果：（1）农副食品加工业竞争力排序是：湖北、河南、湖南、山西、安徽、江西；（2）纺织业竞争力排序是：江西、湖北、河南、湖南、安徽、山西；（3）化学工业竞争力排序是：湖北、湖南、河南、安徽、江西、山西；（4）医药业竞争力排序为：湖北、河南、湖南、安徽、江西、山西；（5）非金属矿物制品竞争力排序为：河南、湖南、湖北、安徽、江西、山西；（6）黑色金属加工业竞争力排序为：湖北、河南、安徽、湖南、江西、山西；（7）有色金属加工业竞争力排序为：江西、湖南、湖北、河南、安徽、山西；（8）电器机械及设备业竞争力排序为：安徽、河南、江西、湖南、湖北、山西；（9）通信设备及电子设备业竞争力排序为：山西、湖南、安徽、湖北、河南、江西。与 2011 年相比，大部分产业竞争力的排序都出现一定变化。

3. 中部地区服务业竞争力评价

服务业是现代经济的重要组成部分，中部六省现代服务业总体水平不高，但旅游资源丰富，文化产业发展态势较好。选取旅游业和文化产业作为服务业的代表进行竞争力评价。在旅游产业评价中，首先，构建了由市场竞争力、要素竞争力和旅游环境竞争力三个一级指标，旅游规模、产业效益、产业资源、基础设施、经济环境、生态环境六个二级指标和 17 个具体指标构成的评价指标体系。其次，运用与粮食产业同样的评价模型，计算得出中部六省 2012 年旅游业竞争力排序为：湖南、安徽、湖北、河南、江西、山西；其中，湖南省位次较 2011 年上升 3 位，而安徽省下降了 1 位、河南省下降了 2 位，山西省、江西省和湖北省没有变化。文化产业竞争力评价指标体系包含三个一级指标，分别是市场竞争力、资源要素竞争力和环境竞争力，产业规模、产业效益、产业资源、基础设施等八个二级指标和 18 个具体指标构成。运用同样模型，计算得出中部六省 2012 年文化产业竞争力排序为：湖南、湖北、河南、安徽、江西、山西，与 2011 年相比，六省的排序没有变化；而 2010～2012 年增长指数排序为：山西、江西、湖南、河南、湖北、安徽。

（三）提高中部地区产业竞争力水平的对策建议

针对中部地区产业发展现状、产业竞争力实证分析评价结果及产业竞争力的影响因素，从以下几方面提出了提高中部地区产业竞争力的若干对策建议：①深化改革，优化产业发展环境。深化行政审批制度改革、转变政府职能及优化政务、法制、产业服务等产业发展环境。②优化产业布局，大力发展产业集群。优化产业布局、引进和培育壮大龙头企业、延伸完善产业链、加强产业集群载体建设等。③加快产业结构调整，推动产业转型升级。加快传统产业优化升级、着重发展优势产业、加快产业结构调整步伐。④加大科技创新投入，提高产业的创新能力。深化科技体制改革、健全产学研协同创新机制、加大产业科技投入、加强知识产权运用和保护等。⑤促进绿色低碳发展，提高产业的可持续发展能力。建立健全生态环保长效机制及实施绿色、低碳发展等。

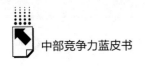

四　中部企业竞争力评价

（一）中部企业的经济与产业属性

1. 企业发展的经济环境

2013 年中部六省 GDP 总额占全国比率为 21.75%，相较于 2011 年和 2012 年而言，中部各省经济总量地位变化的趋势逐渐显现。河南省和山西省表现出明显的经济地位下降趋势，而湖北、湖南、安徽三省在全国的经济地位则呈现增强趋势。且中部地区作为一个整体却呈现出地位下降趋势，由 2011 年的 21.78% 下降到 2012 年的 21.77%，2013 年则进一步下降为 21.75%。从增速来看，2013 年中部六省地区生产总值增速为 9.09%，低于全国总体水平 0.08 个百分点。从 2013 年中部各省增速来看，除山西省因经济增速锐减、企业面临的经济环境异常严峻外，其他各省总体表现正常，湖北和安徽崛起势头较强。

2. 中部企业产业结构

我国已进入工业化的后期，第三产业的增加值自 2012 年开始已超过第二产业，2013 年三产结构达到 9.40∶43.87∶47.13。中部六省中除山西省第一产业比重为 5.85%，远低于全国水平外，其他各省均高于全国平均水平。中部各省第二产业均高于全国总体水平，但从 2011~2013 年的发展趋势来看，中部六省第二产业比重下降趋势已经形成。从第三产业的增长性来看，无论是第三产业增加值绝对额还是比重大小，2011~2013 年三年间均表现出较好的增长势头，但中部六省第三产业增加值的比重依然较低，低于全国近 10 个百分点。相对于全国中部六省在产业结构优化、产业高端水平等还有待提高，高端服务业的发展依然较为滞后。

（二）中部企业规模、产能与盈利能力

1. 企业数量与类别属性

从企业数量来看，2013 年中部共有 73198 家规模以上工业企业，占全国总数的 20.76%。从动态趋势来看，2011~2013 年中部规模以上企业数占全国

比重从 19.66% 逐年上升，增长趋势基本形成。山西省、河南省和湖南省规模以上企业数占全国的比重相对于 2011 年均略有下降，而安徽、江西和湖北三省规模以上工业企业数占全国的比重则略有上升。从各省规模以上工业企业的所有权属性来看，2013 年中部六省国有控股工业企业、私营企业、外商及港澳台企业数比例为 8.14 : 84.41 : 7.45。其中私营企业数占比高达 84.41%。

2. 企业运营与盈利能力

2013 年中部六省中河南省规模以上工业企业主营业收入和利润均在中部六省中最高，分别为 59454.79 亿元和 4410.82 亿元，分别占中部六省总的 28.71% 和 36.33%。同时，河南省工业企业的利润占营业收入的比重即利润 - 营业收入比亦为最高，达到 7.42%。从利润 - 收入比来看，低于中部平均水平的省有山西、安徽、湖北和湖南四省，其中山西省最低仅为 2.98%。

3. 企业研发能力

2013 年中部六省规模以上工业企业 R&D 人员全时当量为 434018 人，其中河南省最高为 125091 人，占中部总量的 28.8%。从 R&D 经费来看，中部六省全年规模以上工业企业 R&D 经费共约 13596771 万元，其中湖北省最高，为 3117987 万元。2013 年中部规模以上工业企业 R&D 项目数共 50771 项，其中安徽省最多。新产品项目数安徽省最多，达到 17320 项，占中部总量的 31.2%。在新产品开发经费上湖北省继续占据优势。在新产品销售收入上，湖南省最高，达到 57246324 万元，占中部的 25.7%。在新产品出口上，河南省出口销售收入为 19677786 万元，在中部六省总量的 66.6%。

4. 企业就业与福利

2013 年中部六省总的城镇私营企业和个体就业人员共有 4485.77 万人，其中湖北省私营及个体就业人员 1156.07 万人，占中部私营企业及个体总就业人口的 25.80%。从私营企业就业行业来看，批发和零售业就业人员人数最多，达 1988.53 万人，其次是制造业共有就业人员 778.05 万人，住宿和餐饮业 314.2 万人，居民服务和其他服务业就业人员 295.67 万人，租赁和商务服务业有 244.24 万人，建筑业 144.43 万人，交通运输、仓储和邮政业 114.51 万人。具体到每个省私营企业第一大就业行业均为批发和零售业，第二大就业行业均为制造业。从就业人员的平均工资看，城镇单位就业人员年平均工资最高的省是安徽省，为 47806 元，其次为山西省 46407 元，河南省的工资最低，仅为 38301 元。

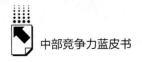

（三）中部企业排行榜

首先，对中部各省发布的 2014 年 100 强企业排行榜以及部分省发布的 100 强民营企业排行榜、100 家高成长性企业（百高企业）排行榜，以及已发布的世界和中国 500 强企业排行榜中的中部企业进行整理和排序；然后，根据安信证券交易和行情查询软件的数据库对中部六省在沪深两个交易所上市的主板、创业板、中小企业板等上市公司按照资产总额、负债水平、营业收入、利润或净利润等指标进行全排序。在此基础上，分省进行五百强入榜企业数、上市公司数量、中小板和创业板数量以及按照资产和营业收入对中部上市公司百强进行分省比较。

表7 "2014 中国企业 500 强"中部入榜企业排名（前 10 名）

中部排名	全国排名	省份	企业名称
1	17	湖北	东风汽车公司
2	49	山西	山西焦煤集团有限责任公司
3	55	山西	晋能有限责任公司
4	56	湖北	武汉钢铁（集团）公司
5	60	河南	河南能源化工集团有限责任公司
6	72	山西	大同煤矿集团有限责任公司
7	73	山西	山西潞安矿业（集团）有限责任公司
8	74	江西	江西铜业集团公司
9	78	山西	山西晋城无烟煤矿业集团有限责任公司
10	79	山西	阳泉煤业（集团）有限责任公司

表8 "世界 500 强企业"中部入榜企业排名

中部排名	世界排名	公司名称	总部
1	113	东风汽车集团	武汉
2	290	山西焦煤集团有限责任公司	太原
3	309	晋能集团	太原
4	310	武汉钢铁（集团）公司	武汉
5	328	河南能源化工集团	郑州
6	369	大同煤矿集团有限责任公司	大同
7	372	潞安集团	长治
8	381	江西铜业集团公司	贵溪
9	386	山西晋城无烟煤矿业集团有限责任公司	晋城
10	391	山西阳泉煤业（集团）有限责任公司	阳泉

（四）中部企业竞争力模型及评价

构建了以"环境－能力－潜力"为主线，以"政府－市场、营运－赢利、创新－规模"为主体的"三大构件、六项指征"区域企业竞争力指标评价模型和指标体系。按照"三大构件"形成"竞争潜力"、"竞争能力"和"竞争环境"三个一级指标，以"六项指征"形成"企业发展规模指数"、"企业创新能力指数"、"企业获利能力指数"、"企业营运能力指数"、"政府支持相关指数"、"市场环境相关指数"六个二级指标，共25个三级指标。选择25项实际指标中的最高值作为基准，"环境－能力－潜力"三大构建的一级指标的理想基值为24分，六个二级指标各12分。三级指标则根据指标内涵分别赋值3分或4分，并设立"排名补充项"对"环境－能力－潜力"区域企业竞争力指标进行补充赋值，确保最高分值为100分。

表9　企业竞争力分省排名

	分值由高到低						AVE	MIN
	1	2	3	4	5	6		
1 竞争潜力	河南	湖北	安徽	湖南	山西	江西	13.3	6.48
	22.34	15.17	15.08	12.54	7.64	7.08		
1.1 企业发展规模指数（12分）	河南	湖北	安徽	湖南	山西	江西	7.08	4.19
	12	7.94	6.67	6.19	5.22	4.49		
1.2 企业创新能力指数（12分）	河南	安徽	湖北	湖南	江西	山西	6.22	2.29
	10.34	8.41	7.23	6.35	2.59	2.42		
2 竞争能力	河南	湖北	湖南	安徽	江西	山西	11.89	4.92
	21.12	14.95	10.99	10.26	7.4	6.64		
2.1 企业获利能力指数（12分）	河南	湖北	安徽	湖南	江西	山西	6	2.54
	10.06	8.07	5.31	4.82	4.53	3.21		
2.2 企业营运能力指数（12分）	河南	湖北	湖南	安徽	山西	江西	5.89	2.38
	11.06	6.88	6.17	4.95	3.43	2.87		
3 竞争环境	河南	湖北	湖南	安徽	山西	江西	17.29	10.91
	22.48	18.92	18.46	17	13.84	12.99		
3.1 政府支持相关指数（12分）	河南	湖南	湖北	安徽	山西	江西	8.68	5.59
	11.08	9.6	9.43	8.21	7.96	5.8		
3.2 市场环境相关指数（12分）	河南	湖北	湖南	安徽	江西	山西	8.61	5.32
	11.4	9.49	8.86	8.79	7.19	5.88		

续表

4 排名补充值	分值由高到低						AVE	MIN
	1	2	3	4	5	6		
	安徽	湖北	湖南	河南	山西	江西	21.03	13.17
	28	24.58	22.32	21.78	16.3	13.17		
总得分	河南	湖北	安徽	湖南	山西	江西	63.51	35.48
	87.72	73.62	70.34	64.31	44.42	40.64		

（五）中部地区企业竞争力评价结论及对策启示

1. 中部各省企业发展的经济环境和发展地位呈现分化趋势，中部企业群体要提升在全国的竞争地位难度较大，而且竞争压力呈现进一步增强的势头。中部各省应充分把握"一路一带"、长江中游城市群建设、中原经济区建设等重要国家战略带来的发展机遇，拓展企业发展的外部空间，形成宽松、自由的发展环境。

2. 中部地区产业结构优化水平和高级化程度依然不及全国平均水平，企业产业发展水平呈现两极分化趋势。中部各省应立足于资源优势和主体功能定位，大力发展新型农业和第三产业，打造一批具有全国影响力的服务型企业，尤其是旅游服务业和生态服务业，逐年减少对工业企业尤其是矿产资源类企业的过度依赖。

3. 中部地区工业企业数量和规模总体向好，但各省发展存在较大的发展差异和特定属性差异。中部各省均需加快国有企业尤其是国有大型企业的改革和改制，加大产权改革力度和幅度。加快创新企业成长机制，营造宽松的市场环境，促进民营企业大发展。只有中部民营企业实现了大发展，民营企业强大了才能加速中部的崛起。

4. 中部地区企业运营与盈利能力差异较大，企业研发和创新能力不足。中部各省应注重企业赢利能力和创新能力的建设，通过赢利的增强，改善员工福利待遇，为企业发展提供人力资源的持续保障。

5. 中部企业经营规范化和现代化建设相对滞后，在各类企业排行榜中表现不突出。中部各省应加大力度支持中部各类企业上市，建立现代企业制度，通过规范化运作做强做大企业。

6. 中部六省企业发展和竞争力差距明显，并呈现扩大化趋势。提升中部各省企业整体竞争力应立足于各省实际情况，不能政策、制度"一刀切"。另外，加强各省间的合作和优势互补，避免恶性竞争和资源浪费。只有合理的分工和合作才能有利于整个产业的发展和提升，增强行业竞争力。同时，中部各省要培育一大批有实力的知名民营企业"走出去"，拓展海外市场和海外空间，提升企业的国际竞争力。

五 中部科技竞争力评价

（一）中部科技竞争力综合评价

1. 中部科技竞争力综合评价指标体系

区域科技竞争力可以定义为在某种科技发展环境中，一个区域通过科技研发以及科技创新等活动，进行科技孵化从而创造出来的反映区域科技投入产出水平与效率、科技与经济社会协调一致性以及科技发展潜力的综合水平。

我们参考《中国科技发展研究报告2000》中使用的"地区科技竞争力评价指标体系"，并结合中部地区的实际情况和发展特点，以科技指标为核心，经济、社会、环境等指标为辅，基于科学性原则，全面性、层次性和简略性相结合原则，均量指标与总量指标相结合的原则，可操作性原则和规范化原则，选取了科技投入、科技产出、科技与经济和社会协调发展、科技潜力4项一级指标9项二级指标和33项三级指标，建立了一整套科技竞争力综合评价指标体系，具体的指标体系见附录。

2. 评价方法与模型

采用熵权法对中部六省的科技竞争力进行评价。熵最早是热力学的概念，经过许多年的发展，现在已经在经济、管理、工程技术等方面有了广泛的应用。在熵的概念基础上衍生出来的熵权法是一种客观的赋权方法，它主要利用各变量或指标的数据所提供的信息量的大小来决定该变量或指标权重，当不同评价对象在同一指标上的数据波动较大时，此指标的熵权也较大，从而该指标在综合评价中发挥的作用就越大。

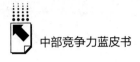

3. 中部科技竞争力综合评价结果分析

根据构建的中部六省科技竞争力评价指标体系，以中部六省的统计数据为基础，利用上述熵权评价法可得中部各省的综合评价得分和各一级指标的评价得分（见表10）。

表10　各省科技竞争力得分

省份	科技投入		科技产出		科技与经济社会协调发展		科技潜力		科技竞争力综合评价	
	得分	排名	得分	排名	得分	排名	得分	排名	得分	排名
山西	0.025	5	0.006	6	0.024	5	0.045	3	0.099	5
安徽	0.066	2	0.096	2	0.038	3	0.008	6	0.207	3
江西	0.001	6	0.022	5	0.018	6	0.021	4	0.063	6
河南	0.032	3	0.104	1	0.034	4	0.046	2	0.217	2
湖北	0.07	1	0.066	3	0.073	1	0.049	1	0.258	1
湖南	0.027	4	0.059	4	0.054	2	0.016	5	0.156	4

综合来看，湖北的科技竞争力很强。从四个二级指标来看，除了科技产出一项，湖北省均排在第一位。安徽、河南紧随其后，安徽的优势主要体现在科技投入和科技产出这两方面，而其科技潜力排名靠后；而河南科技产出和科技潜力优势明显，科技与经济社会协调发展排名较弱。湖南、山西和江西科技竞争力优势不明显，湖南科技与经济社会协调发展相对其他指标得分较高，而山西、江西的科技潜力相对于其他指标得分较高。

（二）中部六省科技活动投入产出比较分析

科技活动是与科技知识的产生、发展、传播与应用密切相关的全部的、有组织的、系统的活动，包括研究与发展、研究与发展成果的应用及科技服务等活动。科技的进步是各项科技活动的结果。

1. 科技活动投入比较分析

总体来看，中部六省的科研人员投入、科技活动经费投入都明显匮乏，科技创新意识不足。从中部六省内部来看，科技活动投入由多到少依次为湖北、安徽、河南、湖南、山西、江西。江西每万人 R&D 人员全时当量投入仅为湖北的 47%。中部六省平均投入量为 15.12 人年，约为全国平均水平的 58%；R&D 经费投入强度由高到低依次为安徽、湖北、湖南、山西、河南、江西。

2. 科技活动产出比较分析

总体来看，中部六省科技创新实力相对比较薄弱。从中部六省内部来看，中部六省中湖北和湖南两省的科技创新水平较强；从专利授权情况来看，在中部六省，每万 R&D 活动人员发明、实用新型和外观设计三类专利授权总量由多到少依次是安徽（4093 项）、湖南（2359 项）、江西（2291 项）、湖北（2162 项）、河南（1936 项）和山西（1747 项），发明专利人均授权量由多到少依次是安徽、湖南、湖北、山西、江西和河南。

（三）中部六省科技资源配置效率分析

1. 科技资源配置效率分析方法

数据包络分析方法（DEA），作为一种非参数方法，是一种客观、有效的评价生产效率方法，是解决多输入多输出复杂系统上综合评估的有力工具。各省份的科技系统本身就是一个投入指标多样化、产出指标构成复杂且各指标量纲不尽相同的复杂系统。

2. 指标选取

考虑到指标的科学性、代表性、全面性以及可获得性，本研究在投入指标选择 R&D 经费投入额、R&D 人员数，在产出指标上选择高技术产业销售收入额、授权专利数和科技论文收录数。考虑到科技产出的时滞性，本研究在科技投入方面选择了 2012 年的数据，而科技产出则选取 2013 年的数据。

3. 评价结果分析

我们使用 DEA 分析软件 EMS1.3 和 MAXDEA 6.4 对中部六省的科技资源配置效率进行测算，达到 DEA（弱）有效的省份比较多，为了进一步反映不同省份间的科技资源配置效率，对所选数据再次采用超效率 DEA 模型，两次计算结果合并（见表11）。

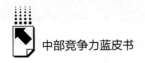

表 11　中部六省科技资源配置效率

省份	超效率	排名	总体效率	纯技术效率	纯规模效率	规模收益情况
山西	1.1839	3	1	1	1	规模收益不变
安徽	1.9155	1	1	1	1	规模收益不变
江西	1.7974	2	1	1	1	规模收益不变
河南	0.8470	5	0.8470	1	0.8470	规模收益递减
湖北	0.9177	4	0.9177	1	0.9177	规模收益递减
湖南	0.6618	6	0.6618	0.7373	0.8976	规模收益递减

　　研究发现，中部六省中有一半的省份包括安徽、江西和山西的科技投入产出效率是 DEA 有效的，这与符合省情的科技政策、科技战略和科技相关法律体系是密不可分的。另外三省河南、湖北和湖南在资源配置效率上处于 DEA 弱有效或无效状态，说明在现有的投入水平下存在产出偏低的问题，或者在现有的产出水平下存在投入冗余的问题。这三省中，河南和湖北的纯技术效率已达到有效，表明该二省已经对 R&D 经费和 R&D 人员实现了充分的利用，但是这二省处于规模收益递减区域，因此需要适度缩减科技规模来提升这二省的科技投入产出效率以达到最优。湖南省的科技资源配置效率比较低，其存在的问题最显著的就是科技投入与科技产出之间严重的不对称性，科技投入冗余较高和科技产出不足严重，排名处于中部六省中最末，纯技术效率和纯规模效率都偏低，规模效益递减，若要达到科技资源配置效率最优化，就需要实施提高科技管理水平，增强科技生产力水平，优化科技生产规模等措施。

综合评价篇*

Comprehensive Evaluation

王圣云　廖纯韬　罗玉婷**

中部经济社会竞争力得分（2013）

省份	经济发展竞争力	资源环境竞争力	科教文化竞争力	民生保障竞争力	综合竞争力
山西	0.326	0.430	0.436	0.389	0.393
安徽	0.515	0.374	0.508	0.386	0.459
江西	0.374	0.489	0.409	0.562	0.445
河南	0.586	0.251	0.326	0.645	0.453
湖北	0.652	0.394	0.572	0.544	0.555
湖南	0.514	0.387	0.382	0.567	0.460

中部经济社会竞争力排序（2013）

省份	经济发展竞争力	资源环境竞争力	科教文化竞争力	民生保障竞争力	综合竞争力
山西	6	2	3	5	6
安徽	3	5	2	6	3
江西	5	1	4	3	5
河南	2	6	6	1	4
湖北	1	3	1	4	1
湖南	4	4	5	2	2

* 基金项目：2015年度南昌大学中国中部经济社会发展研究中心招标项目（15ZBLPS01）、国家社会科学青年基金（12CJL062）、国家自然科学基金（41361027）。

** 王圣云，博士，副研究员，主要从事区域经济与规划、福祉地理学和国民福祉学等研究；廖纯韬，南昌大学经济管理学院硕士研究生，主要从事区域可持续发展研究；罗玉婷，南昌大学经济管理学院硕士研究生，主要从事区域经济研究。

B.2

中部经济社会竞争力指标体系、
评价模型与分项竞争力

摘　要：　经济社会竞争力是在资源环境约束下，一个地区持续提高
经济社会发展绩效、不断促进地区繁荣和国民福祉提升的
一种获取相对竞争优势的综合能力，是衡量区域发展竞争
能力的重要标尺。按照"中部地区经济可持续发展为主线，
资源承载和环境保护为支撑，科技文化创新为动力，民生
保障为目标"的思路构建中部经济社会竞争力评价指标体
系，采用线性加权评价模型进行 2013 年中部六省经济社会
竞争力的综合评价、分项评价、位次排序、省际差异和分
析解释。

关键词：　中部经济社会竞争力　指标体系　评价模型

一　中部经济社会竞争力相关理论

（一）绝对优势理论

绝对优势理论，也叫绝对成本理论，是英国古典经济学家亚当·斯密提出
来的。亚当·斯密认为每个国家或每个地区都有对自己有利的自然资源和气候
条件，如果各国各地区都按照各自有利的生产条件进行生产，然后将产品相互
交换，互通有无，将会使各国、各地区的资源、劳动力和资本得到最有效的利
用，将会大大提高劳动生产率和增加物质财富。但是，绝对优势理论的运用有
一个前提条件——双方可以自由地交易他们的产品，如果没有自由贸易，没有

商品的自由流通，就不可能获得地域分工带来的益处。绝对优势理论指出分工的重要作用以及提高劳动生产率对提升国家竞争优势的巨大作用。

（二）比较优势理论

比较优势理论是由大卫·李嘉图提出，该理论认为，生产技术的相对差别是国际贸易的基础。每个国家都应集中生产其具有"比较优势"的产品，进口其具有"比较劣势"的产品。比较优势贸易理论在更普遍的基础上解释了贸易产生的基础和贸易利得，大大发展了绝对优势贸易理论。

无论是绝对优势理论还是比较优势理论都属于技术差异论的范畴，技术差异论是指各国在生产同一产品时劳动生产率不同所造成的国际分工；都采用了比较的方法来阐述原因；都建立在劳动生产率的差异上，劳动生产率的引进使国际贸易从自然要素领域转到了生产领域，如果没有差异，则没有比较，因此差异是基础；都有其自身的局限性，并有待于进一步发展。

（三）要素禀赋理论

H-O理论（即赫克歇尔-俄林理论）由赫克歇尔首先提出基本论点，俄林系统创立。在一系列特定条件下，自由贸易将使要素价格基本上完全，而不是局部均等。这些特定条件包括：完全竞争、无交换成本、不完全专业化、相同的线性齐次生产函数、无外生经济、在所有相对要素价格上相对要素密集程度不变、要素质量相同、要素数量不大于商品数量。这种绝妙的阐述（李嘉图的比较优势理论）最后推广到了n个国家、n种要素和n种物品。H-O理论则没能做到这一点，它至今仍只是一个讨论两个国家、两种要素和两种商品的定理。要素禀赋理论主要从投入要素价格的差异角度来揭示地域间的比较优势。

（四）规模经济理论

规模经济理论是现代企业理论研究的重要内容。规模经济理论是指在一特定时期内，企业产品绝对量增加时，其单位成本下降，即扩大经营规模可以降低平均成本，从而提高利润水平。表现为：生产规模扩大以后，企业能够利用

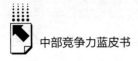

更先进的技术和机器设备等生产要素；随着对较多的人力和机器的使用，企业内部的生产分工能够更合理和专业化；人数较多的技术培训和具有一定规模的生产经营管理，也都可以节约成本。

（五）集聚经济理论

集聚经济的概念是由韦伯（A. Weber）在1909年出版的《工业区位论》一书中提出，书中他把区位因素分为两个，分别是区域因素和集聚因素，并且探讨了产业集聚的因素，对集聚形成的规则进行量化。韦伯认为区位因子的合理组合使得企业成本和运费最小化，企业按照这样的思路就会将其场所放在生产和流通上最节省成本的地点。

（六）人力资本理论

美国经济学家舒尔茨和贝克尔于20世纪60年代创立人力资本理论。该理论认为物质资本指物质产品上的资本，包括厂房、设备、土地、机器、原材料、货币和其他有价证券等；而人力资本则是体现在人身上的资本，即对生产者进行职业培训、教育等支出及其在接受教育时的机会成本等的总和，表现为蕴含于人身上的各种生产知识、劳动与管理技能以及健康素质的存量总和。

（七）竞争优势理论

竞争优势（Competitive Advantage）理论，由哈佛大学商学研究院迈克尔·波特提出，竞争优势模型（又称钻石模型）包括四种本国的决定因素和两种外部力量。四种本国的决定因素包括要素条件，需求条件，相关及支持产业，公司的战略、组织以及竞争。两种外部力量是随机事件和政府。波特认为，一国的贸易优势并不像传统的国际贸易理论宣称的那样简单地取决于一国的自然资源、劳动力、利率、汇率，而在很大程度上取决于一国的产业创新和升级的能力。

（八）可持续发展理论

可持续发展理论是指既满足当代人的需要，又不对后代人满足其需要的能

力构成危害的发展。可持续发展是一种注重长远发展的经济增长模式,最初于
1972 年提出。可持续发展（Sustainable Development）的概念,最早是在世界
自然保护联盟（IUCN）、联合国环境规划署（UNEP）、野生动物基金会
（WWF）1980 年共同发表的《世界自然保护大纲》提出。可持续发展主要包
括社会可持续发展、生态可持续发展、经济可持续发展。

二　中部经济社会竞争力评价体系

经济社会竞争力是在资源环境约束下,一个地区持续提高经济社会发
展绩效、不断促进地区繁荣和国民福祉提升的一种获取相对竞争优势的综
合能力。其中,区域经济发展竞争力是区域经济社会发展竞争力的重要基
础和主要部分。资源环境条件是区域经济社会竞争力的重要支撑和限制因
素。科教文化因素是区域经济社会竞争力的关键驱动力。促进区域繁荣和
提高居民福祉是区域经济社会竞争力提升的最终目标,社会保障能力是实
现这一目标的有效途径。中部经济社会竞争力由经济发展竞争力、资源环
境竞争力、科教文化竞争力和民生保障竞争力组成（见图 1）。根据对经济
社会竞争力的定义,中部经济社会竞争力是中部经济发展竞争力、资源环
境竞争力、科教文化竞争力和民生保障竞争力的函数,测度经济社会竞争
力有如下框架:

区域经济社会竞争力 = F（经济发展竞争力、资源环境竞争力、科教文化
竞争力、民生保障竞争力）。

以可持续发展为主线,资源承载和环境保护为支撑,科技文化创新为动
力,民生保障为目标,构建中部经济社会竞争力指标体系,具体包含目标层
（A）、准则层（B）、维度层（C）、指标层（D）4 个层次,其中有 4 个准则
层、12 个维度层、86 个指标层（具体可参阅附录 1）。

中部经济社会竞争力是包含经济发展竞争力、资源环境竞争力、科教文化
竞争力和民生保障竞争力四个分项竞争力的综合竞争力,是附录 1 中 12 个维
度竞争力的加权合成,也是 86 项具体评价指标的综合集成。因此,采用加权
求和的加法模型作为中部经济社会竞争力的评价模型,对 2013 年中部六省经
济社会竞争力进行评价、排序、分析和解释,确定指标权重采取层次分析法和

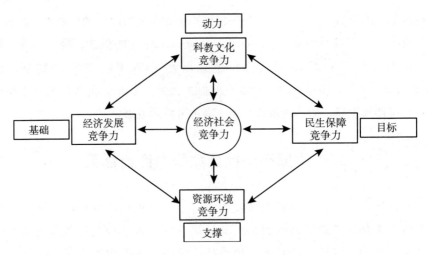

图1 区域经济社会竞争力评估框架

德尔菲法。数据标准化处理采用极差标准化方法，正向和逆向指标标准化公式
分别为：

$$X_{ij} = \frac{x_{ij} - \min(x_{ij})}{\max(x_{ij}) - \min(x_{ij})}$$

$$X_{ij} = \frac{\max(x_{ij}) - x_{ij}}{\max(x_{ij}) - \min(x_{ij})}$$

中部经济社会竞争力评价模型如下：

$$F_a = \sum_{b=1}^{4} w_b \cdot x_b = \sum_{c=1}^{12} w_c \cdot x_c = \sum_{d=1}^{86} w_d \cdot x_d$$

式中，F_a 是中部经济社会竞争力，w_b 是各分项竞争力权重，w_c 是各维度
权重，w_d 是具体指标的权重。a 表示中部各省；b 表示各分项竞争力；c 表示
各维度数；d 表示各指标数。

表1中指标数据主要来源于《中国统计年鉴（2014）》《山西统计年鉴
(2014)》《安徽统计年鉴（2014）》《江西统计年鉴（2014）》《河南统计年鉴
(2014)》《湖北统计年鉴（2014）》《湖南统计年鉴（2014）》《中国能源统计
年鉴2014》《中国教育经费统计年鉴2014》《中国农村统计年鉴2014》《中国
环境统计年鉴2014》以及2014年中部六省经济社会发展公报和国家、中部六
省统计网站和中经网数据库。

三 中部六省经济发展竞争力：整体态势、结构特征与省际比较

采用中部经济社会竞争力的线性加权评价模型，对2013年中部六省经济发展竞争力及其各维度进行定量评价，并分析其整体态势、结构特征、省际差异和原因解释。

（一）中部六省经济发展竞争力——整体态势

中部六省经济发展竞争力，得分最高的是湖北（0.652），其次是河南（0.586）、安徽（0.515）、湖南（0.514）、江西（0.374），山西得分最低（0.326）。

表1 2013年中部六省经济发展竞争力

省份	评价值	位次	省份	评价值	位次
山西	0.326	6	河南	0.586	2
安徽	0.515	3	湖北	0.652	1
江西	0.374	5	湖南	0.514	4

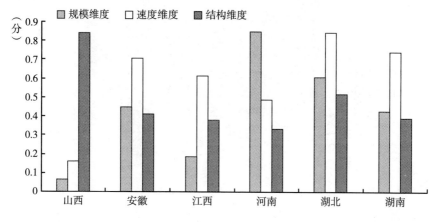

图2 2013年中部六省经济发展竞争力的规模维度、速度维度和结构维度得分

表2　中部六省2006年与2013年经济发展竞争力得分对比

经济发展竞争力	2006 年	2013 年	变动幅度(%)
山西	0.353	0.326	- 7.61
安徽	0.392	0.515	31.54
江西	0.325	0.374	14.80
河南	0.559	0.586	4.83
湖北	0.484	0.652	34.70
湖南	0.357	0.514	43.87

从表2可知,2013年中部六省在经济发展竞争力得分方面,与2006年相比仅山西是负增长,安徽、湖北和湖南都保持较快增长,江西经济发展稳中有进,河南在经济发展方面的增长则较慢,但也是正增长。由此可见,山西还需不断激发经济发展的活力。

而从经济发展竞争力的具体维度的得分对比图(图3)可知,山西省的经济发展规模和速度都有所降低,但经济发展结构得到了优化;安徽省则不断提升自己经济发展的规模和速度;江西省虽然在中部六省中得分较低,但经济发

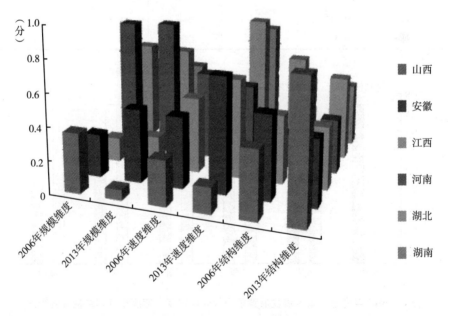

图3　中部六省2006年与2013年经济发展竞争力三维度得分对比

展规模和速度以及结构都保持良好的态势；河南省的经济发展速度有所放缓；湖北省在经济发展规模、速度和结构方面协调统一，继续充当中部六省的领头羊；湖南省在经济发展规模和速度方面有所崛起。

（二）中部六省经济发展竞争力——规模维度

从经济发展竞争力的规模维度来看：2013 年，河南省的规模维度得分为 0.846，排在中部六省第一位；湖北排名第二，得分为 0.605；排在之后的是安徽和湖南，得分分别为 0.450 和 0.432；江西和山西排在最后，得分分别为 0.188 和 0.064，得分最高的河南和得分最低的山西相差很大（表3）。从图4可以看出，河南省在 GDP、实际利用外资总额、固定资产投资总额以及社会消费品零售总额等总量指标上具有明显的规模优势。具体而言，2013 年河南 GDP 为 32155.9 亿元，山西为 12602.24 亿元，江西为 14338.5 亿元，河南是山西的 2.55 倍，江西的 2.24 倍。2013 年河南固定资产投资额为 25188.06 亿元，山西为 11200.2 亿元，河南是山西的 2.25 倍；2013 年河南实际利用外资总额 134.57 亿美元，山西为 29.91 亿美元，河南是山西的 4.5 倍；河南社会消费品零售总额为 12426.61 亿元，江西为 4576.1 亿元，河南是江西的 2.71 倍。可见，中部六省经济发展竞争力规模维度的省际差异十分显著。

表3　2013 年中部六省经济发展竞争力——规模维度评价结果

省份	评价值	位次	省份	评价值	位次
山西	0.064	6	河南	0.846	1
安徽	0.450	3	湖北	0.605	2
江西	0.188	5	湖南	0.432	4

（三）中部六省经济发展竞争力——速度维度

从经济发展竞争力的速度维度来看：2013 年，湖北发展速度最快，得分为 0.847；得分排在第二和第三的是湖南和安徽，得分分别为 0.742 和 0.708；之后是江西（0.612）、河南（0.491），山西得分最低，为 0.160（表4）。

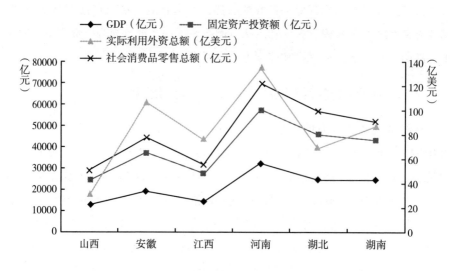

图4　2013年中部六省主要经济规模指标

表4　2013年中部六省经济发展竞争力——速度维度评价结果

省份	评价值	位次	省份	评价值	位次
山西	0.160	6	河南	0.491	5
安徽	0.708	3	湖北	0.847	1
江西	0.612	4	湖南	0.742	2

从经济发展竞争力的增速指标来看，中部六省在人均 GDP 增长率指标差距不大，GDP 增长率除山西较低外，其他省份的差距也不大。财政收入增长率湖北最高，为20.2%，安徽最低，为11.2%。固定资产投资增长率湖南最高，为26.1%，江西最低，为19.4%（图5）。

（四）中部六省经济发展竞争力——结构维度

从经济发展竞争力的结构维度来看：2013 年，经济发展竞争力的结构维度得分山西排名第一，为 0.843；其次是湖北（0.519）；然后依次为安徽、湖南、江西；河南最后，得分为 0.336，可以发现这种格局和 2006 年特征不太一样。山西经济规模和速度都是处于较后位置，但是结构却处于第一，河

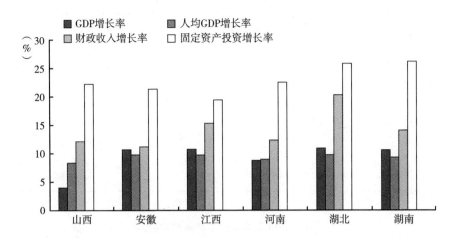

图5 2013年中部六省经济发展速度指标

南经济规模居中部六省之首，其经济增速和经济结构得分却居中部六省之末（表5）。

表5 2013年中部六省经济发展竞争力——结构维度评价结果

省份	评价值	位次	省份	评价值	位次
山西	0.843	1	河南	0.336	6
安徽	0.409	3	湖北	0.519	2
江西	0.382	5	湖南	0.395	4

从结构维度的产业结构指标来看，山西第三产业比重最高，为40.85%，河南最低，为32%。第二、三产业占三次产业总值的比重山西最高，河南最低，表明山西的产业结构合理，河南在产业结构调整方面需要进一步提升（图6）。

从工业化率和城市化率来看，2013年，中部六省之中，河南的工业化率最高，为49.64%，但其城镇化率最低，为43.8%。湖北的城市化率最高，为54.51%，江西的工业化率最低，为40.14%。从工业化率和城镇化率的简单比值来看，工业化快于城镇化的中部省份仅有河南，城镇化快于工业化的中部省份有山西、安徽、江西、湖北和湖南五省（图7）。

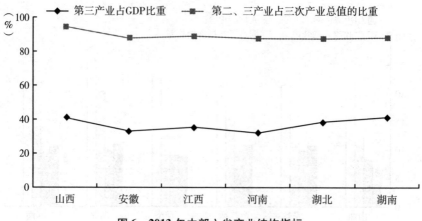

图6　2013年中部六省产业结构指标

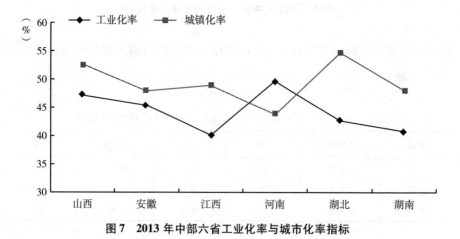

图7　2013年中部六省工业化率与城市化率指标

（五）中部六省经济发展竞争力——省际比较

2013年，经济发展竞争力排在第1位的湖北（0.652）和排在第6位的山西（0.326）相差0.326。从经济发展竞争力三个维度得分的省际变异系数来看，规模维度的变异系数仍是经济发展竞争力三个维度中最大的，和2006年的0.55相比，2013年规模维度的变异系数已经有所扩大，相对而言，速度维度的变异系数居中，结构维度的变异系数最小，对比2006年，中部地区经济发展竞争力速度维度的省际差异有所降低，但是，2013年中部六省结构维度的省际差异却是在扩大（图8）。

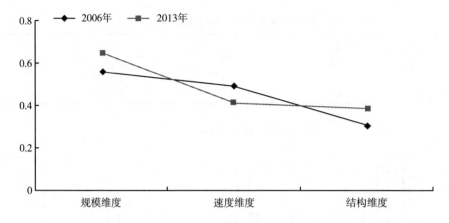

图8　2006 年与 2013 年中部六省经济发展竞争力各维度变异系数

四　中部六省资源环境竞争力：整体态势、结构特征与省际比较

采用线性加权评价模型，对 2013 年中部六省资源环境竞争力及其各维度进行定量评价，并分析其整体态势、结构特征、省际差异和原因解释。

（一）中部六省资源环境竞争力——整体态势

从中部六省资源环境竞争力整体来看：2013 年，中部六省资源环境竞争力得分最高的是江西（0.489），得分最低的是河南（0.251），两省相差 0.238。介于江西和河南之间的中部其他四省的资源环境竞争力得分由高到低依次为山西（0.430）、湖北（0.394）、湖南（0.387）、安徽（0.374）（表6）。在对 2013 年中部六省资源环境竞争力进行整体评价的基础上，接下来对中部六省资源环境竞争力的资源维度、生态维度和环保维度分别进行评价和分析（图9）。

从表 7 可知，2013 年中部六省在资源环境竞争力得分方面，与 2006 年相比仅山西是正增长，这就可以解释之前为什么只有山西经济发展竞争力得分是负增长，因为其选择大力保护资源环境，而中部其他五省的经济发展是以资源环境的消耗为代价的。

表6　2013年中部六省资源环境竞争力评价结果

省份	评价值	位次	省份	评价值	位次
山西	0.430	2	河南	0.251	6
安徽	0.374	5	湖北	0.394	3
江西	0.489	1	湖南	0.387	4

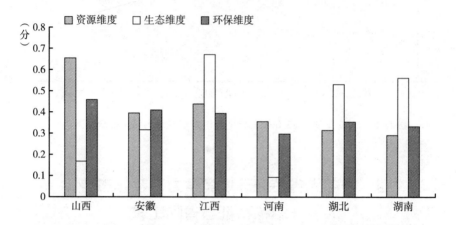

图9　2013年中部六省资源环境竞争力的环保维度、生态维度和资源维度得分

表7　中部六省2006年与2013年资源环境竞争力得分对比表

资源环境竞争力	2006年	2013年	变动幅度（%）
山西	0.364	0.430	17.99
安徽	0.400	0.374	-6.44
江西	0.562	0.489	-12.84
河南	0.364	0.251	-30.94
湖北	0.436	0.394	-9.64
湖南	0.512	0.387	-24.26

　　而从资源环境竞争力的具体维度的得分对比图（图10）可知，山西省的资源维度一直保持较高得分，生态维度的得分在下降，但是环保维度得分由2006年中部六省最低提升至2013年中部六省最高；安徽省在资源维度和生态维度的得分都有小幅提高，但环保维度得分呈下降趋势；江西省在资源维度和环保维度得分都较高，尤其是生态维度的得分，处于中部六省领先地位；河南省的资源环境竞争力三维度得分都呈下降趋势；湖北省在经济发展的同时，资源环境竞争力没有落后，位于中部六省中游位置；湖南省较为突出的是环保维度得分下降。

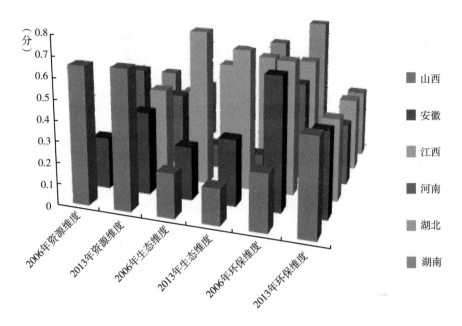

图 10　中部六省 2006 年与 2013 年资源环境竞争力三维度得分对比

（二）中部六省资源环境竞争力——资源维度

从资源维度来看：2013 年，山西得分最高，为 0.656，高出排名第二的江西（0.439）0.217，山西在资源维度方面具有明显的"首位"优势。排名最后的是湖南，得分仅为 0.288。排名第三、第四、第五的分别是安徽（0.393）、河南（0.352）、湖北（0.311）（表 8）。从具体指标来看，2013 年山西资源维度竞争力得分最高，主要因为山西在矿产占有量、能源占有量等方面具有明显优势。山西 2006 年人口约 3375 万人，2013 年人口约 3629.8 万人，是中部六省中人口数量最少的省份，因此其人均矿产占有量、人均能源占有量等人均资源指标均高于中部其他五省。山西在人均货运量指标居中部第二，在人均旅游总收入指标方面居中部第一，2013 年山西人均旅游收入达到了 6351.42 元，远高于中部其他省份。在资源维度的具体指标方面，山西仅在人均粮食产量上落后于其他五省（表 9）。

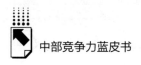

表8 2013 年中部六省资源环境竞争力——资源维度评价结果

省份	评价值	位次	省份	评价值	位次
山西	0.656	1	河南	0.352	4
安徽	0.393	3	湖北	0.311	5
江西	0.439	2	湖南	0.288	6

表9 2013 年中部六省资源维度具体指标

项 目	山西	安徽	江西	河南	湖北	湖南
人口总量(万人)	3629.8	6929	4522.15	9413	5799	6691
人均矿产占有量(万吨/人)	2342.95	128.09	12.94	94.52	13.53	22.88
人均能源占有量(万吨标准煤/人)	0.00189	0.00159	0.00058	0.0001	0.00091	0.00153
人均货运量(吨/人)	42.99	57.21	29.89	19.63	22.59	27.58
人均旅游总收入(元)	6351.42	4344.64	4121.05	4117.2	5397.71	4008.22
人均粮食产量(吨/人)	0.362	0.473	0.468	0.607	0.432	0.438

（三）中部六省资源环境竞争力——生态维度

从生态维度来看：2013 年，江西得分最高，为 0.672，其次是湖南和湖北，得分分别为 0.561 和 0.534，然后依次是安徽（0.314）、山西（0.170）和河南（0.093）。整体来看，江西在生态维度方面具有得天独厚的领先优势，山西和河南则处于较后位置（表10）。较为突出的是，山西和河南生态维度的得分与排名第四的安徽相差较大。尽管江西在经济发展竞争力的规模维度方面得分最低，但其生态条件十分优越，2013 年江西在森林覆盖率、人均林地面积、绿化覆盖率等指标方面均高于中部其他五省（图11）。

表10 2013 年中部六省资源环境竞争力——生态维度评价结果

省份	评价值	位次	省份	评价值	位次
山西	0.170	5	河南	0.093	6
安徽	0.314	4	湖北	0.534	3
江西	0.672	1	湖南	0.561	2

（四）中部六省资源环境竞争力——环保维度

从环保维度来看：2013 年，山西的环保维度得分最高，为 0.456，其次是安

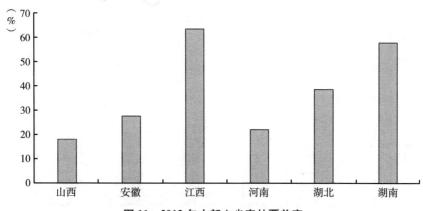

图11   2013年中部六省森林覆盖率

徽，为0.405。然后得分由高到低依次为江西（0.391）、湖北（0.351）、湖南（0.331）和河南（0.294）（表11）。可见，山西和安徽在环境保护方面取得了显著的成效。在环保维度得分方面，山西超过安徽已经成为中部第一。江西和湖北处于中部六省中游水平。湖南和河南虽然排名靠后，但其在环保方面有较高增长率。从环保维度方面的具体指标分析可知，2013年，中部六省中山西的万元产值能耗最高，但在2006年的万元产值能耗的基础上减少了很多；山西省2013年环保投入占GDP比重增长较多；其他中部五省2013年的万元产值能耗相比2006年都有较大幅度下降，2013年环保投入占GDP比重相比2006年增长最明显的是安徽省和江西省（图12）。

表11   2013年中部六省资源环境竞争力——环保维度评价结果

省份	评价值	位次	省份	评价值	位次
山西	0.456	1	河南	0.294	6
安徽	0.405	2	湖北	0.351	4
江西	0.391	3	湖南	0.331	5

（五）中部六省资源环境竞争力——省际比较

2013年，排名第1位的江西（0.489）和排在第6位的河南（0.251）资源环境竞争力相差0.238，和2006年相比，中部资源环境竞争力的省际绝对差距扩大了。再从中部六省资源环境竞争力的三个维度得分的变异系数来看，中部地区生态维度的变异系数最大，环保维度的变异系数最小，资源维度的变异

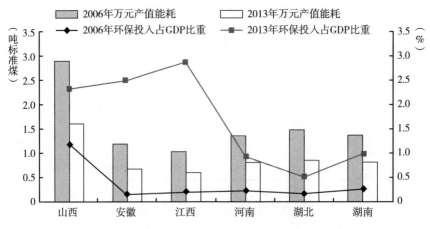

图12　2006 年与 2013 年中部六省环保维度部分指标

系数居中。表明在这三个维度中，生态维度的省际相对差异最大，环保维度的省际相对差异最小，这和 2006 年情况十分相似，但相对差异都有所缩小。

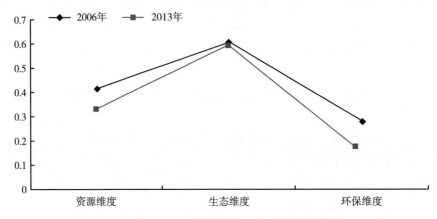

图13　中部六省资源环境竞争力各维度变异系数

五　中部六省科教文化竞争力：整体态势、结构特征与省际比较

采用线性加权评价模型，对 2013 年中部六省科教文化竞争力及其各维度进行定量评价，并分析其整体态势、结构特征、省际差异和原因解释。

（一）中部六省科教文化竞争力——整体态势

从中部六省科教文化竞争力来看：2013 年，中部六省科教文化竞争力得分最高的是湖北（0.572），得分最低的是河南（0.326），介于其间的得分由高到低依次是安徽（0.508）、山西（0.436）、江西（0.409）、湖南（0.382）（表12）。2006 年和 2013 年，湖北一路领先，稳居第一且保持了约 - 10% 的增长率。安徽从 2006 年的第六位跃升到 2013 年的第二位，由 2006 年的 0.262 增长到 2013 年的 0.508，增长率高达 94%，在中部六省中提升最快（表13）。在对 2013 年中部六省科教文化竞争力进行整体评价的基础上，接下来对中部六省科教文化竞争力的科技维度、教育维度和文化维度分别进行评价和分析（图14）。

表12　2013 年中部六省科教文化竞争力评价结果

省份	评价值	位次	省份	评价值	位次
山西	0.436	3	河南	0.326	6
安徽	0.508	2	湖北	0.572	1
江西	0.409	4	湖南	0.382	5

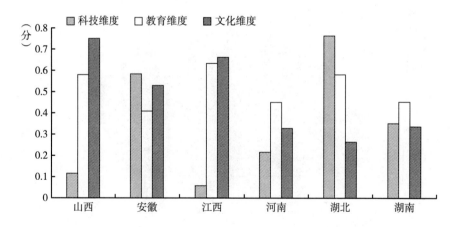

图14　2013 年中部六省科教文化竞争力的科技维度、教育维度和文化维度得分

由图14 和表13 可知，2013 年中部六省在科教文化竞争力得分方面，与 2006 年相比安徽的增长最令人瞩目，增长率达到 94%，江西的得分也有 36.71% 的增长，山西的得分基本维持不变，河南、湖北和湖南都是负增长。

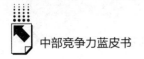

表13　中部六省2006年与2013年科教文化竞争力得分对比表

科教文化竞争力	2006年	2013年	变动幅度（%）
山西	0.424	0.436	2.83
安徽	0.262	0.508	94.00
江西	0.299	0.409	36.71
河南	0.395	0.326	−17.48
湖北	0.638	0.572	−10.40
湖南	0.434	0.382	−11.95

　　由科教文化竞争力的具体维度得分对比图（图15）可知，山西省的文化维度得分增长较大，科技维度和教育维度得分在下降；安徽省科技维度、教育维度和文化维度的得分有较大幅度增长，特别是文化维度的得分，相比2006年增长近5倍；江西省在教育维度和文化维度得分也较高，也维持增长的趋势；河南省在科教文化竞争力三维度得分整体处于中部六省落后地位；湖北省的科技维度和教育维度自2006年就远远领先于中部六省其他省份，但2013年得分有所下降，文化维度得分较低，使得在科教文化竞争力方面湖北省没能和

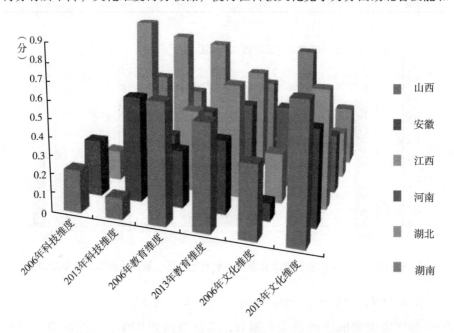

图15　中部六省2006年与2013年科教文化竞争力三维度得分对比

其他省份拉开较大差距；湖南省 2013 年文化维度得分下降较多，使得其科教文化竞争力得分较 2006 年有所下降。

（二）中部六省科教文化竞争力——科技维度

从科技维度来看：2013 年，湖北得分最高，为 0.760，远超出排名第二的安徽（0.584）。排名最末是江西，得分仅为 0.057。排名第三、第四、第五的分别是湖南（0.350）、河南（0.216）、山西（0.117）。2006 年和 2013 年，湖北科技维度得分一直居于中部六省之首，且增势强劲。六省之中，科技维度得分增长率最高的是安徽省，增长率超过 60%，从 2010 年起安徽的科技维度得分一直位列第二。相对而言，江西和山西的科技维度得分在中部六省中居于落后位置（表14）。从具体指标来看，湖北在科技维度下的 R&D 经费占 GDP 比重、每万人拥有专利授权量、高新技术市场成交额等指标上具有较为明显的领先优势。因此，在科技维度竞争力方面，2006 年和 2013 年湖北一直居于中部六省的首位。江西排名最末则主要因为 R&D 活动人员全时当量、R&D 经费占 GDP 比重、每万人拥有专利授权量以及高新技术市场成交额等指标在中部六省排名落后（表15）。

表14　2013 年中部六省科教文化竞争力——科技维度评价结果

省份	评价值	位次	省份	评价值	位次
山西	0.117	5	河南	0.216	4
安徽	0.584	2	湖北	0.760	1
江西	0.057	6	湖南	0.350	3

表15　2013 年中部六省主要科技指标

指标	山西	安徽	江西	河南	湖北	湖南
R&D 活动人员全时当量(人年)	40476	119340	43512	152541	81281	103414
R&D 经费占 GDP 比重(%)	0.89	1.85	0.95	1.14	1.81	1.39
每万人拥有专利授权量(件)	1.38	6.28	1.78	2.55	3.97	3.53
高新技术市场成交额(亿元)	52.77	130.83	43.06	40.24	397.62	77.21

（三）中部六省科教文化竞争力——教育维度

从教育维度来看：2013 年，江西得分最高，为 0.631，然后得分从高到低依次为山西（0.580）、湖北（0.577）、湖南（0.451）、河南（0.450）、安徽（0.406）。2006 年山西在教育维度方面得分排名第三，2013 年山西在教育维度得分超过湖北排名第二，江西由 2010 年的排名第二上升到 2013 年的排名第一（表16）。从具体指标来看，2013 年，山西在人均平均受教育年限指标方面得分最高，江西在财政性教育支出占 GDP 的比重方面得分最高，河南在教育支出占财政总支出的比重方面得分最高，湖北在人均平均受教育年限上得分较高，但其财政性教育支出占 GDP 比重和教育支出占财政总支出比重两个指标均为中部六省中最低的，说明湖北在教育的财政支出方面可能存在投入不足的问题（图16）。

表16　2013 年中部六省科教文化竞争力——教育维度评价结果

省份	评价值	位次	省份	评价值	位次
山西	0.580	2	河南	0.450	5
安徽	0.406	6	湖北	0.577	3
江西	0.631	1	湖南	0.451	4

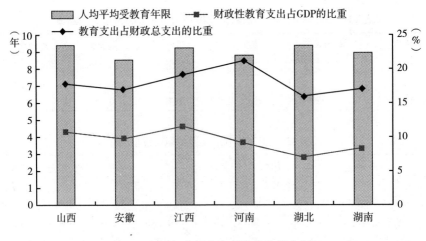

图16　2013 年中部六省教育维度部分指标

（四）中部六省科教文化竞争力——文化维度

从文化维度来看：2013 年，科教文化竞争力的文化维度得分山西最高，得分为 0.746，江西第二，得分为 0.660。第三到第五的省份由高到低依次为安徽（0.528）、湖南（0.337）、河南（0.330），得分最低的是湖北，为 0.264（表17）。山西从 2006 年的排名第四上升到 2013 年排名第一，湖北和河南在文化维度方面的得分则比较落后。江西则从 2006 年的第三位，到 2013 年位列中部第二。河南则由 2006 年的第二下降到 2013 年的第五。山西在文化产业指标方面都高于中部其他省份，山西和湖北在互联网普及率指标方面具有优势。此外，相比 2006 年，2013 年中部六省在每万人公共文化设施数和互联网普及率方面有大幅的提高，广播电视覆盖率则一直维持较高的水平（表18、表19）。

表17 2013 年中部六省科教文化竞争力——文化维度评价结果

省份	评价值	位次	省份	评价值	位次
山西	0.746	1	河南	0.330	5
安徽	0.528	3	湖北	0.264	6
江西	0.660	2	湖南	0.337	4

表18 2006 年中部六省文化维度部分指标

指标	山西	安徽	江西	河南	湖北	湖南
每万人公共文化设施数（个）	0.097	0.036	0.072	0.043	0.05	0.05
广播电视覆盖率（%）	95.42	97.41	97.37	95.35	98.11	94.21
互联网普及率（%）	11.3	5.5	6.6	5.5	9.3	6.4

表19 2013 年中部六省文化维度部分指标

指标	山西	安徽	江西	河南	湖北	湖南
每万人公共文化设施数（个）	12.36	6.94	8.71	7.02	7.31	6.40
广播电视覆盖率（%）	98.5	98.34	97.42	98.09	98.8	97.4
互联网普及率（%）	48.6	35.9	32.6	34.9	43.1	36.3

（五）中部六省科教文化竞争力——省际比较

从科教文化竞争力得分的极差来看，2006 年科教文化竞争力排名第一的湖北（0.638）和排名第六的安徽（0.262）相差0.376；2013 年，科教文化竞争力排名第一的湖北（0.572）和排名第六的河南（0.326）科教文化竞争力仅相差 0.246。可以看出，中部科教文化竞争力省际绝对差距趋向缩小。再从科教文化竞争力变异系数来看，2006 年变异系数为 0.324，2013 年为 0.202，说明中部科教文化竞争力的省际相对差距也在缩小。再从科教文化竞争力三个维度得分的变异系数来看，由 2006 年"V"形变为 2013 年倒"V"形，科技维度和文化维度的变异系数都大幅下降，教育维度的变异系数则略有上升，说明中部地区教育维度的省际差异在变大，而科技维度和文化维度的省际差异在缩小（图 17）。

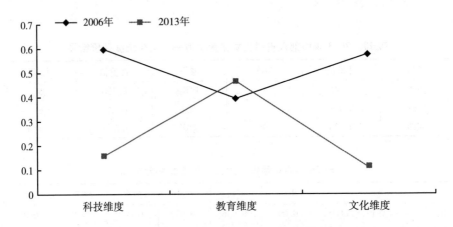

图 17　中部六省科教文化竞争力各维度变异系数

六　中部六省民生保障竞争力：整体态势、结构特征与省际比较

采用线性加权评价模型，对 2013 年中部六省民生保障竞争力及其各维度进行定量评价，并分析其整体态势、结构特征、省际差异和原因解释。

（一）中部六省民生保障竞争力——整体态势

从中部六省民生保障竞争力整体来看：2013 年，中部六省之中，河南民生保障竞争力得分最高（0.645），安徽最低（0.386）。第二到第五依次是湖南（0.567）、江西（0.562）、湖北（0.544）和山西（0.389）（表20）。河南的民生保障从2006年到2013年一直都做得很好，排名都是中部六省的第一位，2006年和2013年，安徽排名一直处于最后，民生保障竞争力得分最低。在对2013年中部六省民生保障竞争力进行整体评价的基础上，接下来对中部六省民生保障竞争力的民生维度、社保维度和安全维度分别进行评价和分析（图18）。

表20　2013年中部六省民生保障竞争力评价结果

省份	评价值	位次	省份	评价值	位次
山西	0.389	5	河南	0.645	1
安徽	0.386	6	湖北	0.544	4
江西	0.562	3	湖南	0.567	2

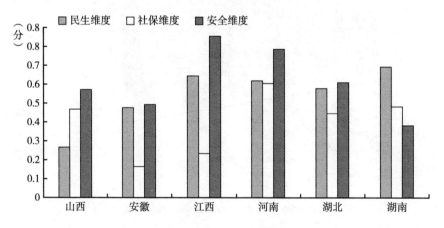

图18　2013年中部六省民生保障竞争力的民生维度、
社保维度和安全维度得分

从表21可知，2013年中部六省在民生保障竞争力得分方面，与2006年相比安徽的增长最令人瞩目，增长率达到63%，但得分还是处于中部六省落后水平，但与中部其他五省的差距有所缩小。山西的负增长值得关注，资源环境的压力使得山西对民生保障的投入下降，此外江西、河南、湖北和湖南都保持适度的增长。

表21 中部六省2006年与2013年民生保障竞争力得分对比

民生保障竞争力	2006 年	2013 年	变动幅度(%)
山西	0.512	0.389	-24.09
安徽	0.237	0.386	62.99
江西	0.442	0.562	27.22
河南	0.577	0.645	11.79
湖北	0.510	0.544	6.70
湖南	0.527	0.567	7.75

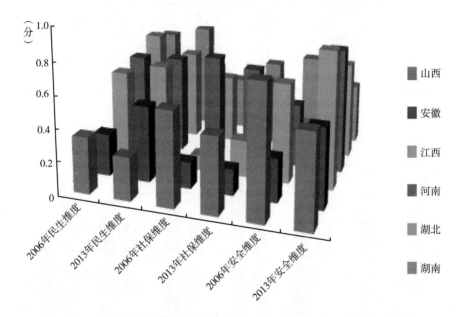

图19 中部六省2006年与2013年民生保障竞争力各维度得分对比

（二）中部六省民生保障竞争力——民生维度

从民生维度来看：2013 年，湖南得分最高，为 0.691；江西次之，得分为 0.643；河南得分为 0.617，由 2006 年的第一位降到 2013 年的第三位。然后得分由高到低依次为湖北（0.577）、安徽（0.477），得分最低的是山西，为 0.267（表22）。从 2013 年民生维度具体指标来看，河南居民储蓄存款年底余额为中部六省中最高的，江西的城乡居民收入比最小，湖北农村居民人均纯收入最高，湖南城镇居民人均可支配收入、农村人均居住面积两个最高。城镇居民人均可支配收入江西最低，农村居民人均纯收入山西最低，城乡居民收入比山西最大，基尼系数安徽最大，CPI 指数山西最高，恩格尔系数江西最高，农村人均居住面积山西最小，居民储蓄存款年底余额江西最少，2013 年中部六省城镇居民人均可支配收入、农村居民人均纯收入、居民储蓄存款年底余额较2006 年都有大幅增长，但基尼系数却在放大（表23、表24）。

表22　2013 年中部六省民生保障竞争力——民生维度评价结果

省份	评价值	位次	省份	评价值	位次
山西	0.267	6	河南	0.617	3
安徽	0.477	5	湖北	0.577	4
江西	0.643	2	湖南	0.691	1

表23　2006 年中部六省民生维度具体指标

项　　目	山西	安徽	江西	河南	湖北	湖南
城镇居民人均可支配收入(元)	10027.7	9771.05	9551.12	9810.26	9802.65	10504.67
农村居民人均纯收入(元)	3180.92	2969.08	3459.53	3261.03	3419.35	3389.62
城乡居民收入比	3.152	3.291	2.761	3.008	2.867	3.099
基尼系数	0.213	0.245	0.236	0.221	0.22	0.228
CPI 指数(%)(上年＝100)	102	101.2	101.2	101.3	101.6	101.4
恩格尔系数(%)(农村)	31.4	42.4	39.7	33.1	39.7	34.9
农村人均居住面积(平方米)	24.96	27.97	35.91	28.44	36.77	39.28
居民储蓄存款年底余额(亿元)	4796.2	4077.8	3151.7	7367.4	5103.6	4762.3

表24　2013 年中部六省民生维度具体指标

项　　目	山西	安徽	江西	河南	湖北	湖南
城镇居民人均可支配收入(元)	22455.6	23114.2	21872.7	22398	22906.4	23414
农村居民人均纯收入(元)	7153.5	8097.9	8781.47	8475.34	8867	8372.1
城乡居民收入比	3.14	2.85	2.49	2.64	2.58	2.8
基尼系数	0.456	0.63	0.356	0.379	0.539	0.48
CPI 指数(%)(上年＝100)	103.1	102.4	102.5	102.9	102.8	102.5
恩格尔系数(%)(农村)	33	39.65	42.3	34.4	39.7	38.4
农村人均居住面积(平方米)	33.5	34.86	40.1	34.4	38.82	42.1
居民储蓄存款年底余额(亿元)	13339.4	12924.9	9725.2	20232.1	15507	14539.7

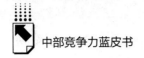

（三）中部六省民生保障竞争力——社保维度

从社保维度来看：2013 年，河南第一，得分为 0.602；湖南次之，得分为 0.484；然后依次为山西（0.469）、湖北（0.446）、江西（0.233），安徽最低，得分为 0.164（表 25）。其中，山西从 2010 年的第三跃升到 2011 年的第一位，2013 年下跌两位。河南 2006 年和 2010 年一直是中部第一，2013 年还是维持中部第一，安徽和江西在民生保障方面处于落后地位，主要因为江西和安徽绝对水平较低。从具体指标分析可以看出，中部六省中，河南养老保险覆盖率和城镇新增就业人数最高，山西失业保险覆盖率最高，河南城镇新增就业人数最高。江西城镇新增就业人数最低，安徽在失业保险覆盖率、医疗保险覆盖率、住房保险覆盖率、万人拥有病床数等指标方面为中部六省中最低的，湖北万人拥有病床数最高，养老保险覆盖率最低（图 20）。

表 25　2013 年中部六省民生保障竞争力——社保维度评价结果

省份	评价值	位次	省份	评价值	位次
山西	0.469	3	河南	0.602	1
安徽	0.164	6	湖北	0.446	4
江西	0.233	5	湖南	0.484	2

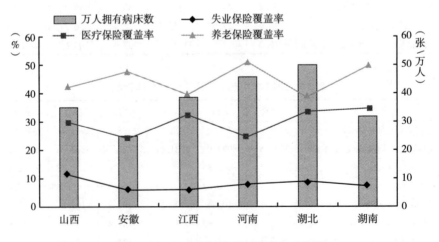

图 20　2013 年中部六省社保维度部分指标

（四）中部六省民生保障竞争力——安全维度

从安全维度来看：2013 年江西得分最高，为 0.853；河南次之，为 0.782；然后由高到低依次为湖北（0.611）、山西（0.570）、安徽（0.492），湖南得分最低（0.384）（表 26）。江西从 2010 年的中部第二位升到 2013 年的中部第一。河南略逊于江西，但得分和江西十分接近。安徽和湖南的安全维度得分一直较低，排名靠后。尤其是湖南从 2006 年的第三位下滑到 2010 年的第五位，再到 2013 年的第六位，一路下行。从具体指标来看，2013 年江西和河南的安全维度得分最高，主要是因为河南的城镇失业率最低，江西的重大火灾事故发生数最低，而湖南的城镇登记失业率和重大火灾事故发生数两个指标最高（图 21）。

表 26　2013 年中部六省民生保障竞争力——安全维度评价结果

省份	评价值	位次	省份	评价值	位次
山西	0.570	4	河南	0.782	2
安徽	0.492	5	湖北	0.611	3
江西	0.853	1	湖南	0.384	6

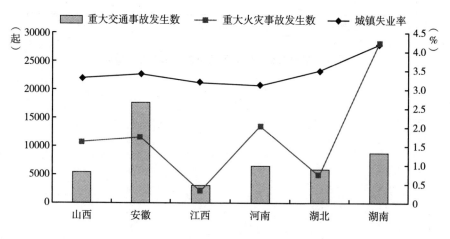

图 21　2013 年中部六省安全维度部分指标

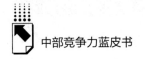

（五）中部六省民生保障竞争力——省际比较

2013 年，排名第一的河南（0.645）和排在第六位的安徽（0.386）民生保障竞争力相差 0.259。和 2006 年相比，中部六省民生保障竞争力得分的极差降低了 0.092。可见，中部民生保障竞争力的省际绝对差距呈缩小态势。再从中部民生保障竞争力的省际变异系数来看，2006 年变异系数为 0.259，2013 年降为 0.204，中部地区民生保障竞争力的省际相对差距趋于缩小。从中部地区民生保障竞争力三个维度得分的变异系数来看，和 2006 年相比，2013 年社保维度的变异系数是三个维度中最高的，安全维度的变异系数最低，民生维度的变异系数居中，三个维度的变异系数较 2006 年都有不同幅度的下降（图 22）。

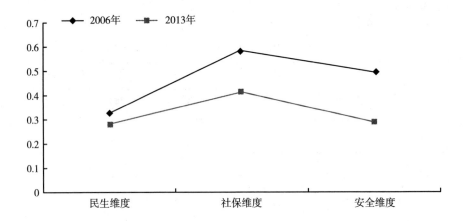

图 22　中部六省民生保障竞争力各维度变异系数

中部经济社会综合竞争力：
评价与比较分析

摘　要：　采用中部经济社会竞争力测评的线性加权评价模型，对2013年中部六省经济社会综合竞争力进行综合评价，具体分析中部六省经济社会竞争力的整体态势、结构特征、省际差异及其原因解释。

关键词：　经济发展竞争力　资源环境竞争力　科教文化竞争力　民生保障竞争力　综合评价

一　中部六省经济社会综合竞争力——整体态势

从经济社会综合竞争力来看，2013年中部六省经济社会综合竞争力湖北最高，得分为0.555；湖南次之，得分为0.460；然后依次是安徽（0.459）、河南（0.453）、江西（0.445），山西最低，得分为0.393（表1）。

表1　2013年中部六省经济社会综合竞争力分项结构

省份	评价值	位次	省份	评价值	位次
山西	0.393	6	河南	0.453	4
安徽	0.459	3	湖北	0.555	1
江西	0.445	5	湖南	0.460	2

由表2可知，2013年中部六省在经济社会综合竞争力得分方面，与2006年相比有着正的增长的有安徽、江西、湖北和湖南，山西和河南则是负增长。增长速度最快的是安徽，经济社会综合竞争力得分增长39.65%，其次是江西，保持12.24%的增长。

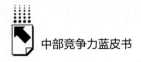

表 2　中部六省 2006 年与 2013 年社会综合竞争力得分对比

社会综合竞争力	2006 年	2013 年	变动幅度（%）
山西	0.409	0.393	-4.11
安徽	0.329	0.459	39.65
江西	0.397	0.445	12.24
河南	0.492	0.453	-7.89
湖北	0.512	0.555	8.40
湖南	0.446	0.460	3.14

二　中部六省经济社会综合竞争力——结构特征

（一）中部六省经济社会竞争力的分项结构特征

湖北经济社会综合竞争力继续排在中部六省首位，主要是由于湖北在经济发展竞争力和科教文化竞争力方面的竞争优势十分明显，2013 年湖北省的资源环境竞争力也有所增强，民生保障竞争力虽然相对靠后，但也不影响湖北省排在中部六省第一位。

湖南经济社会综合竞争力排名升到第二，主要是因为 2013 年湖南资源环境竞争力和科教文化竞争力较 2006 年有较大的提升，处于中部六省的偏上水平，而其民生保障竞争力排名也靠前。

安徽经济社会综合竞争力排名第三，主要因为安徽在科教文化竞争力方面的竞争优势仅次于湖北，较 2006 年有大幅的提高，且资源环境竞争力也处于中部六省中等偏上水平，虽然民生保障竞争力处于靠后地位，但与其他中部五省的差距不大。总体来说与 2006 年相比，安徽有了很大进步，尤其是在经济发展竞争力和科教文化竞争力升幅最大。

河南经济社会综合竞争力排名第四，较 2006 年下降，主要是因为其经济发展竞争力滑落到第二位，科教文化竞争力排在中部六省最后一位，虽然其民生保障竞争力一直都排在前列，但其资源环境竞争力较低，使得河南的综合竞争力较 2006 年下降。

江西经济社会综合竞争力排名第五，和 2006 年一样，江西在资源环境竞争力具有十分突出的竞争优势，而在其他三个方面较其他省份差距较大，但好的方面是，2013年江西在经济发展竞争力、科教文化竞争力和民生保障竞争力方面较2006年也有较大的进步，排名中游位置。

山西经济社会综合竞争力排名第六，虽然其在资源环境竞争力方面具有优势，但在其他三个分项竞争力方面处于中部六省的中等偏下或靠后位置（表3、表4、表5、表6、表7、表8）。

表3 2006年中部六省经济社会竞争力的分项结构

省份	经济发展竞争力	资源环境竞争力	科教文化竞争力	民生保障竞争力
山西	0.353	0.364	0.424	0.512
安徽	0.392	0.400	0.262	0.237
江西	0.325	0.562	0.299	0.442
河南	0.559	0.364	0.395	0.577
湖北	0.484	0.436	0.638	0.510
湖南	0.357	0.512	0.434	0.527

表4 2006年中部六省经济社会分项竞争力的名次排序

省份	经济发展竞争力	资源环境竞争力	科教文化竞争力	民生保障竞争力
山西	5	5	3	3
安徽	3	4	6	6
江西	6	1	5	5
河南	1	6	4	1
湖北	2	3	1	4
湖南	4	2	2	2

表5 2013年中部六省经济社会竞争力的分项结构

省份	经济发展竞争力	资源环境竞争力	科教文化竞争力	民生保障竞争力
山西	0.326	0.430	0.436	0.389
安徽	0.515	0.374	0.508	0.386
江西	0.374	0.489	0.409	0.562
河南	0.586	0.251	0.326	0.645
湖北	0.652	0.394	0.572	0.544
湖南	0.514	0.387	0.382	0.567

表6 2013年中部六省经济社会分项竞争力的名次排序

省份	经济发展竞争力	资源环境竞争力	科教文化竞争力	民生保障竞争力
山西	6	2	3	5
安徽	3	5	2	6
江西	5	1	4	3
河南	2	6	6	1
湖北	1	3	1	4
湖南	4	4	5	2

表7 2006年中部六省经济社会分项竞争力和综合竞争力排序的前2名和后2名

项目	前两名(第1、第2)	后两名(第5、第6)
经济发展竞争力	湖北、河南	山西、江西
资源环境竞争力	江西、湖南	山西、河南
科教文化竞争力	湖北、湖南	江西、安徽
民生保障竞争力	河南、湖南	江西、安徽
经济社会综合竞争力	湖北、河南	安徽、江西

表8 2013年中部六省经济社会分项竞争力和综合竞争力排序的前2名和后2名

项目	前两名(第1、第2)	后两名(第5、第6)
经济发展竞争力	湖北、河南	江西、山西
资源环境竞争力	江西、山西	安徽、河南
科教文化竞争力	湖北、安徽	湖南、河北
民生保障竞争力	河南、湖南	山西、安徽
经济社会综合竞争力	湖北、湖南	江西、山西

（二）中部六省经济社会竞争力的维度构成特征

湖北经济社会综合竞争力最高，从分项竞争力来看，主要是由于其在经济发展竞争力、科教文化竞争力方面的优势十分明显。再从维度竞争力来看，可进一步发现：湖北在经济发展竞争力的速度维度方面位列中部之首，比2006年有所提高，规模维度和结构为度方面排在中部六省第二，和2006年变化不大。湖北在科教文化竞争力的科技维度方面得分位列中部第一，教育维度、民生维度的排名较2006年有较大幅度的下滑，而安全维度的排名由2006年的最后一名上升至 2013 年中部六省第三名。

湖南经济社会综合竞争力排名第二。从分项竞争力来看，湖南在经济发展的速度方面较 2006 年有很大的提升，其民生维度、社保维度的得分也提升较快，处于中等靠前地位。但值得注意的是，湖南在资源维度和环保维度方面的得分较 2006 年下降，2013 年湖南民生维度方面进一步巩固了 2006 年的优势，湖南在生态环境、民生保障、社保等方面还是具有一定竞争实力。但是湖南在安全维度、环保维度、资源维度的优势并没有保持住，湖南省在发展的时候应该统筹兼顾，全面提升经济社会综合竞争力。

安徽经济社会综合竞争力排名第三。从分项竞争力来看，主要是由于其科教文化竞争力仅次于排名第一的湖北，且资源环境竞争力也处于中部六省中等偏上水平。从维度竞争力分析可以发现，2013 年安徽在环保维度、科技维度等方面排名第二，规模维度、速度维度、结构维度以及文化维度处于中部六省第三位，和 2006 年相比，变化较大的是在科技维度、文化维度以及资源维度，而教育维度和社保维度继续下滑至中部六省最末，民生维度和安全维度排名第五，和 2006 年相比变化不大。

河南经济社会综合竞争力排名第四。河南省从分项竞争力来看，尽管其民生保障竞争力排名第一，但其在经济发展竞争力、资源环境竞争力、科教文化竞争力方面相对靠后。具体从维度构成来看，2013 年河南在速度维度和环保维度以及文化维度和 2006 年相比，有明显的退步，在资源维度、科技维度、教育维度都小幅下滑，所以河南 2013 年经济社会综合竞争力较 2006 年下滑两位，排名中部六省第四。

江西经济社会综合竞争力排名第五。从分项竞争力来看，主要在于江西资源环境竞争力具有十分突出的竞争优势，科教文化竞争力和民生保障竞争力处于中游，但其经济发展竞争力整体靠后。从维度竞争力来看，2013 年江西继续在资源维度、生态维度和环保维度巩固自己在中部六省的领先地位，同时教育维度、文化维度、民生维度、安全维度的得分较 2006 年也有小幅提升。整体来看，经济规模，经济发展速度、经济结构、科学技术和社会保障依然是制约江西持续提升经济社会竞争力的主要因素。

山西经济社会综合竞争力排名第六。从分项竞争力来看，其在资源环境竞争力方面具有明显优势，却在其他三个分项竞争力方面处于中等偏下甚至更为靠后的状态。从维度构成来看，山西 2013 年在结构维度、环保维度和文化维度相比 2006 年提升幅度较大，但在经济发展规模和速度以及民生、社保和安全维度的得分相比 2006 年有所下降（表9、表10、表11、表12）。

表9 2006 年中部地区经济社会竞争力各维度竞争力评价值的省际比较

项目	山西	安徽	江西	河南	湖北	湖南
规模维度	0.365	0.263	0.147	0.830	0.618	0.437
速度维度	0.277	0.437	0.466	0.544	0.170	0.143
结构维度	0.414	0.517	0.423	0.212	0.620	0.464
资源维度	0.650	0.245	0.281	0.466	0.270	0.340
生态维度	0.209	0.252	0.741	0.116	0.476	0.460
环保维度	0.267	0.627	0.638	0.472	0.531	0.679
科技维度	0.235	0.314	0.169	0.365	0.831	0.423
教育维度	0.658	0.318	0.463	0.384	0.731	0.276
文化维度	0.401	0.100	0.277	0.460	0.201	0.672
民生维度	0.350	0.266	0.576	0.603	0.684	0.627
社保维度	0.582	0.166	0.097	0.653	0.438	0.343
安全维度	0.810	0.271	0.625	0.400	0.183	0.550

表10 2006 年中部地区经济社会竞争力各维度竞争力位次的省际比较

项目	山西	安徽	江西	河南	湖北	湖南
规模维度	4	5	6	1	2	3
速度维度	4	3	2	1	5	6
结构维度	5	2	4	6	1	3
资源维度	1	6	4	2	5	3
生态维度	5	4	1	6	2	3
环保维度	6	3	2	2	4	1
科技维度	5	4	6	3	1	2
教育维度	2	5	3	4	1	6
文化维度	3	6	4	2	5	1
民生维度	5	6	4	3	1	2
社保维度	2	5	6	1	3	4
安全维度	4	5	2	4	6	3

表 11　2013 年中部地区经济社会竞争力各维度竞争力评价值的省际比较

项目	山西	安徽	江西	河南	湖北	湖南
规模维度	0.064	0.450	0.188	0.846	0.605	0.432
速度维度	0.160	0.708	0.612	0.491	0.847	0.742
结构维度	0.843	0.409	0.382	0.336	0.519	0.395
资源维度	0.656	0.393	0.439	0.352	0.311	0.288
生态维度	0.170	0.314	0.672	0.093	0.534	0.561
环保维度	0.456	0.405	0.391	0.294	0.351	0.331
科技维度	0.117	0.584	0.057	0.216	0.760	0.350
教育维度	0.580	0.406	0.631	0.450	0.577	0.451
文化维度	0.746	0.528	0.660	0.330	0.264	0.337
民生维度	0.267	0.477	0.643	0.617	0.577	0.691
社保维度	0.469	0.164	0.233	0.602	0.446	0.484
安全维度	0.570	0.492	0.853	0.782	0.611	0.384

表 12　2013 年中部地区经济社会竞争力各维度竞争力位次的省际比较

项目	山西	安徽	江西	河南	湖北	湖南
规模维度	6	3	5	1	2	4
速度维度	6	3	4	5	1	2
结构维度	1	3	5	6	2	4
资源维度	1	3	2	4	5	6
生态维度	5	4	1	6	3	2
环保维度	1	2	3	6	4	5
科技维度	5	2	6	4	1	3
教育维度	2	6	1	5	3	4
文化维度	1	3	2	5	6	4
民生维度	6	5	2	3	4	1
社保维度	3	6	5	1	4	2
安全维度	4	5	1	2	3	6

三　中部六省经济社会综合竞争力——省际比较

（一）中部经济社会竞争力的省际比较

从图 1 关于中部地区经济社会分项竞争力和综合竞争力的省际变异系数来

看，2013年，经济发展竞争力的省际变异系数最大，为0.251；其次是民生保障竞争力，为0.204；然后依次是资源环境竞争力（0.203）、科教文化竞争力（0.202）；经济社会综合竞争力的省际变异系数最小，为0.114。2013年，中部经济社会竞争力的省际变异系数整体呈现出和2010年相似的特征，但是变异系数最大的由科教文化竞争力变为经济发展竞争力。2013年中部经济社会发展的分项竞争力和综合竞争力的省际差异由大到小排序为：经济发展竞争力、民生保障竞争力、资源环境竞争力、科教文化竞争力、经济社会综合竞争力。由上可知，经济发展竞争力的省际差异在中部地区经济社会竞争力省级差异中最为突出。其次是民生保障竞争力省际差异，科教文化综合竞争力的省际差距最小，而中部地区经济社会综合竞争力的省际差异相对而言是最小的。

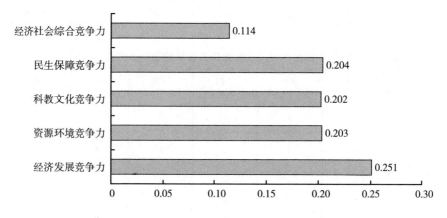

图1　2013年中部六省经济社会竞争力的变异系数

再从中部六省经济社会竞争力变异系数的动态演变分析可见，中部六省的经济发展竞争力从2010年的0.220上升到2013年的0.251，提高了0.031；资源环境竞争力从2010年的0.185升高到2013年的0.203，提高了0.018；科教文化竞争力从2010年的0.324降低到2013年的0.202，降低了0.122；民生保障竞争力从2010年的0.259降低到2013年的0.204，降低了0.054。经济社会综合竞争力从2010年的0.156降低到2013年的0.114，降低了0.042。从2010年到2013年，中部地区科教文化竞争力、民生保障竞争力以及经济社会综合竞争力的省际差异在趋向缩小；经济发展竞争力和资源环境竞争力的省际差异呈扩大态势。可见，随着中部六省区域竞争与合作程度的不断深入发展，中部各省科教文化和民生保障方面的差距在不断缩小，而在实现经济发展、科教文化和民生保障等分项竞争力省际差异缩小的同时，经济发展竞争力和资源环境竞争力的省际差异却在扩大。因此，在一定意义上可以认为，中部六省经济发展竞争力和资源环境竞争力的省际差异在 2013 年各分项竞争力中最为显著。

（二）中部经济社会竞争力各维度的省际比较

从中部经济社会竞争力包含的 12 个维度竞争力的变异系数分析可见，2013 年规模维度、生态维度的变异系数超过 0.500，高达 0.653 和 0.579。教育维度、社保维度、速度维度的变异系数超过 0.400，分别为 0.466、0.416 和 0.412。比较而言，变异系数较低的维度有文化维度（0.114）、科技维度（0.153）、环保维度（0.155）、民生维度（0.282）、安全维度（0.286）。变异系数介于 0.3 ~ 0.4 之间的维度，由低到高分别有资源维度（0.329）、结构维度（0.390）。由此可知，中部地区科学经济规模和生态以及教育方面的省际差异最大，文化、科技和环保维度的省级差异较小（图 2）。

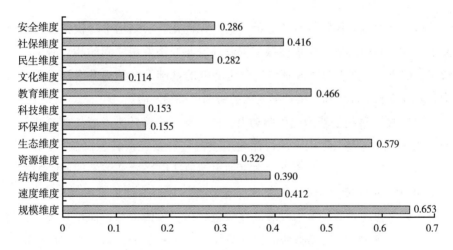

图 2　2013 年中部六省经济社会竞争力各维度变异系数

B.4
中部经济社会竞争力提升对策建议

摘　要：　在对2013年中部经济社会分项竞争力、综合竞争力进行综合评价和具体分析的基础上，基于2006年和2013年中部经济社会竞争力的整体态势、结构特征及省际差异的对比分析，提出培育和提升中部经济社会竞争力的政策建议。

关键词：　经济社会竞争力　对策建议　中部六省

一　山西

（1）要继续发挥资源竞争力的优势，在优化经济结构中尽快实现"弯道超车"走出转型困境。要积极探索资源环境与经济发展之间的相对脱钩发展模式，即要在不使山西资源环境竞争力降低的基础上持续提升经济发展竞争力，实现资源、环境和经济社会发展的协调可持续发展。

（2）要以科技创新为内生驱动力，向资源型经济转型发展。要持续做大经济总量，改善生态环境，加快深化"全国资源型经济转型试验区"改革，提升山西经济社会综合竞争力。在更加主动地适应当前经济发展面临的资源环境问题的前提下，继续加大投入，有效缓解并消除经济发展与资源消耗、环境污染之间的矛盾，大力发展循环绿色经济，节约资源，保护环境，调整产业结构，促进产业转型升级；提高节能、环保和安全技术水平，淘汰落后技术。

（3）加快改革开放步伐，促进转型综改区建设。坚持控制总量、同时厉行节约，努力集约高效的消费能源，提高省内清洁煤炭消费比例。大力发展清洁燃煤、深度转化煤基能源、推广燃煤锅炉和窑炉污染控制技术。

（4）深化国企改革，充分发挥市场机制的积极作用，逐步降低经济发展的制度成本。落实好国企重大信息公开工作，建立完善国有资本收益共享机制，稳步推进国有企业股权多元化。

二　安徽

（1）坚持扩大科教文化竞争力优势。改变在人民生活、社会保障、社会安全等方面的竞争力处于中部六省相对落后地位。继续保持强劲的经济发展速度，完善经济发展结构以及先进的科学技术水平，充分利用承接沿海地区产业转移的发展机遇，改善产业转移承接的环境，健全服务承接产业转移的长效机制，构建好现代产业体系，促进安徽经济快速发展。

（2）深入实施创新驱动战略。坚持调整存量与做优增量并举，推动传统优势产业与战略性新兴产业融合发展，加快构建现代产业体系。

（3）全面发展社会事业，进一步提高基本公共服务水平。继续深入推进文化惠民工程，加快建设公共文化省级示范区、乡镇综合文化服务中心试点。不断创新社会治理，进一步巩固和谐稳定大局。

（4）坚持以人为核心的新型城镇化建设，走高质量、可持续的新型城镇化道路，全面展开新型城镇化试点省建设。抓住长江经济带和"一带一路"的建设战略机遇，扩大东西双向、对内对外开放，加快形成内陆开放新高地。

三　江西

（1）继续发挥江西生态优势，推进全省生态文明建设。江西的经济总量、发展规模和速度方面的竞争力均处于中部后进位置，江西必须注重发展与环境相结合，在推进融入长江经济带建设的综合立体交通走廊建设中，切实加强和改善鄱阳湖生态环境保护治理。按照国家对江西省生态文明先行示范区建设的总体要求、目标定位、基本原则，构建保护环境和节约资源的生产方式、生活方式、空间格局、产业结构，保护和建设好绿色江西，巩固提升生态优势。

（2）充分挖掘消费潜力，培育新的消费增长点。深化行政体制改革。对投资、创新创业、生产经营等领域的行政审批事项进行系统梳理。坚持把对接

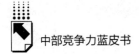

融入国家区域发展战略与实施江西省区域发展战略有机结合起来，努力拓展发展空间，培育新的增长极，推进区域经济发展升级。

（3）加快转变农业发展方式，大力推进农业现代化。因时制宜的针对农业农村发展新形势，按照新时期新的要求，促进农业增效农民增收农村繁荣，切实加强农业农村工作。

（4）坚定不移实施大开放战略，加快开放型经济发展升级。坚持"引进来"和"走出去"并重，不断拓展对外开放的广度和深度，深化与沿海各大经济区的合作，加快对接，推进赣浙、赣闽、赣湘、赣粤等开放合作示范区，积极加快赣南承接产业转移示范区、"三南"承接加工贸易转移示范地等平台建设。

四　河南

（1）保持经济平稳较快增长。把稳增长摆到更加突出的位置，着力扩大增长点、转化落后产能、抓住关键发展、抢占发展机遇、稳定社会民生，促进经济持续健康运行。充分发挥郑州航空港经济综合实验区的引领带动作用。河南的经济发展规模是中部六省之最，在民生保障方面竞争优势明显，社会安全也在中部六省中领先，但其经济发展速度、经济结构生态环境、环境保护以及教育和文化方面的竞争力较为滞后，人均值较低，影响到其经济社会竞争力的排名。

（2）推动中原腹地深度融入"一带一路"建设。拓展海铁、空铁联运业务，巩固郑州到欧洲班列领先地位，构建欧亚便捷运输通道。加快航空港枢纽建设，加快建成覆盖更广的外围高速公路网。

（3）大力促进农业现代化，加快城镇化建设进程。以"三农"四大工程为抓手，推进现代农业大省建设，努力使农业更强、农民更富、农村更美。转变农业发展方式，在粮食稳定增产的前提下，推进农业生产结构的调整。以发展社会事业和农村人口市民化改善为突破口，加快推进多维协调的城镇化发展。

（4）积极推进开放式创新，提升科技竞争力。引进高科技项目，带动自身技术水平的提升，支持企业与国内外同行、央企、科研院所和高等院校共建合作平台，鼓励各地与重点高校、科研机构合作，建设科技园区，提升生产力水平，支持企业通过海外并购、设立研发中心、购买专利增强创新能力。

五 湖北

（1）继续依靠创新驱动，持续提升经济发展动力。强化先进制造业的主导作用、新兴产业的引领作用、现代服务业的支撑作用，进一步增强经济发展的韧性。湖北在中部六省中始终处于龙头地位，尤其是在经济发展竞争力、科教文化竞争力方面的优势十分明显。湖北在经济结构、科学技术等方面位列中部首位，这是湖北经济社会综合竞争力稳居中部第一的主要原因。

（2）更大力度推进简政放权，加快推进重点领域改革。坚持环保优先、生态至上的发展理念，努力呈现青山、绿水、蓝天、白云，大力发展绿色产业。在新常态背景下，政府的重点应放在法治政府建设上，以能力建设为抓手，推进治理体系和治理能力的现代化，促进社会公平公正。

（3）把握长江经济带以及"一带一路"建设的历史机遇，进一步优化区域发展的空间格局。加快形成多点支撑、多极带动、各具特色、竞相发展的区域发展新格局，引领长江中游城市群建设。

六 湖南

（1）进一步提升民生保障竞争力。从维度竞争力来看，湖南在民生维度方面具有明显强于其他省份的竞争优势，在经济结构、生态环境、社保等方面排名第二，也具有一定竞争实力。但是，也可以发现湖南在资源维度、安全维度以及环境保护等方面处于六省最后或靠后位置。在生态维度和民生维度方面湖南具有较强的竞争优势。

（2）继续将长株潭城市群和长江经济带建设作为借力，切实把"一带一路"建设作为提升经济社会发展竞争力的重要着力点。努力将湘中和湘北与长江经济带衔接，将其中一些城市培育成全省发展新的增长极。

（3）坚持新型工业化为第一推动力。发掘新增长点，构筑多点支撑、多

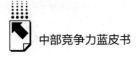

极发展的产业格局。推进国有资本运营平台组建、企业重组整合、混合所有制
经济发展等试点工作。推进财税体制改革，推动投融资体制改革和金融创新，
大力激发非公有制经济活力。

（4）统筹推进长株潭、湘南和大湘西地区发展。加快扶贫攻坚步伐，推
进以人为本的新型城镇化建设。加快两型社会建设。统筹发展社会事业，保持
社会和谐稳定。

参考文献

迈克尔·波特：《国家竞争优势》，华夏出版社，2002。

金碚：《竞争力经济学》，广东经济出版社，2003。

陈柳钦：《区域竞争力内涵的多元化认知与辨析》，《当代经济管理》2010 年第 11 期。

周绍森、胡德龙：《现代经济发展内生动力论——科学技术与人力资本对经济贡献
的研究》，经济科学出版社，2010。

王圣云：《中部地区人文发展的生态效率评价》，《经济地理》2011 年第 10 期。

王圣云：《长江中游城市集群空间经济联系与网络结构》，《经济地理》2013 年第 4 期。

南昌大学中国中部经济社会发展研究中心：《中国中部经济社会竞争力报告
（2011）》，社会科学文献出版社，2011。

城市评价篇

Urban Evaluation

车春鹏*

2013 年中国都市圈竞争力排名

都市圈	竞争力指数		发育度指数		实力指数		绩效指数	
	排名	评分	评分	排名	评分	排名	评分	排名
上海圈	1	87.36	41.61	1	30	1	15.75	2
首都圈	2	61.51	35.05	2	13.18	3	13.27	6
广州圈	3	58.9	32.53	3	13.44	2	12.93	7
杭州圈	4	51.57	29.64	4	7.84	4	14.09	3
南京圈	5	46.43	25.34	9	7.52	5	13.57	4
大连圈	6	42.41	23.03	16	3.45	13	15.92	1
沈阳圈	7	42.04	25.66	7	5.37	8	11.01	8
青岛圈	8	40.22	23.93	11	2.83	16	13.46	5
济南圈	9	39.88	23.46	13	6	6	10.41	11
成都圈	10	39.55	25.73	6	4.24	9	9.57	12
重庆圈	11	39.17	26.39	5	4.16	10	8.62	16
郑州圈	12	37.92	23.15	15	5.59	7	9.18	14
武汉圈	13	37.84	24.98	10	3.99	12	8.86	15
长沙圈	14	37.58	23.56	12	3.14	14	10.88	9
长春圈	15	34.93	21.57	19	4.12	11	9.23	13
哈尔滨圈	16	34.33	25.39	8	1.9	20	7.04	22
石家庄圈	17	33.71	23.36	14	2.84	15	7.51	21

---

* 车春鹏，博士，上海对外经贸大学副教授，硕士生导师，主要从事区域经济、产业布局与规划等方面研究

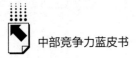

续表

都市圈	竞争力指数		发育度指数		实力指数		绩效指数	
	排名	评分	评分	排名	评分	排名	评分	排名
汕头圈	18	33.13	21.34	20	0.94	22	10.85	10
西安圈	19	33.02	22.45	17	2.79	17	7.78	20
合肥圈	20	32.67	22.2	18	2.68	18	7.79	19
南昌圈	21	30.8	19.95	22	2.43	19	8.42	17
太原圈	22	30.26	20.7	21	1.72	21	7.84	18

2013 年中国中部都市圈竞争力排名

都市圈	竞争力指数		发育度指数		实力指数		绩效指数	
	排名	评分	评分	排名	评分	排名	评分	排名
郑州圈	1	84.21	42.33	2	26.85	1	15.03	2
武汉圈	2	80.52	44.86	1	21.02	2	14.65	3
长沙圈	3	75.45	41.57	3	16.54	3	17.34	1
合肥圈	4	63.03	38.82	4	12.05	5	12.16	4
南昌圈	5	58.89	32.13	6	14.87	4	11.88	5
太原圈	6	52.33	32.79	5	7.72	6	11.81	6

中国都市圈综合竞争力评价

摘　要：　根据2004年的统计数据，中国形成了20个中心城市的市区非农业人口规模在200万人以上、非农业人口比重达到70%的城市，由于这些城市在空间分布上交叉及腹地城市群发展状况，高汝熹等认为中国形成了18个大都市圈。然而，经过10年的发展，尤其是中部的快速崛起，很多城市已经超过了当年的评价标准。因此，本次评价报告增加了郑州、南昌、长沙、合肥4个都市圈，报告的评价范围从以前的18个都市圈扩展到22个。

关键词：　中国　都市圈　综合竞争力

一　中国都市圈评价范围

1. 中国都市圈划分原则和依据[①]

根据都市圈的定义，结合中国的实际情况，中国都市圈划分原则和依据如下。

（1）以中心城市为核心的原则

中心城市在都市圈经济发展中具有十分重要的地位和作用。一是中心城市具有生产力高聚集优势，在一定地区社会经济发展中具有重要的

---

① 为了保持评价结果的纵向可比性，与车春鹏、高汝熹、吴晓隽共同撰写的《中国都市圈评价报告（2007）》一样，本报告继承了高汝熹等撰写的《中国都市圈评价报告（2006）》中原有的评价指标体系，模型、方法和范围，从城市群发育水平、实力水平以及绩效水平三方面综合评价中国不同区域都市圈的综合竞争力。为了方便新读者，本报告依旧对都市圈评价范围、综合竞争力评价指标体系等进行说明。

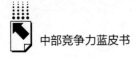

主导作用；二是中心城市具有较强的综合社会经济功能，使中心城市在发展大市场、大流通和外向型经济中具有绝对的优势；三是中心城市拥有良好的区位条件和基础设施，各种经济管理机构较健全、交通运输条件方便，使中心城市具有带动某一区域内经济活动的重要功能。因此，在都市圈经济发展中必须以中心城市为核心，充分发挥中心城市的经济势能及作用。

（2）以城市等级体系为依托的原则

以城市体系为依托，充分发挥城市经济中心的作用，是划分都市圈的基本原则。遵循以城市体系为依托的原则，一是要正确确定中心城市对周围城市的吸引力和辐射力，从而界定都市圈范围；二是要确定合理的城市等级体系，实行大中小城市的合理分工和布局，形成各有优势、相互补充、具有特色的城市体系，才能实现生产力的合理布局，充分发挥区域协作联合的优势，从而促进都市圈的经济发展。

（3）以交通通达条件为纽带的原则

中国目前城乡分离的户籍制度，限制了劳动力在城乡之间、地区之间的自由流动；再加上处于经济体制转轨时期，劳动力流动的非规律性，采用劳务通勤关系不能准确反映中心城市经济势能作用的范围，因而采用以交通通达条件为依据来确定中国都市圈的范围。

（4）兼顾城市行政区划和经济区划相对一致的原则

在对都市圈进行划分时，必须兼顾行政区划和经济区划相对一致的原则，尽量保持都市圈与一定的行政界限相吻合。这样，一方面，有利于遵循都市圈发展的客观规律，合理确定都市圈的范围，以便按照经济规律促进都市圈经济的发展；另一方面，保持各城市行政区的相对独立性，便于政府有组织指导经济活动，调控经济运行，从而促进都市圈的健康发展。

2. 中国都市圈划分方法

对都市圈范围的划分，首先要选择和确定中心城市，然后计算城市经济势能指数及都市圈半径，最后界定都市圈所覆盖的城市和地区。

（1）中心城市的选择和确定

根据我们的定义，都市圈的确立必须以中心城市为核心，而中心城市必须具有高聚集的人口。因此，本文选取中心城市的条件有两个：第一，中心城市的市区非农业人口规模必须在 200 万人以上；第二，非农业人口比重必须达到 70%。依据这两个条件，2004 年，全国符合条件的城市共计 20 个，分别为：上海、北京、天津、广州、南京、沈阳、武汉、济南、石家庄、成都、杭州、太原、西安、佛山、长春、哈尔滨、青岛、汕头、重庆、大连。

（2）都市圈半径的确定

当中心城市初步选定以后，可以中心城市的国内生产总值（GDP）作为反映中心城市经济势能大小的基本度量标准。若中心城市国内生产总值高，则表明其经济势能大，与周围地区的经济关联度强，都市圈半径也大；反之亦成立。以国内生产总值作为中心城市经济势能量级与都市圈半径划分的基本标准，比较简便易行。同时，考虑到中国城市化水平较低，城市相对分散，因此，按中心城市经济势能量级确定都市圈半径时可适当放宽一点。对中国中心城市经济势能量级和都市圈半径的确定，可参照表 1 的划分标准进行。

表 1　中心城市经济势能量级与都市圈半径划分标准

市区国内生产总值	中心城市量级	都市圈域半径（R = km）
5000 亿元以上	1 级	R = 300
1500 ~ 5000 亿元	2 级	R = 200
1500 亿元以下	3 级	R = 100

因此，各都市圈半径划分为三个级别：以上海为中心城市的上海圈作为第一级别，其半径定为 300 千米；分别以北京和广州为中心城市的北京圈及广州市圈作为第二级别，其半径定为 200 千米；其余 15 个都市圈作为第三级别，其半径定为 100 千米。

3. 都市圈成员城市的确定

如果某个地级市与中心城市的空间距离小于相应的都市圈半径，依据"兼顾城市行政区划和经济区划相对一致的原则"，那么地级市及其所属的所有县级市一起进入该都市圈。需要注意的是，如果某个地级市与中心城市之间存在大江、大河或者大山的阻隔，并且就目前交通条件下，相互交通很不方

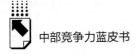

便,那么需要综合考虑是否进入。最后,需要坚持灵活性原则,如果某个城市与中心城市之间存在天然的经济联系,通勤条件优越,那么空间距离可以适当扩大20%左右。

考虑到相互重叠的因素,将北京和天津分别为中心城市的两个都市圈合并为首都圈,将广州和佛山分别为中心城市的两个都市圈合并为广州圈。依据2004年的数据,中国基本形成了18个都市圈。

如今,经过近10年的发展,中国的很多城市超过了上述指标,但同时由于地理空间上的交叉覆盖,再在原有18个大都市圈内细分意义不大。而中部的郑州、合肥、长沙、南昌市与周边城市的经济往来、人员流动日趋频繁,其经济关联性在某种程度上远超2004年确定的某些都市圈,客观上已经形成了都市圈的雏形。而从初次评价至今都未列入评价范围,这显然有失偏颇,也不能客观评价中国区域经济发展状况。因此,本次评价拟在以往评价范围的基础上加入中部4个都市圈(详见附录2),既可以观察中国中部都市圈的综合竞争力水平,也可以观察中国都市圈经过10多年的发展,其格局发生了怎样的变化,可以作为中国区域经济均衡化发展政策的检验,从综合实力在22个都市圈中的排名中管窥一下中国中部崛起战略的实施效果。

加入郑州圈、合肥圈、南昌圈、长沙圈4个都市圈后,从布局来看(表2),较之前的18个都市圈,布局更均匀。以前大部分集中于东南沿海、沿江地带,以及具有较好工业基础的东北地区,占据12席。中部地区仅有武汉圈和太原圈2个都市圈入围,而经过扩围以后,中部地区占据了6席,从布局上,更加均匀,也反映了中国中部经济快速发展的特征。

表2 中国22个都市圈的区域分布

地 区	都市圈分布	频数
东南沿海地区	上海圈、广州圈、汕头圈、南京圈、杭州圈 青岛圈、济南圈、首都圈、石家庄圈	9
东北地区	大连圈、沈阳圈、长春圈、哈尔滨圈	4
中部地区	武汉圈、太原圈、郑州圈、南昌圈、长沙圈、合肥圈	6
西部地区	西安圈、成都圈、重庆圈	3

二 都市圈综合竞争力指标体系

1. 都市圈综合竞争力的评价方法

都市圈的经济特征和功能特点，可以用一个简单的模型来概括：第一，有一个具有很强的吸引和辐射能力的中心城市；第二，都市圈内部城市结构完整，城市体系特征明显；第三，各城市之间，尤其是中心城市与外围城市之间经济联系紧密。

都市圈综合竞争力是个相对概念，它主要是指特定都市圈在竞争和发展过程中与其他都市圈相比较具有的创造财富收益的能力。都市圈经济发展的质量和速度，取决于都市圈创造价值的能力，最终决定于都市圈的综合竞争力。都市圈的综合竞争力可以用以下公式来表示：

都市圈综合竞争力 = F(都市圈发育水平,都市圈实力水平,都市圈绩效水平)

其中，都市圈的发育水平、实力水平和绩效水平，分别代表都市圈发育状况、经济规模和运行效率。都市圈的绩效决定于其发育水平和实力水平，而实力水平的发挥取决于都市圈的发育状况。我国都市圈发展尚处于起步阶段，都市圈效应正在逐步发挥，因此更有必要充分认识和重视都市圈的发育状况。

第一，都市圈的发育水平。都市圈模式需要一个具有很强的辐射和吸引能力的中心城市作为核心，完善的城市等级体系是基础，而良好的交通通信水平是都市圈发展的基础。都市圈的发育水平，就是指与都市圈的内涵相比，都市圈的发育状况如何，它反映了都市圈的发育状况，其基本目标是衡量都市圈的完善程度。都市圈的发育水平包括从总体上观察该都市圈中心城市是否具有足够的吸引和辐射能力，内部城市体系是否完善，经济联系机制是否建立，都市圈内部的经济联系强度大小，等等。

具体而言，发育水平的衡量可以从四个方面去考虑。①交通联系强度，反映都市圈内部经济联系的便捷程度；②经济落差，反映都市圈内部经济联系的基础，具有良好经济基础的周边城市是中心城市发挥其核心功能的基础；③圈内城市体系，反映城市化水平及大中小城市结构的合理性；④中心城市的地位，反映都市圈基本能量和首位城市为都市圈其他城市服务的可能性。因此，都市圈的发育水平可以表示为：

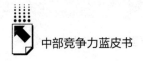

都市圈发育水平 = F(交通联系强度,经济落差,圈内城市体系,中心城市地位)

第二，都市圈的实力水平。都市圈是以城市经济的发展为基础的，本身强大的经济实力和吸引、利用外部资源的能力，都有利于都市圈的发展。都市圈的综合竞争力是建立在现有的都市圈发展水平之上的，都市圈吸引、占领、争夺、控制资源的能力、潜力及持续性很大程度上影响着都市圈的综合竞争力。都市圈的实力水平，就是指对都市圈现有经济实力大小的评价，它包括对于该都市圈总体规模的认识，也包括都市圈内部次区域发展状况，当然，都市圈内部的投入与消费能力也是其考察对象。

实力水平决定于总体规模的大小、次区域发展程度和投入与消费能力的大小。①总体规模，反映经济实力、政府财力和城市区域规模；②次区域发展强度，反映区域内农村区域强度和区域内城市强度；③投入与消费能力，反映对外资的吸引力和外向度、投资能力及强度、消费能力。因此，都市圈实力水平可以表示为：

都市圈实力水平 = F(总体规模,次区域发展强度,投入与消费能力)

第三，都市圈的绩效水平。都市圈的魅力很大程度在于其相对于传统区域经济模式所表现出来的较高的绩效水平。都市圈内部倡导的市场经济原则、良好的竞争与合作机制、创新机制都将有利于增进其综合竞争力，从而促进都市圈的发展。都市圈的绩效水平，就是要评价都市圈运作模式的效率高低。它包括该都市圈所积累的财富水平、产出能力与效益等。

绩效指数部分包括 2 个准则：①发展水平与财富，反映经济发展水平的高低、居民生活水平的高低和财富积累的程度；②产出能力与效益，反映都市圈经济密度大小和产出效益高低。那么，可以将都市圈的绩效水平表示如下：

都市圈绩效水平 = F(发展水平与财富,产出能力与效益)

2. 都市圈评价指标体系

考虑到指标体系的实用性及科学性，在建立中国都市圈评价指标体系的过程中，着重考虑以下原则。

（1）综合性

都市圈评价标准必须体现综合性与系统性，各个分类指标之间要形成有机有序的联系，从多方面反映都市圈的综合整体实力与水平。力求指标能够反映都市圈经济的本质，既全面、准确、简明，又防止指标过多、过繁，指标应具有一定的代表性，用尽量少的指标反映尽量多的内容。

（2）可比性

指标应具有普遍的适用性和可比性，这样才便于进行国际比较和地区比较。

（3）可操作性

在设计都市圈评价指标体系时应注意指标的可操作性，要选取那些便于收集和计算分析，且对都市圈发展研究具有实用价值的指标。对于综合竞争力模型中的理论指标，我们选取城市经济运行中，特别是《中国统计年鉴》中能够获取的指标进行替代，其基本原则就是不影响评价效果。

（4）考虑都市圈自身特点

不同都市圈地理位置不同，所处的发展阶段各异，都市圈评价指标体系必须考虑都市圈的不同特点。

根据都市圈综合竞争力理论模型，构建都市圈评价指标体系，见附录3。

目标层为都市圈综合竞争力，三大准则层包括都市圈发育水平、都市圈实力水平和都市圈绩效水平，九个子准则是交通联系强度、经济落差、城市化水平、中心城市地位、总体规模、次区域发展强度、投入与消费能力、发展水平与财富、产出能力与效益等，在方案层涉及23个指标。

3. 计量方法解释

（1）评价指标的无量纲化处理

本文将都市圈发展态势的各项指标进行量化，指标数据多根据《中国城市统计年鉴》直接查阅或间接计算而得出。由于这些指标中既有总量指标，也有比率指标，其量纲不尽相同。因此，为了使各项指标具有可比性，必须对其进行无量纲化处理。目前对都市圈评价各项指标尚无成熟的标准值，本报告将采用《中国都市圈评价报告（2007）》改进后的功效系数法对总量指标和比率指标进行无量纲化处理，其方法如下：

设 $E = \{E_1, E_2 \cdots E_n\}$ 为本次评价的都市圈样本，$I = \{I_1, I_2, \cdots I_n\}$ 为总量指标和比率指标集，M_{ij} 为都市圈 E_i 的第 I_j 项指标的测度值，$E_i \in E$，$I_i \in I$。无量纲的效用值为 ξ_{ij}，ξ_{ij} 是 M_{ij} 的函数，其公式为：

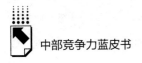

$$\xi_{ij} = f(M_{ij}) = (M_{ij}/M_{hj}) \times 100, i = 1,2,\cdots,n, j = 1,2,\cdots,m$$

M_{sj}, M_{hj} 为都市圈样本第 j 项指标的最小值和最大值，ξ_{ij} 实际上是对应 M_{ij} 的评价值得分，$\xi_{ij} \in [0, 100]$

（2）评价指标权重选择

应用评价指标体系进行评估，关键是指标权重的选取。一个评价结果是否切合实际，即与所构造的评价指标系统的内在关系、合理可行的层次结构以及各指标权重的选取密切相关。

本文采用专家评价法来解决权重的选择问题。按照前述的都市圈综合竞争力理论模型，根据专家的打分，最终确定各影响因素对评价目标的影响权重，见表3。

表3　各指标对目标层的最终影响权重

目标层	准则层	子准则	指　　标	各指标对目标层的最终影响权重
都市圈综合竞争力	发育指数 0.5	交通联系强度 0.25	交通联系强度 1	0.125
		经济落差 0.2	人均 GDP 落差 0.5	0.05
			地均 GDP 落差 0.5	0.05
		圈内城市体系 0.25	非农业人口比重 0.4	0.05
			圈内城市发育度 0.6	0.075
		中心城市地位 0.3	首位城市非农业人口 0.4	0.06
			首位城市第三产业产值 0.6	0.09
	实力指数 0.3	总体规模 0.4	GDP 0.5	0.06
			财政收入 0.3	0.036
			建成区面积 0.2	0.024
		次区域发展强度 0.2	包括的百强县数 0.4	0.024
			包括的前 100 位城市数 0.6	0.036
		投入与消费能力 0.4	外商直接投资 0.4	0.048
			固定资产投资 0.3	0.036
			社会消费品零售总额 0.3	0.036
	绩效指数 0.2	发展水平与财富 0.6	人均 GDP 0.4	0.048
			职工平均工资 0.3	0.036
			人均居民储蓄存款 0.3	0.036
		产出能力与效益 0.4	地均 GDP 0.6	0.048
			规模以上工业企业资金利税率（含市辖县）0.4	0.032

对目标层影响最大的三个指标是交通联系强度、首位城市第三产业产值和圈内城市发育度，影响因子分别为 0.125、0.09 和 0.075。交通联系强度代表着都市圈内部城市经济联系的紧密程度，首位城市第三产业产值的高低代表着都市圈中心城市的服务功能大小，是中心城市经济势能高低的标志，而圈内城市发育度这一指标代表着都市圈城市等级体系的完备程度。这符合我们对于都市圈的理解，一个强大的中心城市，一个完备的城市等级体系，密切的经济联系。

需要说明的是，将发育指数的权重设定为 0.5，其主要原因是我国当前都市圈正处在发育成长阶段，这一指标需要随着我国都市圈的发展做出调整。

（3）计算方法

都市圈综合竞争力评价指标体系包括指标层、子准则层、准则层三个层次，从指标层开始汇总并递阶，就能最终得到评价结果。

$$\text{评价结果} = \sum_i^n \lambda_i \left[\sum_j^m \lambda_j \left(\sum_k^h \lambda_k \xi_{ijk} \right) \right]$$

其中，λ_k 表示在某个子准则中指标 ξ_{ijk} 的权重，h 表示在该子准则中的指标个数；λ_j 表示在某个准则中子准则的权重，m 表示在该准则中子准则的数量；λ_i 表示在目标层中各准则的权重，n 表示准则的数量。

三 数据来源及处理方法说明

1. 数据采集来源

本文的数据来自相关年份的《中国城市统计年鉴》《中国统计年鉴》，以及相应年份的经济社会发展统计公报、中国百强县排名等。由于《中国城市统计年鉴》通常在每年的三四月出版，其中的数据是上年的数据，即 2015 年出版的是 2014 年的城市统计年鉴，其数据是 2013 年的，因此本文中 2014 年中国都市圈综合竞争力评价用的是 2013 年的《城市统计年鉴》等相关数据，即实际为根据 2013 年的数据进行的评价与排名。

2. 数据处理方法说明

对于数量型指标，以都市圈为单位对各成员城市进行加总。其余指标的计

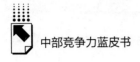
算方法说明如下。

（1）交通联系强度准则下四个指标的计算方法

由于暂时不考虑飞机运输，都市圈内部的交通方式包括高速公路、铁路、一般公路（国道）和水路四种。交通联系强度的评价方法，是根据交通运输方式对于当前都市圈经济联系的影响大小分别赋予一定的分数，然后计算各成员城市与中心城市的交通组合的分值，最后以各都市圈中心城市与成员城市的交通联系平均得分作为评定依据。交通联系打分标准，具体见表4。

表4　各种交通方式的得分

交通方式	高速公路	铁路	一般公路	水路
得分	4	3	2	1

（2）经济落差准则中两个指标的计算方法

人均GDP落差，等于各成员城市人均GDP与中心城市人均GDP比值的平均值；

地均GDP落差，等于各成员城市地均GDP与中心城市地均GDP比值的平均值。

对于大连圈、重庆圈和青岛圈，由于100公里范围内没有地级市，因此计算上述两个指标时，假定其附属的县级市为成员城市，中心主城区为中心城市，作相应的计算。

（3）圈内城市体系准则中两个指标的计算方法

都市圈非农业人口比重 = 都市圈非农业人口/都市圈总人口；

圈内城市发育度的计算按照国家城市级别划分标准，并规定相应级别的得分（见表5）。将圈内各成员城市得分加总，即得到圈内城市发育度。

表5　城市级别划分

市辖区年末非农业人口（万人）	0 ~ 20	21 ~ 50	51 ~ 100	101 ~ 200	201 ~ 500	500 以上
城市级别	小	中	大	特大	超大	巨型
得　分	1	2	4	8	16	32

（4）次区域发展强度准则中，圈内百强县个数按照国家统计局公布的《全国县域社会经济综合发展指数前100位测评结果》统计得到；圈内前100位城市个数根据全国各城市当年GDP排序得到。

（5）发展水平与财富准则中三个指标的计算方法

人均GDP=都市圈GDP总值/都市圈年末总人口；

职工平均工资=都市圈在岗职工工资总额/都市圈在岗职工平均人数；

人均居民储蓄存款=都市圈居民储蓄总额/都市圈年末总人口。

（6）产出能力与效益准则中两个指标的计算方法

地均GDP=都市圈GDP/都市圈土地面积；

工业企业资金利税率=都市圈工业企业利税总额/（都市圈固定资产投资余额总值+流动资产投资余额总值）×100%。其中，工业企业均指规模以上工业企业。

四 2013中国都市圈综合竞争力评价结果

基于《中国城市统计年鉴（2014）》、《中国统计年鉴（2014）》以及一些城市的2013年城市统计公报、中国百强县排名的数据，我们获得了中国22个都市圈综合竞争力进行评价的直接和间接指标数据，对这些数据进行加工处理后，得出各分项指标及综合评价指标，然后分别计算22个都市圈的发育指数、实力指数和绩效指数，并进行了排名，最后依据上述指标得分计算出22个都市圈的综合竞争力得分，并按照得分进行排序。

1. 中国都市圈发育状况排名

根据7个统计指标，从交通联系强度、经济落差、城市体系发育程度以及中心城市地位四个准则，对中国22个都市圈发育度做了评价（见表6）。从表6可以清楚看出22个都市圈的发育呈现明显的2个梯队状态。

上海、广州、首都三大圈发育指数得分接近70分或以上，形成了具有相当优势的第一集团军。自从2006年对中国都市圈进行评价以来，上海圈、广州圈、首都圈一直位列都市圈发育指数的前三名，这与我们直观认识吻合。这三大都市圈的发育指数得分较高，尤其是上海都市圈以82分的高分遥遥领先于第二名与第三名的广州圈和首都圈，是位于后几位都市圈的2倍。这样的评价

表6 2013年中国都市圈发育度排名

都市圈	交通联系强度		经济落差		城市体系		中心城市地位		发育指数	
	评价指数	排名	评价指数	排名	评价指数	排名	评价指数	排名	评价指数	排名
上海圈	97.58	7	24.41	11	100.00	1	93.83	2	82.43	1
广州圈	98.21	6	75.02	1	49.30	7	60.64	3	70.07	2
首都圈	94.74	10	20.92	14	54.00	5	94.34	1	69.67	3
杭州圈	92.63	21	61.66	2	56.43	3	30.15	7	58.64	4
重庆圈	100.00	1	10.3	22	37.31	18	53.65	4	52.48	5
成都圈	98.95	4	14.4	20	45.07	11	40.67	5	51.08	6
沈阳圈	94.74	15	27.46	6	56.07	4	25.03	9	50.7	7
南京圈	100.00	2	27.25	8	56.76	2	18.38	17	50.15	8
武汉圈	98.95	5	13.63	21	49.38	6	32.76	6	49.63	9
青岛圈	94.74	14	25.16	10	41.75	14	27.49	8	47.40	10
大连圈	94.74	12	41.44	3	36.53	20	20.12	14	47.14	11
长沙圈	100.00	3	19.01	15	46.65	8	21.08	12	46.79	12
济南圈	88.42	22	33.89	4	45.66	9	20.27	13	46.38	13
石家庄圈	94.74	16	27.34	7	45.15	10	19.29	16	46.23	14
郑州圈	94.74	20	21.9	13	44.83	12	21.95	10	45.86	15
西安圈	94.74	19	16.35	17	44.05	13	21.71	11	44.48	16
合肥圈	97.37	8	22.28	12	40.85	17	16.89	18	44.08	17
长春圈	94.74	11	29.66	5	33.82	21	14.9	19	42.54	18
汕头圈	94.74	17	25.76	9	40.86	16	9.74	22	41.97	19
太原圈	94.74	18	17.2	16	40.93	15	12	20	40.96	20
哈尔滨圈	94.74	13	15.25	18	32.5	22	19.77	15	40.79	21
南昌圈	97.37	9	15.21	19	37.08	19	9.76	21	39.58	22

数据来源：作者根据统计数据加工整理得。

结果一方面说明了这三个大都市圈已经形成了城市体系完备（尤其是上海都市圈）的都市圈，另一方面也说明了中国区域间的差距依然很大，要缩小这样的差距尚需时日。

其余都市圈的发育指数得分均低于60分，与第一集团军差距明显，为第二集团军。在第二集团军中，杭州圈优势明显，大幅度领先于第二集团军的其他都市圈。其他都市圈的发育指数得分相当集中，基本落在40～50分的区间，这不仅与以往的评价结果基本一致（见表7），也说明了中国大部分都市圈尚处于发育阶段。以 50 分为界，又可将第二集团军分为两部分，即得分在 50 分以上的为一个梯队，得分在 50 分以下的为另一个梯队。第一阶梯由杭州圈、重庆圈、成都圈、沈阳圈、南京圈组成，他们分列都市圈发育排名的 4 至 8 位，这 5 个都市圈首位城市地位排名比较靠前，而且已经具备了相当完善的城市体系基础，都市圈的发育基础相对成熟。

表 7　2006 年中国都市圈发育度排名

都市圈	交通联系强度		经济落差		城市体系		中心城市地位		发育指数	
	评价指数	排名	评价指数	排名	评价指数	排名	评价指数	排名	评价指数	排名
上海圈	96.1	4	42.7	10	92.6	1	98.2	1	85.2	1
广州圈	93	13	74.2	2	80.9	2	55.5	3	75.0	2
首都圈	94.7	10	32.3	16	61.9	3	90.6	2	72.8	3
杭州圈	84.2	17	100	1	39.3	12	26.7	11	58.9	4
沈阳圈	94.7	8	64.5	5	54.5	4	27.4	10	58.4	5
南京圈	100	1	60	7	48.5	6	29.4	8	57.9	6
汕头圈	94.7	7	52.8	8	50.4	5	20.2	15	52.9	7
哈尔滨圈	89.5	14	65	4	36.5	14	27.5	9	52.8	8
济南圈	88.4	16	65	3	39.7	11	22.6	13	51.8	9
成都圈	98.9	2	34.4	14	38	13	33.8	5	51.2	10
石家庄圈	94.7	9	61.9	6	35.2	16	21.3	14	51.2	11
武汉圈	98.2	3	30.8	17	41.3	9	31.5	6	50.5	12
重庆圈	89.5	15	35	13	27.4	18	45.4	4	49.8	13
长春圈	94.7	5	47.7	9	41.1	10	20.1	16	49.5	14
大连圈	94.7	6	28.5	18	43.4	7	23.3	12	47.2	15
青岛圈	77.2	18	37.3	11	42.3	8	29.7	7	46.2	16
太原圈	94.7	11	35.4	12	36.2	15	14	18	44.0	17
西安圈	94.7	12	34	15	29.1	17	20	17	43.8	18

数据来源：《中国都市圈评价报告（2007）》。

其他的 14 个都市圈则属于第二集团军中的第二阶梯，大多数得分集中在 40～50 分之间，新加入评价的中部 4 个都市圈均位于第二梯队。

令人兴奋的是，中部都市圈在发育度排名方面表现出较强的竞争力，除了南昌都市圈之外，这次参与评价的中部其他 3 个都市圈在不同程度上超过了以前18大都市圈，尤以其中长沙都市圈表现突出，列第12名，超过了济南都市圈、石家庄都市圈、西安都市圈、长春都市圈、汕头都市圈、太原都市圈、哈尔滨都市圈等7个原属于18个都市圈评价范围的都市圈。郑州都市圈列第15名，超过了原18个都市圈中的5个，合肥都市圈位列17名，超过了原18个都市圈中的4个。这样的结果多少有些出人意料，2004年时，从人口规模上看，上述9个都市圈中心城市的非农人口规模都高于长沙、郑州、合肥，如今很多已经被远远超过，比如汕头和太原。

中心城市较弱以及城市体系不完备是都市圈发育度排名靠后的主要原因。例如太原都市圈和南昌都市圈中心城市势能较弱是制约其都市圈发展的重要因素之一。哈尔滨和西安圈内城市体系不尽完善，经济落差太大，缺乏都市圈发展的腹地和基础，中心城市缺乏能量传递与辐射的阶梯和受体，从而严重影响了这些都市圈的发育。

根据4个准则综合评价，我们得出了中国都市圈在发育度方面的排名，而每一个准则的排名又不尽相同，具体如下。

（1）交通联系准则评价

交通联系准则的评价主要依据高速公路、铁路、普通公路和海河运输四个变量，并依据其重要性递减赋值。一方面，由于近年来全国范围内大规模的公路、铁路网，特别是高速铁路网的建设，各都市圈中心城市与周边城市的交通通达性大大改善，另一方面，交通联系强度在很大程度上受城市的地理位置制约，难以通过主观努力改变。因此，各都市圈在交通联系强度方面的得分差距不大，大多在90分以上。除了由于地理位置制约、没有海运或者河运之外，随着基础设施的完善，都市圈内部的交通已经日益完善，评分基本固定。值得一提的是青岛圈。由于青岛与日照铁路的建成，圈内的交通联系更加便捷，其交通联系强度评分得到提升，排名也由2006年的18名大幅度提升到2013年的14名。随着近年来大规模的交通基础设施建设，大部分都市圈内的公路、铁路交通网络已经比较完善，在交通联系强度方面，评分很难再提升。交通网络的完善不仅使得绝大部分中心城市与周边城市之间形成了立体交通系统网络，而且为都市圈的发展打下了良好的基础。

（2）经济落差准则评价

交通联系强度有受地理位置制约的因素，而经济落差、城市体系发育程度以及中心城市地位则可以通过经济发展刺激政策等因素提升。通过评价结果，我们发现，因为各个地区都在努力发展当地经济，因此经济落差也是一个相对稳定的指标。

在反映中心城市与周边城市人均 GDP 与地均 GDP 落差的经济落差方面，民营经济发达的杭州圈和市场经济发达的广州圈轮流坐上第一把交椅，而且在人均 GDP 和地均 GDP 方面，周边城市与中心城市的比值都大于 1，这表明周边城市经济发达，而发达的经济腹地则更有利于都市圈的发展。重庆圈则相反，周边城市与中心城市的人均 GDP 比值只有 0.12，说明圈内经济落差太大，城市体系不完备，这也是影响重庆圈发育度的重要因素之一。经济落差大本是大连圈发展的致命弱点，但从分项结果看，大连圈由 2006 年的第 18 名提升到 2013 年的第 3 名。2006 年大连圈周边县级市的人均 GDP 仅相当于大连市中心城区的 37%，而地均 GDP 则只有 8%；2013 年则分别是 92.5% 和 15%。周边城市发展更快了，因此缩小了与中心城市的差距。

（3）圈内城市体系准则评价

城市体系发育度是从非农人口比重和都市圈内所包含的城市等级两个指标进行评价的，其中城市等级是按照城市非农业人口规模分 5 个档次递增赋值。

从城市体系角度，上海都市圈的城市体系最完备，城市体系得分高达 308 分。

上海市有今天这样的发展，与其有长三角这样广阔富饶的经济腹地密不可分。与之相比，首都圈的一个短板就是城市体系没有上海都市圈完备，城市落差太大，中心城市缺乏能量传递的二传手，城市体系累计得分仅有 128 分，远低于第二名的广州圈 188 分的结果。虽然这种评分有不合理之处，例如缺乏腹地或者腹地城市规模较小的重庆圈和大连圈在这方面的得分就比较低，仅有 32 分和 16 分，但也能从数据角度管窥城市体系的完备性。城市体系是都市圈发育的重要元素，城市体系越完备，都市圈的发育度也越高。

由于参加评价的 22 个都市圈是中国经济发展较好的地区，因此，都市圈内非农业人口平均比率也高于中国平均 51% 的水平，绝大多数都市圈的非农人口比率在 60% 上下浮动。其中比率最高的是上海都市圈，达到 75%。与之

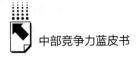

相比，南昌都市圈的城市化水平则偏低，仅有43%。2006年的评价报告显示，当时重庆圈的非农业人口比率只有43.7%。经过这些年的发展，已经大幅度提升，目前城市化率已经达到58%。

此外，成都圈、太原圈、武汉圈、石家庄圈的城市化率都大幅度提升，达到或接近60%。总体而言，城市化率水平较高的仍然是东部沿海的都市圈，除了上海之外，汕头圈、大连圈、沈阳圈和青岛圈城市化水平较高。而哈尔滨圈、长春圈、郑州圈、合肥圈的城市化率都有待进一步提升。

（4）中心城市地位准则评价

中心城市地位是从中心城市非农业人口及第三产业比值2个指标进行评判的。在这个准则中，首都圈位居第一，上海圈居第二。

上海的城市规模在中国位居榜首，2013年常住人口达到2415万人，非农人口达到2125万人，高于北京2115万人、1825万人的水平，以及广州1293万人、1102万人的水平。在所有首位城市中，南昌的非农人口最少，仅有236万人，与2006年中国都市圈评价报告显示的太原市水平相当，当时太原市的非农人口是238.93万人；其次是太原市和汕头市，分别为357万、377万人。

2013年，首都圈、上海圈和广州圈的首位城市第三产业产值分别为149861803.6万元、134451594.9万元、99644966.65万元。2006年这一指标则分别为47618834.34万元、46210300.64万元和29786285.35万元。从中心城市角度看，第三产业都取得了长足发展，不考虑价格因素，均增长了2倍左右，其中广州市的增长最快，上海则最慢。

从第三产业比重角度看，北京位居榜首，达到76.9%，广州和上海分别为64.6%、62.2%。从中心城市服务业发展角度看，这三大中心城市服务功能凸显，而重庆、大连、沈阳、长春、石家庄、郑州、长沙、合肥、南昌的第三产业比重在40%左右，产业发展处于"二、三、一"阶段，中心城市的经济势能有待提升。其他都市圈首位城市第三产业比重徘徊于50%上下，虽然有一定的辐射能力，但对周边城市的带动能力不大。

2. 中国都市圈实力状况排名

本报告的都市圈实力评价是从总体规模、次区域发展强度、投资和消费水平三个方面进行评价的。其中总体规模是从GDP、建成区面积、财政收入3个指标来评价的；次区域发展强度是从区域内有多少个百强县和有多少个前100位城市来评价的；投资和消费水平则是从外商直接投资、固定资产投资和社会零售商品消费总额3个角度进行加权平均打分评价的。

本次评价结果表明，都市圈实力的总体格局没有变化，但局部有变化。对照2006年18个都市圈的评价结果，上海圈、广州圈、首都圈仍然是前三名，并且上海圈实力评价的每个方面都位居第一，总体评分依然遥遥领先于第二名都广州圈。即使加入了中部4个都市圈，汕头圈、太原圈、哈尔滨圈依然排名在最后面。局部变化体现在石家庄圈、青岛圈的排名下降了。由2006年评价报告中第9、第10名下降到2013年的15名、19名，如果减去排在前面的郑州圈和长沙圈，石家庄排名第13，再除去合肥圈和南昌圈，青岛排名15，下降幅度非常大。

如表8所示，中国22个都市圈的实力极不均衡，最高的上海圈得分100分，最低的汕头圈得分仅为3.14分，相较于2006年从3.8到100的跨度，绝对差距似乎在拉大。上海圈得分是第二名广州圈、第三名的首都圈的2倍多，差距非常大。得分40分以上的上海圈、广州圈、首都圈在都市圈实力方面仍然属于第一梯队，第二梯队则是杭州圈、南京圈和济南圈，得分在20分以上，其余低于20分的，属于第三梯队。这样的评价结果表明，东部沿海经济实力与中西部和东北地区的差距依然显著。

如表8所示，上海都市圈在总体规模、次区域发展强度、投资与消费能力方面都遥遥领先其他都市圈，特别是百强县的数量、GDP百强城市、固定资产投资等方面，上海圈的优势更加突出。这一方面说明上海圈内的县域经济非常发达，也说明上海圈内周边城市、县级市经济发展整体水平较高，已经发展成为一个较成熟的都市圈。

处于第三梯队的16个都市圈，实力非常接近，总体水平与第一梯队和第二梯队的差距很大。虽然有些因素是客观存在的，比如都市圈的腹地，汕头、青岛、大连、哈尔滨、西安等都市圈的腹地比较小，其总体规模上必然难以与上海圈、北京圈、广州圈抗衡，但在腹地规模相近的都市圈内部还是具有可比性，通过比较可以清楚显示每个都市圈的实力水平。并且随着知识经济的发展，产出投资与区域面积的关系会逐步减小，例如，纽约的曼哈顿，以不到纽约市10%的面积，创造出纽约市近80%的增加值；日本东京核心区以40平方公里的面积集聚东京市约 1/3 的就业。

在实力评价中，新成员：郑州圈、长沙圈、合肥圈、南昌圈表现不俗。分别列第 7 名、第 14 名、17 名和 18 名。原来 18 个都市圈中的青岛、哈尔滨、太原、汕头居后四名。投资在总体规模评价中占比不低，新加入的 4 个都市圈处于高投资高增长阶段，因此，对其排名有较大的贡献。

表8　2013 年中国都市圈实力排名

都市圈	总体规模		次区域发展强度		投资与消费能力		实力指数	
	评价指数	排名	评价指数	排名	评价指数	排名	评价指数	排名
上海圈	100	1	100	1	100	1	100	1
广州圈	56.35	2	33.95	3	38.64	3	44.79	2
首都圈	54.02	3	20.98	7	45.34	2	43.94	3
杭州圈	25.12	4	35.61	2	22.42	5	26.14	4
南京圈	24.6	5	23.9	5	26.15	4	25.08	5
济南圈	17	7	23.9	6	21.08	6	20.01	6
郑州圈	16.38	9	28.98	4	17.73	10	19.44	7
沈阳圈	19.1	6	9.95	9	20.64	7	17.89	8
成都圈	14.93	11	4.98	17	17.93	9	14.14	9
重庆圈	15.99	10	4	19	16.7	11	13.88	10
长春圈	9.77	15	8	12	20.55	8	13.73	11
武汉圈	16.59	8	4	18	14.7	13	13.32	12
大连圈	10.43	13	7.9	15	15.85	12	12.09	13
长沙圈	10.91	12	8.98	10	10.81	14	10.48	14
石家庄圈	9.95	14	8	11	9.73	17	9.47	15
西安圈	9.36	17	8	13	9.93	16	9.31	16
合肥圈	8.92	19	12	8	7.39	18	8.92	17
南昌圈	9.13	18	1.95	21	10.13	15	8.1	18
青岛圈	9.77	16	7.9	16	5.68	20	7.76	19
哈尔滨圈	8.13	20	4	20	5.69	19	6.33	20
太原圈	5.76	21	8	14	4.6	21	5.74	21
汕头圈	4.84	22	0	22	3.02	22	3.14	22

数据来源：作者根据统计数据加工处理得到。

表9　2006年中国都市圈实力排名

都市圈	总体规模		次区域发展强度		投资于消费能力		实力指数	
	评价指数	排名	评价指数	排名	评价指数	排名	评价指数	排名
上海圈	100	1	100	1	100	1	100	1
广州圈	55.1	2	32.2	2	46.3	2	47	2
首都圈	50.5	3	24.5	4	38.6	3	40.5	3
杭州圈	24.6	4	32	3	26.9	4	27	4
南京圈	20.7	5	18.9	6	18.3	5	19.4	5
济南圈	16	7	19.5	5	13.8	6	15.8	6
沈阳圈	17	6	8.8	10	13.5	7	13.9	7
成都圈	12.3	8	10.7	8	12.1	8	11.9	8
石家庄圈	10.4	9	12.6	7	9.3	11	10.4	9
青岛圈	8	14	9.4	9	11.7	9	9.8	10
武汉圈	10.1	11	3.2	13	11	10	9.1	11
重庆圈	10.3	10	3.2	13	8	12	7.9	12
长春圈	8.2	13	6.3	12	6.4	14	7.1	13
大连圈	6.3	16	6.9	11	7.7	13	7	14
西安圈	8.9	12	3.2	13	5.9	15	6.5	15
哈尔滨圈	6.4	15	3.2	13	4.5	16	5	16
太原圈	5.3	17	3.2	13	3.4	17	4.1	17
汕头圈	4.5	18	3.2	13	3.3	18	3.8	18

数据来源：《中国都市圈评价报告（2007）》。

具体从三个评价标准看：

（1）总体规模准则评价

从表10可以看出，上海圈面积109913万平方公里，小于首都圈145960平方公里的面积，也小于广州圈118686平方公里的面积，但在都市圈GDP、财政收入和建成区面积三个指标均排名第一。

在都市圈GDP指标方面，上海圈的GDP最大，达到了97760.4792亿元，是首都圈47428.4682亿元的2倍多，实力水平之高可见一斑。如果不考虑价格因素，是2007年都市圈评价报告中33963亿元的2.88倍，增速不可谓不快。而"圈中圈"——杭州圈和南京圈分别达到了25321.3382亿元、23030.4759亿元，分列四、五位，仅次于广州圈56883.7577亿元和首都圈47428.4682亿元的水平。

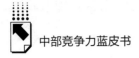

在财政收入方面，2013 年上海圈的财政收入达到 11450.9935 亿元，首都圈和广州圈排名二、三位，分别是 6665.3023 亿元和 4935.151 亿元，也就是上海圈一半左右，与上海圈不在一个数量级上。上海圈的面积最小，产出却最高，再次证明上海圈的地均产出效率与经济的集聚效率均高于中国其他地区。

在建成区方面，2013 年，上海圈建成区面积达到 4390 平方公里，远超过首都圈 2700 平方公里和广州圈 3145 平方公里的水平。与 2007 年中国都市圈评价报告中的 2962 平方公里相比，增加了近 1400 平方公里；首都圈和广州圈则分别为从 2188 和 2157 平方公里增加到现在的 2700 和 3145 平方公里，数据显示上海圈的城市发展速度远超于首都圈和广州圈。

通过与 2007 年发布的中国都市圈评价报告相比，不难发现中国的城市化进程非常快。在 2007 年的评价报告里，只有上海圈、首都圈、广州圈、杭州圈和南京圈的建成面积超过 1000 平方公里，时过 6 年，都市圈的建成面积大幅度提升，目前只剩下长春圈、成都圈、大连圈、哈尔滨圈、青岛圈、石家庄圈、汕头圈、太原圈、武汉圈、西安圈、长沙圈、合肥圈和南昌圈的建成面积不足 1000 平方公里了。2006 年建成区面积最小的是青岛圈，只有 237 平方公里，而如今青岛圈的建成面积已达到 567 平方公里，增长 1.4 倍。目前建成区面积最小的是汕头圈，虽然只有 414 平方公里，也远超 2007 年报告中的青岛圈。

表 10　2013 年中国都市圈投资与收入

单位：万元，平方公里

都市圈	GDP		财政收入	建成区面积
	中心城市	都市圈		
首 都 圈	195005600	474284682	66653023	2700
长 春 圈	50031808	95312313	6078522	725
成 都 圈	91088904	150471532	12566439	865
重 庆 圈	126566900	126566900	16932438	1115
大 连 圈	76507861	100789246	10269212	567
广 州 圈	154201434	568837577	49351510	3145
杭 州 圈	83435193	253213382	25606839	1199
哈尔滨圈	50170491	77980218	5521855	592

续表

都市圈	GDP		财政收入	建成区面积
	中心城市	都市圈		
济 南 圈	52301948	173020748	12562834	1066
南 京 圈	80117800	230304759	23083823	1486
青 岛 圈	80066000	95067600	8890236	567
沈 阳 圈	71585745	172913679	18521400	1187
石家庄圈	48636583	110545883	7018430	540
汕 头 圈	15659049	46233537	2260653	414
上 海 圈	216021200	977604792	114509935	4390
太 原 圈	24128724	47016420	4841070	459
武 汉 圈	90512700	142678300	20751808	847
西 安 圈	48841300	89263790	6957973	652
郑 州 圈	62019000	176140973	9493530	1071
长 沙 圈	71531346	116687609	8352264	605
合 肥 圈	46729100	79207377	7296477	650
南 昌 圈	33360265	86667837	8923651	519

数据来源：作者根据统计数据加工处理得到。

（2）次区域发展强度准则评价

次区域发展强度是从包含的百强县数量和中国前 100 位城市数量来度量的。上海在这两个指标方面都位居第一。

从县域经济角度，得益于浙江、江苏两省发达的县域经济，上海圈的百强县数量为 41 个，遥遥领先于其他都市圈，比 2006 年增加了 9 个。杭州圈有 16 个百强县，南京圈有 4 个百强县；同时近几年山东的县域经济发展势头迅猛，青岛圈、济南圈分别有 4 个百强县。2007 年中国都市圈评价报告中显示：广州圈、首都圈、石家庄圈分别有 9 个、5 个、5 个百强县。而如今首都圈和广州圈分别只有 1 个和 2 个，石家庄圈 1 个也没有了。这样的数据不仅说明这些都市圈的实力强，也说明中国的县域经济发展呈现集化态势，集中在长三角和山东沿海地区。

从城市规模角度，相较于 2006 年，中国的大城市发展在空间上更加均衡。

上海圈内各大城市的规模较大，2013 年百强城市数量为 15 个，居第一；而 2006 年这一数据是 19 个；广州圈由 2006 年 9 个 GDP 百强城市变成 8 个；而首都圈、济南圈、南京圈分别有 5 个百强市；中部的郑州圈则有 6 个百强市；汕头圈和南昌圈则一个百强城市也没有。其他都市圈除了中心城市外，只有少数的都市圈有 2 个百强城市，比如长沙圈、石家庄圈、长春圈、合肥圈（3 个百强城市）。

（3）投入与消费能力准则评价

表 11 显示，在固定资产投资方面，最多的是上海圈、首都圈和广州圈，分别为 47151.8097 亿、26570.3835 亿、18144.1432 亿元。虽然这三个区域圈的固定资产投资额最大，但是占其 GDP 的比重并不高，尤其是广州圈，只有 32%，上海圈也不到 50%，如果按照固定资产形成率来算固定资产投资率会更低。这说明这两个区域的经济增长方式正在悄然改变，由投资拉动型向创新驱动转型发展，尤其是广州圈，应该是中国经济转型发展的优秀案例。首都圈由于受到天津投资规模较大的影响，固定资产投资/GDP 达到 56.02%。除了汕头圈的固定资产投资与 GDP 的比例低于 50% 之外，其他大多数都市圈的这个比例超过了 70%，尤以西安圈突出，其中心城市固定资产 GDP 直接比值超过了 100%！这说明这些地区仍处于大建设时期，投资对区域经济的贡献份额比较大，同时，固定资产投资高于 GDP 的区域也隐含较高的投资及财务风险。

在社会消费品零售总额方面，上海圈、广州圈、首都圈仍然是领跑者，分别为 57791.8 亿元、20677.0 亿元、17327.2 亿元，2006 年这个一指标分别为 10738.8 亿元、6174.6 亿元、5382.9 亿元。其中上海圈是 2006 年的 5 倍多，广州圈和首都圈则分别是 3 倍多，上海圈表现出极强的消费能力，这也与这个区域经济发展水平比较均衡有很大关系。

在利用外资方面，2013 年实际利用外资总额最多的三个都市圈也是上海圈、首都圈和广州圈，分别为 582.7836 亿美元、283.2838 亿美元和 238.3979 亿美元（见表 11）。比 2006 年的 263.3 亿、62.3 亿、118.9 亿美元都有了较大幅度的增长。这些区域开放早、基础设施好，而且人才集聚度高，对投资有非常大的吸引力。汕头圈仍然是实际利用外资总额最少的区域，仅 6.2239 亿美元，相当于上海圈的 1.07%。

表11 2013年中国都市圈投资与消费表

都市圈	固定资产投资(万元)		固定资产投资/GDP		实际利用外资(万美元)	社会零售商品总额(万元)
	中心城市	都市圈	中心城市(%)	都市圈(%)		
首 都 圈	69826696	265703835	35.81	56.02	2832838	173271748
长 春 圈	32575210	63294255	65.11	66.41	2131577	36542509
成 都 圈	65010801	104267562	71.37	69.29	1201040	58797538
重 庆 圈	110607443	110607443	87.39	87.39	1059715	45997683
大 连 圈	64781048	78355049	84.67	77.74	1359985	29526965
广 州 圈	44545508	181441432	28.89	31.90	2383979	206769674
杭 州 圈	42638732	134190340	51.10	52.99	1283364	97800742
哈尔滨圈	49400101	62984939	98.46	80.77	245542	35731362
济 南 圈	26383337	103689027	50.44	59.93	1547655	74343841
南 京 圈	50937800	162702592	63.58	70.65	1673202	83181369
青 岛 圈	50278649	60969122	62.80	64.13	605218	34630282
沈 阳 圈	63839125	143313069	89.18	82.88	1213964	61504545
石家庄圈	41862462	87822946	86.07	79.44	252753	46392412
汕 头 圈	7279796	22730891	46.49	49.17	62239	22004024
上 海 圈	56441312	471518097	26.13	48.23	5827836	577918247
太 原 圈	16707390	39173733	69.24	83.32	139826	22036804
武 汉 圈	59745272	110233234	66.01	77.26	655358	61324234
西 安 圈	50552171	90934707	103.50	101.87	333208	35691173
郑 州 圈	44002102	134689309	70.95	76.47	836969	65839538
长 沙 圈	45933871	81560082	64.22	69.90	496052	42630711
合 肥 圈	46854411	62326189	100.27	78.69	292028	27298931
南 昌 圈	28968649	74879988	86.84	86.40	570574	28006675

数据来源：作者根据统计数据加工处理得到。

3. 中国都市圈绩效状况排名

经济绩效旨在考察都市圈经济运行效率，从都市圈发展水平与财富总体规模及产出能力与效益两个角度对中国22个都市圈进行评价。其中发展水平与财富总体规模包含以下3个指标：人均GDP，人均工资、人均居民存款；产出能力与效益是从地均GDP及规模以上工业企业资金利税率两个方面进行考察的。

2013年的绩效评价结果如图1和表12所示。这次改变了以往上海圈位居榜首的惯例，大连圈一跃成为第一名。主要原因是其人均GDP及人均居民储蓄余额在都市圈中最高，分别达到110880.96元、64982.2元（见表13）。大连圈以大连市区为核心，以其所辖的三个县市为周边城市，2013年户籍人口仅为 591 万,2010 年人口普查时常住人口 669 万。由于查不到大连的常住人口数据,根据大连统计年鉴,人口每年增长约 1%,粗略估计 2013 年的常住人口约 690 万。经过测试,即使再增加 20 万~30 万人口,大连的人均 GDP 还是第一名,对评价结果影响不大。人均 GDP 110880.96 元是据此计算的,虽然不够精确,但不影响结构走势。

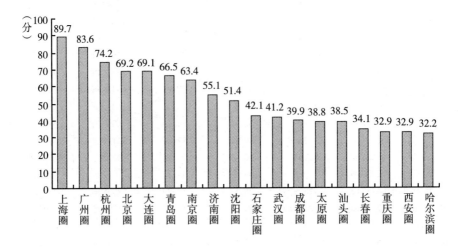

图 1　2006 年中国都市圈绩效指数分布

数据来源:《中国都市圈评价报告 (2007)》。

表 12　2013 年中国都市圈绩效排名

都市圈	发展水平与财富总体规模		产出能力与效益		绩效指数	
	评价指数	排名	评价指数	排名	评价指数	排名
大连圈	92.13	1	60.84	4	79.62	1
上海圈	77.72	4	80.32	1	78.76	2
杭州圈	80.99	3	54.65	8	70.46	3
南京圈	71.33	5	62.6	3	67.84	4
青岛圈	68.88	7	64.97	2	67.32	5
首都圈	84.33	2	39.38	14	66.35	6
广州圈	69.50	6	57.41	6	64.67	7
沈阳圈	64.83	8	40.42	12	55.06	8
长沙圈	57.95	9	49.04	9	54.38	9
汕头圈	53.82	13	54.94	7	54.27	10

续表

都市圈	发展水平与财富总体规模		产出能力与效益		绩效指数	
	评价指数	排名	评价指数	排名	评价指数	排名
济南圈	46.85	18	59.84	5	52.05	11
成都圈	54.76	11	37.54	15	47.87	12
长春圈	54.27	12	34.02	17	46.17	13
郑州圈	44.41	20	48.10	10	45.89	14
武汉圈	49.61	15	36.40	16	44.32	15
重庆圈	50.12	14	32.61	18	43.12	16
南昌圈	38.32	21	47.79	11	42.11	17
太原圈	56.33	10	13.46	22	39.18	18
合肥圈	44.87	19	30.06	19	38.94	19
西安圈	47.62	16	25.76	20	38.88	20
石家庄圈	35.88	22	40.00	13	37.53	21
哈尔滨圈	47.12	17	17.27	21	35.18	22

数据来源：作者根据统计数据加工处理得到。

表13 2013年中国都市圈人均财富

单位：元/人

都市圈	人均GDP		人均工资		人均居民储蓄余额	
	数量	排名	数量	排名	数量	排名
大连圈	110880.96	1	57053.32	6	64982.20	1
首都圈	71194.78	7	77326.62	1	62049.71	2
汕头圈	27112.47	22	41189.33	19	60778.96	3
杭州圈	84202.37	3	59827.91	4	59367.57	4
太原圈	38911.20	18	48059.72	12	51215.84	5
广州圈	66237.48	8	58877.41	5	49309.91	6
沈阳圈	72373.04	6	44776.48	15	46240.60	7
南京圈	76056.62	5	60074.10	3	44598.10	8
青岛圈	80466.2	4	53386.41	8	41462.61	9
成都圈	44511.62	15	53536.21	7	38835.39	10
上海圈	94349.92	2	67407.20	2	37982.88	11
西安圈	40480.79	17	41142.08	20	36949.77	12
长沙圈	63661.79	9	50461.88	11	33361.90	13
重庆圈	42615.12	16	51014.33	10	32398.35	14
长春圈	58337.10	10	47273.57	13	32251.36	15

续表

都市圈	人均GDP		人均工资		人均居民储蓄余额	
	数量	排名	数量	排名	数量	排名
武 汉 圈	52272.50	12	42020.67	16	31292.25	16
济 南 圈	57530.14	11	30076.73	22	31244.79	17
哈尔滨圈	48428.90	13	41538.77	18	29307.68	18
郑 州 圈	45285.93	14	39911.98	21	27273.20	19
合 肥 圈	37724.98	19	51453.29	9	24463.24	20
南 昌 圈	33234.59	20	46744.1	14	22470.70	21
石家庄圈	32581.44	21	41596.05	17	17294.94	22

数据来源：作者根据统计数据加工处理得到。

由于 0.9 分的微弱差距，上海圈由以往的第一名下降到第 2 名。效率高一直是杭州圈的一个显著特征，在多年的排名中，其一直稳居第 3 名的位置。

对比 2006 年的都市圈绩效排名，2013 年的排名之间差距缩小，70 分以上有 3 个区域，60~70 分的有 4 个都市圈，其余的都市圈绩效评分均在 35 分到 56 分之间，其竞争最为激烈，常常是 1 分，甚至不到 1 分的差距（见表 12）。哈尔滨都市圈在这个方面居最后一名，得分不到第一名的一半，差距显著。

表 14　2013 年中国都市圈产出与效益

都市圈	地均GDP(万元/平方公里)		工业企业资金利税率人均工资(元/人)	
	数量	排名	数量(%)	排名
南 昌 圈	1154.60	20	24	1
汕 头 圈	3013.72	10	21	2
济 南 圈	3978.4	7	20	3
长 沙 圈	2887.88	11	18	4
石家庄圈	1766.59	15	17	5
南 京 圈	5123.58	5	17	6
青 岛 圈	5712.85	3	16	7
郑 州 圈	3223.13	9	16	8
广 州 圈	4792.79	6	15	9
长 春 圈	1421.96	19	15	10
沈 阳 圈	2507.96	13	14	11

都市圈	地均GDP(万元/平方公里)		工业企业资金利税率人均工资(元/人)	
	数量	排名	数量(%)	排名
重 庆 圈	1536.49	18	13	12
成 都 圈	2275.94	14	13	13
上 海 圈	8894.35	1	12	14
大 连 圈	6084.61	2	12	15
合 肥 圈	1672.52	16	11	16
武 汉 圈	2793.89	12	10	17
首 都 圈	3249.42	8	10	18
杭 州 圈	5518.43	4	10	19
西 安 圈	1575.73	17	9	20
哈尔滨圈	638.47	22	8	21
太 原 圈	886.17	21	4	22

数据来源：作者根据统计数据加工处理得。

中部都市圈中，长沙圈表现突出，位列第9名，郑州圈、武汉圈、南昌圈、太原圈、合肥圈彼此差距不大，分列第14、15、17、18、19名（见表12）。这些都市圈表现出较强的发展活力。超过了第一轮就进入评价范围的西安圈、石家庄圈和哈尔滨圈。

在发展水平与财富方面，2006年广州圈超越上海圈成为第一，排在第三、四名的分别是大连圈和杭州圈。2013年，大连成为第一名，首都圈由于工资水平高，居第二名，而第三第四名由杭州圈和上海圈瓜分，广州圈沦为第六名，石家庄圈位于最后一名。

（1）发展水平与财富准则评价

表13显示，2013年都市圈人均GDP最高的是大连圈，达到110880.96元、比第二名的上海圈94349.92元，高出16531元，比第三名杭州圈人均84202.37元的水平高出26678元。比22名的汕头圈27112.47元，高出83768元。

人均居民储蓄余额最高的依然是大连圈，达到64982.2元，首都圈和汕头圈居第二名和第三名，分别是62049.71元、60778.96元。2006年重庆圈的人

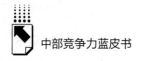

均居民存款仅相当于第一名广州圈的22.8%。2013年位居22名的石家庄圈人均居民储蓄余额仅有17294.94元，只有大连圈的26.6%。

2006年广州圈的人均居民储蓄存款余额为34564.65元，是所有都市圈中最多的，比当时排在第二名的大连圈高14%，6年后，大连圈一举超过广州圈32%。

人均工资水平最高的是首都圈，达到77326.62元，居第二名和第三名的是上海圈和南京圈，分别是67407.2元和60074.1元。2006年首都圈、上海圈和杭州圈的职工平均工资分别是27374.45、27227.02和26729.84元，7年间，首都圈工资涨了近2倍，而且地区间差距在加大，人均工资最低的济南圈，仅为30076元，仅相当于第三名南京圈的1/2。都市圈工资水平的变化一方面表明居民的收入增加了，另一方面也说明中国的劳动力成本已经大幅度上升。

（2）产出能力与效益准则评价

在地均GDP方面，上海圈一枝独秀，每平方公里达到8894.35万元，是2006年3081.51万元的2.9倍。居第二、三名的是大连圈和青岛圈，分别是6084.61万元和5712.85万元，上海圈是第二名和第三名的1.5倍和1.6倍，是22名的哈尔滨圈的13.9倍（见表14），差距之大令人咋舌。2006年，太原圈和哈尔滨圈的地均GDP不足上海圈地均GDP的10%。时隔6年，排名没有变化，但是绝对差距在加剧。

资金利税率最高的都市圈是南昌圈、汕头圈和济南圈，分别为24%、21%和20%，其余的都市圈都在20%以下，太原仅有4%。

4. 中国都市圈综合竞争力排名

将各都市圈的发育指数得分、实力指数得分和绩效指数得分分别乘以它们的权重0.5、0.3、0.2，就可以得到都市圈竞争力总得分，并可排序，其结果如表15所示。

与2007年中国都市圈评价报告的结果相比，2013年中国都市圈的综合竞争力格局基本没变化，上海圈、首都圈、广州圈位于前三名（见图2，表15），东部的都市圈总体发展好于中西部，中部都市圈处于中等偏下位置，而西部成都圈和重庆圈与西安圈呈现两极分化态势。一定程度上表明国家政策对区域经济发展依然有很大的影响力。

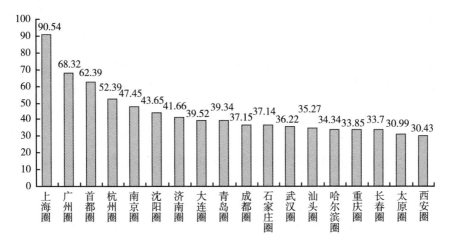

图2 2006 年中国都市圈综合竞争力指数分布

表15 2013 年中国都市圈竞争力排名

都市圈	竞争力指数		发育度指数		实力指数		绩效指数	
	排名	评分	评分	排名	评分	排名	评分	排名
上 海 圈	1	87.36	41.61	1	30	1	15.75	2
首 都 圈	2	61.51	35.05	2	13.18	3	13.27	6
广 州 圈	3	58.9	32.53	3	13.44	2	12.93	7
杭 州 圈	4	51.57	29.64	4	7.84	4	14.09	3
南 京 圈	5	46.43	25.34	9	7.52	5	13.57	4
大 连 圈	6	42.41	23.03	16	3.45	13	15.92	1
沈 阳 圈	7	42.04	25.66	7	5.37	8	11.01	8
青 岛 圈	8	40.22	23.93	11	2.83	16	13.46	5
济 南 圈	9	39.88	23.46	13	6	6	10.41	11
成 都 圈	10	39.55	25.73	6	4.24	9	9.57	12
重 庆 圈	11	39.17	26.39	5	4.16	10	8.62	16
郑 州 圈	12	37.92	23.15	15	5.59	7	9.18	14
武 汉 圈	13	37.84	24.98	10	3.99	12	8.86	15
长 沙 圈	14	37.58	23.56	12	3.14	14	10.88	9
长 春 圈	15	34.93	21.57	19	4.12	11	9.23	13
哈尔滨圈	16	34.33	25.39	8	1.9	20	7.04	22
石家庄圈	17	33.71	23.36	14	2.84	15	7.51	21
汕 头 圈	18	33.13	21.34	20	0.94	22	10.85	10
西 安 圈	19	33.02	22.45	17	2.79	17	7.78	20
合 肥 圈	20	32.67	22.2	18	2.68	18	7.79	19
南 昌 圈	21	30.8	19.95	22	2.43	19	8.42	17
太 原 圈	22	30.26	20.7	21	1.72	21	7.84	18

数据来源：作者根据统计数据加工处理得到。

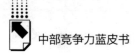

在综合竞争力方面，中部都市圈整体表现可以分为两个集团。第一集团是郑州圈、武汉圈、长沙圈，位列第 12、13、14，评分相差在 0.5 分以内，属于可上可下的敏感位置，也是竞争相当激烈的位置段。这些都市圈有一定的城市体系，但实力不强，处于都市圈初步发展阶段。第二集团是合肥圈、南昌圈和太原圈，处于末尾，共同特征是首位城市竞争力不够，而且城市体系不完善，处于都市圈起步阶段。

上海圈、广州圈和首都圈三大都市圈综合竞争力优势明显，尤其是上海圈，与第二名首都圈的分值在拉大，2007 年评价报告显示，上海圈得 90 分，广州圈为 68 分，2013 年的评价结果是，上海圈 87 分，首都圈是 61 分。广州圈、杭州圈、南京圈、大连圈、沈阳圈、青岛圈具有一定的竞争力，其他都市圈的评分在 30.26～39.88 中间，竞争力相差无几。

B.6

中国中部都市圈评价

在此之前，我们把中部的郑州都市圈、合肥都市圈、长沙都市圈及南昌都市圈加入以前的 18 个都市圈进行了综合评价。由于历史及政策原因，中国中部经济发展滞后于东部沿海地区。因此，在综合竞争力的评价中，中部 6 个都市圈整体排名靠后，这也客观地反映了中部地区经济发展水平在全国的相对位置。

然而我们不知道单独对中部 6 个都市圈，准确地说 6 个省会城市群进行评价，其结果会如何。因此，在这一部分，我们将采用之前的评价指标体系，对中部城市群，从发育度、实力水平、绩效水平，三个方面，用 23 个指标，考察 6 个城市群的综合竞争力。

一 中国中部都市圈发育状况排名

在这部分，我们从交通联系强度、经济落差、城市体系发育程度以及中心城市地位四个准则，通过 7 个指标：交通联系强度、人均 GDP、地均 GDP、非农人口、圈内城市发育度、首位城市非农人口、首位城市第三产业比重，对中部 6 个都市圈发育度做了评价（具体结果见表 1）。

表 1　2013 年中国中部都市圈发育度评价得分

都市圈	交通联系强度		经济落差		城市体系		中心城市地位		发育指数	
	评价指数	排名	评价指数	排名	评价指数	排名	评价指数	排名	评价指数	排名
太原圈	23.68	5	77.80	3	62.50	6	35.72	5	65.59	5
武汉圈	24.74	2	60.61	6	91.44	2	100	1	89.72	1
郑州圈	23.68	5	92.53	1	90.81	3	65.91	2	84.67	2
长沙圈	25.00	1	77.27	4	92.96	1	64.83	3	83.14	3
合肥圈	24.34	3	87.52	2	82.96	4	50.19	4	77.64	4
南昌圈	24.34	3	64.49	5	72.19	5	29.94	6	64.27	6

数据来源：作者根据统计数据加工处理得到。

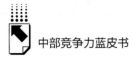

从表1可以清楚看出6个都市的发育呈现明显的2个梯队。第一个梯队是评分70分以上的武汉圈、郑州圈、长沙圈和合肥圈；第二梯队是70分以下的太原圈和南昌圈。

我们可以通过细分的指标进一步分析。

（1）交通联系强度准则评价

由于交通联系强度准则的评价主要是依据高速公路、铁路、普通公路和海河运输四个变量，并依据其重要性递减赋值的，因此，有河流的都市圈就有天然的地理优势，评分方面可以多得1分。随着中部城市间高速公路网的密集以及近几年高铁等铁路网的完善，交通条件相差无几。因此这一部分的得分没有大的差异，都在9分以上。在这方面，长沙都市圈由于其交通条件最好，居第一名。

（2）经济落差准则评价

经济落差准则是根据中心城市与周边城市的人均GDP、地均GDP两个方面考察都市圈内城市体系的发育程度的。落差越小，说明首位城市与周边城市的经济落差越小，城市体系越完善，得分也越高。通过评价结果我们发现，人均GDP落差最小的都市圈是郑州圈，而地均GDP落差最小的是合肥圈，综合评分，郑州圈的经济落差最小，从这个角度看，城市体系最完备（见表2）。实际情况也如此，郑州圈内7个城市，有6个是中国百强城市，得分最低的是武汉圈。武汉1+8都市圈交通便捷，但周边的城市规模太小，与武汉市不匹配，都市圈城市体系中缺少产业传递的"二传手"。

表2　2013年中国中部都市圈经济落差数据与得分得分

都市圈	人均GDP落差	人均GDP落差得分	地均GDP落差	地均GDP落差得分	经济落差得分
太原圈	56.79	99.26	21.43	56.35	77.8
武汉圈	42.6	74.46	17.78	46.75	60.61
郑州圈	57.21	100	32.34	85.06	92.53
长沙圈	42.66	74.56	30.42	79.99	77.27
合肥圈	42.93	75.04	38.03	100.00	87.52
南昌圈	40.22	70.3	22.31	58.67	64.49

数据来源：作者根据统计数据加工处理得到。

（3）圈内城市体系准则评价

城市体系发育度是从城市非农人口比重和都市圈内所包含的城市等级 2 个指标进行评价的，其中城市等级是按照城市非农业人口规模分 5 个档次递增赋值。

表 3 的评价结果显示，在非农人口比重方面，太原圈优势突出，位于第一名，而在城市体系发育度方面，长沙圈和郑州圈的得分一致，并列第一位，综合得分最高的是长沙圈。长沙圈，尤其是长株潭三个城市齐头并进发展，并且交通一体化程度非常高，从城市体系角度，已经处于都市圈的初步发展阶段。而综合评价得分最低的是太原圈，因为腹地城市太小，在城市发育度方面得分极低，这也符合我们对上述都市圈的直观认识。

表 3　2013 年中国中部都市圈城市体系数据与得分

都市圈	非农业人口比重	得分	圈内城市发育度	得分	综合得分
太原圈	63.68	100	36	37.5	62.5
武汉圈	61.98	97.34	84	87.5	91.44
郑州圈	49	77.03	96	100	90.81
长沙圈	52	82.41	96	100	92.96
合肥圈	45	69.9	88	91.67	82.96
南昌圈	43	67.98	72	75	72.19

数据来源：作者根据统计数据加工处理得到。

（4）中心城市地位准则评价

中心城市地位是从中心城市非农业人口及第三产业比值两个指标进行评判的。一个发育良好的大都市圈一般都有一个中心城市，其在经济发展中起着龙头作用。根据统计数据，中部都市圈中，武汉的规模最大，非农人口达到 821.71 万人（见表 4），而南昌的规模最小，仅有 235.96 万人，这样的非农人口规模在中国的省会城市中已经不多见，因此，加速南昌市的城市化以扩大城市规模，对南昌都市圈的发展将起着至关重要的作用。在产业发展方面，中部都市圈基本是以第二产业为主的工业化阶段。只有太原的第三产业比重超过 50%，这并不意味着太原已经工业化了，而是太原的产业结构比较单一，工业不发达形成的产业结构。综合评分，武汉市得分最高，这也是当之无愧的，武汉市在中国具有较强的竞争力，遗憾的是周边城市量级太低，在一定程度上制约了武汉圈的发展。

表4　2013年中国中部都市圈首位城市数据与得分

都市圈	非农业人口（万人）	得分	第三产业比重（%）	得分	综合得分
太原圈	356.51	43.39	54.8	30.61	35.72
武汉圈	821.71	100	47.72	100	100
郑州圈	616.55	75.03	41.67	59.83	65.91
长沙圈	501.02	60.97	40.7	67.4	64.83
合肥圈	505.39	61.5	39.42	42.65	50.19
南昌圈	235.96	28.72	39.82	30.76	29.94

数据来源：作者根据统计数据加工处理得到。

二　中国中部都市圈实力状况排名

根据 GDP、建成区面积、财政收入、区域内有百强县数量、有 GDP 百强城市数量、外商直接投资、固定资产投资和社会零售商品消费总额 8 个指标，从总体规模、次区域发展强度、投资和消费水平三个方面对中部 6 个都市圈进行评价。在都市圈实力方面，郑州圈遥遥领先于其他 5 个都市圈。由于武汉市周边的城市体系太薄弱，在次区域发展强度指标评分上，武汉圈位居中部 6 个都市圈的末位。城市体系不发达是制约武汉都市圈发展的短板，很难通过政策等人为因素得以改变。

综合得分是由三个准则加权评分而成，在总体规模方面，武汉圈位居榜首，太原圈处于最后的位置；在次区域发展强度方面，郑州圈由于周边城市规模较大，位居第一，武汉则是最后一名；在投资与消费能力方面，郑州第一，太原最后一名，具体见表5。

表5　2013年中国中部都市圈实力评价得分

都市圈	总体规模		次区域发展强度		投资与消费能力		实力指数	
	评价指数	排名	评价指数	排名	评价指数	排名	评价指数	排名
太原圈	28.92	6	20	5	25.45	6	25.75	6
武汉圈	86.32	1	10	6	83.82	2	70.05	2
郑州圈	83.72	2	80	1	100	1	89.49	1
长沙圈	56.50	3	40	2	61.30	3	55.12	3
合肥圈	45.17	5	30	4	40.28	5	40.18	5
南昌圈	47.19	4	40	2	56.71	4	49.56	4

数据来源：作者根据统计数据加工处理得到。

（1）总体规模准则评价

从表6可以看出，在都市圈GDP指标方面，郑州圈的GDP最大，其中郑州市的达到了6201.9亿元，是太原市1545.2409亿元的4倍多，郑州圈的GDP达到17614.0973亿元，是太原圈2880.0687的6.1倍，差距之大可见一斑。

表6　2013年中国中部都市圈投资与收入

单位：万元，平方公里

都市圈	GDP		财政收入	建成区面积
	中心城市	都市圈		
太原圈	15452409	28800687	4841070	459
武汉圈	46208600	73243821	20751808	847
郑州圈	62019000	176140973	9493530	1071
长沙圈	71531346	116687609	8352264	605
合肥圈	46729100	79207377	7296477	650
南昌圈	33360265	86667837	8923651	519

数据来源：作者根据统计数据加工处理得到。

在财政收入方面，武汉圈的财政收入最高，2013年达到2075.1808亿元，是最后一名太原圈484.1070亿元的4.3倍。

在建成区方面，2013年，郑州圈建成区面积达到1071平方公里，远超过太原圈459平方公里的水平，比第二名武汉市的847平方公里高出了224平方公里。这与郑州圈周边城市规模较大密不可分。

综合评分，武汉圈位居这一准则的榜首，太原圈处于最后一名。

（2）次区域发展强度准则评价

次区域发展强度是从包含的百强县数量和中国前100位城市数量来度量的。

由于中国的东部沿海地区县域经济发达，百强县多集中在长三角地区和山东沿海地区，因此，中部都市圈只有南昌圈有2个百强县、郑州圈和长沙圈各有1个百强县（见表7）。

从城市规模角度，郑州圈居首，有6个GDP百强市，合肥圈有3个百强市，太原圈和长沙圈各有2个百强市，武汉圈只有1个百强市，而南昌圈内则暂时没有百强市（见表7）。

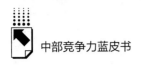

表 7　2013 年中国都市圈次区域发展评价

单位：万元，平方公里

都市圈	百强县	百强市	综合评分
太原圈	0	2	20
武汉圈	0	1	10
郑州圈	1	6	80
长沙圈	1	2	40
合肥圈	0	3	30
南昌圈	2	0	40

数据来源：作者根据统计数据加工处理得到。

在次区域规模方面，中部都市圈的基础远不及东部沿海都市圈。尽管如此，因为是相对评分，在中部范围内进行评价，不受其他都市圈的影响，因此，郑州圈得分最高，80 分。

（3）投入与消费能力准则评价

这个准则包含三个方面：固定资产投资、实际利用外资以及社会零售商品总额。综合评分，郑州圈拔得头筹，武汉圈紧随其后，第二名，太原圈表现最不理想，是最后一名。

在固定资产投资方面，前两位是郑州圈、武汉圈，分别为 13468.9309 亿、11023.3234 亿元。位居最后一名的太原圈只有 3917.3733 亿元（见表 8），只有郑州圈的 29%，还不及武汉市、郑州市、长沙市、合肥市的固定资产投资多。这些城市是其都市圈投资大户，除了郑州市以外，他们的投资都占整个都市圈投资的 50% 以上。可以说，他们是其区域经济发展中最具活力的城市。

从固定资产投资额占 GDP 的比重来看，中部都市圈的比重都偏高，基本在 70% 以上。这样的投资比例，远高于东部沿海的广州圈、上海圈、汕头圈等（其固定资产投资占 GDP 比重都不足 50%）。沿海城市经济基本过了大投资大发展时期，正在向集约式发展方向转变。而中部地区城市由于基础设施还不如东部沿海地区，城市化进程也不及东部沿海城市，因此正处于高投资高发展时期，投资对区域经济的贡献份额比较大。

表8　2013年中国都市圈投资与消费

| 都市圈 | 固定资产投资(万元) | | 固定资产投资/GDP | | 实际利用外资 | 社会零售商品 |
	中心城市	都市圈	中心城市(%)	都市圈(%)	(万美元)	总额(万元)
太原圈	16707390	39173733	69.24	83.32	139826	22036804
武汉圈	59745272	110233234	66.01	77.26	655358	61324234
郑州圈	44002102	134689309	70.95	76.47	836969	65839538
长沙圈	45933871	81560082	64.22	69.90	496052	42630711
合肥圈	46854411	62326189	100.27	78.69	292028	27298931
南昌圈	28968649	74879988	86.84	86.40	570574	28006675

数据来源：作者根据统计数据加工处理得到。

在社会消费品零售总额方面，郑州圈、武汉圈居第一、二名，分别为
6583.9538亿、6132.4234亿元。这个数据是最后一名太原圈2203.6804亿元
的3倍左右；只相当于2006年广州圈6174.6亿元的水平。

在利用外资方面，2013年实际利用外资总额最多的是郑州圈，达到
83.6969亿美元，第六名是太原圈，实际利用外资13.9826亿美元。与东部上
海圈、首都圈和广州圈的582.7836亿美元、283.2838亿美元和238.3979亿美
元相比，乃小巫见大巫。而随着东部沿海地区土地资源稀缺性的加剧、劳动力
成本的上升，制造业投资有外移的趋势，同时，中部的基础设施不断完善，中
部逐步将成为外资投资的热土，也符合产业梯度转移的规律。

三　中国中部都市圈绩效状况排名

发展水平与财富利用人均GDP、人均工资、人均居民存款来衡量；产出
能力与效益从地均GDP及规模以上工业企业利税率来度量都市圈的运行效率。
经过加权及数据标准化处理，中部都市圈绩效评价结果如表9所示。绩效方
面，长沙圈表现突出，坐上头把交椅。紧随其后的是郑州圈和武汉圈，而且二
者差距极小；太原圈居最后一名。

根据评价的两个准则具体而言，每个准则的评价结果又不尽相同。如表9
所示，在发展水平与财富总体规模准则方面，长沙圈与太原圈分得第一、第二
名，而南昌圈排名最后。在产出能力与效益方面，郑州圈和长沙圈居一、二

名，而太原圈位于最后一名。加权综合后，长沙圈夺得第一名，太原圈是最后一名。

表9 2013 年中部六个都市圈绩效排名

都市圈	发展水平与财富总体规模		产出能力与效益		绩效指数	
	评价指数	排名	评价指数	排名	评价指数	排名
长沙圈	88.96	1	83.31	2	86.70	1
郑州圈	67.70	5	86.36	1	75.16	2
武汉圈	75.67	3	69.56	3	73.23	3
合肥圈	68.03	4	49.92	5	60.79	4
南昌圈	58.03	6	61.49	4	59.42	5
太原圈	82.47	2	23.98	6	59.07	6

数据来源：作者根据统计数据加工处理得到。

（1）发展水平与财富准则评价

表10 显示，2013 年中国中部都市圈人均 GDP 最高的是长沙圈，达到63661.79 元，比第二名的武汉圈 52272.50 元高出 11389 元，是南昌圈33234.59 元的 1.9 倍，中部城市之间的差距也很显著。

表10 2013 年中国中部都市圈人均财富

单位：元/人

都市圈	人均 GDP		人均工资		人均居民储蓄余额	
	数量	排名	数量	排名	数量	排名
太原圈	38911.20	4	48059.72	3	51215.84	1
长沙圈	63661.79	1	50461.88	2	33361.90	2
武汉圈	52272.50	2	42020.67	5	31292.25	3
郑州圈	45285.93	3	39911.98	6	27273.20	4
合肥圈	37724.98	5	51453.29	1	24463.24	5
南昌圈	33234.59	6	46744.10	4	22470.70	6

数据来源：作者根据统计数据加工处理得到。

在人均居民储蓄余额方面，最高的是太原圈，达到 51215.84 元，比第二名的长沙圈 33361.90 元水平，高出 17854 元，这个差距接近于位居最后一名的南昌圈 22470.70 元的水平。这样的数据说明虽然太原诸多指标排名靠后，但是居民依然比较富裕，煤炭业的曾经辉煌为当地居民积累了相当的财富。

　　在人均工资方面，最高的是合肥圈，达到 51453.29 元，这个水平对于中部地区而言，的确不低。而工资最低的郑州圈平均工资仅有 39911.98 元，只有合肥圈的 78%，低将近 1/4。但这个工资水平高于济南圈 30076 元的水准。安徽省作为长三角产业转移的二传手，正在承接着大量的长三角转移产业，可能受产业转移的影响，工资也得到了提升。另外，也说明中国的劳动力成本上升将从东部沿海逐步蔓延到中西部地区。

　　（2）产出能力与效益准则评价

　　在地均 GDP 方面，中部城市与东部沿海的差距较大。在中部都市圈中最高的是郑州圈，每平方公里增加值达到 3223.13 万元，是最低的太原圈 886.17 万元的 3.6 倍（见表 11）。与中国最高的上海圈每平方公里 GDP 达到 8894.35 万元相比，郑州圈是上海圈的 36%，太原圈则还不足 10%。

表 11　2013 年中国中部都市圈产出与效益

都市圈	地均 GDP（万元/平方公里）		工业企业资金利税率（元/人）	
	数量	排名	数量（%）	排名
南昌圈	1154.60	5	24	1
长沙圈	2887.88	2	18	2
郑州圈	3223.13	1	16	3
合肥圈	1672.52	4	11	4
武汉圈	2793.89	3	10	5
太原圈	886.17	6	4	6

数据来源：作者根据统计数据加工处理得到。

　　数据说明不仅东中部之间差距显著，中部区域间的差距也不容小觑。

　　资金利税率最高的中部都市圈是南昌圈（24%），也是全国最高的，太原圈仅有 4%，在全国也是最低的。

　　总体而言，郑州圈在产出效益方面居中部都市圈的首位，其次是长沙圈，太原圈居最后一名。

四　中国都市圈综合竞争力排名

　　将各都市圈的发育指数得分、实力指数得分和绩效指数得分分别乘以它们的权重0.5、0.3、0.2，得到中部都市圈竞争力总得分，并进行了排序，其结果如表12所示。中部最有竞争力的都市圈是郑州圈，与武汉圈、长沙圈一起构成中部都市圈的第一梯队，评分都在70分以上。合肥圈、南昌圈及太原圈构成第二梯队。中体而言，中部都市圈都处于起步阶段，彼此的差距远小于东、中、西之间的差距。

表12显示，在中部都市圈中，发育度最好的是武汉圈，武汉市作为首位城市的能级也很高，2013年GDP在全国排名第8，但是周边的城市经济发展水平不高，城市规模偏小严重制约了武汉都市圈的发展。

表12　2013年中国中部都市圈竞争力排名

都市圈	竞争力指数		发育度指数		实力指数		绩效指数	
	排名	评分	评分	排名	评分	排名	评分	排名
郑州圈	1	84.21	42.33	2	26.85	1	15.03	2
武汉圈	2	80.52	44.86	1	21.02	2	14.65	3
长沙圈	3	75.45	41.57	3	16.54	3	17.34	1
合肥圈	4	63.03	38.82	4	12.05	5	12.16	4
南昌圈	5	58.89	32.13	6	14.87	4	11.88	5
太原圈	6	52.33	32.79	5	7.72	6	11.81	6

数据来源：作者根据统计数据加工处理得到。

在实力方面，郑州圈因为周边城市规模较大，且GDP百强市较多摘得桂冠，但郑州圈的效益不高、工资水平不高，映射出企业效率不高的可能性。

在绩效方面，长沙圈表现突出，长沙圈的短板是缺乏一个有领导力的中心城市，产业很难梯度转移。

郑州圈、长沙圈、合肥圈以及南昌圈初次"参赛"，评价结果令人鼓舞，尤其是长沙圈、郑州圈，分别在绩效与实力评价中全国排名第9和第7。此外，武汉圈在发育度评价方面，在全国排名第10。综合竞争力方面，郑州圈排名12，超过了很多原18个都市圈排名的区域。

虽然中部的都市圈仍处于初步发展甚至起步阶段，每个都市圈都有其短时间难以改变的弱项，但评价数据表明，中国的中部并非乏善可陈，中部经济正在快速发展，是缩小中国区域经济差距的重要力量。

参考文献

高汝熹、罗守贵：《中国都市圈评价报告（2006）》，上海三联出版社，2007。

高汝熹、吴晓隽、车春鹂：《中国都市圈评价报告（2007）》，格致出版社、上海人民出版社，2008。

国家统计局城市社会经济调查司：《中国城市统计年鉴（2014）》，中国统计出版社，2015。

lingzhongru：《2014 年中国主要城市 GDP 排行榜》，中商情报网，http：//www. askci. com/data/2015/01/27/2130233wrz. shtml，2015 - 4 - 25。

lingzhongru：《2014 年第十四届全国经济百强县排名》，中商情报网，http：//www. askci. com/data/2014/11/03/111610ig4m. shtml，2014 - 4 - 20。

产业评价篇

Industry Evaluation

钟无涯　李 晶　罗珍珍**

2013 年中部六省产业竞争力排名

产业竞争力	排　　　序 地　区	山西	安徽	江西	河南	湖北	湖南
农业产业	粮食产业	6	4	5	1	3	2
	畜牧业	6	5	4	1	2	3
工业产业	农副食品加工业	6	3	5	1	2	4
	纺织业	6	5	1	2	3	4
	化学原料及化学制品制造业	6	5	4	2	1	3
	医药制造业	6	5	2	1	4	3
	非金属矿物制品业	6	4	1	2	3	5
	黑色金属冶炼及压延加工业	6	5	3	1	2	4
	有色金属冶炼及压延加工业	6	4	1	3	5	2
	电气机械及器材制造业	6	1	4	3	5	2
	通信设备、计算机及其他电子设备制造业	6	2	4	1	5	3
服务业	旅游业	6	4	5	3	2	1
	文化产业	4	5	6	1	3	2

* 基金项目:2015年度南昌大学中国中部经济社会发展研究中心招标项目(15ZBLPS04)、国家社会科学基金青年项目(15CJL011)、江西省哲学社科重点研究基地规划项目(15SKJD05、15SKJD04)。
** 钟无涯,博士,南昌大学中国中部经济社会发展研究中心专职研究员。研究兴趣集中于区域经济发展、人口与教育和经济统计等领域;李晶,博士,南昌大学中国中部经济社会发展研究中心专职研究员。主要从事能源环境经济学,宏观经济学研究;罗珍珍,硕士,南昌大学中国中部经济社会发展研究中心助理研究员,主要从事区域经济研究。

B.7
中部地区产业竞争力评价

摘　要： 基于产业竞争力的内涵，分别对不同产业构建了其竞争力评价指标体系。各自选取三次产业具有代表性的 13 个产业，运用线性加权评价、因子分析法、综合指数法等构建了产业竞争力评价模型，实证分析评价了 2013 年这 13 个产业的综合竞争力，并分别进行省际横向比较分析。同时，运用综合指数法对中部六省 2011～2013 年产业竞争力综合评价指数和各指标变化情况进行纵向比较，分析了中部六省产业竞争力的演进情况及存在的主要问题。

关键词： 产业竞争力　指标体系　因子分析法　线性加权　综合评价指数

产业竞争力是区域竞争力的基础，区域经济发展水平及竞争力主要取决于其产业竞争力。针对产业竞争力，国内外众多学者分别提出诸多理论，主要有"竞争优势理论"、"基于竞争优势的产业集聚理论"和"基于技术创新的理论"等。这些理论中影响最大的是迈克尔·波特的"钻石模型"理论，该理论认为，影响某一区域特定领域的生产率和生产率成长的因素很多，如竞争压力、关联产业、政策制度等。而产业的成长主要受生产要素、需求条件、相关与支持性产业的发展状况以及企业战略、企业结构与同业竞争对手四个因素的影响，同时，政府行为和机会也会对竞争优势产生一定的影响，而产业集聚和企业创新在产业竞争力的形成过程中发挥着重要的作用。

产业竞争力是指某一区域产业通过与其他区域内同类产业进行市场竞争，依靠技术、产业资源和环境等，以有效配置资源及营销管理等手段，最终在满足市场需求、获取利润及保持可持续发展过程中所表现并积累的综合竞争能

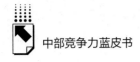
力。这种能力既包括当前市场显性竞争力，如产业规模、产业效益等，同时也包括潜在的、支撑可持续发展的能力，如产业资源、产业环境等。分别构建不同产业的竞争力评价模型，建立评价指标体系，对中部六省三次产业13个产业竞争力进行实证分析与评价。

一　中部地区农业产业竞争力评价

农业是国民经济的基础，关系到国家的长治久安，历来受到高度重视。近年来，我国每年出台的一号文件都和农业有关，如2015年初中央印发的一号文件《关于加大改革创新力度加快农业现代化建设的若干意见》，可见，农业在国民经济中有着非常重要的地位。农业竞争力是衡量农业发展水平和农业现代化程度的重要标志，其实质是向市场提供安全、可靠的农产品，并能持续获得盈利和保持可持续发展的能力。考虑到中部各省农业产业的现实性及可操作性，本文选择2011～2013年的粮食产业和畜牧业分别进行实证分析与评价。

（一）中部地区粮食产业竞争力评价

1. 评价指标体系设计

（1）指标体系分类

根据现有研究可以发现，粮食产业竞争力的评价指标主要分为显性指标与分析性指标。所谓显性指标就是粮食产业竞争力在市场上的实现程度，可用产业规模和产业效益等指标来代替。而分析性指标反映的是支撑粮食产业可持续发展的能力，可用产业资源、产业基础设施和产业环境等指标来表示，他们也会直接或间接影响到显性指标。

（2）指标体系设计

根据现有研究及粮食产业的现实特点，基于部分相关农业专家和农业管理部门的意见，在体现可比性和公正性的情况下，本文在具体指标设计时，所有指标除产业规模用总量指标外，其他指标均采用均量指标，最后形成了一个由四个层次、三级指标构成的指标体系，主要包括如下内容。

1）目标层：粮食产业竞争力；

2）分系统层：市场竞争力、资源要素竞争力和环境竞争力；

3）子系统层：产业规模、产业效益、产业资源、产业基础设施、产业科技水平、生态环境和政策环境；

4）指标层，由 18 个具体指标构成。

数据来源：中部六省 2012～2014 年统计年鉴、2012～2014 年统计公报和 2013 年农业统计公报，部分则通过对原始数据计算整理得到。

2. 指标说明

（1）市场竞争力指标（显性竞争力指标）

市场竞争力用产业规模和产业经济效益进行测度。产业规模是评价粮食产业竞争力的重要指标，规模越大，越有可能形成规模效应和规模经济，在市场竞争中居于主动，本文采用粮食总产量、粮食总产值和产业增加值三个指标反映粮食产业规模。由于中部地区农业主要是以粮食产业为主，加之各地统计年鉴和国家农业统计公报也没有单列粮食产业增加值这一项，因此选用不含林牧渔业的农业增加值来近似替代粮食产业增加值。

衡量产业竞争力的主要指标有产业效益、产业附加值，而产业竞争力最终则要体现在产业效益、产业附加值上。对于产业效益、产业附加值等，用粮食作物单位面积产量、每一农业劳动力平均粮食产量、农业产业增加值率、家庭经营性人均农业收入①四个指标进行测度。这几个指标的计算方法如下。

1）粮食作物单位面积产量 = 粮食总产量/粮食作物播种面积；

2）每一农业劳动力平均粮食产量 = 粮食总产量/第一产业就业人员数；

3）农业产业增加值率 = 农业产业增加值/农业总产值②。

（2）资源要素竞争力指标（潜在竞争力指标）

本文采用耕地和水资源数量、资本投入、科技水平、基础设施等来反映粮食产业资源要素状况。

考虑到目前我国大部分地区粮食生产还是采用包产到户的方式，土地不是集中使用，因此采用人均粮食播种面积和平均每百亩耕地用水量两个平均值指标来反映粮食产业资源占有情况。这两个指标的计算公式如下。

1）人均粮食播种面积 = 粮食总播种面积/第一产业就业人员数；

---

① 用农村居民人均可支配收入替代。

② 该公式中的农业不含林牧渔业。

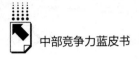

2）平均每百亩耕地用水量＝农业用水总量/农作物播种面积×100。

粮食生产依赖必要的资本投入，这有利于促进农业技术进步，提高农业生产水平和劳动生产率。鉴于数据的可获得性，这里用农业固定资产投资强度（第一产业固定资产投资额与第一产业总产值）来反映农业资本投入情况。

农田水利等基础设施是农业生产的重要保障，完善的农业基础设施可抵御自然灾害，有利于提高粮食生产自动化、集约化水平。本文选用农业机械化水平、水利化程度和公路密度三个指标来反映粮食产业基础设施完备程度。其中，农业机械化水平采用每百亩耕地农业机械化总动力指标；水利化程度采用粮食作物有效灌溉率指标；道路交通建设有利于农业生产、流通体系的建立，这里用公路密度来测度。这些指标的计算公式如下：

1）每百亩耕地农业机械总动力＝农业机械总动力/耕地总量；

2）粮食作物有效灌溉率＝粮食作物有效灌溉面积/粮食播种总面积；

3）公路密度＝公路总里程/区域面积。

影响农业生产率和产业竞争力的主要因素包括农业科技水平，该水平的提高有助于改善农业生产技术装备、改进种养殖技术、培育农业新品种及降低农业生产成本，在现代农业发展中的作用越来越大。鉴于数据的可获得性，这里用人力资本质量和种植业良种覆盖率来反映农业科技水平，其中人力资本质量用农民人均受教育年限来反映，具体计算公式为：

农民人均受教育年限＝文盲或半文盲比例×1年＋小学文化比例×6年＋初中文化比例×9年＋高中和中专文化比例×12年＋大专及以上比例×16年。

农业的生产特点决定了生态环境对农业生产有较大影响，本文采用森林覆盖率、粮食作物未受灾面积比例两个指标。

农业离不开政府的扶持，即需要好的政策环境。由于政策环境是个软指标，不易用统计数据直接进行测度，这里用政府对农业的财政支持力度（即财政支农支出占财政总支出的比重）来近似反映。

3. 评价模型的构建

（1）指标权重的确定

确定指标权重的方法主要有主观法和客观法两类。主观赋权法易受人为主观因素影响，客观性相对差一些；客观赋权法受主观因素的影响较弱一些，但权重通常会随指标数据变动而发生变化，稳定性不好，指标的相对重要程度有时不能得到充分体现，甚至还会与指标的实际重要程度相违背，解释性较差。结合粮食产业特征，现采用专家调查法（德尔菲法），涉及的专家主要来自于各省的高等院校、相关农业科研部门和农业管理部门等，各层次得到的指标权重详见附录4。

（2）指标数据的标准化

由于各指标含义与量纲不同，因而无法直接对各指标的得分进行加权汇总。因此，对指标进行无量纲处理来消除量纲的影响，利用比值法以避免出现0等标准化极值数据。具体计算公式为：

$$\text{正向指标}: X_i = \frac{x_i}{x_{\max}} \qquad \text{逆向指标}: X_i = \frac{x_{\min}}{x_i}$$

式中，X_i 为某一指标的标准化值，x_i 为指标原始值，$x_{\max}$ 为该指标最大原始值，$x_{\min}$ 为该指标的最小原始值。

（3）评价模型

1）横向评价模型

根据粮食产业指标体系设置和指标层次，构建粮食产业竞争力评价模型如下：

$$F = \sum_{k=1}^{n} f_k \left\{ \sum_{i=1}^{m} w_{ki} \left(\sum_{j=1}^{l} a_{ij} X_{ij} \right) \right\}$$

式中 F 为粮食产业竞争力综合评价指数，F 越大说明产业竞争力越强。f_k 为一级指标（显示竞争力、要素竞争力和环境竞争力）的权重。W_{ki} 为第 k 个一级指标中第 i 个二级指标的权重。a_{ij} 为第 i 个二级指标中第 j 个三级指标的权重，X_{ij} 第 i 个二级指标中第 j 个三级指标的标准化值。

通过模型可计算出某一年度不同省份粮食产业竞争力综合评价指数，用于同一年度不同省份之间的横向比较，从中发现省际差异和存在的问题。

2）纵向评价模型

上述竞争力横向评价模型无法反映同一省份不同年度竞争力综合指数及各指标变化情况，即无法反映纵向变化情况。为此，采用综合指数评价方法对各省粮食产业竞争力纵向变化情况进行评价。综合指数评价方法是一种适用于指标纵向比较的方法，其核心是通过对指标赋以权重值，实现具体指标量化评价，以对同一地区不同年份情况进行纵向比较分析。

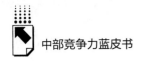
$$M_t = \frac{\sum (X_{i,t} \times W_i)}{\sum (X_{i,2011} \times W_i)} \times 100$$

$$I_t = \left(\frac{X_{i,t}}{X_{i,t-1}} - 1 \right) \times 100$$

式中，$X_{i,t}$ 为第 i 项指标第 t 年经标准化处理后的观测值；$X_{i,t-1}$ 为第 i 项指标第 $t-1$ 年标准化观测值；$X_{i,2011}$ 为第 i 项指标 2011 年标准化观测值；W_i 为第 i 项指标的权重。M_t 为第 t 年某一地区竞争力综合评价指数对 2011 年的相对值，也称为相对指数，M_t 数值越大，表明该地区第 t 年粮食产业竞争力相对于 2011 年提高越快。I_t 为第 t 年粮食产业竞争力较上一年（即第 $t-1$ 年）的增长指数，I_t 越大，表明较上一年增长越快。

上式中以 2011 年中部各省粮食产业竞争力综合评价值为基准值，基数为 100，对各指标进行标准化处理后加权汇总，分别计算出不同年份粮食产业竞争力对 2011 年的相对指数及较上一年的增长指数，用于实证分析各指标及竞争力综合指数的纵向变化情况。

4. 竞争力实证评价

对各指标数据进行标准化处理，得到标准化数据。并根据专家调查法得到的指标权重和竞争力评价模型，对各指标得分情况进行线性相加，最终得到中部各省 2013 年粮食产业竞争力综合评价指数（总分为 100，见表 1）和 2011 ~ 2013 年中部六省粮食产业竞争力指数变化情况（见表 2）。

表 1　2013 年中部六省粮食产业竞争力综合得分及排序情况

省份\得分	市场竞争力			资源竞争力			环境竞争力			竞争力综合得分		
	得分	中部排序	排序变化	得分	中部排序	排序变化	得分	中部排序	排序变化	得分	中部排序	排序变化*
山西	55.61	6	0	5.97	3	↓1	0.39	6	0	61.97	6	0
安徽	74.9	4	0	6.65	2	↑3	0.496	5	↓1	82.05	4	↑1
江西	72.13	5	0	5.52	6	↓5	0.69	1	0	78.34	5	↓1
河南	87.51	1	0	6.87	1	↑1	0.499	4	↓1	94.88	1	0
湖北	78.62	3	0	5.53	5	↑1	0.52	3	↑2	84.67	3	0
湖南	83	2	0	5.532	4	↓1	0.56	2	0	89.09	2	0

* 排序变化是较 2012 年，下同。

表2 2011年到2013年中部六省粮食产业竞争力指数变化情况

产业规模	基数指数(2011)	山西 2012年相对指数	山西 2013年相对指数	安徽 2012年相对指数	安徽 2013年相对指数	江西 2012年相对指数	江西 2013年相对指数	河南 2012年相对指数	河南 2013年相对指数	湖北 2012年相对指数	湖北 2013年相对指数	湖南 2012年相对指数	湖南 2013年相对指数
产业规模	27	29.517	31.76	29.005	30.319	28.716	30.176	28.856	30.140	28.491	30.101	28.983	29.239
粮食作物总产值	9	9.941	10.936	9.802	10.514	9.837	10.520	9.898	10.506	9.739	10.483	9.978	10.261
粮食总产量	10	10.68	11.004	10.490	10.460	10.156	10.308	10.173	10.309	10.223	10.472	10.228	9.954
农业产业增加值	8	8.896	9.82	8.713	9.346	8.723	9.348	8.785	9.325	8.529	9.147	8.776	9.024
产业经济效益	32	34.04	35.494	34.051	35.215	33.236	34.489	33.105	34.287	33.105	34.460	33.079	33.461
粮食作物单位面积平均产量	10	10.668	11.05	10.489	10.454	10.084	10.195	10.046	10.082	10.081	10.137	10.169	9.839
每一农业劳动力平均产值	7	7.502	7.688	7.668	7.965	7.359	7.652	7.235	7.517	7.327	7.776	7.207	7.068
粮食产业增加值率	9	9.06	9.092	9.000	9.000	8.978	8.998	8.987	8.987	8.867	8.835	8.905	8.905
家庭经营性人均农业收入	6	6.81	7.664	6.894	7.796	6.815	7.645	6.837	7.700	6.830	7.713	6.798	7.649
产业资源	9	9.093	8.973	9.409	9.561	9.587	9.407	8.858	8.930	9.136	9.147	9.079	9.163
人均粮食播种面积	6	6.038	5.965	6.228	6.472	6.254	6.439	6.097	6.279	6.197	6.441	6.118	6.266
平均每百亩耕地用水量	3	3.055	3.008	3.180	3.090	3.333	2.968	2.760	2.651	2.940	2.706	2.961	2.897
产业资本投入	3	3.875	4.61	4.106	4.833	4.046	3.665	3.202	3.464	4.238	3.952	3.453	4.201
农业固定资产投资强度	3	3.875	4.61	4.106	4.833	4.046	3.665	3.202	3.464	4.238	3.952	3.453	4.201
产业基础设施	10	10.207	10.625	10.450	11.559	10.402	8.123	10.196	10.108	10.436	11.133	10.097	10.759
农业机械化水平	4	4.176	4.35	4.174	4.338	4.292	1.825	4.138	4.249	4.268	4.507	4.200	4.394
水利化程度	4	3.986	4.207	4.066	4.896	4.056	4.223	4.042	3.842	4.116	4.493	3.882	4.338
公路密度	2	2.045	2.068	2.210	2.325	2.055	2.075	2.016	2.018	2.052	2.134	2.016	2.028
产业科技水平	8	11.549	11.902	8.289	8.274	9.675	8.980	7.288	7.162	7.877	7.289	7.766	7.553
农民受教育水平	3	4.284	4.853	3.188	3.208	3.688	3.402	2.698	2.698	2.928	2.726	2.928	2.861
种植良种覆盖率	5	7.265	7.049	5.102	5.066	5.987	5.579	4.590	4.464	4.949	4.563	4.838	4.692
产业环境	11	11.487	10.761	11.142	10.946	11.763	11.475	10.919	11.062	11.293	10.705	11.459	10.642
森林覆盖率	4	4.000	4.000	4.000	4.000	4.000	4.000	4.000	4.000	4.000	4.000	4.000	4.000
粮食未受灾面积比例	3	3.093	2.371	3.061	2.818	3.276	3.026	3.021	3.071	3.484	3.067	3.576	2.709
支农支出占财政支出比重	4	4.394	4.39	4.081	4.128	4.486	4.449	3.898	3.991	3.809	3.638	3.883	3.933
总　计	100	109.768	114.125	106.452	110.707	107.425	106.316	102.424	105.153	104.577	106.788	103.916	105.019

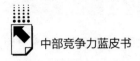

（1）横向评价结果分析

从表1中得分可看出，2013年中部六省粮食产业竞争力综合排名依次为：河南省94.88、湖南省89.09、湖北省84.67、安徽省82.05、江西省78.34、山西省61.97，其中，安徽省较2011年上升1位，而江西省下降1位，其他四省的位次没有变化。市场竞争力排名依次为河南省87.51、湖南省83、湖北省78.62、安徽省74.9、江西省72.13、山西省55.61，六省的排序与2012年完全一致。资源要素竞争力排名依次为河南省6.87、安徽省6.65、山西省5.97、湖南省5.532、湖北省5.53、江西省5.52，其中安徽省上升3位、河南省和湖北省上升1位，而江西省下降5位，山西省和湖南省各下降1位；环境竞争力排名依次为江西省0.69、湖南省0.56、湖北省0.52、河南省0.499、安徽省0.496、山西省0.39，其中，湖北省上升2位，而河南省和安徽省下降2位，其他三省的位次没有变化。下面对中部六省竞争力得分情况进行评析。

山西省以61.97分位居中部六省末位，且与其他省的差距较大。山西省粮食产业不论产业规模还是产业效益均位居后列。

安徽省以82.05在中部六省中排名第四，较2011年上升了一位。这主要因为产业规模、产业效益、产业资源、资本投入、基础设施和政策环境等多项因素有所上升，影响了综合得分，并且安徽省粮食产业规模在中部六省中居于中上水平。

江西省以78.34分排名第五，排序与2011年下降了一位。江西虽然人均粮食播种面积、农作物单位面积产量、每一农业劳动力平均粮食产量、水利化程度、良种覆盖率和财政支持等资源要素指标及环境指标表现较好，但受产业规模小、产业效益一般的影响，位居第五。整体而言，江西粮食产业的资源和环境承载能力较强，发展潜力较大。

河南省的综合评价指数为94.88分，在中部六省中位居第一。这主要是由于其粮食作物总产值、粮食总产量、产业增加值最大及粮食单位面积产量、每一农业劳动力平均粮食产量、家庭经营性人均农业收入等指标较好，即产业规模占优势，同时经济效益也较好。但产业发展环境还有待改善。

湖北省以84.67分居中部第三，较2011年，没有变化，但与后两位的江西、安徽省的差距不是很大。湖北省粮食产业表现较好的指标有：粮食作物单位面积产量、粮食产业增加值率、家庭经营性农业收入及粮食有效灌溉率等，但农业固定资产投资及农业机械化水平相对落后。

湖南省以89.09分在中部六省中排名第二，这主要是由于其粮食总产量、粮食作物单位面积产量、粮食产业增加值等产业规模指标及粮食单位面积产量、增加值率等效益指标较好，同时其农业机械化水平、交通基础设施（公路密度）等也较高，产业资源和产业发展环境均处中部六省中上游，粮食产业竞争力各指标呈现均衡发展的特点。

（2）纵向评价结果分析

表1反映了中部六省2013年粮食产业竞争力综合指数及各指标的纵向变化情况。而表2则反映了2011～2013年中部六省粮食产业竞争力综合指数及各指标纵向变化情况。

山西省： 2013年粮食产业竞争力综合指数虽然位居前列，与2011年相比，竞争力综合指数有所增长，由2011年的100增长到2012年的109.768和2013年的114.125，两年间增长了14.125%，增长速度在中部六省中位居第二。其中，反映产业市场竞争力的产业规模、产业效益分别增长17.63%、10.92%[①]；反映产业资源要素竞争力的产业资本投入、产业基础设施、产业科技水平指数分别增长了53.67%、6.25%、48.78%；而产业资源和产业环境指数分别下降了0.3%、2.17%。这说明山西省粮食产业竞争力有所提升，尤其是产业资本投入和产业科技水平增长较快。

安徽省： 与2011年相比，安徽省粮食产业竞争力综合指数有所增长，由2011年的100增长到2012年的106.452和2013年的110.707，两年间增长了10.707%，增长速度较快，位列中部第三。其中，产业规模、产业效益分别增长了12.29%、10.04%，产业资源、产业资本投入、产业基础设施、产业科技水平指数分别增长了6.23%、61.1%、15.59%、3.43%，而产业环境指数下降了0.49%。产业资本投入增速较快，但产业经济效益和产业科技水平等则变化较小。

江西省： 与2011年相比，江西省粮食产业竞争力综合指数有大幅增长，由2011年的100增长到2012年的107.425和2013年的106.316，两年间增长了6.316%，增长速度位居中部第四。其中，产业规模、产业效益指数分别增长11.76%、7.78%，产业资源、资本投入、科技水平和产业环境指数分别增

---

① 这里的增速为2011到2013年的增速，下同。

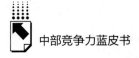

长了 4.52%、22.17%、12.25%、4.32%，而基础设施指数下降了 18.77%，下降较大。增长主要还是体现在产业规模、产业科技水平和资本投入上，相比之下，产业经济效益和产业环境提高较慢。

河南省：2013 年河南省粮食产业竞争力综合指数位居中部地区第五，两年间增长速度只增长了 5.153%。其中，产业规模、产业效益指数分别增长 11.63%、7.15%，资本投入、基础设施、产业环境指数分别增长了 15.47%、1.08%、0.56%，而产业资源和产业科技水平指数出现了负增长，分别为 0.78%、10.48%。相比之下，不论是产业规模、产业效益还是产业基础设施，河南的增速都较慢。

湖北省：与 2011 年相比，湖北省粮食产业竞争力综合指数增长最快，由 2011 年的 100 增长到 2012 年的 104.577 和 2013 年的 106.788，两年间增长了 6.788%，增长速度位居中部第一。其中，产业规模、产业效益指数分别增长 11.86%、7.69%，但资本投入和产业环境出现负增长。可见湖北省粮食产业竞争力的提高主要也是依赖于产业规模和资本投入的扩大。

湖南省：与 2011 年相比，湖南省粮食产业竞争力综合指数增长较快，由 2011 年的 100 增长到 2012 年的 103.916 和 2013 年的 105.019，两年间增长了 5.019%，增长速度为中部最后一名。其中，产业规模、产业效益指数分别增长 8.29%、4.57%，产业资源、资本投入、基础设施指数分别增长了 1.81%、40.03%、7.59%。科技水平和产业环境分别下降了 5.59%、3.25%。竞争力综合指数增长主要依赖于产业规模的扩大和资本投入的改善。

（二）中部地区畜牧业产业竞争力评价

畜牧业竞争力是指向市场提供质量安全可靠的畜产品，并使畜牧产业持续获利和获得可持续发展的能力。发展畜牧业和提高畜牧业竞争力有利于优化农业产业结构、完善现代农业产业体系及提高农民收入。

1. 指标体系的构建

参照产业竞争力内涵和畜牧业特性，考虑数据的可获取性，选取市场竞争力、资源要素竞争力、环境竞争力等 3 个一级指标，6 个二级指标和 13 个三级指标组成的畜牧业竞争力评价指标体系。具体指标及权重见附录 5 所示。

（1）市场竞争力指标

市场竞争力指标主要包括产业效益和产业规模。其中，产业规模用畜牧业增加值、畜牧业总产值和肉类总产量三个指标反映；产业效益则用畜牧业增加值率、每一农业劳动力生产的肉类总产量、家庭经营性人均畜牧业收入三个指标表示；畜牧业投入产出效益和饲养水平用畜牧业增加值率反映；畜牧业饲养的规模化水平和劳动生产率用每一农业劳动力生产的肉类总产量体现；农民从畜牧业中获取的现金收入则用家庭经营性人均畜牧业收入①反映。上述指标的计算公式如下。

1）每一农业劳动力生产的肉类总产量 = 肉类总产量/第一产业就业人员数②；

2）畜牧业增加值率 = 畜牧业增加值/畜牧业总产值。

（2）资源要素竞争力指标

资源要素竞争力指标主要包括资本投入、科技水平和畜牧业自然资源三个指标。

畜牧业自然资源主要包括森林覆盖率和牧草地面积③。发展畜牧业需要牧草地，牧草地的多少和质量在一定程度上决定了所饲养的畜牧容量。森林有利于防止水土流失，稳定牧草地的面积和质量，因此选取森林覆盖率视而非环境指标为资源要素指标。水资源总量在一定程度上决定了流域（区域）水环境容纳畜牧养殖污染量的变化范围，决定了畜牧养殖环境承载力。

畜牧业科技水平对畜牧业劳动生产率和产业竞争力的影响极为重要，而影响科技水平的重要因素则包括人力资本数量和质量，因此和粮食产业一样采用农民人均受教育年限和畜牧业良种覆盖率来反映畜牧业科技水平。

（3）环境竞争力指标

由于畜牧业饲养周期长，因此存在一定的市场风险，这需要良好的政策环境和政府的政策扶持。由于当前各省财政支农统计金额还没有细分到畜牧业、种植业和渔业等具体行业上，因此笼统采用财政支农支出占财政总支出比重来反映政府对畜牧业的支持力度。

---

① 用农村居民人均可支配收入替代。

② 因缺乏专门从事畜牧生产的劳动力数量，这里使用第一产业就业人员替代，实际上从事畜牧生产的只是第一产业人员的一部分，因此每一农业劳动力生产的肉类总产量要大于根据此公式计算出的数量。

③ 用草原总面积替代。

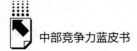

2. 畜牧业产业竞争力评价模型

（1）指标权重的确定

采用专家调查法确定畜牧业评价指标权重。

（2）指标数据的标准化

由于各指标的单位不一致，首先对指标数据进行无量纲处理，得到标准化数据，再对各指标得分情况进行加总计算。采用比重值法进行标准化处理。

（3）评价模型

参照粮食产业，对指标体系设置和指标层次依次构建了畜牧业竞争力横向和纵向评价模型如下，各变量值含义同前面粮食产业竞争力的评价模型变量值含义一致。

$$F = \sum_{k=1}^{n} f_k \left\{ \sum_{i=1}^{m} w_{kj} \left(\sum_{j=1}^{l} a_{ij} X_{ij} \right) \right\}$$

$$M_t = \frac{\sum (X_{i,t} \times W_i)}{\sum (X_{i,2001} \times W_i)} \times 100$$

$$I_t = \left(\frac{X_{i,t}}{X_{i,t-1}} - 1 \right) \times 100$$

3. 竞争力实证分析

指标数据主要来自于 2012～2014 年中部六省统计年鉴和 2013 年中国农业统计年报等，部分数据经过计算整理得到。对这些数据进行标准化处理，得到标准化数据。结合指标权重和评价模型，最后计算得到中部六省 2013 年畜牧业竞争力综合评价指数（总分为 100，见表 3）和 2011～2013 年中部地区畜牧业竞争力变化情况（见表 4）。

表 3　2013 年中部六省畜牧业竞争力综合得分及排序情况

省份\得分	市场竞争力			资源竞争力			环境竞争力			总竞争力		
	得分	中部排序	排序变化	得分	中部排序	排序变化	得分	中部排序	排序变化	得分	中部排序	排序变化
山西	42.272	6	0	7.099	4	↓3	0.024	3	↓1	49.395	6	0
安徽	79.642	4	↑1	5.208	6	0	0.02349	4	↑2	84.873	5	0
江西	76.695	5	↓1	12.168	2	0	0.027	1	0	88.890	4	0
河南	121.616	1	0	6.896	5	0	0.0241	2	↑2	128.536	1	0
湖北	109.137	2	0	11.423	3	↑1	0.0227	6	↓3	120.583	2	↑1
湖南	90.427	3	0	13.713	1	↑2	0.02353	5	0	104.163	3	↓1

表4 2011~2013年中部六省畜牧业竞争力指数变化情况

竞争力指数指标	基数指数(2011年)	山西 2012年相对指数	山西 2013年相对指数	安徽 2012年相对指数	安徽 2013年相对指数	江西 2012年相对指数	江西 2013年相对指数	河南 2012年相对指数	河南 2013年相对指数	湖北 2012年相对指数	湖北 2013年相对指数	湖南 2012年相对指数	湖南 2013年相对指数
产业规模	35	36.203	40.340	36.455	37.776	36.223	38.017	36.205	39.091	38.238	48.407	36.640	36.372
畜牧业总产值	14	14.149	16.042	14.468	15.135	14.350	15.184	14.364	15.833	15.488	16.201	14.618	14.410
肉类总产量	11	11.941	12.837	11.652	11.831	11.577	11.980	11.612	11.984	11.874	12.387	11.580	11.669
畜牧业增加值	10	10.113	11.460	10.335	10.811	10.297	10.853	10.228	11.274	10.875	19.819	10.442	10.293
产业经济效益	30	32.161	34.258	32.445	34.524	32.213	34.144	32.013	34.013	32.143	42.444	31.866	33.434
增加值率	11	11.007	11.001	11.001	11.000	11.051	11.008	10.966	10.965	10.813	18.839	11.000	11.000
每一农业劳动力生产的肉类总产量	9	9.804	10.484	9.955	10.531	9.804	10.394	9.653	10.214	9.947	10.750	9.536	9.685
农民人均畜牧业收入	10	11.350	12.773	11.490	12.994	11.358	12.742	11.394	12.834	11.383	12.855	11.329	12.749
产业资源	21	20.273	21.089	21.820	20.862	26.475	22.860	20.048	19.248	21.372	21.215	24.825	23.019
牧草地面积	10	10.000	10.000	10.000	10.000	10.000	10.000	10.000	10.000	10.000	10.000	10.000	10.000
森林覆盖率	6	6.000	6.000	6.000	6.000	6.000	6.000	6.000	6.000	6.000	6.000	6.000	6.000
水资源总量	5	4.273	5.089	5.820	4.862	10.475	6.860	4.048	3.248	5.372	5.215	8.825	7.019
产业资本投入	4	5.167	6.147	5.475	6.444	5.395	4.886	4.270	4.619	5.651	5.269	4.605	5.601
农业固定投资强度	4	5.167	6.147	5.475	6.444	5.395	4.886	4.270	4.619	5.651	5.269	4.605	5.601
产业科技水平	7	9.857	11.711	7.163	7.298	7.871	7.718	6.737	6.863	7.151	7.028	7.049	7.116
农民人均受教育年限	3	4.284	4.853	3.188	3.208	3.688	3.402	2.698	2.698	2.928	2.726	2.928	2.861
畜牧业良种覆盖率	4	5.572	6.859	3.975	4.091	4.183	4.316	4.039	4.165	4.223	4.302	4.121	4.255
产业环境	3	3.296	3.293	3.060	3.096	3.365	3.337	2.924	2.993	2.857	2.729	2.912	2.950
财政支农占支出比重	3	3.296	3.293	3.060	3.096	3.365	3.337	2.924	2.993	2.857	2.729	2.912	2.950
总计	100	106.956	116.837	106.419	110.000	111.543	110.962	102.196	106.828	107.412	127.092	107.896	108.491

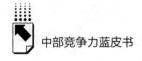

4. 评价结果分析

（1）横向评价结果分析

从表3中得分可看出，2013年中部六省畜牧业竞争力综合排名依次为：河南省128.536、湖北省120.583、湖南省104.163、江西省88.890、安徽省84.873、山西省49.395，与2011年相比，湖北排名上升1位，湖南排名下降了一位。市场竞争力排名依次为河南省121.616、湖北省109.137、湖南省90.427、安徽省79.642、江西省76.695、山西省42.272，其中安徽省的排名上升一位，而江西省的排名则下降一位，其他四省的排名没有变化。资源竞争力排名依次为湖南省13.713、江西省12.168、湖北省11.423、山西省7.099、河南省6.896、安徽省5.208，其中湖南省和湖北省排名分别上升二位和一位，而山西省下降三位，其他省不变。环境竞争力排名依次为江西省0.027、河南省0.0241、山西省0.024、安徽省0.02349、湖南省0.02353、湖北省0.0227，安徽和河南上升两位、山西下降一位，湖北下降三位，江西和湖南没有变化。下面对六省畜牧业竞争力进行评析。

山西省以49.395分居中部六省末位。山西省畜牧业竞争力排名落后的主要原因是产业规模和产业效益不佳，尤其产业规模过小。不过用于反映产业资源的牧草地面积及反映产业发展环境的农业固定资产投资强度和财政支农支出占财政总支出比重等指标较好。

安徽省以84.873分位居第5。主要原因也是由于产业规模不大、产业经济效益不高，另外反映产业资源的牧草地面积、水资源总量、森林覆盖率及产业环境等指标均位于后列，因而总得分较低。

河南省以128.536分位居第一。这主要是由于其畜牧业总产值、肉类总产量、畜牧业增加值等反映产业规模指标较好，且大多高于其他省份；另外，畜牧业增加值率、农民人均畜牧业收入等反映产业经济效益的指标也较好，因而总得分最高。

江西省虽然每一农业劳动力生产的肉类总产量、森林覆盖率及财政支农支出占财政总支出比重等反映产业效益、产业资源和产业环境的指标较好，但由于产业规模偏小、产业效益一般，只以88.89位居第四，与处于第二位的湖北省和第三位的湖南省差距较大。

湖南省以104.163分居中部六省第三。这主要是由于其水资源总量和牧草地面积非常丰富，畜牧业规模较大（畜牧业总产值仅次于河南省），但反映产业经济效益的畜牧业增加值率、农民人均畜牧业收入等指标一般；另外产业资源和产业环境还有待改善。

湖北省以120.583分排名第二。这主要是由于其畜牧业增加值等产业规模和畜牧业增加值率、农民人均畜牧业收入等产业经济效益指标位居上游，牧草地面积排名中部第二。

（2）纵向评价结果分析

表3反映了中部六省2013年畜牧业竞争力综合指数情况，即横向排序情况，但无法反映综合指数及各指标的纵向变化情况。而表4则反映了2011～2013年中部六省畜牧业竞争力综合指数及各指标纵向变化情况。

山西省：2013年畜牧业竞争力综合指数位居中部第二，与2011年相比，竞争力综合指数增长较快，由2011年的100增长到2012年的106.956和2013年的116.837，两年间增长了16.837%，增长速度排名中部第二。其中，反映市场竞争力的产业规模、产业效益分别增长15.26%、14.19%；反映产业资源要素竞争力的产业资源、产业资本投入、产业科技水平指数分别增长0.42%、53.675%、67.3%；产业环境指数也增长了9.77%。这说明虽然山西省畜牧业竞争力总体增速较快，与自身相比，产业竞争力提升较多，尤其是产业资本投入和产业科技水平。

安徽省：与2011年相比，安徽省畜牧业竞争力综合指数有所增长，由2011年的100增长到2012年的106.419和2012年的110.00，两年间增长了10.00%，增长速度居于中部第四。其中，产业规模、产业效益指数分别增长7.93%、15.08%，产业经济效益增长主要依赖于每一农业劳动力生产的肉类总产量和农民人均畜牧业收入的增长；产业资本投入指数增长了61.1%；产业科技水平和产业环境指数增长了4.26%和3.2%，而产业资源却有所下降，下降幅度为0.66%。

江西省：与2011年相比，江西省畜牧业竞争力综合指数有所上升，由2011年的100增长到2012年的111.543和2013年的110.962，两年间增长了10.962%，增长速度位居中部第三。其中，产业规模、产业效益指数分别增长8.77%、13.81%，产业资源、资本投入、科技水平指数分别增长了8.56%、22.15%和10.26%，产业环境指数也增长了11.23%，增速差别不是很大。增

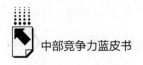
长主要体现在产业经济效益和资本投入上。

河南省：2013 年河南省畜牧业竞争力综合指数位居中部地区倒数第一，增长速度为 6.828%，也位居中部倒数第一。其中，产业规模、产业效益指数分别增长 11.69%、13.38%，资本投入指数基本增加了 15.48%；而产业资源、科技水平和产业环境指数均出现了负增长，下降幅度分别为 8.34%、1.96% 和 0.23%。相比之下，不论是产业规模、还是产业效益，河南的增速都较慢，河南省与其他省份的差距正在逐步缩小。

湖北省：与 2011 年相比，湖北省畜牧业竞争力综合指数由 2010 年的 100 增长到 2012 年的 107.412 和 2013 年的 127.092，两年间增长了 27.092%，增长速度位居中部第一。其中，产业规模、产业效益指数分别增长 38.31%、41.48%，产业资源、资本投入和科技水平指数增长了 1.02%、31.725% 和 0.4%，而产业环境指数为负增长（-9.03%）。可见湖北省畜牧业竞争力的提高主要是由于产业规模的扩大、产业经济效益的提高和资本投入的增加，其他方面增长不是很明显。

湖南省：湖南省畜牧业竞争力综合指数由 2011 年的 100 增长到 2012 年的 107.896 和 2013 年的 108.491，两年间增长了 8.491%，增长速度位居中部倒数第二。其中，产业规模和产业效益指数增长了 3.92% 和 11.45%，产业资源、资本投入和科技水平指数增长了 9.61%、40.03% 和 1.66%，而产业环境指数为负增长（-1.67%）。

二 中部地区工业竞争力评价

随着工业化进程的推进，工业在当前我国国民经济总量中所占产值比例较以前有所下降，但仍是目前我国国民经济的主要组成部分，是推动现代化进程的主导力量。随着欧美等发达国家重新审视和定位其工业体系，尤其是先进制造业的国际地位和竞争优势的大环境下，发达国家和发展中国家对工业发展的价值与意义存在认识更新。就我国而言，中部地区的工业进程基本已进入中后期的发展阶段，立足现有基础，调整结构、加快工业转型升级是当前中部各省的重点发展任务。在此过程中，基于竞争力评价的方法，从纵向和横向两个维度，对中部地区的工业发展竞争力进行比较分析，以较为全面地得出中部地区工业发展的优势、问题等，客观评价的同时，指导未来工业发展路径、增强工业竞争力、提升工业发展质量和水平，以实现中部地区的工业快速发展。

（一）工业产业竞争力的评价指标体系

工业体系作为国民经济的重要组成部分，既承担整个社会运转所必需的生活资料与生产资料的生产和供应，同时肩负整个国民产业体系的产能平衡、结构调整以及产业推进。显然，对于我国工业体系这样一个体量规模和结构层级都较复杂的研究对象，如何选取具有抽象和具体、理论与实践以及可比和有效等众多目标于一体的比较维度或分析指标，从而进行相应的比较与分析，就成为进行相应研究的首要工作。

1. 工业评价指标体系的构建原则

建立中部地区工业竞争力的评价指标体系，具体指标构建原则包含以下内容。

科学性和实用性相结合。指标体系的建立要具有科学性，能充分反映工业可持续发展的内在机制，体现可持续发展的具体要求，在科学发展的视域下，全面、准确地把握可持续发展理念下的工业竞争力本质。指标体系应严谨、合理，具有较强的针对性；数据的来源要准确、处理方法要科学，具体指标能够反映工业竞争力的现实意义、发展水平和发展潜力。

系统性和层次性相结合：评价的指标体系须全面反映工业竞争力的各个方面，具备层次高、覆盖广、有机性强的特点，全面包含生产营销、资源消耗和环境承载、创新能力等诸多因素。不同层次上的指标具有各自所代表的含义，各个层次、系统能进行相互结合、转化，形成工业的综合竞争力。

定性和定量相结合：由于工业竞争力的指标涉及范围广，在评价分析过程中应尽可能选取可以量化的指标，以量化数据客观反映事实。由于数据分析过程的有限性，应对指标进行分类，根据其属性来确定定量结果反映的事实，特别是对具体指标的概括和分类上，应重点突出定性的方法，以确定明晰各类指标的具体范围和含义。

2. 建立指标体系

根据上述原则，建立中部地区工业竞争力评价指标体系。工业竞争力的评价指标体系由三级指标所构成：一级指标分为 2 大类，分别是市场竞争力（显

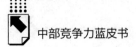

性竞争力）和可持续发展能力（潜在竞争力）；对一级指标进行划分，形成了
5 类二级指标，其中一级指标中的市场竞争力包含了产业规模和产业效益，可
持续发展能力则划分为资产利用力、资源重复利用力和技术创新力。对二级指
标进一步细分，共设 16 个三级指标。其中，产业规模下设产业主营业务收入、
增加值、总资产 3 个指标；产业效益下设利润税金总额、经济效益综合指数、
增加值率、成本费用利润率、全员劳动生产率以及产品销售率 6 个指标；资产
利用力下设总资产贡献率、资产保值增值率和流动资产周转率 3 个指标；资源
重复利用力下设工业用水重复利用率和固体废物综合利用率两个指标，技术创
新力下设科技进步贡献率、研发投入比重两个指标。指标体系详细构成请参阅
附录 6。

　　基于构建的中部地区工业竞争力评价指标体系，我们将针对中部地区工业
发展现状，从横向和纵向两个维度，进一步对中部地区工业产业竞争力进行评
价方式和方法的分析。

（二）基于纵向比较的中部工业竞争力评价

1. 纵向评价模型的构建

　　对于产业竞争力的纵向比较，主要是对中部地区近年来工业发展进程进行
研究，针对上述指标体系，以量化方法衡量各项指标的增长幅度，由此判断出
中部地区工业的发展过程在哪些方面取得较大进步，在哪些方面又存在不足，
在全面了解工业产业发展进程的同时，从整体上把握其所处的态势。

　　采用综合指数法对工业竞争力进行纵向比较。首先将各个指标对应的数据
进行标准化处理，然后进行加权平均，以评价年度的前一年加权值为基准
（选取基数为 100），分析评价年度在基准值上的变化。计算公式如下：

$$M_t = \frac{\sum (X_{i,t} \times W_i)}{\sum (X_{i,2010} \times W_i)} \times 100, I_t = \left(\frac{X_{i,t}}{X_{i,t-1}} - 1 \right) \times 100$$

　　上式中，M_t 为工业竞争力相对指数，I_t 为竞争力增长指数，$X_{i,t}$ 为第 i 项
指标的评价期数值（t 为评价期），$X_{i,t-1}$ 为评价期的前一期同指标数值，W_i 为
第 i 项指标的权重值。M_t 越大，则说明工业竞争力水平较上一年提高越快；I_t
越大，说明工业化进程发展越快，竞争力提升明显。

2. 中部地区工业竞争力纵向比较

首先，根据评价指标体系，搜集、整理各指标相关数据，如表 5 所示。

表 5　中部地区工业发展基本情况

指标 ＼ 年份	2009	2010	2011	2012	2013
主营业务收入（亿元）	88503.88	121112.04	160799.69	181983.03	207120.23
增加值（亿元）	27299.27	34943.06	45093.10	49499.23	51211.62
资产合计（亿元）	83679.90	100474.35	119215.00	139944.11	158051.8
利润总额1（亿元）*	6113.06	9735.80	11992.90	12241.31	12139.9
经济效益综合指数	227.23	258.73	313.84	334.90	332.81
增加值率（%）	29.48	27.92	27.07	34.38	32.14
成本费用利润率（%）	6.99	8.53	9.39	6.99	5.94
全员劳动生产率（元/人）	172709	201914	251062	237298	248116
产品销售率（%）	97.98	97.95	97.53	98.03	98.43
总资产贡献率（%）	15.08	17.85	22.06	22.09	16.88
资产保值增值率（%）	114.22	120.30	119.03	119.47	115.81
流动资产周转率（次）	2.79	2.96	3.90	3.91	3.32
工业用水重复利用率（%）	83.93	87.53	80.95	81.73	80.67
固体废物综合利用率（%）	66.54	66.95	67.21	70.83	83.99
科技进步贡献率（%）	25.34	28.12	30.61	31.25	30.24
研发投入比重（%）	1.093	1.125	1.184	1.22	1.83

* 鉴于指标数据的可获得性，此处将原设定指标体系中的"利润税金总额"改为"利润总额"，仅适用于本节。

其次，对数据进行标准化处理，考虑指标和评比的性质及需要，为实现指标的同级综合，使数据较好地描述现实情况，采用指数化变换方法，对各指标进行同度量处理，以消除不同单位的指标量纲影响。具体方法是将以 2009 年的各指标数据为基准，用其与各评价年份的同指标数值相比，进行指数化变换，即

$$X'_{i,t} = \frac{X_{i,t}}{X_{2008}} \times 100$$

标准化后的数据如表 6 所示。

表6 标准化后的中部地区工业发展指标

指标 年份	2009	2010	2011	2012	2013
主营业务收入	100.00	136.84	181.69	205.62	234.02
增加值	100.00	128.00	165.18	181.32	187.59
资产合计	100.00	120.07	142.47	167.24	188.88
利润总额	100.00	159.26	196.18	200.25	198.59
经济效益综合指数	100.00	113.66	137.89	147.58	146.46
增加值率	100.00	94.71	91.82	116.62	109.02
成本费用利润率	100.00	122.00	134.25	99.98	84.98
全员劳动生产率	100.00	116.91	145.37	137.40	143.66
产品销售率	100.00	99.97	99.54	100.05	100.46
总资产贡献率	100.00	118.38	146.27	146.49	111.94
资产保值增值率	100.00	105.32	104.21	104.60	101.39
流动资产周转率	100.00	105.91	139.93	140.14	119.00
工业用水重复利用率	100.00	104.29	96.45	97.38	96.12
固体废物综合利用率	100.00	100.62	101.01	106.45	126.22
科技进步贡献率	100.00	110.97	120.80	123.32	119.34
研发投入比重	100.00	103.21	108.66	111.93	167.43

进一步地，确定各评价指标的权重值。采用德尔菲法（即专家赋权法），分别对指标体系中的各级指标赋予权重值（附录6）。

最后，将标准化后的数据与权重值带入综合指数评价公式当中（不再复述计算方法），基于2009年的数据为参照基准，分别计算出各项指标的评价指数与增长指数，并得出2010~2013年工业产业竞争力的综合指数（表7）。

从表7的计算结果可以看出，中部地区产业竞争力处于明显的上升趋势，近3年的竞争力综合指数稳步上升。2010、2011、2012、2013年竞争力综合指数分别为114.63、131.21、132.06和140.20（2009年为100），增长指数分别达14.63、16.58、0.85和6.17，其中2010、2011年增长较为显著，2012年增长速度明显放缓，但2013年重新进入增长快车道。总体来看，进入"十二五"中期之后，中部工业经济发展整体上平稳增加，工业化进程控制在合理的发展速度内。在此基础上，进一步分析各项指标的增长指数，可以更为全面地评价中部地区工业发展进程和竞争力。

表7　中部地区工业竞争力评价指数

指　　标	2009 年	2010 年		2011 年		2012 年		2013 年	
	基数	相对指数	增长指数	相对指数	增长指数	相对指数	增长指数	相对指数	增长指数
产业规模	20.00	25.79	28.95	32.79	27.13	37.13	13.25	40.71	9.65
主营业务收入	6.67	9.17	36.84	12.17	32.77	13.78	13.17	15.68	13.79
工业增加值	6.67	8.58	28.00	11.07	29.05	12.15	9.77	12.57	3.45
资产合计	6.66	8.04	20.07	9.55	18.65	11.20	17.39	12.47	11.30
产业效益	30.00	35.33	17.75	40.25	13.95	40.09	-0.39	39.16	-2.32
利润税金总额	5.00	7.96	59.26	9.81	23.18	10.01	2.07	9.93	-0.80
经济效益综合指数	5.00	5.68	13.66	6.89	21.32	7.38	7.03	7.32	-0.77
工业增加值率	5.00	4.74	-5.29	4.59	-3.04	5.83	27.00	5.45	-6.50
成本费用利润率	5.00	6.10	22.00	6.71	10.04	5.00	-25.53	4.25	-15.02
全员劳动生产率	5.00	5.85	16.91	7.27	24.34	6.87	-5.48	7.18	4.56
产品销售率	5.00	5.00	-0.03	4.98	-0.43	5.00	0.51	5.02	0.46
资产利用力	20.00	22.08	10.42	26.16	18.44	21.91	-16.26	22.15	1.08
总资产贡献率	6.67	7.93	18.38	9.80	23.56	7.55	-22.92	7.50	-0.67
资产保值增值率	6.67	7.06	5.32	6.98	-1.06	6.89	-1.31	6.79	-1.40
流动资产周转率	6.66	7.10	5.91	9.38	32.12	7.46	-20.42	7.85	5.28
资源重复利用力	15.00	15.37	2.45	14.81	-3.63	15.29	3.22	16.68	9.06
工业用水重复利用率	7.50	7.82	4.29	7.23	-7.52	7.30	0.96	7.21	-1.25
固体废物综合利用率	7.50	7.55	0.62	7.58	0.39	7.98	5.38	9.47	18.63
技术创新力	15.00	16.06	7.09	17.21	7.13	17.64	2.52	21.51	21.92
科技进步贡献率	7.50	8.32	10.97	9.06	8.85	9.25	2.09	8.95	-3.24
研发投入比重	7.50	7.74	3.21	8.15	5.28	8.39	3.00	12.56	49.67
合　　计	100	114.63	14.63	131.21	16.58	132.06	0.85	140.20	6.17

1）产业规模方面。中部地区的工业规模在 2010 年和 2011 年都保持 25 以上的增长指数，2012 年和 2013 年增长速度明显放缓，2013 年的规模增速已跌入 1 位数。从产业规模的增长速度指标看，中部工业经济面临速度回落趋势，但从整体上判断，中部工业经济总体上应该仍在坚实基础上继续增长。

2）产业效益方面。2010 年和 2011 年的中部地区工业综合经济效益处于相对平稳增长中，年均保持了 15% 左右的增长指数；但 2012 年出现了负增长，2013 年这一负增长趋势进一步加剧，负增长比例从不到 1 个点下滑到 2.32 个点，整体工业体系的产业经济效益出现持续、显著的下滑趋势。造成这一现状的因素是多方面的，但一定程度与成本费用利润率的明显下降有关。综合来看，这一数据体现中部地区当年的工业利润额有所下降，整体经营效益一般，部分反映出宏观经济中人

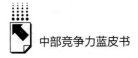

口、资源成本的上升，成本红利的消失使得中部地区工业面临转型升级。

3）资产利用能力方面。中部地区工业资产利用能力在前两年同样是快速提升，10%以上的增长速度证实了这一观点。但是，资产利用能力在2012年发生急剧下降现象，工业资产的利用、保值和周转方面都出现了较为严重的问题。这一下降趋势在2013年得到减缓并稳定，一定程度终止并扭转，从而迎接一个新的投资周期。总的来说，这一下降回升的波动显然与投资周期密切相关，具有一定的经济规律：即"十二五"初期的大幅投资在该时期处于消化、吸收阶段，新的投资相对延缓，原有投资仍在利用之中，但其趋势开始逐渐调整；另外，由于前期投资对产业效益的贡献尚未完全突显，投资前期效益已经度过，后期效益仍在形成并逐渐呈现。总之，综合2009～2013年的发展数据分析，中部地区工业的资产利用能力经过一个小波动之后，目前已经呈现扭转与回调之势。

4）资源重复利用能力方面。该指标在2011年经历了负增长之后，2012年实现了正增长，2013年继续呈现良好局面，说明中部地区目前仍处于工业结构调整转型阶段，部分产业、特别是资源型产业，面临着形势较为严峻的转型，以牺牲一定的经济增长来换取生态环保效益，这也是"十二五"期间工业转型中所必须经历的阶段，当前中部地区的资源重复利用能力总体上呈增强趋势，有效推进区域的可持续发展。值得注意的是，相比前几年而言，中部地区工业用水的重复利用率同比下降，这一现象时有反复。这在当前水资源日趋短缺的背景下，应该引起足够重视并积极应对。

5）技术创新力方面。2010、2011、2012和2013年中部地区技术创新力增长指数分别为7.09、7.13、2.52和21.92，同资产利用能力相类似，反映出中部地区在技术创新上经历了快速增长，进而进入了平稳发展阶段。从增长比例数据分析，2013年的技术创新力在经过前几年投资、研发和激励过程中获得一个较大的突破，以21.92的增量指数远超前面若干年。因此，总体而言，中部地区的技术创新经过一段时期的积累之后，未来一段时期将呈现持续的高速增长。以此趋势推测，未来中部地区在进一步加大技术投入，完善技术创新体系，加强协同创新平台和效率的同时不断提高技术创新能力，必然能够实现依靠科技进步这一工业发展的长足动力，从而提升中部地区的整体工业竞争力。

采用同样方法，考察2012年中部地区各省份的工业发展情况，通过相关指数的比较，分析中部各省工业产业竞争力。各省相关指标的数据，如表8所示。

表8 中部六省工业发展情况

单位：亿元，%，元/人

指标	山西 2012年	山西 2013年	安徽 2012年	安徽 2013年	江西 2012年	江西 2013年	河南 2012年	河南 2013年	湖北 2012年	湖北 2013年	湖南 2012年	湖南 2013年
主营业务收入	18118.94	18404.65	28905.07	33079.46	22533.38	26700.22	52276.38	59454.79	32325.95	37864.54	27823.31	31616.57
增加值	6230.20	6613.06	7614.11	8646.00	4885.21	5755.50	12654.83	13986.51	9552.24	11284.41	8562.88	9556.17
资产合计	25342.08	28058.27	22797.65	25168.07	11967.66	13640.12	35174.81	42021.92	26877.66	30131.82	17784.25	19031.64
利润总额	1010.91	547.91	1870.26	1758.77	1506.51	1756.66	4016.39	4410.82	2046.28	2080.66	1790.96	1585.06
经济效益综合指数	391.87	294.32	358.08	343.50	328.28	328.27	307.92	334.85	226.20	310.57	395.39	398.11
增加值率	28.01	25.13	26.04	25.61	23.48	23.32	84.27	87.63	14.60	28.78	29.91	95.55
成本费用利润率	5.71	3.09	6.87	5.69	7.29	7.19	8.32	8.13	6.60	5.91	7.14	5.62
全员劳动生产率	280174	257819	254395	266135	233708	278594	216674	2211061	156970	113226	281868	310142
产品销售率	97.34	97.58	97.74	98.02	99.07	99.32	98.32	98.59	97.19	98.05	98.45	98.47
总资产贡献率	9.54	7.33	15.25	14.46	21.41	24.38	18.88	18.49	14.53	15.00	22.41	21.64
资产保值增值率	106.27	105.29	117.72	112.69	116.69	120.12	126.99	127.66	118.44	119.24	118.71	109.86
流动资产周转次数	1.71	1.65	2.95	3.15	4.12	4.60	3.35	3.38	2.71	3.03	3.80	4.11
工业用水重复利用率	85.67	90.73	83.34	79.55	77.06	84.55	81.25	78.48	82.16	68.18	80.92	67.45
固体废物综合利用率	69.70	64.92	85.39	83.99	54.53	55.72	76.05	76.10	75.38	75.93	63.93	64.19
科技进步贡献率	31.56	30.89	30.16	31.23	31.58	31.68	31.62	31.88	31.71	31.96	30.84	31.06
研发投入比重	0.98	0.90	1.42	1.56	0.93	1.02	1.04	1.13	1.67	1.71	1.25	1.41

对上表中的数值进行标准化，同样采用比值标准化方法，标准后的数据如表9所示。

表9　标准化的中部各省工业发展数值

指　　标	2012 年	2013 年					
		山西	安徽	江西	河南	湖北	湖南
主营业务收入	100.00	101.58	114.44	118.49	113.73	117.13	113.63
增加值	100.00	106.15	113.55	117.81	110.52	118.13	111.60
资产合计	100.00	110.72	110.40	113.97	119.47	112.11	107.01
利润总额	100.00	54.20	94.04	116.60	109.82	101.68	88.50
经济效益综合指数	100.00	75.11	95.93	100.00	108.75	137.30	100.69
增加值率	100.00	89.72	98.35	99.32	103.99	197.12	319.46
成本费用利润率	100.00	54.12	82.82	98.63	97.72	89.55	78.71
全员劳动生产率	100.00	92.02	104.61	119.21	1020.46	72.13	110.03
产品销售率	100.00	100.25	100.29	100.25	100.27	100.88	100.02
总资产贡献率	100.00	76.83	94.82	113.87	97.93	103.23	96.56
资产保值增值率	100.00	99.08	95.73	102.94	100.52	100.67	92.54
流动资产周转次数	100.00	96.49	106.78	111.65	100.90	111.81	108.16
工业用水重复利用率	100.00	105.91	95.45	109.72	96.59	82.98	83.35
固体废物综合利用率	100.00	93.14	98.36	102.18	100.07	100.73	100.41
科技进步贡献率	100.00	97.88	103.55	100.32	100.82	100.79	100.71
研发投入比重	100.00	91.84	109.86	109.68	108.65	102.40	112.80

采用标准化的数值，运用与中部工业整体竞争力比较相一致的权重，对中部六省的工业竞争力指标进行运算，得出竞争力指数变化情况。具体计算结果如表10所示。

根据计算结果，2013年工业进步最快的是河南省，增长指数达50.38，呈现出较强的工业发展能力和发展潜力。参考《中国中部经济社会竞争力报告（2014）》数据，2012年中部地区工业进步最快的也是河南省。显然，在最近的若干年中，河南的工业经济呈现出极其强劲的发展势头和发展成绩；其次是湖南省（11.63）、江西省（8.59）、湖北省（8.16）和安徽省（1.72），综合竞争力均实现正向增长，工业整体发展较快；而山西省的增长指数为负值（-8.18），其幅度下降接近10%，呈现出显著回落。这一综合指标可以细化在若干次级指标中，多项指标的回落反映目前山西工业经济的发展出现一些问

表10　2012～2013年中部六省工业竞争力综合指数变化情况

指标	基数2012	山西(2013) 相对指数	山西(2013) 增长指数	安徽(2013) 相对指数	安徽(2013) 增长指数	江西(2013) 相对指数	江西(2013) 增长指数	河南(2013) 相对指数	河南(2013) 增长指数	湖北(2013) 相对指数	湖北(2013) 增长指数	湖南(2013) 相对指数	湖南(2013) 增长指数
产业规模	20	21.23	6.14	22.56	12.80	23.35	16.76	22.91	14.57	23.16	15.79	22.15	10.75
主营业务收入	6.67	6.78	1.58	7.63	14.44	7.90	18.49	7.59	13.73	7.81	17.13	7.58	13.63
工业增加值	6.67	7.08	6.15	7.57	13.55	7.86	17.81	7.37	10.52	7.88	18.13	7.44	11.60
资产合计	6.66	7.37	10.72	7.35	10.40	7.59	13.97	7.96	19.47	7.47	12.11	7.13	7.01
产业效益	30	23.27	-22.43	28.80	-3.99	31.70	5.67	77.05	156.83	34.93	16.44	39.87	32.90
利润税金总额	5	2.71	-45.80	4.70	-5.96	5.83	16.60	5.49	9.82	5.08	1.68	4.43	-11.50
经济效益综合指数	5	3.76	-24.89	4.80	-4.07	5.00	0.00	5.44	8.75	6.86	37.30	5.03	0.69
工业增加值率	5	4.49	-10.28	4.92	-1.65	4.97	-0.68	5.20	3.99	9.86	97.12	15.97	219.46
成本费用利润率	5	2.71	-45.88	4.14	-17.18	4.93	-1.37	4.89	-2.28	4.48	-10.45	3.94	-21.29
全员劳动生产率	5	4.60	-7.98	5.23	4.61	5.96	19.21	51.02	920.46	3.61	-27.87	5.50	10.03
产品销售率	5	5.01	0.25	5.01	0.29	5.01	0.25	5.01	0.27	5.04	0.88	5.00	0.02
资产利用力	20	18.16	-9.20	19.82	-0.90	21.90	9.49	19.96	-0.22	21.05	5.24	19.82	-0.92
总资产贡献率	6.67	5.12	-23.17	6.32	-5.18	7.60	13.87	6.53	-2.07	6.89	3.23	6.44	-3.44
资产保值增值率	6.67	6.61	-0.92	6.38	-4.27	6.87	2.94	6.70	0.52	6.71	0.67	6.17	-7.46
流动资产周转率	6.66	6.43	-3.51	7.11	6.78	7.44	11.65	6.72	0.90	7.45	11.81	7.20	8.16
资源重复利用力	15	14.93	-0.48	14.54	-3.09	15.89	5.95	14.75	-1.67	13.78	-8.14	13.78	-8.12
工业用水重复利用率	7.5	7.94	5.91	7.16	-4.55	8.23	9.72	7.24	-3.41	6.22	-17.02	6.25	-16.65
固体废物综合利用率	7.5	6.99	-6.86	7.38	-1.64	7.66	2.18	7.50	0.07	7.55	0.73	7.53	0.41
技术创新力	15	14.23	-5.14	16.01	6.70	15.75	5.00	15.71	4.74	15.24	1.59	16.01	6.76
科技进步贡献率	7.5	7.34	-2.12	7.77	3.55	7.52	0.32	7.56	0.82	7.56	0.79	7.55	0.71
研发投入比重	7.5	6.89	-8.16	8.24	9.86	8.23	9.68	8.15	8.65	7.68	2.40	8.46	12.80
合计	100	91.82	-8.18	101.72	1.72	108.59	8.59	150.38	50.38	108.16	8.16	111.63	11.63

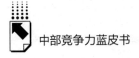

题。尤其在中部经济的整体层面上进行对比分析，总量和增量整体向上趋势的中部省级经济体之中，山西的综合发展形势相比于其他省份略有落后，应该引起关注和审视。

具体来看，各省在不同的产业指标上表现差异，导致竞争力的发展速度也参差不齐。首先在产业规模上，各省均实现正向的增加，除山西外均达到了10以上的增长指数。其中山西（6.14）的增长幅度最小，江西（16.76）进步程度最为明显，各省在规模上的扩张保证了工业实力的稳步提升；产业效益上各省增长的差距较大，河南（156.83）的增速尤其值的重视；湖北（16.44）、湖南（32.90）和江西（5.67）的效益提升显著，而山西省（－22.43）与安徽（－3.99）的负增长，反映出其工业整体表现较差，成为其工业体系总体增长指数下滑的重要原因；资产利用力方面仅江西和湖北实现正向提升，其他省份增长指数均为负，说明中部整体在资产利用力方面无明显优势；资源重复利用力上除江西之外，其余5省都是负值，整体表现较差，对资源重复利用能力不够。其中，江西省在2012年统计数据中还是负值，2013年显然进行了相关的调整和跟进，从统计数据来看，应该继续保持良好的资源利用效益；技术创新能力上，安徽、江西、河南和湖北都呈现较好的发展势头与发展成就，这同其对传统工业的转型升级密切相关。湖南在这一方面则表现相对平稳，小幅增长以保持工业的核心竞争力。山西在这一指标上仍然呈现出负值，显然山西的工业经济已经在多个发展方面和观察维度出现了负向指标。

总体来看，中部地区工业基于现有基础、持续稳健提升其工业生产能力并不断发展，在近几年内总体保持较好的发展态势，包括工业的经济增长效益等指标也较为突出，但在内部结构、资源利用等方面仍需提升；中部各省份之间，各省在工业的综合发展方面均有不同程度的进步，但区域差距虽然明显存在。近两年山西省的工业发展整体上较弱，河南呈现出较强的发展趋势。当然，各省之间也存在发展路径与发展速度的异质性，这也正是区域经济发展的特色。总体上中部六省在基于自身优势的基础上不断推进其现代工业化进程。

3. 基于横向比较的中部产业竞争力评价

（1）因子分析法

由于工业产业选取的指标较多，在参阅了当前对工业发展水平及其竞争力评价文献的基础上，结合工业产业特征及所选取的部分指标之间具有一定相关性这一特点，最终选择因子分析法作为工业竞争力评价中的横向比较分析法。

因子分析法通过分析众多变量之间所存在的相关性关系，探寻变量数据的内在结构，将数据的基本结构通过定义新的变量来表示，这些新的变量称之为公因子，即通过"降维"这一主要思路，用所谓的公因子代替原有的众多变量、囊括原变量信息，以更为方便地解释社会经济问题。

因子分析法的一般模型为：

$\mathbf{X} = (X_1, X_2, \cdots, X_p)'$ 为 P 元随机变量，如可表示为：

$$X_i = \mu_i + a_{i1}F_1 + \cdots + a_{im}F_m + \varepsilon_i, (i = 1,2,\ldots,p, m \leqslant p)$$

或

$$\begin{bmatrix} X_1 \\ X_2 \\ \vdots \\ X_p \end{bmatrix} = \begin{bmatrix} \mu_1 \\ \mu_2 \\ \vdots \\ \mu_p \end{bmatrix} + \begin{bmatrix} a_{11} & a_{12} & \cdots & a_{1m} \\ a_{21} & a_{22} & \cdots & a_{2m} \\ \vdots & \vdots & & \vdots \\ a_{p1} & a_{p2} & \cdots & a_{pm} \end{bmatrix} \begin{bmatrix} F_1 \\ F_2 \\ \vdots \\ F_m \end{bmatrix} + \begin{bmatrix} \varepsilon_1 \\ \varepsilon_2 \\ \vdots \\ \varepsilon_p \end{bmatrix}$$

或

$$\mathbf{X} - \boldsymbol{\mu} = \mathbf{AF} + \boldsymbol{\varepsilon}$$

则称模型 $\mathbf{X} - \boldsymbol{\mu} = \mathbf{AF} + \boldsymbol{\varepsilon}$ 为正交因子模型，称 $F_1, F_2, \cdots, F_m$ 为公共因子，公共因子是不可观测的变量，它们的系数矩阵 $\mathbf{A}$ 称为因子载荷矩阵；a_{ij}（$i = 1, 2, \cdots, p, j = 1, 2, \cdots m$）称为第 i 个变量在第 j 个因子上的载荷（简称为因子载荷），$\varepsilon_1, \varepsilon_2, \cdots, \varepsilon_p$ 称为特殊因子，它们是不能被前 m 个公共因子包含的部分；并且满足：

cov（$\mathbf{F}$, $\boldsymbol{\varepsilon}$）$= 0$，即 $\mathbf{F}$, $\boldsymbol{\varepsilon}$ 不相关；

$$E(\mathbf{F}) = 0, D(\mathbf{F}) = \begin{bmatrix} 1 & & & \\ & 1 & & \\ & & \ddots & \\ & & & 1 \end{bmatrix} = \mathbf{I}_m，即 \mathbf{F}_1, \mathbf{F}_2, \cdots, \mathbf{F}_m 不相关；$$

$$E(\boldsymbol{\varepsilon}) = \begin{pmatrix} 0 \\ \vdots \\ 0 \end{pmatrix}, var(\boldsymbol{\varepsilon}) = \begin{bmatrix} \sigma_1^2 & & & \\ & \sigma_2^2 & & \\ & & \ddots & \\ & & & \sigma_p^2 \end{bmatrix}$$

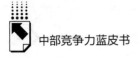
其中 $\mathbf{F} = (F_1, F_2, \cdots, F_m)'$，$\boldsymbol{\varepsilon} = (\varepsilon_1, \varepsilon_2, \cdots, \varepsilon_p)'$

用矩阵的表达方式：

$$\mathbf{X} - \boldsymbol{\mu} = \mathbf{AF} + \boldsymbol{\varepsilon}, \mathrm{E}(\mathbf{F}) = 0, \mathrm{E}(\boldsymbol{\varepsilon}) = 0, \mathrm{var}(\mathbf{F}) = \mathbf{I}_m$$

$$\mathrm{cov}(\mathbf{F}, \boldsymbol{\varepsilon}) = \mathrm{E}(\mathbf{F}\boldsymbol{\varepsilon}') = \begin{bmatrix} E(F_1\varepsilon_1) & E(F_2\varepsilon_2) & \cdots & E(F_1\varepsilon_p) \\ E(F_2\varepsilon_1) & E(F_2\varepsilon_2) & \cdots & E(F_2\varepsilon_p) \\ \vdots & \vdots & \ddots & \vdots \\ E(F_m\varepsilon_1) & E(F_m\varepsilon_2) & \cdots & E(F_m\varepsilon_p) \end{bmatrix} = 0$$

$$\mathrm{var}(\boldsymbol{\varepsilon}) = \begin{bmatrix} \sigma_1^2 & & & \\ & \sigma_2^2 & & \\ & & \ddots & \\ & & & \sigma_p^2 \end{bmatrix}$$

（2）横向比较下的中部地区工业竞争力

参照产业发展及其竞争力的一般评价模式，结合中部地区现有工业产业发展现状，重点选取了9类具有一定代表性且中部六省均具有一定规模的工业行业（农副食品加工业、纺织业、化学原料及化学制品制造业、医药制造业、非金属矿物制品业、黑色金属冶炼及压延加工业、有色金属冶炼及压延加工业、电气机械及器材制造业和通信设备、计算机及其他电子设备制造业），对这9类行业的竞争力进行横向实证研究，以实现工业竞争力比较分析。

1）农副食品加工业

根据前述的工业竞争力评价指标，对中部地区的农副食品加工业的相关数据进行搜集整理，得到表11所示数据。

表11　中部地区农副食品加工业评价指标及数据

指标＼地区	山西	安徽	江西	河南	湖北	湖南
主营业务收入（X1）	349.63	2501.97	1427.81	4973.19	3882.59	2402.17
工业增加值（X2）	95.24	433.86	277.09	1013.05	1015.35	604.12
资产合计（X3）	227.53	970.3	433.34	2479.40	1416.22	797.78
利润总额（X4）	25.6	131.33	80.19	403.86	261.4	133.34
经济效益综合指数（X5）	328.67	295.00	485.18	317.87	372.07	411.11
工业增加值率（X6）	26.88	16.98	19.67	31.37	25	25.14
成本费用利润率（X7）	7.82	5.5	5.97	8.9	7.1	6.67
全员劳动生产率（X8）	259608	488970	487250	233422	171349	318826

指　标 ＼ 地　区	山西	安徽	江西	河南	湖北	湖南
产品销售率(X9)	96.62	98.37	99.01	98.2	96.67	98.56
总资产贡献率(X10)	14.31	19.86	28.99	22.0	27.85	31.61
资产保值增值率(X11)	116.33	116.91	111.95	138.37	135.50	118.16
流动资产周转率(X12)	3.13	4.81	7.38	4.52	5.64	7.90
工业用水重复利用率(X13)	90.73	79.55	84.55	78.48	68.18	67.45
固体废物综合利用率(X14)	64.92	83.99	55.72	76.1	75.93	64.19
科技进步贡献率(X15)	30.89	31.23	31.68	31.88	31.96	31.06
研发投入比重(X16)	0.9	1.56	1.02	1.13	1.71	1.41

数据来源：2014 年中部六省统计年鉴及《中国工业经济统计年鉴 2014》，下同。

　　将上述指标分别记为 X1、X2、…X15、X16。根据统计数据，运用 SPSS20 统计软件包中的因子分析方法，将对应数据输入软件中进行处理。

　　首先，判断原始变量进行因子分析的适用性，即检验各原始变量。其常用的检验方法为 KMO 样本测度和巴特莱特球体检验，其检验原则为 KMO 在 0.5 以上可进行因子分析，该值越大适用性越强。运用 SPSS20 进行相关操作，农副食品加工业的 KMO 样值为 0.82，适合做因子分析。

　　进一步地，提取公因子，一般采用主成分分析法，且提取的因子特征值要大于 1。根据 SPSS 的输出结果（表 12），共有 4 个因子的特征值大于 1，且该 4 个主因子的贡献率高达 94.55%，因此提取前 4 个主因子是较为合适。

表 12　方差分解主因子提取分析表

成分	初始特征值			提取平方和载入			旋转平方和载入		
	合计	方差的%	累积%	合计	方差的%	累积%	合计	方差的%	累积%
1	7.049	44.06	44.06	7.342	45.885	45.885	5.88	36.76	36.76
2	4.201	26.26	70.31	4.226	26.409	72.294	3.46	20.91	57.67
3	2.240	14.00	84.31	2.325	14.532	86.826	2.48	15.51	73.18
4	1.638	10.24	94.55	1.427	8.917	95.743	2.46	15.36	92.54

　　表 13 是初始因子载荷矩阵，根据这一矩阵值可得到各观测量的因子表达式，如主因子一的表达式为：主因子一 = 0.9534X1 + 0.9717X2 + 0.9180X3 + … + 0.5241X16，各因子前的系数表示变量在因子上的载荷值。

表 13　初始因子载荷矩阵

	X1	X2	X3	X4	X5	X6	X7	X8
1	0.9534	0.9717	0.9180	0.9434	0.3820	0.2746	0.5162	0.6441
2	0.1521	0.2220	0.0737	0.0016	0.7398	0.4019	−0.5831	0.3398
3	0.1275	0.0633	0.2621	0.2754	0.3857	0.8450	0.4620	−0.0888
4	0.226	0.0222	0.2871	0.1761	−0.3528	0.3807	−0.2738	0.6374

	X9	X10	X11	X12	X13	X14	X15	X16
1	0.2373	0.1589	0.9713	0.1272	0.6013	0.6265	0.7002	0.5241
2	0.5808	0.9501	0.1539	0.9578	0.6281	0.2829	0.3173	0.4505
3	0.3959	0.1699	0.1132	0.1882	0.2231	0.5655	0.2180	0.7072
4	0.6699	−0.1645	−0.1311	−0.0303	0.1195	0.4554	−0.0562	0.0611

初始因子载荷矩阵中的各公因子虽然在众多变量上具有较高载荷，但实际含义却较为模糊。为提高各公因子的解释力，采用最大方差法对因子载荷矩阵进行旋转，得到分析后的载荷矩阵如表 14 所示。

表 14　旋转后的载荷矩阵

	X1	X2	X3	X4	X5	X6	X7	X8
1	0.3977	0.3506	0.4104	0.4115	0.0514	0.0845	0.2301	0.1384
2	0.0530	0.0453	0.1131	0.0430	0.5376	−0.0618	0.0291	0.1062
3	0.0451	0.1095	0.0907	0.0731	0.0395	0.1380	0.3926	0.0559
4	0.0999	−0.0607	0.1113	0.0504	−0.0101	0.2582	0.2995	0.5515

	X9	X10	X11	X12	X13	X14	X15	X16
1	0.1283	0.1254	0.3354	0.0486	0.1790	0.1351	0.3018	0.0587
2	0.0887	0.4418	0.0321	0.4174	0.1630	−0.4838	0.1551	0.1104
3	0.1095	0.1733	0.0111	0.1353	0.3410	−0.2735	0.0273	0.5451
4	0.6292	0.0833	−0.2050	0.2052	0.0347	0.1294	−0.0219	0.0104

从旋转的因子载荷矩阵可知，指标 X1、X2、X3、X4、X7、X11、X15 在第一因子（F1）上有较高载荷，这些指标的信息集中反映在该因子上，结合相对应的含义，其体现了区域内农副食品加工业的市场规模和营销情况，该值越高，说明产业所占市场规模越大、销售情况越好。X5、X12、X14 在第二因子（F2）上有较高载荷，这 3 个指标的信息集中体现在第二因子上，具体反

映了产业的资产利用能力,该值越高说明资产的运转情况表现良好。第三因子(F3) 主要反映了 X7、X13 和 X16 三个指标,体现了产业生态环保及技术创新能力,第四因子在 X6、X7、X8 和 X9 上具有较高载荷,同样反映出该方面的情况,二者综合表现出产业可持续发展能力。

最后,由系统计算的各因子得分,运用加权平均法,得到中部地区农副食品加工业竞争力的综合得分,其计算公式为:

$$F = (F1 \times 44.06\% + F2 \times 26.26\% + F3 \times 14.00\% + F4 \times 10.24\%)/94.55\%$$

由此计算出综合得分并进行排序,如表 15 所示。

表 15 2013 年中部六省农副食品加工业竞争力综合得分

地区	F1	F2	F3	F4	F	排名
山西	-.63586	-1.74791	-.82605	-.15723	-0.92111	6
安徽	-.44602	-.27247	1.96078	-.17646	-0.0123	4
江西	-1.07840	.95758	-.38041	1.06703	-0.17734	5
河南	1.49775	-.17437	-.02557	1.28737	0.785157	1
湖北	.95218	.33757	-.18820	-1.24127	0.375169	2
湖南	-.28965	.89959	-.54054	-.77944	-0.04958	3

农副食品加工业的竞争力具体反映表 15 中的综合得分结果。根据各主因子的解释能力,最具竞争力的是河南省,其在该产业上的良好经济效益、较强的资源重复利用力和科技创新能力是其领先的重要原因;其次为湖北省,产业规模上的优势保证了其在该产业上的发展水平;湖南同样在产业效益和可持续发展方面具有一定实力,在该产业位居中部地区中等水平;安徽虽在产业规模、技术创新等方面实力不突出,但在产出效益和资产利用能力上处于中部地区领先水平,保证其处于中上等行列;山西、江西两省排在后两位,整体实力偏低,江西省虽具有在可持续发展方面表现较好,但产业规模、效益上的制约使得总体水平不高,山西则在各项指标上均处于落后水平,说明其在该产业发展上竞争力较弱。

2) 纺织业

同样按照上述分析步骤,对中部地区纺织业的竞争力进行因子分析。相关数据如表 16 所示。

表16　中部地区纺织业评价指标及数据

指标＼地区	山西	安徽	江西	河南	湖北	湖南
主营业务收入(X1)	41.69	828.53	788.6	2276.26	1885.96	562.27
工业增加值(X2)	7.88	196.07	178.87	534.91757	542	149.96
资产合计(X3)	63.63	526.75	2719.15	1529.62	823.32	268.48
利润总额(X4)	0.59	56.35	56.37	163.55	111.9	23.09
经济效益综合指数(X5)	96.5	201.16	335.21	233.1	189.93	231.92
工业增加值率(X6)	18.77	23.24	24.28	28.00	27.81	26.49
成本费用利润率(X7)	1.4	7.22	7.87	7.7	6.24	4.81
全员劳动生产率(X8)	65856	370218	196568	157421	67127	143872
产品销售率(X9)	93.1	96.97	98.88	98.2	96.53	97.69
总资产贡献率(X10)	4.4	16.31	36.44	15.7	24.09	20.17
资产保值增值率(X11)	114	110.81	117.77	127.30	130.44	-2.14
流动资产周转率(X12)	1.04	3.59	7.82	3.30	4.88	5.03
工业用水重复利用率(X13)	90.73	79.55	84.55	78.48	68.18	67.45
固体废物综合利用率(X14)	64.92	83.99	55.72	76.1	75.93	64.19
科技进步贡献率(X15)	30.89	31.23	31.68	31.88	31.96	31.06
研发投入比重(X16)	0.9	1.56	1.02	1.13	1.71	1.41

通过 KMO 检验（0.72）后，采用主成分分析法提取特征值大于1的因子，其特征值大于1的因子共4个，前4个主因子的贡献率为95.927%，提取前4个主因子非常合适。

表17　方差分解主因子提取分析

成分	初始特征值			提取平方和载入			旋转平方和载入		
	合计	方差的%	累积%	合计	方差的%	累积%	合计	方差的%	累积%
1	7.607	47.545	47.545	7.607	47.545	47.545	5.45	34.065	34.065
2	3.695	23.096	70.641	3.695	23.096	70.641	5.296	33.098	67.163
3	2.39	14.94	85.581	2.39	14.94	85.581	2.784	17.399	84.562
4	1.655	10.346	95.927	1.655	10.346	95.927	1.818	11.366	95.927

根据初始因子载荷矩阵，可得到各观测量的因子表达式，如：主因子一 = 0.805X1 + 0.787X2 + 0.682X3 + … + 0.399X16。

表18　初始因子载荷矩阵

	X1	X2	X3	X4	X5	X6	X7	X8
1	0.805	0.787	0.682	0.79	0.75	0.869	0.917	0.189
2	0.525	0.569	-0.569	0.474	-0.645	0.254	-0.114	-0.161
3	0.212	0.143	0.46	0.326	-0.06	-0.296	0.043	-0.167
4	-0.124	-0.191	-0.002	-0.045	0.076	-0.249	0.375	0.95
	X9	**X10**	**X11**	**X12**	**X13**	**X14**	**X15**	**X16**
1	0.867	0.738	0.207	0.69	-0.51	0.169	0.89	0.399
2	-0.355	-0.59	0.257	-0.647	-0.331	0.824	0.195	0.492
3	-0.196	-0.102	0.851	-0.209	0.748	-0.079	0.334	-0.626
4	0.134	-0.069	0.2	-0.074	0.263	0.534	-0.185	0.186

进一步地，进行因子旋转得到新的载荷矩阵，如表19所示。

表19　旋转后的载荷矩阵

	X1	X2	X3	X4	X5	X6	X7	X8
1	0.138	0.098	0.847	0.158	0.984	0.414	0.698	0.259
2	0.964	0.959	0.32	0.96	0.102	0.661	0.531	-0.159
3	0.181	0.265	-0.422	0.045	0.029	0.599	0.079	-0.026
4	0.039	-0.014	-0.04	0.094	0.095	-0.052	0.471	0.948
	X9	**X10**	**X11**	**X12**	**X13**	**X14**	**X15**	**X16**
1	0.857	0.937	-0.106	0.954	-0.146	-0.489	0.431	-0.055
2	0.29	0.128	0.611	0.019	-0.278	0.498	0.887	0.286
3	0.256	0.107	-0.68	0.176	-0.947	0.259	0.004	0.775
4	0.224	-0.035	0.161	-0.043	0.053	0.667	-0.068	0.377

从旋转的因子载荷矩阵可知，在第一因子（F1）上载荷超过0.8的指标就有X1、X6、X7、X9和X15，而且X2、X4、X5和X10也在0.7~0.8之间，F1很好地概括了16个变量的性质特征，基本体现了区域内纺织业的经济效益，以及资产的利用效率等相关指标，该值越高，说明产业效益越好、资产运作能力越强。X1、X2、X4、X11、X15在第二因子（F2）上有较高载荷，则第二因子主要反映了纺织业的产业规模情况，该值越大则产业的总体规模越

大、市场占有份额较高。第三因子（F3）列示了 X6、X11 和 X13 三项指标具有高相关性，第四因子综合了 X7、X8 和 X14 三项指标的信息，这三个主因子集中体现出产业的可持续发展能力，包括了资产保值、生态环保、科技水平的内容，若该值较高则说明其潜在的竞争力较强。

最后，得出中部地区纺织业竞争力的综合得分：

$$F = (F1 \times 47.545\% + F2 \times 23.096\% + F3 \times 14.94\% + F4 \times 10.346\%)/95.927\%$$

计算得分结果并排序，如表 20 所示。

表20　2013年中部六省纺织业竞争力综合得分

地区	F1	F2	F3	F4	F	排名
山西	-1.35337	-0.81743	-1.0558	-0.7352	-1.11132	6
安徽	-0.30762	-0.29996	0.06999	1.97417	-0.00087	5
江西	1.71496	-0.34193	-0.94007	-0.23265	0.596171	1
河南	-0.05057	1.36106	-0.3514	0.00094	0.248006	2
湖北	-0.25676	1.11393	0.76435	-0.52248	0.203629	3
湖南	0.25335	-1.01568	1.51292	-0.48477	0.064372	4

从综合得分结果来看，中部六省的纺织业中竞争力最强的是江西省，其在产业规模具有明显优势，传统产业的强势地位得以体现，作为老牌产业，其经历了较长时期的发展，建立了具有区域特色的生产体系；位居第二和第三的省份分别是河南和湖北，这两个省纺织业在现有考察体系中得分差距不大，河南省位居第二，该产业在资产保值、生态环保、技术进步方面具有明显优势，提升了该产业的竞争力；湖北省排在第三位，其具有良好的产业经济效益和资产运营。湖南的产业规模、可持续发展能力方面都处于中部平均水平，经济效益情况稍差，致使综合竞争力略低于中部平均水平；安徽省该产业的资源充分利用、技术进步方面明显落后，山西省虽具有相对略高的经济、生产效率，但受限于整体规模及发展潜力不足，致使其纺织业的整体发展比较落后。

3）化学原料及化学制品制造业

首先整理相关指标所对应的数据，如表 21 所示。

表 21　中部地区化学原料及化学制品制造业评价指标及数据

指标＼地区	山西	安徽	江西	河南	湖北	湖南
主营业务收入（X1）	780.43	1879.97	1933.44	3175.99	3347.22	2635.55
工业增加值（X2）	170.77	480.82	483.62	691.35	854.76	828.36
资产合计（X3）	1226.5	1530.8	1254.54	2651.29	2531.73	1129.04
利润总额（X4）	-12.19	133.02	139.67	205.41	213.44	169.51
经济效益综合指数（X5）	169.48	314.6	339.74	271.92	367.42	321.5
工业增加值率（X6）	26.1	24.49	25.57	23.00	25.42	30.66
成本费用利润率（X7）	-1.51	7.49	7.98	6.6	6.72	7.97
全员劳动生产率（X8）	146834	288481	320027	240470	154799	214776
产品销售率（X9）	95.7	98.1	98.56	97.7	97.27	97.97
总资产贡献率（X10）	2.33	13.67	19.71	11.9	14.56	30.84
资产保值增值率（X11）	109.15	119.41	114.68	126.72	130.65	111.72
流动资产周转率（X12）	1.73	2.83	3.87	3.13	3.38	6.27
工业用水重复利用率（X13）	90.73	79.55	84.55	78.48	68.18	67.45
固体废物综合利用率（X14）	64.92	83.99	55.72	76.1	75.93	64.19
科技进步贡献率（X15）	30.89	31.23	31.68	31.88	31.96	31.06
研发投入比重（X16）	0.9	1.56	1.02	1.13	1.71	1.41

　　通过检验，其 KMO 为 0.67，适合做因子分析。然后提取特征值大于 1 的因子，同时进行旋转，根据方差分解主因子提取。通过表 22 的相关信息可知，特征值大于 1 的因子共 4 个，且该 4 个主因子的贡献率为 97.574%，显然提取前 4 个主因子展开分析较为合适。

表 22　方差分解主因子提取分析

成分	初始特征值			提取平方和载入			旋转平方和载入		
	合计	方差的 %	累积 %	合计	方差的 %	累积 %	合计	方差的 %	累积 %
1	8.173	51.081	51.081	8.173	51.081	51.081	5.048	31.552	31.552
2	4.142	25.886	76.967	4.142	25.886	76.967	5.032	31.453	63.005
3	2.202	13.762	90.729	2.202	13.762	90.729	3.312	20.698	83.702
4	1.095	6.845	97.574	1.095	6.845	97.574	2.219	13.872	97.574

　　根据初始因子载荷矩阵，可得到各观测量的因子表达式，如：主因子一 = 0.922X1 + 0.939X2 + 0.517X3 + … + 0.724X16。

表23 初始因子载荷矩阵

	X1	X2	X3	X4	X5	X6	X7	X8
1	0.922	0.939	0.517	0.98	0.893	0.035	0.892	0.241
2	-0.234	0.065	-0.814	-0.12	0.166	0.852	0.258	0.295
3	-0.159	-0.298	-0.092	0.058	0.164	-0.519	0.351	0.898
4	-0.226	-0.136	-0.214	-0.112	0.089	-0.03	0.121	0.192
	X9	**X10**	**X11**	**X12**	**X13**	**X14**	**X15**	**X16**
1	0.709	0.653	0.686	0.599	-0.859	0.305	0.669	0.724
2	0.359	0.753	-0.723	0.754	-0.158	-0.631	-0.527	-0.108
3	0.594	-0.028	-0.019	-0.178	0.483	-0.146	0.287	-0.356
4	0.116	-0.037	-0.038	-0.133	-0.063	0.655	-0.4	0.529

进一步进行因子旋转得到新的载荷矩阵（如表24所示）。

表24 旋转后的载荷矩阵

	X1	X2	X3	X4	X5	X6	X7	X8
1	0.820	0.596	0.929	0.74	0.418	-0.52	0.352	-0.087
2	0.493	0.751	-0.15	0.483	0.54	0.82	0.505	-0.122
3	0.126	0.124	-0.15	0.39	0.572	-0.178	0.761	0.977
4	0.222	0.243	0.276	0.238	0.257	-0.152	0.202	-0.108
	X9	**X10**	**X11**	**X12**	**X13**	**X14**	**X15**	**X16**
1	0.188	-0.049	0.898	-0.045	-0.387	0.276	0.945	0.259
2	0.348	0.884	-0.049	0.937	-0.827	-0.239	-0.034	0.458
3	0.917	0.455	0.047	0.285	-0.011	-0.027	0.268	0.093
4	0.04	-0.065	0.429	-0.122	-0.406	0.899	-0.032	0.811

从旋转的因子载荷矩阵可知，指标X1、X3、X11、X15、在第一因子（F1）上有较高载荷，超过0.8，此外X4超过0.7，也属于高载荷指标，其反映了化学原料及制造业的产业规模、生态环保以及创新投入的基本情况，该值越高，说明产业规模较大、可持续能力较强。X6、X10、X12和X13在第二因子（F2）上有较高载荷，反映了产业盈利以及资本的运营效益状况，该因子可体现产业在市场的运作情况。第三因子（F3）主要反映的是X8和

X9，集中体现了产业的经济效益。第四因子（F4）综合了 X14 和 X16 两个指标的信息，结合第一因子，可综合反映该产业的规模情况和技术进步程度。

最后计算中部地区化学原料及制品制造业竞争力的综合得分：

$$F = (F1 \times 51.081\% + F2 \times 25.886\% + F3 \times 13.762\% + F4 \times 6.845\%)/97.574\%$$

计算得分结果并排序，如表 25 所示。

表 25　2013 年中部六省化学原料及化学制品制造业竞争力综合得分

地区	F1	F2	F3	F4	F	排名
山西	-0.98398	-0.92909	-1.43202	-0.52168	-1.000178992	6
安徽	-0.72609	-0.62265	0.91141	1.55281	-0.307822907	5
江西	-0.03868	-0.18146	1.27504	-1.31994	0.018847485	4
河南	1.25566	-0.52284	0.04446	-0.28094	0.505205859	2
湖北	1.1965	0.45797	-0.69255	0.693	0.698814641	1
湖南	-0.70341	1.79807	-0.10634	-0.12325	0.085133914	3

根据得分和排名结果，湖北省位居第一，主要在该产业上的总体规模、资源重复利用及技术创新上表现优异，竞争实力较强；河南和湖南两省的化学原料及化学制品制造业在 2012 年的排位是河南紧随湖南之后，二者分列中部六省的第二和第三。但是，2013 年的中部六省化学原料及化学制品制造业排名，河南与湖南的排名有所变化。其中，河南紧随湖北之后，在产业的盈利能力、资产运转状况方面具有比较优势，加之一定的产业规模，保持了良好的发展势头，排名第二；湖南主要凭借产业规模的优势，竞争力排在中部地区第三名；江西在产业效益上表现尚可，但受限于发展规模，位于中等发展水平，排名第四；安徽虽具有较好的经济效益，但该产业的可持续发展能力不强，资源利用不高、科技效益偏低，使其整体实力欠佳，落后于 2012 年排名，位列 2013 年排名的第五位；而山西则在各方面均落后于中部平均水平，排名在六省的最后。

4）医药制造业

整理相关指标所对应的数据，如表 26 所示。

表 26　中部地区医药制造业评价指标及数据

指　　标　＼　地　区	山西	安徽	江西	河南	湖北	湖南
主营业务收入（X1）	148.56	532.58	875.44	1334.45	816.59	663.00
工业增加值（X2）	45.47	143.96	209.18	320.92	412.31	208.92
资产合计（X3）	265.01	384.41	412.6	916.02	710.41	355.79
利润总额（X4）	10.84	46.92	633.23	132.36	73.56	57.84
经济效益综合指数（X5）	198.07	284.16	322.57	268.42	336.95	370.58
工业增加值率（X6）	0.31	0.27	0.25	0.32	0.48	0.31
成本费用利润率（X7）	7.8	9.62	7.92	11.0	9.77	11.47
全员劳动生产率（X8）	141011	259252	254106	197120	82357	297061
产品销售率（X9）	92.33	95.66	98.84	97.7	95.19	97.63
总资产贡献率（X10）	8.47	17.98	29.08	20.2	17.56	27.70
资产保值增值率（X11）	110.5	129.13	113.45	132.06	122.33	116.61
流动资产周转率（X12）	1.40	2.48	4.44	2.97	2.4	4.12
工业用水重复利用率（X13）	90.73	79.55	84.55	78.48	68.18	67.45
固体废物综合利用率（X14）	64.92	83.99	55.72	76.1	75.93	64.19
科技进步贡献率（X15）	30.89	31.23	31.68	31.88	31.96	31.06
研发投入比重（X16）	0.9	1.56	1.02	1.13	1.71	1.41

经过 KMO 检验（0.78）后，提取特征值大于 1 的因子，同时进行旋转，根据方差分解主因子提取分析表（表27），特征值大于 1 的因子共 4 个，其贡献率共计95.808%，提取前 4 个主因子即可进行分析。

表 27　方差分解主因子提取分析

成分	初始特征值			提取平方和载入			旋转平方和载入		
	合计	方差的 %	累积 %	合计	方差的 %	累积 %	合计	方差的 %	累积 %
1	6.389	39.933	39.933	6.389	39.933	39.933	4.984	31.153	31.153
2	4.818	30.111	70.044	4.818	30.111	70.044	4.128	25.798	56.951
3	2.348	14.673	84.716	2.348	14.673	84.716	3.496	21.851	78.801
4	1.775	11.091	95.808	1.775	11.091	95.808	2.721	17.006	95.808

根据初始因子载荷矩阵（表28），可得到各观测量的因子表达式，如：主因子一 $=0.846X1+0.876X2+0.710X3+\cdots+0.559X16$。

表 28　初始因子载荷矩阵

	X1	X2	X3	X4	X5	X6	X7	X8
1	0.846	0.876	0.71	0.18	0.76	0.35	0.703	0.13
2	0.071	−0.321	−0.424	0.763	0.324	−0.728	−0.185	0.753
3	0.416	0.261	0.476	0.54	−0.383	0.08	−0.489	−0.488
4	0.288	−0.247	0.226	−0.13	−0.402	−0.58	0.254	0.42

	X9	X10	X11	X12	X13	X14	X15	X16
1	0.737	0.649	0.582	0.568	−0.781	0.236	0.745	0.559
2	0.649	0.747	−0.452	0.815	0.206	−0.76	−0.182	−0.459
3	0.076	−0.122	−0.019	−0.078	0.488	−0.236	0.614	−0.512
4	0.173	−0.069	0.652	−0.075	0.314	0.46	−0.073	−0.217

进一步进行因子旋转到新的载荷矩阵（如表 29 所示）。

表 29　旋转后的载荷矩阵

	X1	X2	X3	X4	X5	X6	X7	X8
1	0.460	0.061	−0.042	0.607	0.615	−0.573	0.317	0.859
2	0.830	0.826	0.899	0.335	0.134	0.449	0.131	−0.447
3	0.037	0.554	0.101	−0.338	0.763	0.674	0.550	−0.108
4	0.275	0.082	0.377	−0.567	−0.113	−0.083	0.642	0.223

	X9	X10	X11	X12	X13	X14	X15	X16
1	0.921	0.942	0.043	0.952	−0.218	−0.386	0.092	−0.076
2	0.380	0.158	0.458	0.122	−0.189	0.147	0.969	0.086
3	0.076	0.252	0.068	0.169	−0.925	0.197	0.151	0.833
4	0.032	−0.152	0.867	−0.223	−0.223	0.831	−0.001	0.356

　　从旋转的因子载荷矩阵可知，指标 X8、X9、X10、X12 在第一因子（F1）上有较高载荷，集中表现了医药制造业的经济效益，产业效益良好的省份在该因子上得分会较高。X1、X2、X3、X15、X16 在第二因子（F2）上有较高载荷，该因子的解释能力较强，主要包括了产业的规模实力和盈利能力。第三因子（F3）整合了 X5、X6、X13 和 X16 这几个指标的信息，即在产业的经济效益、技术投入上的产业表现，同第一、第二因子有一定的关联性，解释的内容

更为详细。X11、X14 在第四因子（F4）上的高载荷说明了资源重复利用能力集中体现在该因子的得分上，分数越高则产业的环境具备较强的可持续发展性。

最后计算中部地区医药制造业竞争力的综合得分：

$$F = （F1 × 31.100\% + F2 × 28.983\% + F3 × 21.135\% + F4 × 13.693\% ）/95.808\%$$

计算得分结果并排序，如表 30 所示。

表 30　2013 年中部六省医药制造业竞争力综合得分

地区	F1	F2	F3	F4	F	排名
山西	− 1.32223	− .90852	− .91777	− .61012	− 1.047828328	6
安徽	− .00669	− .73330	− .14395	1.22579	− 0.113398563	5
江西	1.13624	.40985	− .71475	− 1.31708	0.340464306	2
河南	.20086	1.24329	− .70957	1.09330	0.492358856	1
湖北	− .98394	.97491	1.37041	− .43924	0.055321623	4
湖南	.97577	− .98623	1.11562	.04736	0.2730859	3

医药制造业属于高技术产业，其综合竞争力可在一定程度上反映了区域的科技创新水平。根据综合得分结果，2012 年中部地区医药制造业实力最强的是湖北省，但 2013 年这一地位转移到河南。河南在医药制造业具有较大规模，经济效应显著，并且技术成果向经济成果转化能力较强，科技水平拉动产业实力的效果显著；江西的医药制造业升居第二，同样在产业规模、产业效益上具有比较优势，属于中部地区产业竞争力较强的省份；湖南和湖北的该产业竞争力为中等水平，湖南在产业规模的竞争实力稍强，但湖北在资源重复利用力上的提分保证了其一定的竞争力；安徽虽在产业经济效益方面具有优势，但整体规模相比于前面省份仍有差距，处于中等偏下的发展水平，F 值已经在 0 值左右徘徊；山西是中部医药产业平均发展水平较低的省份（竞争力综合因子得分为负值），其受限于资源、环境等多方面的因素，在中部地区无明显竞争力。

5) 非金属矿物制品业

首先整理中部地区非金属矿物制品业的相关指标所需数据，如表 31 所示。

表31 中部地区非金属矿物制品业评价指标及数据

指标　　　地区	山西	安徽	江西	河南	湖北	湖南
主营业务收入(X1)	372.1	1873.16	2071.87	6826.85	2422.95	2304.03
工业增加值(X2)	115.8	546.63	543.3	1809.59	758.89	638.91
资产合计(X3)	6576281.6	1614.27	11014144	4601.35	1619.44	1235.45
利润总额(X4)	81879.9	169.86	2116310	713.16	197.93	163.19
经济效益综合指数(X5)	155.03	276.79	342.78	346.94	172.92	293.05
工业增加值率(X6)	0.3	0.28	0.27	0.37	0.29	0.27
成本费用利润率(X7)	2.22	9.93	11.75	11.7	8.91	8.86
全员劳动生产率(X8)	115048	263158	242935	272241	104566	206284
产品销售率(X9)	94.34	97.28	99.28	98.2	96.92	98.23
总资产贡献率(X10)	5.67	17.49	30.61	22.7	21.55	25.87
资产保值增值率(X11)	110.45	121.92	115.95	155.11	130.19	116.11
流动资产周转率(X12)	1.31	2.56	5.38	3.16	3.72	5.49
工业用水重复利用率(X13)	90.73	79.55	84.55	78.48	68.18	67.45
固体废物综合利用率(X14)	64.92	83.99	55.72	76.1	75.93	64.19
科技进步贡献率(X15)	30.89	31.23	31.68	31.88	31.96	31.06
研发投入比重(X16)	0.9	1.56	1.02	1.13	1.71	1.41

通过 KMO 检验（0.63），适合做因子分析。采用主成分分析法提取特征值大于 1 的因子，根据方差分解主因子提取 4 个公因子（贡献率总计达 95.291%）。

表32 方差分解主因子提取分析

成分	初始特征值			提取平方和载入			旋转平方和载入		
	合计	方差的%	累积%	合计	方差的%	累积%	合计	方差的%	累积%
1	6.786	42.410	42.410	6.786	42.410	42.410	4.775	29.841	29.841
2	4.477	27.983	70.393	4.477	27.983	70.393	4.498	28.111	57.952
3	2.808	17.550	87.943	2.808	17.550	87.943	3.624	22.649	80.601
4	1.176	7.348	95.291	1.176	7.348	95.291	2.350	14.690	95.291

根据初始因子载荷矩阵，得到各观测量的因子表达式，如：主因子一 = 0.854X1 + 0.856X2 − 0.320X3 + ⋯ + 0.240X16。

表33 初始因子载荷矩阵

	X1	X2	X3	X4	X5	X6	X7	X8
1	0.854	0.856	− 0.32	0.146	0.801	0.414	0.936	0.691
2	− 0.346	− 0.388	0.8	0.912	0.399	− 0.583	0.221	0.204
3	0.346	0.294	0.432	0.205	0.231	0.667	− 0.114	0.27
4	0.078	0.108	0.209	0.177	− 0.373	0.154	− 0.078	− 0.63

	X9	X10	X11	X12	X13	X14	X15	X16
1	0.852	0.788	0.753	0.545	− 0.464	0.198	0.715	0.24
2	0.486	0.528	− 0.549	0.638	0.25	− 0.83	− 0.089	− 0.401
3	− 0.168	− 0.299	0.313	− 0.455	0.792	− 0.163	0.02	− 0.844
4	− 0.093	0.1	0.182	0.104	− 0.138	− 0.277	0.598	− 0.019

进一步进行因子旋转得到新的载荷矩阵（如表34所示）。

表34 旋转后的载荷矩阵

	X1	X2	X3	X4	X5	X6	X7	X8
1	0.854	0.856	− 0.320	0.146	0.801	0.414	0.936	0.691
2	− 0.346	− 0.388	0.800	0.912	0.399	− 0.583	0.221	0.204
3	0.346	0.294	0.432	0.205	0.231	0.667	− 0.114	0.270
4	0.078	0.108	0.209	0.177	− 0.373	0.154	− 0.078	− 0.630

	X9	X10	X11	X12	X13	X14	X15	X16
1	0.852	0.788	0.753	0.545	− 0.464	0.198	0.715	0.240
2	0.486	0.528	− 0.549	0.638	0.250	− 0.830	− 0.089	− 0.401
3	− 0.168	− 0.299	0.313	− 0.455	0.792	− 0.163	0.020	− 0.844
4	− 0.093	0.100	0.182	0.104	− 0.138	− 0.277	0.598	− 0.019

根据旋转的因子载荷矩阵，第一因子（F1）集中体现了X1、X2、X5、X7、X9、X10六个指标的信息，主要反映出非金属矿物制品业的增加值、营业收入、资产总量、利税额等规模性指标，并包涵了该产业在资产的运行效益和安全情况。在第二因子（F2）上具有较高载荷值的是X3、X4、

X12、X15 这些指标，反映了产品的经济效益、资金周转、技术贡献率的情况，含义相对广泛。第三因子（F3）上载荷值较高的是 X13、X16，配合第二因子解释产业的经济效益；第四因子（F4）在 X8 和 X15 上有较高载荷，是衡量产业可持续发展能力（资源利用程度、创新水平）的重要标志。

计算中部地区非金属矿物制品业竞争力的综合得分：

F = (F1 × 42.410% + F2 × 27.983% + F3 × 17.550% + F4 × 7.348%)/95.291%

得分结果并排序，如表 35 所示。

表 35　2013 年中部六省非金属矿物制品业竞争力综合得分

地区	F1	F2	F3	F4	F	排名
山西	− 1. 63	− 0. 48	0. 84	− 0. 67	− 0. 764318628	6
安徽	− 0. 49	− 0. 61	− 0. 92	1. 09	− 0. 482699534	4
江西	1. 17	− 0. 29	1. 53	0. 25	0. 734703762	1
河南	− 0. 22	1. 88	0. 02	0. 66	0. 507327918	2
湖北	0. 55	0. 33	− 0. 83	− 1. 66	0. 059608462	3
湖南	0. 63	− 0. 82	− 0. 64	0. 33	− 0. 054618624	5

分析结果显示，江西省在中部地区的非金属矿物制品业上处于显著的领先地位，综合得分明显高于其他省份，产业的整体运营状况良好，但在产业的可持续发展方面稍显不足；河南和湖北属于第二集团，综合竞争力相近，湖南在该产业各发展方面的表现较为均衡，保持了较好的发展水平，安徽虽产业规模上无明显优势，但其他方面表现良好；安徽和湖南属第三集团，二者该产业的实力非常接近，安徽同样依靠可持续发展能力保持其自身竞争力，湖南主要在产业的经济效益、资金运转方面具有一定优势；同医药制造业类似，山西省的综合因子得分为负值，低于中部地区的平均水平，各项指标表现均欠佳，整体实力较为落后。

6）黑色金属冶炼及压延加工业

根据评价指标，搜集中部地区黑色金属冶炼及压延加工业的相关数据，并整理，如表 36 所示。

表 36　中部地区黑色金属冶炼及压延加工业评价指标及数据

指标 \ 地区	山西	安徽	江西	河南	湖北	湖南
主营业务收入（X1）	3270.97	2319.98	1391.99	3330.97	3454.16	1635.55
工业增加值（X2）	471.86	461.9	177.2	767.11	458.9	443.34
资产合计（X3）	2815.67	1569.61	796.44	2189.11	3414.68	1515.81
利润总额（X4）	23.04	116.55	49.51	180.26	46.71	68.10
经济效益综合指数（X5）	244.67	329.66	365.06	335.77	340.92	290.33
工业增加值率（X6）	0.18	0.22	0.15	0.21	0.15	0.28
成本费用利润率（X7）	0.70	5.24	3.72	5.73	1.24	4.67
全员劳动生产率（X8）	302657	348471	411154	365815	163433	291104
产品销售率（X9）	97.93	98.43	99.95	98.3	98.96	98.99
总资产贡献率（X10）	4.54	14.24	13.4	14.1	5.46	11.03
资产保值增值率（X11）	105.92	107.96	104.01	98.35	100.91	127.9
流动资产周转率（X12）	2.93	3.43	4.02	3.51	3.2	3.38
工业用水重复利用率（X13）	90.73	79.55	84.55	78.48	68.18	67.45
固体废物综合利用率（X14）	64.92	83.99	55.72	76.1	75.93	64.19
科技进步贡献率（X15）	30.89	31.23	31.68	31.88	31.96	31.06
研发投入比重（X16）	0.9	1.56	1.02	1.13	1.71	1.41

通过 KMO 检验后（0.77），提取特征值大于 1 的因子，同时进行旋转。根据输出结果，前 4 个主因子的贡献率为 95.914%，且特征值均大于 1，适合进行分析。

表 37　方差分解主因子提取分析

成分	初始特征值			提取平方和载入			旋转平方和载入		
	合计	方差的%	累积%	合计	方差的%	累积%	合计	方差的%	累积%
1	5.616	35.098	35.098	5.616	35.098	35.098	5.015	31.344	31.344
2	3.863	24.144	59.242	3.863	24.144	59.242	4.173	26.079	57.422
3	3.203	20.021	79.263	3.203	20.021	79.263	3.240	20.253	77.675
4	2.664	16.651	95.914	2.664	16.651	95.914	2.918	18.239	95.914

根据初始因子载荷矩阵，可得到各观测量的因子表达式，如：主因子一 $= -0.835X1 - 0.409X2 - 0.952X3 + \cdots - 0.16X16$。

表 38 初始因子载荷矩阵

	X1	X2	X3	X4	X5	X6	X7	X8
1	-0.835	-0.409	-0.952	0.29	0.601	0.17	0.707	0.763
2	0.386	0.759	0.158	0.889	0.392	0.269	.611	-0.054
3	0.234	-0.27	0.236	-0.15	0.67	-0.90	-0.350	-0.179
4	0.302	0.301	-0.052	0.31	-0.179	-0.26	0.051	0.616
	X9	X10	X11	X12	X13	X14	X15	X16
1	0.69	0.86	0.19	0.94	0.03	-0.34	0.14	-0.16
2	-0.32	0.46	-0.27	0.03	-0.43	0.82	0.49	0.49
3	0.47	-0.14	-0.75	0.33	0.03	-0.05	0.81	0.10
4	-0.44	0.15	-0.56	0.01	0.87	-0.04	-0.08	-0.79

旋转后的因子载荷矩阵如表 39 所示。

表 39 旋转后的载荷矩阵

	X1	X2	X3	X4	X5	X6	X7	X8
1	-0.51	0.13	-0.78	0.75	0.51	0.43	0.97	0.75
2	0.79	0.94	0.56	0.62	-0.27	0.21	0.15	-0.18
3	0.32	-0.03	0.19	0.17	0.74	-0.82	-0.11	-0.02
4	-0.02	0.08	0.20	0.09	0.33	0.29	0.15	-0.64
	X9	X10	X11	X12	X13	X14	X15	X16
1	0.24	0.99	0.11	0.72	-0.06	0.12	0.17	-0.05
2	-0.88	-0.05	-0.34	-0.57	0.01	0.76	0.05	0.11
3	0.33	0.07	-0.87	0.39	0.08	0.13	0.89	0.07
4	0.23	0.00	0.32	-0.05	-0.96	0.42	0.33	0.93

根据旋转的因子载荷矩阵可以看出，第一因子（F1）在指标 X3、X4、X7、X8、X10 和 X12 上具有较高载荷，尤其是 X10，其 0.99 的载荷基本完全体现了其总资产贡献率，显然 F1 主要体现了黑色金属冶炼及压延加工业的总体规模。第二因子（F2）在 X1、X2、X4、X9、X14 上有较高载荷，可将这一因子视为产业在经济效益和资本利用效率方面的能力，分数高则情况良好。第三因子（F3）在指标 X5、X6、X11 和 X15 上有较高载荷，主要体现产业的生态环保和技术研发投入情况，可结合第一因子综合表现该产业的可持续发展能

力。第四因子（F4）则反映了 X8、X13、X16 三项指标，其含义可同第二因子归为一类，集中体现该产业的经济效益发展状况。

最后，计算中部地区黑色金属冶炼及压延加工业竞争力的综合得分。

$$F = (F1 \times 35.098\% + F2 \times 24.144\% + F3 \times 20.021\% + F4 \times 16.651\%)/95.914\%$$

根据此方程带入相应数据计算 F 得分并排序，详见表 40。

表40　2013年中部六省黑色金属冶炼及压延加工业竞争力综合得分

地区	F1	F2	F3	F4	F	排名
山西	-1.30094	0.36247	-0.64464	-1.38575	-0.759945	6
安徽	0.72765	0.45080	-0.25078	0.26239	0.372952	5
江西	0.54164	-1.63579	0.82195	-0.72052	-0.167078	3
河南	0.95966	1.30359	0.61351	-0.30652	0.754168	1
湖北	-1.21672	0.05485	1.01911	1.28210	0.003875	2
湖南	0.28871	-0.53593	-1.55916	0.86830	-0.203977	4

根据综合得分，2013 年黑色金属冶炼及压延加工业竞争力位居中部地区前两位的是河南和湖北，在 2012 年这一统计体系下的排名是湖北和河南。显然，目前这两个省保持着该产业在中部地区的领先优势。湖北省的产业规模以及可持续发展能力均具有明显优势，河南该产业的经济效益突出，二者均具有较好的产业基础，保证了该产业的发展地位；第三位的江西省得益于该产业有较好的经济效益和较强的可持续发展能力，虽产业规模略小，但整体竞争实力仍较强；湖南省该产业的规模实力一般，且其他指标均处于中部地区平均水平，无明显竞争优势；山西和安徽省分列最后两位，产业发展的整体情况相对落后，山西在市场规模上具有一定优势，但在经济效益、产业运营方面较差，而安徽黑色金属冶炼及压延加工业在 2012 年仍排位较前，但是 2013 年下落至第五位，一方面与其工业发展思路和整体布局有较大关系，另一方面也不可否认其在产销规模、资产运营等多方面的实力均较弱，导致综合竞争力有所下降。

7）有色金属冶炼及压延加工业

根据工业竞争力评价指标，搜集中部地区有色金属冶炼及压延加工业的相关数据，如表 41 所示。

表41　中部地区有色金属冶炼及压延加工业评价指标及数据

指标 ＼ 地区	山西	安徽	江西	河南	湖北	湖南
主营业务收入(X1)	514.72	2199.88	5589.27	4317.34	1473.16	2672.18
工业增加值(X2)	96.66	353.4	793.45	553.42	251.62	767.16
资产合计(X3)	734.2	1066.11	2331.3	3362.00	549.36	1095.51
利润总额(X4)	-9799.6	47.07	256.62	101.54	20.14	123.38
经济效益综合指数(X5)	149.45	448.74	612.47	276.97	370.79	444.45
工业增加值率(X6)	0.2	0.2	0.18	0.17	0.25	0.29
成本费用利润率(X7)	-0.19	2.21	4.83	2.4	1.37	5.49
全员劳动生产率(X8)	178895	397658	773587	268261	195847	473153
产品销售率(X9)	89.94	99.08	98.7	98.6	97.26	99.33
总资产贡献率(X10)	4.05	8.91	22.79	7.4	7.64	25.22
资产保值增值率(X11)	104.86	114.04	121.45	77.96	96.69	118.26
流动资产周转率(X12)	1.78	3.94	4.18	2.69	4.68	5.02
工业用水重复利用率(X13)	90.73	79.55	84.55	78.48	68.18	67.45
固体废物综合利用率(X14)	64.92	83.99	55.72	76.1	75.93	64.19
科技进步贡献率(X15)	30.89	31.23	31.68	31.88	31.96	31.06
研发投入比重(X16)	0.9	1.56	1.02	1.13	1.71	1.41

KMO 的检验值为 0.63，进而提取特征值大于 1 的因子，同时进行旋转，得到前 3 个主因子的特征值大于 1，且贡献率达 90.243%，提取这 3 个主因子可进行下一步分析。

表42　方差分解主因子提取分析

成分	初始特征值			提取平方和载入			旋转平方和载入		
	合计	方差的%	累积%	合计	方差的%	累积%	合计	方差的%	累积%
1	7.472	46.701	46.701	7.472	46.701	46.701	6.226	38.914	38.914
2	3.876	24.224	70.924	3.876	24.224	70.924	3.692	23.076	61.990
3	3.091	19.319	90.243	3.091	19.319	90.243	3.349	20.931	82.921

根据初始因子载荷矩阵，可得到各观测量的因子表达式，如：主因子一 = 0.730X1 + 0.915X2 + 0.309X3 + … + 0.252X16。

表 43 初始因子载荷矩阵

	X1	X2	X3	X4	X5	X6	X7	X8
1	0.730	0.915	0.309	0.828	0.910	0.250	0.952	0.820
2	−0.555	−0.295	−0.612	0.31	−0.044	0.709	−0.116	−0.461
3	0.398	0.017	0.676	0.455	−0.085	−0.520	−0.156	−0.220

	X9	X10	X11	X12	X13	X14	X15	X16
1	0.86	0.882	0.457	0.802	−0.486	−0.302	0.294	0.252
2	0.248	−0.148	−0.077	0.553	−0.794	0.61	0.094	0.935
3	0.381	−0.404	−0.797	−0.154	−0.115	0.532	0.797	0.133

旋转后的因子载荷矩阵如表 44 所示。

表 44 旋转后的载荷矩阵

	X1	X2	X3	X4	X5	X6	X7	X8
1	0.673	0.781	0.179	0.582	0.962	0.041	0.833	0.965
2	−0.201	0.224	−0.332	0.463	0.131	0.896	0.368	−0.157
3	0.684	0.414	0.875	0.561	0.099	−0.423	0.219	0.074

	X9	X10	X11	X12	X13	X14	X15	X16
1	0.642	0.834	0.742	0.631	−0.095	−0.412	0.043	0.052
2	0.432	0.345	0.001	0.724	−0.961	0.154	0.115	0.712
3	0.517	−0.012	−0.665	−0.025	−0.182	0.166	0.782	−0.057

根据旋转的因子载荷矩阵可以看出，第一因子（F1）在指标 X1、X2、X5、X7、X8、X10、X11、X12 上有较高载荷，所涵盖的意义较为广泛，反映了该产业的总体规模和综合经济效益情况，较高的因子得分说明产业的规模较大、经济效益较好。第二因子（F2）在指标 X6、X12、X13 和 X16 上有较高载荷，集中表现了该产业的资源重复利用能力以及资金周转状况，视为可持续性的衡量标准。指标 X1、X3、X15 在第三因子（F3）上有较高载荷值，可综合于第一、第二因子上，解释产业的资产运营和科技发展状况。

最后计算中部地区有色金属冶炼及压延加工业的综合得分：

$$F = (F1 \times 46.701\% + F2 \times 24.224\% + F3 \times 19.319\%)/90.243\%$$

得分结果并排序，如表 45 所示。

表45　2013年中部六省有色金属冶炼及压延加工业竞争力综合得分

地区	F1	F2	F3	F	排名
山西	− .87525	− 1.48061	− 1.07646	− 1.080831506	6
安徽	− .25144	.48429	− .09162	− 0.019736326	4
江西	1.51112	− .70064	.49154	0.699163071	1
河南	− .55369	− .25453	1.66912	0.002461331	3
湖北	− .80034	1.21388	− .10091	− 0.10993794	5
湖南	.96959	.73762	− .89168	0.508876739	2

　　根据评价结果，2012年中部地区有色金属产业综合得分最高的是江西，2013年江西仍然排名第一。事实上，江西省的有色金属产业属于传统型的重点产业，产业规模、经济效益等方面均具备良好的产业基础、完善的生产体系，在中部地区位列第一，具有较高的市场地位和较强的竞争实力；湖南省凭借较高资产利用能力、良好的可持续发展能力，位居第二位，这一排位也仍然沿袭2012年的顺序；河南省同样在该方面具有较好的表现，但由于在产业规模、经济效益方面的制约性因素，产业竞争力处于中等偏上水平；湖北和安徽都略低于中部平均水平，主要由于该产业在生态、经济等可持续发展方面的欠缺，使得整体竞争力不强；山西的在该产业竞争力上排在末位，主要原因是产业规模有限，无明显的规模经济效益。

8）电气机械及器材制造业

　　根据评价指标，搜集并整理中部地区电气机械及器材制造业的相关数据，如表46所示。

表46　中部地区电气机械及器材制造业评价指标及数据

指标 \ 地区	山西	安徽	江西	河南	湖北	湖南
主营业务收入（X1）	106.78	3769.84	1995.25	2275.88	1474.8	1252.18
工业增加值（X2）	312.27	969.5	360	444.23	409.43	378.01
资产合计（X3）	199.85	2223.98	839.46	1592.16	1085.47	1008.13
利润总额（X4）	1.27	273.8	148.17	182.02	88.81	81.47
经济效益综合指数（X5）	190.31	342.32	350.09	252.54	244.95	290.04
工业增加值率（X6）	0.23	0.24	0.18	0.19	0.25	0.3
成本费用利润率（X7）	5.08	7.71	8.14	8.7	6.25	7.77
全员劳动生产率（X8）	187779	281166	276738	207681	110358	296520

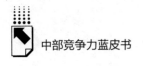
续表

指标＼地区	山西	安徽	江西	河南	湖北	湖南
产品销售率（X9）	98.42	96.74	99.13	98.4	96.04	97.05
总资产贡献率（X10）	7.6	19.74	28.99	15.7	13.18	14.22
资产保值增值率（X11）	116.61	108.93	112.51	180.80	119.72	124.54
流动资产周转率（X12）	0.93	2.72	5.78	2.40	2.27	1.97
工业用水重复利用率（X13）	90.73	79.55	84.55	78.48	68.18	67.45
固体废物综合利用率（X14）	64.92	83.99	55.72	76.1	75.93	64.19
科技进步贡献率（X15）	30.89	31.23	31.68	31.88	31.96	31.06
研发投入比重（X16）	0.9	1.56	1.02	1.13	1.71	1.41

KMO 检验（0.71）通过后，提取特征值大于 1 的因子，同时进行旋转。根据输出结果特征值大于 1 的因子共 5 个，并且前 5 个主因子的贡献率高达100%，说明提取前 5 个主因子是非常合适的。

表 47　方差分解主因子提取分析

成分	初始特征值			提取平方和载入			旋转平方和载入		
	合计	方差的%	累积%	合计	方差的%	累积%	合计	方差的%	累积%
1	6.256	39.103	39.103	6.256	39.103	39.103	4.657	29.107	29.107
2	4.426	27.663	66.766	4.426	27.663	66.766	4.350	27.189	56.296
3	2.310	14.435	81.201	2.310	14.435	81.201	3.283	20.518	76.814
4	1.771	11.066	92.267	1.771	11.066	92.267	1.894	11.836	88.650
5	1.237	7.733	100.000	1.237	7.733	100.000	1.816	11.350	100.000

根据初始因子载荷矩阵，可得到各观测量的因子表达式，如：主因子一 =$0.976X1 + 0.765X2 + 0.907X3 + \cdots + 0.457X16$。

表 48　初始因子载荷矩阵

	X1	X2	X3	X4	X5	X6	X7	X8
1	0.976	0.765	0.907	0.968	0.842	−0.175	0.767	0.464
2	−0.068	−0.345	−0.32	0.009	0.311	−0.729	0.325	0.395
3	0.029	−0.224	0.133	0.082	−0.382	−0.527	0.199	−0.621
4	0.19	0.464	0.22	0.236	−0.217	−0.233	−0.158	0.118
5	−0.072	−0.173	0.088	−0.022	−0.03	0.327	0.491	0.478

	X9	X10	X11	X12	X13	X14	X15	X16
1	-0.2	0.691	0.048	0.525	-0.254	0.465	0.358	0.457
2	0.933	0.629	0.062	0.705	0.63	-0.712	0.07	-0.797
3	0.119	-0.127	0.811	-0.055	-0.062	0.307	0.77	-0.054
4	0.239	-0.289	0.14	-0.403	0.66	0.412	-0.464	-0.362
5	0.133	-0.166	0.562	-0.249	-0.316	-0.113	-0.242	-0.149

旋转后的因子载荷矩阵如表49所示。

表49 旋转后的载荷矩阵

	X1	X2	X3	X4	X5	X6	X7	X8
1	0.879	0.954	0.911	0.868	0.399	-0.098	0.334	0.171
2	0.458	0.089	0.221	0.461	0.878	-0.339	0.658	0.541
3	0.076	0.092	0.243	-0.009	0.104	0.79	0.054	-0.091
4	-0.007	0.182	0.001	0.002	0.229	0.466	0.124	0.812
5	0.105	-0.2	0.249	0.183	-0.082	-0.187	0.661	0.103

	X9	X10	X11	X12	X13	X14	X15	X16
1	-0.349	0.178	0.064	-0.018	-0.011	0.849	0.091	0.440
2	0.274	0.968	-0.205	0.960	-0.076	-0.391	0.355	0.011
3	-0.851	-0.173	-0.143	-0.213	-0.959	0.268	0.129	0.858
4	0.125	-0.041	-0.223	-0.174	0.095	-0.221	-0.847	-0.209
5	0.253	-0.013	0.940	-0.046	-0.255	0.081	0.363	-0.165

根据旋转的因子载荷矩阵可以看出，指标X1、X2、X3、X4、X14在第一因子（F1）上有较高载荷，主要反映了电气机械及器材制造业的产业规模和资产利用情况，也包含了其资源利用程度。第二因子（F2）在X5、X10和X12上有较高载荷，集中体现产业的综合经济效益，该值越高说明产业营运效益越好。第三因子（F3）在指标X6、X9、X13和X16上有较高载荷，同第二因子结合可说明产业的运营效益，同时第四因子（F4）单独反映X8、第五因子（F5）单独反映X11的信息，可同第三因子结合解释技术创新能力。

同样地，计算中部地区电气机械及器材制造业竞争力的综合得分：

$$F = (F1 \times 39.103\% + F2 \times 27.663\% + F3 \times 14.435\% + F4 \times 11.066\% + F5 \times 7.733\%)/100\%$$

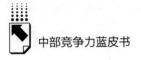

得分和排序结果如表 50 所示。

表 50　2013 年中部六省电气机械及器材制造业竞争力综合得分

地区	F1	F2	F3	F4	F5	F	排名
山西	−.70764	−1.33983	−1.09160	.34542	−.74822	−0.824553778	6
安徽	1.83882	.13676	.04434	.54667	−.68256	0.77097832	1
江西	−.62426	1.73011	−.79331	−.20867	−.33288	0.07114861	4
河南	.41226	−.29663	−.55404	−.50926	1.82823	0.084195911	3
湖北	−.19893	−.31312	1.15839	−1.54718	−.54169	−0.210292214	5
湖南	−.72024	.08271	1.23623	1.37302	.47711	0.10852773	2

　　由综合因子得分结果可以看出，安徽省的电气机械及器材制造业竞争力最强，其在产业的综合经济效益方面具有明显优势，加之较大的产业规模，保证了其综合竞争力位居第一。河南和湖南是中部地区该产业实力排名的第二梯队，二者得分的差距微小，基本处于同一发展水平，河南在产业发展规模上处于领先水平，湖南则在产业运营效益上表现良好。江西和湖北的排名处于中等水平，江西省排名距离 2012 年有所下降，相反，湖南在该产业进步较快。总体上，江西目前在产业规模上实力较弱，其他表现较为均衡，湖北则在产业经济效益各方面表现欠佳，总体竞争力不强。江西和湖北目前在中部地区的该产业排名为第四和第五。山西省在该产业发展上仍然存在规模较小、效益较低的问题。

　　9）通信设备、计算机及其他电子设备制造业

　　根据评价指标体系，整理中部地区通信设备、计算机及其他电子设备制造业的相关指标所需要的数据，如表 51 所示。

表 51　中部地区通信设备、计算机及其他电子设备制造业评价指标及数据

指标＼地区	山西	安徽	江西	河南	湖北	湖南
主营业务收入（X1）	494.26	1024.85	904.44	2344.30	1303.76	1499.86
工业增加值（X2）	199.27	299.02	231.61	403.22	446.5	471.59
资产合计（X3）	399.02	1110.42	427.07	1633.41	1306.16	575.38
利润总额（X4）	8.064	80.8	58.5	90.04	48.09	98.34
经济效益综合指数（X5）	317.52	250.88	257.1	168.38	211.64	307.70
工业增加值率（X6）	0.41	0.28	0.27	0.26	0.31	0.31
成本费用利润率（X7）	1.91	8.44	7.18	3.8	3.77	7.77
全员劳动生产率（X8）	78991	174202	151295	107382	106124	224448

续表

指 标 \ 地 区	山西	安徽	江西	河南	湖北	湖南
产品销售率(X9)	95.55	96.44	98.3	98.8	97.67	97.71
总资产贡献率(X10)	4.17	11.66	24.84	13.6	7.08	27.17
资产保值增值率(X11)	136.89	119.89	136.64	116.16	104.99	-52.39
流动资产周转率(X12)	2.05	1.68	4.9	1.94	1.41	5.74
工业用水重复利用率(X13)	90.73	79.55	84.55	78.48	68.18	67.45
固体废物综合利用率(X14)	64.92	83.99	55.72	76.1	75.93	64.19
科技进步贡献率(X15)	30.89	31.23	31.68	31.88	31.96	31.06
研发投入比重(X16)	0.9	1.56	1.02	1.13	1.71	1.41

通过检验，其 KMO 为 0.57，适合做因子分析。采用主成分分析法提取特征值大于 1 的因子，根据输出结果，特征值大于 1 的因子共 4 个，前 4 个主因子的贡献率为 95.235%，则提取前 4 个主因子即可。

表52 方差分解主因子提取分析

成分	初始特征值			提取平方和载入			旋转平方和载入		
	合计	方差的%	累积%	合计	方差的%	累积%	合计	方差的%	累积%
1	6.576	41.099	41.099	6.576	41.099	41.099	4.724	29.524	29.524
2	4.943	30.893	71.992	4.943	30.893	71.992	3.746	23.412	52.936
3	2.333	14.580	86.572	2.333	14.580	86.572	3.493	21.831	74.767
4	1.386	8.663	95.235	1.386	8.663	95.235	3.275	20.468	95.235

根据初始因子载荷矩阵，可得到各观测量的因子表达式，如：主因子一 = $0.805X1 + 0.825X2 + 0.6X3 + \cdots 0.590X16$。

表53 初始因子载荷矩阵

	X1	X2	X3	X4	X5	X6	X7	X8
1	0.805	0.825	0.600	0.901	-0.577	-0.824	0.496	0.538
2	-0.304	-0.044	-0.776	0.238	0.749	0.076	0.604	0.769
3	0.189	-0.344	-0.092	0.001	-0.315	-0.378	-0.076	-0.223
4	-0.254	-0.445	0.038	0.194	-0.073	-0.412	0.613	0.259

26

	X9	X10	X11	X12	X13	X14	X15	X16
1	0.773	0.503	-0.489	0.21	-0.803	0.322	0.543	0.590
2	-0.053	0.779	-0.657	0.916	-0.086	-0.641	-0.584	-0.16
3	0.597	0.371	0.384	0.3	0.425	-0.564	0.445	-0.666
4	-0.187	0.04	0.401	-0.155	0.314	0.351	-0.071	0.136

　　为提高各因子解释能力，运用因子旋转后的载荷矩阵进行分析，如表54所示。

表 54　旋转后的载荷矩阵

	X1	X2	X3	X4	X5	X6	X7	X8
1	0.795	0.382	0.707	0.46	-0.916	-0.769	-0.049	-0.167
2	0.049	0.082	-0.119	0.701	0.096	-0.63	0.992	0.871
3	0.45	0.91	0.214	0.448	0.031	-0.011	0.081	0.426
4	0.062	0.14	0.642	0.042	-0.389	-0.099	-0.007	-0.176

	X9	X10	X11	X12	X13	X14	X15	X16
1	0.889	0.167	0.2	-0.119	-0.251	0.166	0.899	0.062
2	0.216	0.708	-0.344	0.513	-0.233	0.033	-0.117	0.292
3	0.226	0.224	-0.852	0.237	-0.888	0.146	0	0.577
4	-0.323	-0.648	0.305	-0.815	-0.162	0.952	0.135	0.643

　　根据旋转后的因子载荷矩阵，指标 X5、X6、X7、X9 和 X10 在第一因子（F1）上有较高载荷，该因子集中体现了该产业的经济效益基本情况，因子得分的高低说明了产业效益的现状。X3、X13、X14 和 X15 在第二因子（F2）上有较高载荷，主要体现的是资源重复利用能力和技术应用能力，衡量了产业的可持续发展。第三因子（F3）主要综合了 X8 和 X16 的信息，属于调配性的因子，可结合其他因子解释经济效益和科技水平。第四因子（F4）在指标 X1、X2、X4、X11 和 X12 上具有较高的载荷值，重点解释的是该产业的规模情况、资产的利用能力，是对该产业在基础性发展指标上的评价。

计算中部地区通信设备、计算机及其他电子设备制造业竞争力的综合得分：

$$F = (F1 \times 41.099\% + F2 \times 30.893\% + F3 \times 14.58\% + F4 \times 8.663\%)/95.235\%$$

得分及排序结果如表 55 所示。

表 55　2013 年中部六省通信设备、计算机及其他电子设备制造业竞争力得分

地区	F1	F2	F3	F4	F	排名
山西	-1.29952	-1.32255	-.64834	-.26703	-1.113378356	6
安徽	-.49329	1.17614	-.53112	1.47818	0.221793574	2
江西	.43401	.67070	-1.13536	-1.19625	0.122230793	4
河南	1.55083	-.44662	-.00757	.07853	0.530372923	1
湖北	.38149	-.81833	.76639	.76018	0.085657525	5
湖南	-.57352	.74066	1.55600	-.85360	0.153324451	3

该产业属于高技术产业，同时也是劳动密集程度较高的行业。2012 年中部地区的通信设备、计算机及其他电子设备制造业排名中，山西省在该产业上排名居首位。但是 2013 年的排名情况，山西在这一具有较大优势的工业制造业却排名第六。显然，山西的工业建设和发展存在某些问题。2013 年的排名中，安徽省居第二位，其三四因子的得分较高说明其在产业规模、资产的利用力上具有较高水平，形成了较强的竞争力；安徽在生态、经济的可持续发展方面表现良好，同河南省的实力差距不大。湖北该产业的各项指标基本在中等水平上下浮动，因而整体实力基本处于中等行列。湖南虽在产业的规模、资产运营方面表现较好，但部分经济效益和创新方面仍存在不足，致使总体竞争力不强。江西该产业由于市场规模偏小、生产环节单一且附加值较低，发展进度明显落后于其他五省，总体竞争力偏弱。

10）小结

综合上述分析，将中部六省的工业竞争力横向排名汇总，并结合 2012 年的竞争力排名[①]，以更为全面地进行分析总结，详见表 56。

---

① 2012 年中部地区工业竞争力排名来源于《中国中部经济社会竞争力报告（2013）》中第四篇"产业评价篇"

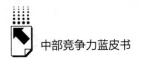

表56　中部六省工业竞争力横向排名的比较

项目	山西		安徽		江西		河南		湖北		湖南	
	2012	2013	2012	2013	2012	2013	2012	2013	2012	2013	2012	2013
农副食品加工业	5	6	6	3	4	5	2	1	1	2	3	4
纺织业	6	6	5	5	1	1	3	2	2	3	4	4
化学原料及化学制品制造业	6	6	4	5	5	4	3	2	1	1	2	3
医药制造业	6	6	4	5	5	2	2	1	1	4	3	3
非金属矿物制品业	6	6	4	4	5	1	1	2	3	3	2	5
黑色金属冶炼及压延加工业	5	6	3	5	6	3	2	1	1	2	4	4
有色金属冶炼及压延加工业	6	6	5	4	1	1	4	3	3	5	2	2
电气机械及器材制造业	6	6	1	1	3	4	2	3	5	5	4	2
通信设备、计算机及其他电子设备制造业	1	6	3	2	6	4	5	1	4	5	2	3

　　由上表的排名可以看出,河南作为传统的工业大省,在中部地区保持着较高的工业地位,但2012年多类产业排名失去了龙头位置。在2013年统计分析所选取的9大制造业中,河南获得4个行业评价分数第一、3个行业第二以及2个行业第三的总体工业排位。说明经过2013年的调整和发展,在2012年呈现下滑现象的行业,如纺织业、化学原料及化学制品制造业、医药制造业和电气机械及器材制造业等,其执行的传统产业结构调整、打破传统工业发展模式,着力加大科技投入、实现工业经济转型升级等相关措施已经具有初步成效。

　　湖北省的工业发展在2013年进步显著,在保持原有的产业龙头地位的基础上,化学原料及化学制品制造业和医药制造业也连续两年排名至中部地区的首位,并在纺织业和黑色金属冶炼及压延加工业上保持着良好的经济发展势头,这同其合理的产业结构调整、技术创新的投入密不可分,突显了产业的可持续发展能力。

　　湖南和安徽的近两年工业发展表现中规中矩,各产业排名变化不大,湖南各产业发展水平在中部地区相对均衡,但安徽省仍存在不同工业产业发展差异较大的问题,内部结构需进一步调整。两省的发展特点都是基于现有资源基础,做精做强优势产业、大力推进新兴产业,实现工业产业结构的优化。

江西工业在 2012 年取得了明显进步，其中纺织业和有色金属冶炼及压延加工业排名升至中部地区首位，2013 年依然保持这两个行业的领先地位，并且非金属矿物制品业在经过了长期的资源和技术积累，也排名至中部地区的第一位。在稳固两个传统性产业的区域发展竞争力同时，增加了一个拳头工业。当然，也应该看到，江西的整体工业发展仍处于中等偏下的水平，规模总量偏小，整体实力和竞争力不强。加快调整产业结构、提高产业发展质量是增强江西工业竞争力的关键所在。

相比中部地区其他五个省份各具特征的发展状态，山西省在 2013 年的工业发展存在一些困难和问题。山西的通讯及其他电子设备制造业在 2012 年一跃成为中部地区的排头兵，说明其近年来在高技术产业上加大研发投入，着力加快新兴产业的发展进程，以提升工业发展竞争力。但是这一优势在 2013 年却未能保持，重新跌至中部地区第六。此外，山西省的资源型产业发展思路与模式，长期以煤炭等矿产资源开发为主，过分集中于产业链的上中游生产，特别是受环境制约、资源紧缺等因素影响。因此，山西未来面临可持续发展潜力不足等诸多问题，一定程度导致工业竞争力相对滞后。

三　中部地区服务业竞争力评价

服务业是衡量经济发达程度的重要标志，发展服务业有利于优化产业结构、扩大劳动就业、丰富人民生活、推进新型工业化、城镇化建设等，因此，服务业的发展受到各地的高度重视和广泛关注。服务业竞争力是衡量区域竞争力和区域软实力的重要指标，发展服务业关键就在于提高其竞争力。本部分重点选取服务业中具有代表性的旅游产业和文化产业，对中部地区这两个产业的竞争力进行实证分析与评价。

（一）中部地区旅游业竞争力评价

1. 中部地区旅游业竞争力评价

按照产业竞争力的内涵，旅游产业竞争力可认为是某一区域在开拓国内外旅游市场、为游客提供服务中表现出的赢利能力和可持续发展能力。旅游产业竞争力主要受区域旅游景点资源、旅游基础设施、经济发展水平及生态环境等

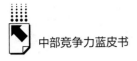

因素影响。对旅游产业竞争力进行实证分析和评价，有助于摸清旅游产业现状及把握旅游业特点、优势等，进而有针对性地制定或完善旅游业发展战略和措施，促进旅游业健康发展。

（1）评价指标体系构建

根据旅游产业竞争力内涵和旅游产业特征，选取了旅游市场竞争力、资源竞争力、环境竞争力3个大类总共17个指标，构成旅游产业竞争力评价指标体系，详细请参阅附录7。

1）市场竞争力指标

旅游市场竞争力指标以旅游产业规模、产业效益指标为主。产业规模用旅游总收入、外汇收入、接待总人数三个指标进行测度。旅游总收入和旅游接待总人数主要反映了区域旅游市场规模；而外汇收入则主要反映了旅游产业的境外市场开拓能力、外向程度。产业效益体现了旅游产业的经济效益、赢利能力，这里选用旅游企业全员劳动生产率、利润率和人均实现利润三个指标。

2）资源要素竞争力指标

旅游产业资源主要包括旅游景点资源和人力资源、企业资源等。旅游景点资源是吸引游客及影响旅游可持续发展的主要因素，这里用景点资源丰度指数来反映旅游景点资源，其具体计算公式如下：

旅游景点资源丰度指数 =5A 级景点数量×10 分 +4A 级景点数量×7 分 +3A 级景点数量×5 分 +2A 级景点数量×3 分 +1A 级景点数量×1 分。中部六省旅游景点资源丰度指数见表57 所示。从旅游景点资源丰富指数可以看出，各省都在积极发展优质旅游资源，较之前两年，4A、5A 级景区的数量都有显著提升。

表57　中部六省旅游景点资源丰度指数

省份	5A	4A	3A	2A	1A	旅游景点资源丰度指数
山西	4	64	7	25	3	601
安徽	7	117	134	139	1	1977
江西	6	45	40	42	0	701
河南	9	89	109	45	0	1393
湖北	8	91	100	55	3	1385
湖南	5	66	86	35	2	1049

人力资源主要包括旅游从业人员总数，它反映了旅游人力资源水平。旅游从业人员总数为星级饭店、旅行社、旅游景区从业人员数量之和。

住宿、交通、通信等基础设施是旅游产业发展的基本保障，完善的交通、住宿和信息化基础设施将提高游客的愉悦度和满意度。旅游基础设施主要包括住宿、信息化和交通等基础设施。其中，住宿餐饮水平用星级饭店客房总数和星级饭店家数来反映，交通基础设施状况用公路密度（单位面积公路里程数）来反映。

产业环境是旅游竞争力的重要保障。环境竞争力主要包括旅游消费需求环境和生态环境。旅游是一种休闲娱乐活动，经济发展水平是影响旅游消费需求的重要因素，这里用城镇居民可支配收入来反映区域经济发展水平。居民消费结构也是影响旅游消费需求的因素，这里用人均文化娱乐服务支出占消费总支出的比重来反映消费结构。生态环境是影响旅游业发展，尤其是生态游、休闲游的重要因素，用森林覆盖率和湿地面积占辖区面积比重两个指标来反映区域生态环境。

2. 竞争力实证结果

各指标数据主要来源于中部六省 2014 年统计年鉴和 2014 中国旅游年鉴等。对上述各指标数据进行标准化处理，得到标准化数据。并根据专家调查法得到的指标权重和竞争力评价模型，对各指标得分情况进行线性相加，最终得到中部六省 2013 年旅游产业竞争力综合评价指数（总分为100，见表58）和 2011～2013 年中部六省旅游产业竞争力指数变化情况（见表59）。

表58　2013 年中部六省旅游产业竞争力综合得分及排序情况

得分\省份	市场竞争力			资源竞争力			环境竞争力			总竞争力		
	得分	中部排序	排序变化	得分	中部排序	排序变化	得分	中部排序	排序变化	得分	中部排序	排序变化
山西	20.25	6	0	17.06	6	↓1	6.15	6	0	43.46	6	0
安徽	36.97	4	↓1	23.38	4	↓3	8.71	3	↑2	69.06	4	↓2
江西	21.16	5	0	17.88	5	↑1	9.41	1	0	48.45	5	0
河南	40.24	3	↑1	25.35	1	↑1	7.04	5	↓1	72.63	3	↑1
湖北	43.93	2	0	25.10	2	↑1	8.97	2	↑1	77.99	2	↑1
湖南	47.74	1	0	24.35	3	↑1	8.62	4	↓2	80.71	1	0

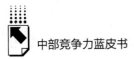

表59　2011~2013年中部六省旅游产业竞争力综合得分及排序情况

竞争力指标	基数指数(2011)	山西 2012年相对指数	山西 2013年相对指数	安徽 2012年相对指数	安徽 2013年相对指数	江西 2012年相对指数	江西 2013年相对指数	河南 2012年相对指数	河南 2013年相对指数	湖北 2012年相对指数	湖北 2013年相对指数	湖南 2012年相对指数	湖南 2013年相对指数
市场竞争力	46	51.553	43.863	51.729	48.254	47.333	50.372	104.492	63.886	81.766	86.753	54.158	51.268
旅游产业收入（亿元）	10	11.234	12.385	11.546	11.537	10.814	12.674	10.000	10.000	10.976	11.602	10.407	10.626
旅游外汇收入（万美元）	3	2.875	4.963	3.000	3.000	2.644	2.585	2.521	2.456	2.897	2.649	2.072	1.657
接待游客总人数（万人次）	8	8.787	9.768	8.788	8.880	8.688	9.314	8.000	8.000	8.540	8.897	8.161	8.478
旅游景区利润	5	7.967	7.736	6.264	7.416	5.000	6.594	13.909	22.187	15.736	13.249	11.799	9.412
旅游企业利润率（%）	7	3.168	2.753	5.213	5.649	8.264	13.575	39.019	6.125	18.161	20.828	9.053	9.053
人均实现利润（万元/人）	8	15.188	4.122	12.575	7.543	8.893	1.261	28.394	6.267	18.098	22.646	8.000	8.000
旅行社利润率（%）	5	2.335	2.135	4.343	4.229	4.031	4.369	2.649	8.851	7.360	6.883	4.667	4.042
资源竞争力	41	40.679	42.274	41.726	47.483	41.958	44.250	40.879	42.357	40.833	42.639	42.049	42.181
旅游景点丰度指数	15	14.937	15.669	15.000	15.000	15.674	16.052	14.991	15.023	15.138	15.171	16.043	15.962
旅游社数量（个）	4	4.021	4.009	3.917	4.392	4.126	4.199	4.000	4.000	4.007	4.101	3.903	4.186
旅游从业人员数（人）	5	4.805	4.779	5.104	9.073	4.799	4.964	4.747	4.558	4.968	5.287	5.000	5.000
旅游企业个数	3	3.124	2.956	3.127	3.061	3.151	3.132	3.137	3.000	3.080	3.002	3.116	3.019
旅游星级客房总数总数（间）	5	4.978	5.788	5.166	6.002	5.076	6.326	5.007	6.146	4.941	5.765	5.000	5.000
星级饭店总数	4	3.762	3.964	3.972	4.240	4.059	4.452	3.997	4.629	3.620	4.044	4.000	4.000
公路密度（公里/百平方公里）	5	5.053	5.109	5.441	5.714	5.074	5.125	5.000	5.000	5.077	5.269	4.987	5.014
消费需求	13	9.492	14.894	9.414	13.218	9.889	11.129	9.447	12.215	9.443	12.583	13.605	11.194
人均文化娱乐服务占消费总支出比重（%）	4	0.506	5.179	0.418	3.491	0.879	3.006	0.468	3.809	0.435	2.376	4.605	3.161
城镇居民可支配收入（元）	3	2.986	2.992	2.996	2.999	3.010	3.019	2.979	2.972	3.008	3.010	3.000	3.000
森林覆盖率（%）	3	3.000	3.723	3.000	3.080	3.000	3.000	3.000	3.109	3.000	3.595	3.000	3.112
湿地面积占辖区面积比（%）	3	3.000	3.000	3.000	3.648	3.000	2.104	3.000	2.325	3.000	3.601	3.000	1.921
总　计	100	101.725	101.031	102.869	108.955	100.180	105.751	154.818	118.458	132.042	141.975	109.813	104.643

3. 评价结果分析

（1）横向评价结果分析

从表58中可看出，2013年总竞争力的排名次序为：湖南省、湖北省、河南省、安徽省、江西省、山西省，湖南省较上一年位次没有变化依然保持领先优势，湖北省和河南省较2012年上升1位，分别位列第2位和第3位，而安徽省下降了2位，位列第4位。江西省和山西省位次没有变化，分别位列第5位和第6位。中部六省旅游市场竞争力综合排名依次为：湖南省、湖北省、河南省、安徽省、江西省、山西省，其中，湖南省和湖北省依旧保持领先地位，较上一年位次没有变化，河南省较2012年上升1位，而安徽省下降了1位，山西省、江西省的排名与之前相同。资源竞争力排名依次为河南省、湖北省、湖南省、安徽省、江西省、山西省，与2012年相比，河南省、湖北省、湖南省分别上升了1个位次，而安徽省下降了3个位次，由第1位下降到第4位，江西省和山西省位次调换，江西省上升1个位次，排名第5位，而山西省排名第6位，比上一年度下降1位。环境竞争力排名中，江西省位次没有发生变化，仍为第1位，湖北省上升1位，安徽省上升2位，分别位列第2位和第3位，而河南省下降1位，湖南省下降2位，山西省的位次没有变化。下面对六省竞争力得分情况进行简要评析。

山西省旅游产业竞争力综合评价指数为43.46，在中部六省位居末位。其原因可以归结为第一，产业规模小、产业效益低（旅游景区利润率、旅游企业利润率、人均实现利润均为负值）；第二，山西旅游景点开发不够健全，A级旅游景点资源明显低于其他省份；第三，由于山西以煤炭采掘等工作为主，生态环境指标得分较低。

安徽省旅游产业竞争力综合评价指数为69.06，在中部六省中位居第四，较2012年下降了2位。安徽省旅游产业具有良好的基础和发展优势，其旅游产业的发展优势主要体现在旅游资源丰富、市场竞争力较好、配套设施较为完善等方面，同时，安徽省环境竞争力有了显著提高，为其旅游业发展提供了良好的生态优势。但2013年度，安徽省旅游产业发展优势并不显著，究其原因可以归纳为如下几点：第一，虽然旅游产业收入、外汇收入等规模指标及旅游企业利润率、人均实现利润等效益指标基础都较好，但是2013年度增长缓慢；第二，安徽的旅游景点资源较丰富，但是安徽旅游产业的配套设施如旅行社数

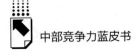

量、旅游从业人数指标较之上一年度也发展缓慢，这间接地影响了安徽旅游业的发展。第三，安徽省的基础设施发展，特别是高铁运输的发展，较之湖南省、湖北省显得稍微滞后，高铁时代，提升旅游业的基础配套设施是保持其旅游产业的竞争力的关键问题。

江西省旅游产业竞争力综合评价指数为 48.45，在中部六省中位居第五，与处于前四位的省份有较大差距。虽然江西旅游环境竞争力较强，旅游企业全员劳动生产率、利润率、人均实现利润等效益指标也尚可，江西省旅游产业规模较小，旅游收入与接待游客量不足；旅游景点资源丰富程度不足；交通基础设施不完善等方面导致综合竞争力位居后列。因此，大力开发旅游景点、加强旅游宣传、完善基础设施，特别是高速铁路等配套设施的完善，以及扩大旅游产业规模是提升江西旅游产业竞争力的重点。

河南省旅游产业竞争力综合评价指数为 72.63，位居中部六省第三，较2012 年上升了 1 位。2013 年，河南省旅游产业的优势主要体现在河南省旅游产业发展规模较好，旅游收入、旅游接待人数为中部六省最高，旅游景点资源和人力资源、企业资源也较为丰富。在扩大产业规模的同时，提升旅游企业全员劳动生产率、利润率、人均实现利润，以及提高环境竞争力是河南省旅游产业发展的首要任务。

湖北省旅游产业竞争力综合评价指数为 77.99，位居中部六省第二。湖北省旅游产业收入、接待游客总人数在中部六省中仅次于河南省，即产业规模较大；同时旅游企业全员劳动生产率、利润率、人均实现利润也较好；另外旅游景点资源、企业资源及人力资源也处于中上水平。但湖北省信息化基础设施和交通基础设施一般，影响了其综合得分和排名。

湖南省旅游产业竞争力综合评价指数为 80.71，位居中部六省第一，湖南省产业基础良好。湖南省排名第一主要原因可以归纳为：第一，旅游企业全员劳动生产率、利润率、人均实现利润远高于其他五省，即产业效益最高；第二，湖南省旅游产业规模也较大，在六省中处于中上地位；第三，湖南省旅游产业资源丰富和基础设施完善，这也是湖南省旅游业发展近几年迅速提升的关键因素之所在。

（2）纵向评价结果分析

表 58 反映了中部六省 2013 年旅游产业竞争力综合指数及各省的排序，即

反映横向排序情况，但无法反映综合指数及各指标的纵向变化情况。而表59则反映了2011~2013年中部六省旅游产业竞争力综合指数及各指标纵向变化情况。从表59中可看出，中部六省旅游产业竞争力综合指数均呈现增长，但增长速度不一，两年间增长最快的是湖北省，其次是河南省、安徽省、江西省、湖南省、山西省。各省旅游产业竞争力变化情况如下。

山西省：2013年山西省旅游产业竞争力综合指数虽然依旧位居后列，且增长速度缓慢，由2011年的100增长到2012年的101.725和2013年的101.031，两年间增长了1.03%，增长速度在中部六省中位居最后一位。其中，市场竞争力在2012年增长显著，而在2013年出现下降，究其原因主要是产业效益的下降，其下降幅度约为8.25%；反映市场竞争力的产业规模增长了6.11%；反映产业资源要素竞争力的产业资源、产业基础设施指数分别增长0.41%、2.75%，其中旅游景点资源丰度指数增长1.67%；而产业环境指数增长了1.17%。这说明山西省旅游产业竞争力纵向相比，有很大提升空间，尤其是产业效益、产业资源等方面。

安徽省：2013年安徽省旅游产业竞争力综合指数在中部六省中位居第四，较2012年下降了2位，指数由2011年的100增长到2012年的102.870和2013年的108.955，两年间增长了8.96%，增长速度在中部六省中位居第三。其中，旅游产业规模增长了2.25%，反映经济效益的旅游企业全员劳动生产率、利润率、人均实现利润增长速度较为缓慢；反映产业资源指数和基础设施的资源指数增长了6.48%，其中，产业资源指数和基础设施的资源指数分别增长4.53%、1.96%；产业环境指数增长了0.21%，有较大的提升空间。2010到2012年，安徽省旅游产业的最大特点就是产业规模高速增长。

江西省：2013年江西省旅游产业竞争力综合指数在中部六省中虽然位居第五，但指数由2011年的100增长到2013年的105.75，两年间增长了5.75%，增长速度在中部六省中位居第四。其中，旅游产业收入增长了71.41%，产业效益增长0.80%，利润率、人均实现利润虽然有所提升但增长缓慢，这也是江西省旅游业排名始终居于下游的重要因素；产业资源指数和基础设施指数分别增长1.34%、1.90%；产业环境指数略有下降。2011到2013年，江西省旅游产业的最大特点就是产业规模、产业资源等增长较均衡，产业效应和产业环境有待提高。

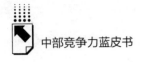

河南省：2013 年河南省旅游产业竞争力综合指数位居第三，增长较好，由 2011 年的 100 增长到 2013 年的 118.46，增长了 18.46%，增长速度为在中部六省中的第二位。其中，市场竞争力增长了 17.89%，产业规模变化不大，而产业效益指数增长了 18.43%；产业资源、产业基础设施指数分别增长 1.35%、1.77%，产业环境指数保持平稳。河南省旅游产业竞争力纵向相比，河南省产业效益提高显著，产业规模、产业资源也都有所提高，产业基础设施与产业环境增长较为缓慢。

湖北省：2013 年湖北省旅游产业竞争力综合指数在中部六省中位居第二，较之 2012 年有所提升，指数由 2011 年的 100 增长到 2012 年的 132.04 和 2013 年的 141.97，两年间增长了 41.97%，增长速度在中部六省中位居第一位。其中，旅游产业市场竞争力提升了 40.75%，旅游产业效益提升了 38.61%，旅游景区利润率、旅游企业利润率、人均实现利润增长速度分别达到 8.25%、13.83%、14.65%；产业资源指数和基础设施指数分别增长 0.56%、1.08%；产业环境指数变化不大。湖北省 2013 年的增长特点可以概括为：旅游产业效益增长迅速、产业规模、产业资源实现了平稳增长，而产业环境提升是下一步旅游产业升级的关键所在。

湖南省：2013 年湖南省旅游产业竞争力综合指数在中部六省中高居第一，湖南已经连续 2 年为中部六省旅游业排行榜第一名，其指数由 2011 年的 100 增长到 2012 年的 109.81 和 2013 年的 104.65，两年间增长了 4.65%，增长速度在中部六省中位居第五。其中，旅游产业市场竞争力增长了 5.27%，产业效益增长了 5.51%，湖南省旅游企业利润率与人均利润水平均为六省最高；产业资源指数和基础设施指数分别增长 1.18%、0.01%；产业环境指数较之上年略有降低。2011 年到 2013 年，湖南省旅游产业的最大特点就是产业规模、产业效益平稳增长，尽管其产业资源等并不占优势，但由于产业效益好，综合竞争力还是增长速度均稳居六省第一位。

（二）中部地区文化产业竞争力评价

1. 中部地区文化产业竞争力评价

文化是赢得竞争优势的重要因素，也是转变发展方式、提高软实力的重要推动力和着力点。文化产业是以文化内容的创造为核心，提供文化产品和服务的经济形态，具有资源消耗少、环境污染小、附加价值高等特点，是典型的环保、绿色、低碳产业。发展文化产业不仅可创造文化产品和服务，满足人民群众对文化和精神生活的需求，而且还能为其他产业提供成果转化的载体，促进知识和信息经济的发展。通过提高文化产业竞争力来培育区域软实力，已成为许多地区提升其综合竞争力的重要途径和手段。对文化产业竞争力进行实证分析与评价，有助于有针对性地完善文化产业发展战略、提高文化产业竞争力。

（1）评价指标体系的构建

按照产业竞争力的内涵和文化产业特点，文化产业竞争力可认为文化产品或服务的生产经营者掌握文化资源及开发、销售文化产品和服务，并在文化市场体现出的竞争实力及可持续发展能力。根据上述定义，文化产业竞争力评价指标体系选取了3大类文化产业竞争力评价指标：文化产业市场竞争力、文化资源要素竞争力、环境竞争力共18个子指标构成。具体指标体系见附录8所示。

1）市场竞争力指标

市场竞争力指标主要包括产业规模和产业效益。其中，产业规模用文化产业机构数、文化产业工作人员总数及文化产业占GDP的比重来衡量。产业效益用文化产业法人单位从业人员人均增加值、文化产业总收入两个指标来反映，文化产业法人单位从业人员人均增加值反映了文化从业人员的劳动生产率，文化市场经营总收入反映了文化经营机构的市场收入能力。

2）资源要素竞争力指标

文化产业资源要素主要包括文化资源、基础设施、人才等。其中，文化资源用人均公共图书馆藏书册数，报纸、杂志、图书出版数量，文物藏品数量3个指标反映。文化基础设施用有线电视入户率、互联网普及率两个指标反映。由于目前许多文化是依赖于有线电视网、互联网等进行传输和消费的，因此选用有线电视入户率和互联网普及率两个指标来进行测度。

3）环境竞争力指标

文化产业的发展离不开良好的外部环境，如政府的支持和经济发展水平、居民消费能力等。文化产业环境主要包括政府财政支持力度和居民经济基础、文化消费需求等。其中，政府财政支持力度用人均文化事业费、文化事业费占财政支出的比重两个指标进行测度。文化产业的发展也依赖于经济发展水平和

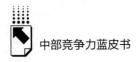

居民文化消费需求等，选用人均可支配收入、人均文化娱乐服务消费支出占消费支出比重两个指标进行测度。

（2）指标数据的标准化和评价模型

指标数据的标准化和纵向、横向评价模型和粮食产业一致。

2. 竞争力实证结果

指标数据主要来源于2014年中部六省统计年鉴、《中国文化文物统计年鉴（2014）》等，部分数据根据原始数据计算得到。对上述各指标数据进行标准化处理，得到标准化数据。并根据专家调查法得到的指标权重和竞争力评价模型，对各指标得分情况进行线性相加，最终得到中部六省2013年文化产业竞争力综合评价指数（见表60）和2011～2013年中部六省文化产业竞争力指数变化情况（见表61）。

表60　2013年中部六省文化产业竞争力综合评价得分及排序

省份＼得分	市场竞争力			资源竞争力			环境竞争力			总竞争力		
	得分	中部排序	排序变化	得分	中部排序	排序变化	得分	中部排序	排序变化	得分	中部排序	排序变化
山西	28.32	5	↑1	22.26	5	↓1	19.75	1	0	70.33	4	↑1
安徽	31.41	3	↑1	22.38	4	↓1	14.24	5	↑1	68.02	5	↓1
江西	25.46	6	↓1	20.98	6	0	14.13	6	↓2	60.57	6	0
河南	42.17	1	↑1	30.50	1	↑4	14.52	4	↑1	87.19	1	↑2
湖北	29.79	4	↓1	29.94	2	↓1	15.05	2	0	74.78	3	↓1
湖南	39.82	2	↓1	25.08	3	↓1	14.85	3	0	79.75	2	↓1

3. 评价结果分析

（1）横向评价结果分析

从表60中可看出，2013年与2012年相比，六省的排名变化较大，河南省上升2位，湖北省、湖南省各下降1位，山西省上升1位，安徽省下降1位。市场竞争力排名顺序为河南省、湖南省、安徽省、湖北省、山西省、江西省，其中，山西省、安徽省、河南省各上升1位，而江西省、湖北省、湖南省各下降1位。资源竞争力排名中河南省上升4位，而山西省、安徽省、湖北省、湖南省各下降1位。环境竞争力中，江西省下降2位，而安徽省、河南省各上升1位，其他三省的位次没有变化。下面对六省竞争力得分情况进行评析。

表61 2011～2013年中部六省文化产业竞争力指数变化情况

竞争力指标	基数指数 2011年	山西 2012年相对指数	山西 2013年相对指数	安徽 2012年相对指数	安徽 2013年相对指数	江西 2012年相对指数	江西 2013年相对指数	河南 2012年相对指数	河南 2013年相对指数	湖北 2012年相对指数	湖北 2013年相对指数	湖南 2012年相对指数	湖南 2013年相对指数
产业规模	29	29.042	27.010	26.883	28.758	34.638	35.799	29.855	29.855	32.270	31.401	32.837	31.076
文化产业机构数	10	10.352	9.561	9.431	9.034	10.688	11.332	10.000	10.000	10.714	10.791	12.445	10.452
文化产业工作人员数	10	11.422	10.181	10.445	10.717	12.415	12.932	10.000	10.000	11.640	10.694	11.392	11.624
占GDP比重（%）	9	7.269	7.269	7.007	9.007	11.535	11.535	9.855	9.855	9.916	9.916	9.000	9.000
产业效益	19	21.786	20.071	16.128	21.855	20.429	20.156	19.873	22.177	20.514	22.723	19.210	20.371
文化产业人均增加值（万元）	10	12.537	9.537	9.874	11.874	10.289	10.289	10.873	12.873	10.781	12.781	10.000	10.000
文化产业总收入（万元）	9	9.249	10.534	6.253	9.981	10.141	9.867	9.000	9.303	9.733	9.942	9.210	10.371
产业资源	18	18.000	15.539	25.599	20.089	17.260	17.940	24.815	22.242	18.521	18.865	21.010	20.303
人均公共图书馆藏书册数（千册）	8	8.258	5.028	13.102	9.798	6.555	6.825	13.060	12.236	7.989	8.000	9.333	8.043
报纸、杂志、图书出版数量（万份）	6	6.035	6.283	6.521	6.219	6.461	5.492	7.754	6.006	6.000	6.000	6.143	6.494
文物藏品数量	4	3.707	4.229	5.976	4.072	4.244	5.624	4.000	4.000	4.533	4.865	5.534	5.765
基础设施	14	18.907	18.993	18.691	18.755	14.465	14.615	18.407	18.468	13.863	15.392	17.280	18.568
有线电视入户率	7	11.750	12.116	11.228	11.287	7.095	7.186	11.407	11.468	7.000	7.950	10.089	10.715
互联网普及率	7	7.157	6.877	7.462	7.468	7.370	7.428	7.000	7.000	6.863	7.441	7.191	7.853
政府支持	9	9.000	9.000	9.436	8.536	8.659	8.972	9.304	9.268	9.739	9.790	9.803	10.212
人均文化事业经费	5	5.000	5.000	5.219	4.822	4.888	5.120	5.252	5.268	5.477	5.672	5.467	5.784
文化事业费占财政支出比重	4	4.000	4.000	4.217	3.714	3.772	3.852	4.052	4.000	4.262	4.118	4.336	4.429
消费需求	11	12.397	12.564	11.524	10.434	11.604	11.856	11.593	12.107	11.568	9.039	11.000	9.432
人均文化娱乐消费支出比重	5	6.424	6.581	5.531	4.435	5.583	5.819	5.634	5.162	5.553	3.019	5.000	3.432
人均可支配收入	6	5.973	5.983	5.993	5.999	6.021	6.037	5.959	6.944	6.015	6.020	6.000	6.000
合　计	100	109.133	103.177	108.261	108.427	107.055	109.338	113.846	114.116	106.476	107.209	111.141	109.962

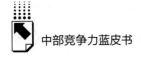

中部竞争力蓝皮书

山西省文化产业竞争力综合评价指数为70.33，位居中部六省第四，上升了1位。山西省文化产业的劣势主要体现在文化产业规模较小，文化市场经营机构利润总额等产业效益指标一般；另外，山西省除互联网普及率和每万人拥有群众文化设施面积较高外，其他反映文化产业资源和基础设施指标一般。相比之下，山西文化产业环境竞争力得分较高，人均文化事业费、文化事业费占财政支出比重为六省最高。

安徽省文化产业竞争力综合评价指数为68.02，位居中部第五，较之2012年下降了1位。安徽省文化产业的产业规模和产业效益在中部六省中居于中游。同时，安徽省人均公共图书馆藏量、报纸、杂志、图书数量与文物藏品数量等产业资源指标也一般；而互联网普及率等基础设施指标，以及政府支持力度、文化消费需求等环境指标处于中部六省后列。

江西省文化产业竞争力综合评价指数为60.57，位居中部末位。这主要是因为反映文化产业规模较小，而文化产业效益偏低，且产业资源和基础设施不丰富等原因导致的。

河南省文化产业竞争力综合评价指数为87.19，位居中部六省第一。河南省文化产业效应等指标提升较快，市场竞争力得分为中部六省最高分，且河南文化产业经营机构数量、文物藏品数量较大，文化产业资源较为丰富，互联网普及率等基础设施指标发展较快，但是环境竞争力指标在中部六省也处于中下地位，还有很大提升空间。

湖北省文化产业竞争力综合评价指数为74.78，位居中部六省第三。这主要由于湖北省文化产业增加值及文化市场经营机构利润总额等指标表现较好；同时湖北人均公共图书馆藏量、文化产业经营机构数量、文化从业人员数等产业资源指标也位居前列，资源竞争力较强。另外湖北省有线电视入户率、每万人拥有群众文化设施面积、互联网普及率较高，产业基础设施较好，同时产业环境竞争力也处于中上游。从整体上看，湖北省文化产业竞争力的最大特点就是各项指标均衡发展。

湖南省文化产业竞争力综合评价指数为79.75，位居中部六省第二。湖南省文化产业的优势主要体现在文化产业规模优势和产业效益突出。另外，湖南省文化产业资源指标也表现较好；人均消费支出水平较高，人均文化娱乐服务消费支出占消费支出的比例位于中部六省中上水平，文化需求旺盛，环境竞争

180

力得分也较高。

（2）纵向评价结果分析

表61反映了2011～2013年中部六省文化业竞争力综合指数及各指标变化情况。可看出2011～2013年中部六省文化业竞争力综合指数均发生了一定变化，但变化速度有差异，变化的主要原因是产业规模扩大、产业效益提高及基础设施进一步完善。竞争力综合指数增长速度最快的是河南省，其次是、江西省、安徽省、湖北省、山西省，河南省在综合指数较高和增长速度上都处于领先地位。中部六省文化产业竞争力变化情况如下。

山西省：2013年文化产业竞争力综合指数位居第四，但其增长速度并不快，由2011年的100增长到2012年的109.13和2013年的103.17，两年间增长了3.17%，增长速度在中部六省中位居第六。其中，产业规模指数增速为负值（-1.99%）。产业效益指数增速达1.07%，增长较为缓慢；而产业基础设施增长较好，增速为4.99%。这表明2011以来，山西省在提升文化基础设施方面做了很大努力，而文化产业规模、产业效益，产业资源和政府支持等方面仍有很大的提升空间。

安徽省：2013年安徽省文化产业竞争力综合指数在中部六省中位居第五，指数由2011年的100增长到2012年的108.26和2013年的108.42，两年间增长了8.42%，增长速度在中部六省中位居第四位。其中，产业规模指数出现负增长（-0.24%），主要是由于文化市场机构数量的减少；产业效益指数增速为2.85%。文化产业资源指数的增长为2.09%，基础设施指数则出现大幅攀升，增速达4.75%，主要是有线电视入户率和互联网普及率增长较快；而产业资源、政府支持和消费需求指数增长较为平缓。

江西省：2013年江西省文化产业竞争力综合指数在中部六省中位居第六，但增长速度较快，综合指数由2011年的100增长到2012年的107.06和2013年的109.34，两年间增长了9.34%，增速在中部六省中位居第三。江西省文化产业的快速增长得益于产业规模指数的增长，其增速达6.78%，增速为六省最高。产业效益指数增速也达到1.16%。消费需求指数增长为0.86%，而政府对文化产业的支持指数为负值，有很大提高。

河南省：2013年河南省文化产业竞争力综合指数在中部六省中位居第一，综合指数由2011年的100增长到2012年的113.85和2014年的114.12，两年

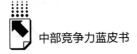

间增长了14.12%，增速在中部六省中位居第一。其中，产业规模指数增速为0.85%，文化产业机构数、文化产业工作人员数与文化产业占GDP的比重变化不大。产业效益指数增速为3.17%，产业资源、基础设施消费需求指数和政府支持指数增速分别为4.24%、4.47%、0.27%，增长速度均衡。

湖北省：2013年湖北省文化产业竞争力综合指数在中部六省中位居第三，但增长速度相对缓慢，综合指数由2011年的100增长到2012年的106.48和2013年的107.21，增速在中部六省中位居第五。其中，产业规模指数增速为2.40%，文化产业机构数、文化产业工作人员数与文化产业占GDP的比重变化不大。产业效益增长速度为3.72%，主要得益于文化产业人均增加值的增长。产业资源、产业基础设施的增速分别只有0.87%和1.39%、消费需求指数和政府支持指数基本稳定，且消费指数略有下降。

湖南省：2013年湖南省文化产业竞争力综合指数位居第二，增长速度也较快，综合指数由2011年的100增长到2012年的111.14和2013年的109.96，增速在中部六省中位居第二位。其中，产业规模指数增速为2.07%，产业效益增长速度为1.37%；产业基础设施指数增速也达到6.87%，增速较为明显，其中产业资源指数增长为2.30%，基础设施增长为4.57%，这主要是由于有线电视入户率与互联网普及率提高较快。环境竞争力指数略有下降，这主要是由于消费需求指数为负值，影响了综合指数的增长速度。总体而言，湖南省增长速度较为均衡。

企业评价篇

Enterprise Evaluation

罗海平 吕晞*

中部六省企业竞争力得分与排名（2013）

	分值由高到低					
	第一	第二	第三	第四	第五	第六
1 竞争潜力	河南	湖北	安徽	湖南	山西	江西
	22.34	15.17	15.08	12.54	7.64	7.08
1.1 企业发展规模指数(12分)	河南	湖北	安徽	湖南	山西	江西
	12	7.94	6.67	6.19	5.22	4.49
1.2 企业创新能力指数(12分)	河南	安徽	湖北	湖南	江西	山西
	10.34	8.41	7.23	6.35	2.59	2.42
2 竞争能力	河南	湖北	湖南	安徽	江西	山西
	21.12	14.95	10.99	10.26	7.4	6.64
2.1 企业获利能力指数(12分)	河南	湖北	安徽	湖南	江西	山西
	10.06	8.07	5.31	4.82	4.53	3.21
2.2 企业营运能力指数(12分)	河南	湖北	湖南	安徽	山西	江西
	11.06	6.88	6.17	4.95	3.43	2.87
3 竞争环境	河南	湖北	湖南	安徽	山西	江西
	22.48	18.92	18.46	17	13.84	12.99
3.1 政府支持相关指数(12分)	河南	湖南	湖北	安徽	山西	江西
	11.08	9.6	9.43	8.21	7.96	5.8

* 罗海平，博士，南昌大学中国中部经济社会发展研究中心副研究员，硕士生导师，主要研究方向：中部经济发展问题、企业经济，联系方式：lhp6322@126.com；吕晞，女，南昌大学中国中部经济社会发展研究中心助理研究员。主要研究方向：中部经济发展、区域经济，联系方式：www.jxjjlvxi@126.com

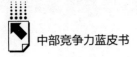

续表

	分值由高到低					
	第一	第二	第三	第四	第五	第六
3.2 市场环境相关指数(12 分)	河南	湖北	湖南	安徽	江西	山西
	11.4	9.49	8.86	8.79	7.19	5.88
4 排名补充值	安徽	湖北	湖南	河南	山西	江西
	28	24.58	22.32	21.78	16.3	13.17
总得分	河南	湖北	安徽	湖南	山西	江西
	87.72	73.6	70.37	64.31	44.42	40.63

中部企业发展总态势：2013

摘　要：　2013年中部各省企业发展的经济和产业环境并不乐观。中部
六省内部分化趋势已逐渐形成，河南作为中部第一经济大省
增速下降，优势在逐渐减弱。山西省企业面临的发展形势更
加严峻。而湖北、湖南、安徽三省增长势头较好，发展差距
进一步缩小，三省间的竞争加剧，长期以来的竞争位次"锁定"
现象开始松动。总体而言，中部地区企业发展所需要的增长性
环境相对于全国平均水平较差，经济和企业发展在全国的地位
呈下降趋势。中部地区企业产业结构的优化水平和高级化程度
依然不及全国平均水平，两极分化显著。尽管工业企业数量和
规模总体向好，但工业比重过大。私营企业发展不足，而对国
有企业的倚重则依然过大。企业研发和创新能力严重滞后，企
业吸纳就业能力有限，企业员工福利有待进一步提高。

关键词：　发展环境　赢利能力　产业结构

一　中部企业的经济与产业属性

（一）企业发展的经济环境

企业发展是经济发展最重要的动力和支撑，经济发展则是企业发展的基
础和条件。通常一个区域经济越发达，企业发展环境和基础就越好。一方
面，经济总量的增大意味着企业面临的市场需求和空间增大，从而为企业发
展创造了好的环境和基础；另一方面，经济总量的增长是一个地区企业发展
的最重要体现。为此，一个地区经济地位的改变同样意味着该地区企业发展

地位的变化。从地区生产总值占全国的比率来看，2013 年中部六省 GDP 总额占全国比率为 21.75%。其中河南省的经济地位异常突出，经济总量为 32191.30 亿元，占全国 5.47%，其他省经济总量占全国的比重依次为湖北省（4.22%）、湖南省（4.19%）、安徽省（3.27%）、江西省（2.45%）、山西省（2.15%）。相较于 2011 年和 2012 年而言，中部各省经济总量地位变化的趋势逐渐显现。河南省和山西省经济地位表现出明显的下降趋势，河南省从 2011 年占全国的 5.62%，下降到 2012 年的 5.54%，2013 年继续下降。山西省从 2011 年的 2.34% 下降到 2012 年的 2.27%，再到 2013 年的 2.15%，下降幅度不断增大。与其形成对比的是，湖北、湖南、安徽三省在全国的经济地位则呈现增强趋势。湖北省从 2011 年的 4.09% 上升到 2012 年的 4.17%，再到 2013 年的 4.22%。湖南省则从 2011 年 4.10% 上升到 2012 年的 4.15%，再到 2013 年的 4.19%，安徽省从 2011 年的 3.19%，上升到 2012 年的 3.22%，再到 2013 年的 3.27%。从增长幅度来看，湖北省的增长幅度较大。目前，江西省经济地位增强的趋势还未形成，2013 年相较于 2011 年的 2.44% 略有增长（2013 年为 2.45%），但 2012 年则略有下降。尽管中部各省经济地位变化各异，但中部地区作为一个整体却呈现出地位下降趋势，由 2011 年的 21.78% 下降到 2012 年的 21.77%，2013 年则进一步下降为 21.75%。① 随着我国以及中部地区区域间竞争的加剧，中部各省企业发展的经济总环境不容乐观。中部地区作为一个整体，企业群体要提升在全国的竞争地位难度依然较大，而且压力呈现进一步增强的势头。

从增速来看，2013 年中部六省地区生产总值增速为 9.09%，低于全国总体水平 0.08 个百分点。其中，山西省增速仅 4.36%，不及全国总体增速的一半。另外，作为中部地区第一经济大省的河南省 2013 年 GDP 增速为 8.05%，低于中部和全国的平均增速水平。而作为长江中游四省的湖北、湖南、江西和安徽均保持了较高的增速，其中安徽省增速最高达到 10.49%，其次是湖北省 10.25%。从 2013 年中部各省增速来看，除山西省因经济增速锐减、企业面临的经济环境异常严峻外，其他各省总体表现正常，湖北和安徽崛起势头较强。

---

① 本文原始统计数据无特殊注明均来自于国家统计局"中国经济普查数据库"http://data.stats.gov.cn，下同。

表1 中部地区经济地位变化

地 区	2013 年		2012 年		2011 年	
	GDP	占全国比率（%）	GDP	占全国比率（%）	GDP	占全国比率（%）
河南省	32191.30	5.47	29599.31	5.54	26931.03	5.62
湖北省	24791.83	4.22	22250.45	4.17	19632.26	4.09
湖南省	24621.67	4.19	22154.23	4.15	19669.56	4.10
安徽省	19229.34	3.27	17212.05	3.22	15300.65	3.19
江西省	14410.19	2.45	12948.88	2.42	11702.82	2.44
山西省	12665.25	2.15	12112.83	2.27	11237.55	2.34
中部总	127909.58	21.75	116277.75	21.77	104473.87	21.78
全 国	588018.80	100.00	534123.00	100.00	479576.10	100.00

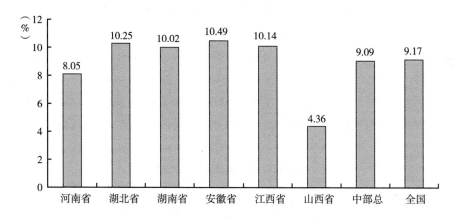

图1 2013 年中部各省与全国增速比较

综合而言，中部六省内部分化趋势已形成，河南作为中部第一经济大省增速下降，优势在逐渐减弱。山西省面临的发展形势进一步恶化。而湖北、湖南、安徽三省间的增长趋势较好，发展差距进一步缩小，三省竞争位次"锁定"现象开始出现松动。但中部地区作为一个整体，企业发展所需要的增长性环境相对于全国平均水平较弱，中部地区经济地位下降趋势逐渐形成。

（二）中部企业产业结构

一个地区的产业结构决定企业群体的产业属性，产业结构的高级化程度决定企业群体产业升级状况。目前，我国已进入工业化的后期，第三产业增加值自2012年开始超过第二产业，2013年三产结构达到9.40：43.87：47.13，进一步拉大了与第二产业差距。与第三产业比值扩大相对应的是第一产业的比重进一步缩小，2013年降到9.40%。不难看出，我国第三产业的主导地位已完全确立，而且会进一步增强，而第一产业增加值已不到GDP的一成。

中部六省中除山西省第一产业比重为5.85%，远低于全国平均水平外，其他各省均高于全国平均水平。其中，河南省第一产业比重达到12.34%，其次是湖北和湖南省，分别为12.23%和12.15%，另外安徽省和江西省第一产业比重分别为11.79%和11.03%。对中部各省而言，第一产业增加值比重的高低并不能代表各省产业的高级化程度。而更多的是反映出中部各省农业发展水平以及农业的重要性程度。首先，山西省农业增加值比重最低，说明山西省农业地位不高，发展农业不具有比较优势。而其他五省均为我国的粮食主产区，是重要的农业大省。河南省既是我国第一经济大省也是第一农业大省，为此，第一产业比重最高。从近年的发展趋势来看，2011~2013年全国第一产业比重均保持了逐年减少的势头。山西省则逐年有所提高，而其他五省均逐年降低，且降低幅度较大。

表2　中部各省产业结构比较

单位：亿元，%

产业		第一产业		第二产业		第三产业	
地区	年份	增加值	比重	增加值	比重	增加值	比重
山西	2013	741.01	5.85	6613.06	52.21	5311.18	41.94
	2012	698.32	5.77	6731.56	55.57	4682.95	38.66
	2011	641.42	5.71	6635.26	59.05	3960.87	35.25
安徽	2013	2267.15	11.79	10390.04	54.03	6572.14	34.18
	2012	2178.73	12.66	9404.84	54.64	5628.48	32.70
	2011	2015.31	13.17	8309.38	54.31	4975.96	32.52
江西	2013	1588.51	11.03	7713.02	53.52	5108.66	35.45
	2012	1520.23	11.74	6942.59	53.62	4486.06	34.64
	2011	1391.07	11.89	6390.55	54.61	3921.20	33.51
河南	2013	3972.70	12.34	16742.90	52.01	11475.70	35.65
	2012	3769.54	12.74	16672.20	56.33	9157.57	30.94
	2011	3512.24	13.04	15427.08	57.28	7991.72	29.67

续表

产业		第一产业		第二产业		第三产业	
地区	年份	增加值	比重	增加值	比重	增加值	比重
湖北	2013	3030.27	12.23	11786.64	47.54	9974.92	40.23
	2012	2848.77	12.80	11193.10	50.31	8208.58	36.89
	2011	2569.30	13.09	9815.94	50.00	7247.02	36.91
湖南	2013	2990.31	12.15	11553.97	46.92	10077.39	40.93
	2012	3004.21	13.56	10506.42	47.42	8643.60	39.02
	2011	2768.03	14.07	9361.99	47.60	7539.54	38.33
全国	2013	55321	9.40	256810	43.47	275887	47.13
	2012	50892	9.50	240200	45.00	243030	45.50
	2011	46153	9.62	223390	46.38	214579	44.00

从第二产业来看，中部各省第二产业均高于全国总体水平。其中安徽省第二产业比重最高达到54.03%，其次是江西省53.52%，再次是山西省52.21%和河南省52.01%。由于以上四省第二产业比重超过50%，说明均还处于高度工业阶段。相对而言，湖北省和湖南省工业化结构较为合理，分别为47.54%和46.92%。而将中部作为一个整体，第二产业增加值比重依然远高于全国平均水平，达到50.66%。第二产业是一个地区企业分布最集中的产业领域。中部企业主要都从事工业产业，故第二产业的比重较高，但从2011~2013年的发展趋势来看，中部六省第二产业比重下降趋势已经形成。从第二产业增加值来看，河南省最高，达到16742.90亿元，其次是湖北省和湖南省，分别为11786.64亿元和11553.97亿元，另外安徽省10390.04亿元，而江西和山西省均未达到1万亿元，分别仅为7713.02亿元和6613.06亿元。由此可见，江西和山西二省第二产业比重较高，但工业规模并未表现出明显的优势，相反在中部六省中总量均较小。而从第二产业的增长性来看，山西省存在总量下降趋势，2013年较2012年下降超100亿元。湖南省和安徽省增长在1000亿元左右，江西和湖北也有较大量级的增长，河南省2013年的增长量则较小。

第三产业增加值比重和绝对量分别表征了产业高级化程度以及服务业的经济规模。从2013年的数据看，中部六省第三产业增加值比重均低于全国的总体水平。其中，比重最高的山西省为41.94%，湖北和湖南分别达到40.23%

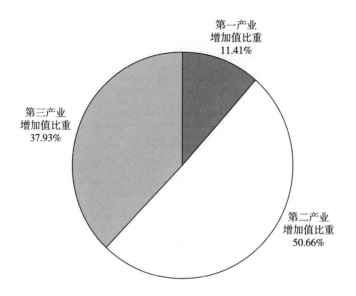

图2　中部地区三产结构：2013 年

和 40.93% 的水平。安徽省第三产业增加值比重最低，仅 34.18%，河南省和江西省分别仅为 35.65% 和 35.45%。从第三产业的增长性来看，无论是第三产业增加值绝对额还是比重大小，2011～2013 年三年间均表现出较好的增长势头，但均与全国总体水平呈现较大差距。而从中部六省整体来看，第三产业增加值的比重则更低，仅为 37.93%，低于全国近 10 个百分点。第三产业是服务型企业或其他新兴企业最集中的产业领域。为此，相对于第一和第二产业而言，第三产业发展能更真实地反映该类产业发展的高级程度和发达程度。可见，相对于全国中部六省在产业结构优化、产业高级化等方面还较为滞后，距离实现"中部崛起"的要求还远远不够。

表3　三产业增加值比重（2013）

单位：%

三次产业	山西	安徽	江西	河南	湖北	湖南	中部总	全国
第一产	5.85	11.79	11.03	12.34	12.23	12.15	11.41	9.40
第二产	52.21	54.03	53.52	52.01	47.54	46.92	50.66	43.47
第三产	41.94	34.18	35.45	35.65	40.23	40.93	37.93	47.13

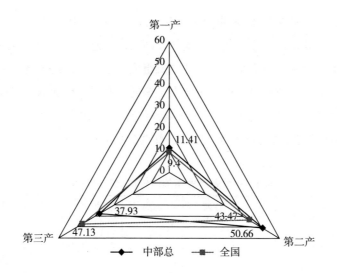

图3　2013年中部与全国产业增加值比重比较

表4　中部重要产业增加值比较（2013）

指　　标	山西	安徽	江西	河南	湖北	湖南	全国
农林牧渔业增加值	776.58	2348.09	1636.49	4058.98	3098.16	3099.23	56966
工业增加值	5842.14	8880.45	6452.41	14937.72	10139.24	10001	217263.9
建筑业增加值	774.5	1524.11	1260.61	1881.23	1705.95	1564.93	40807.3
批发和零售业增加值	971.53	1375.39	1035.04	2072.59	1974.25	2031.81	56284.1
交通运输、仓储和邮政业增加值	782.49	730.36	678.62	1474.19	1078.11	1172.31	26036.3
住宿和餐饮业增加值	272.98	314.98	319.71	911.67	579.73	501.67	10228.3
金融业增加值	809.9	912.77	542.83	1280.92	1179.55	758.9	41190.5
房地产业增加值	563.01	711.71	500.57	1489.03	972.4	642.19	35987.6

　　从具体产业来看，中部六省对重要产业的倚重各不相同。无一例外，工业均为中部各省第一产业，为此工业增加值均最高。除去工业外，山西省批发零售业为第一大产业，增加值为971.53亿元，其次为交通运输、仓储和邮政业。安徽省工业和农业外的第一大产业为建筑业，增加值为1524.11亿元，其次为批发和零售业，增加值为1375.39亿元；江西农业和工业外的第一大产业同样为建筑业，增加值达1260.61亿元，其次为批发和零售业，增加值为1035.04亿元；而河南、湖北和湖南第一大产业均为批发零售业，其增加值分别为

2072.59 亿元、1974.25 亿元和2031.81 亿元。当前，中部各省建筑业和房地产业均具有重要地位，建筑业和房地产业两大产业总增加值均为各省工业以外的最大产业。金融业作为第三产业的重要组成，是一个地区经济发展的最重要支撑，金融业的产值和增加值大小代表了该地区产业高级化的程度和水平。但中部各省金融业的产业地位均不突出，金融业增加值最高的为河南省（1280.92 亿元），其次是湖北省（1179.55 亿元），江西省最低仅为542.83 亿元。

表5   中部各产业增加值位次比较（2013）

位次	山西	安徽	江西	河南	湖北	湖南	全国
1	工业	工业	工业	工业	工业	工业	工业
2	批发和零售业	农林牧渔业	农林牧渔业	农林牧渔业	农林牧渔业	农林牧渔业	农林牧渔业
3	金融业	建筑业	建筑业	批发和零售业	批发和零售业	批发和零售业	批发和零售业
4	交通运输、仓储和邮政业	批发和零售业	批发和零售业	建筑业	建筑业	建筑业	金融业
5	农林牧渔业	金融业	交通运输、仓储和邮政业	房地产业	金融业	交通运输、仓储和邮政业	建筑业
6	建筑业	交通运输、仓储和邮政业	金融业	交通运输、仓储和邮政业	交通运输、仓储和邮政业	金融业	房地产业
7	房地产业	房地产业	房地产业	金融业	房地产业	房地产业	交通运输、仓储和邮政业
8	住宿和餐饮业	住宿和餐饮业	住宿和餐饮业	住宿和餐饮业	住宿和餐饮业	住宿和餐饮业	住宿和餐饮业

综合以上产业增加值排名，不难看出山西省农林牧渔业的排名较后，在所有产业中排列第五位。而其他省以及全国农林牧渔均位列工业之后，在整个产业体系中位列第二位。除山西省外中部六省金融业在整个产业中的位次均低于全国。而中部六省除山西省外的建筑业排名则较全国靠前。房地产业除河南省外，其他五省的房地产业增加值在各产业中的地位均低于全国总体的位次。而

无论是中部六省还是全国，住宿和餐饮业都位列整个产业的第 8 位。为此，中部地区企业所处的产业结构升级和高级化的任务还很重，高端服务业的发展依然较为滞后。

二　中部企业规模、产能与盈利能力

（一）企业数量与类别属性

企业是区域经济发展最重要主体，一个地区企业发展状况、发展绩效往往与该地区经济社会发展直接关联。为此，一个地区企业整体发展状况可分别从企业数、企业工业增加值、净盈利等指标获得企业经济绩效的初步判断。

从企业数量来看，2013 年中部共有 73198 家规模以上工业企业，占全国总数的 20.76%。其中，河南省规模以上工业企业数最多，共有 19773 家，占全国的 5.61%；其次，是安徽省，共有 15114 家，占全国的 4.29%；再次是湖北和湖南两省，分别为 13441 和 13323 家，而江西和山西最少，分别仅有7601 和 3946 家。从动态趋势来看，2011～2013 年中部规模以上企业数占全国比重从 19.66% 逐年上升，增长趋势基本形成。山西省、河南省和湖南省规模以上企业数占全国的比重相对于 2011 年均略有下降，而安徽、江西和湖北三省规模以上工业企业数占全国的比重则略有上升。

表6　规模以上工业企业数

单位：家，%

年份	2013 年		2012 年		2011 年	
指标	企业数量	占全国比例%	企业数量	占全国比例%	企业数量	占全国比例%
山西	3946	1.12	3905	1.14	3675	1.13
安徽	15114	4.29	14514	4.22	12432	3.82
江西	7601	2.16	7217	2.10	6481	1.99
河南	19773	5.61	19237	5.60	18328	5.63
湖北	13441	3.81	12441	3.62	10633	3.27
湖南	13323	3.78	12785	3.72	12477	3.83
中部	73198	20.76	70099	20.39	64026	19.66
全国	352546	100.00	343769	100.00	325609	100.00

从各省规模以上工业企业的所有权属性来看，2013 年中部六省国有控股工业企业 4094 家，私营企业 42450 家，外商及港澳台企业 3745 家，比例为 8.14∶84.41∶7.45。其中私营企业数占比高达 84.41%。从绝对数来看，河南省国有控股工业企业数最多，有 796 家；其次是山西省 752 家，湖南省 739家，江西省国有企业数最少仅 475 家。从占比来看，山西省国有控股企业数占比最高，达到 23.75%，远高于其他各省。安徽国有控股工业企业数占比最小，仅为 5.96%。私营企业群体是中部各省的绝对主力，河南省私营企业数最多，达到 11043 家；其次是安徽 9339 家，再次湖南省 8980 家；而江西省和山西省最少，分别仅为 3941 和 2275 家。从比例来看，私营工业占比最高的河南省达到 89.42%，山西省私营企业数比例最小，占比为 71.86%。中部六省外商和港澳台企业数和占比均不高，2013 年外商和港澳台企业总共 3745 家，占整个企业数的 7.45%。相对而言，江西省外商和港澳台企业占比较高，达到 15.88%，其次是湖北省 9.99%，而河南省仅为 4.13%。企业数量上，山西省外商及港、澳、台工业企业数仅 139 家，在中部六省中最少。相对而言，湖北、江西和安徽三省外商及港台工业企业数较多，分别为 839、834 和 809 家。

表7　中部各省工业企业数构成（2013 年）

省份	国有控股		私营		外商及港澳台	
	单位数	比例	企业数	比例	企业数	比例
山西	752	23.75	2275	71.86	139	4.39
安徽	643	5.96	9339	86.54	809	7.50
江西	475	9.05	3941	75.07	834	15.88
河南	796	6.45	11043	89.42	510	4.13
湖北	689	8.20	6872	81.81	839	9.99
湖南	739	7.15	8980	86.91	614	5.94
中部	4094	8.14	42450	84.41	3745	7.45

（二）企业投资

一个地区企业发展很大程度上是投资驱动的，故固定资产投资可在某种程度上较好地反映出该地区企业运营情况。2013 年中部全社会固定资产投资达105740.23 亿元，其中港、澳、台商全社会固定资产投资占总投资的 1.2%、外商投资占全社会固定资产投资的 1.2%，金额分别仅为 1239.36 亿和 1314.72 亿元，其余近 97.6% 全部为内资企业投资。可见，中部六省在引进外来资本和投资上依然存在很大不足，在整个投资中所占比重过少。

表8　2013 年中部全社固定资产投资构成

单位：亿元，%

投资类型		投资总额	占比%
全社会固定资产投资		105740.23	100
内资企业固定资产投资		103186.18	97.6
内资企业	国有	22830.45	21.6
	集体	2948.69	2.8
	股份合作	709.19	0.7
	联营	390.50	0.4
	有限责任公司	27359.30	25.9
	股份有限公司	6863.38	6.5
	私营	31856.69	30.1
	个体	3749.33	3.5
	其他	6478.66	6.1
港、澳、台商		1239.36	1.2
外商		1314.72	1.2

具体到内资企业全社会固定资产投资构成，最大的投资主体是私营企业，私营企业投资占国内投资的 30.1%，其次是有限责任公司占 25.9%，再次是国有企业占 21.6%，股份有限公司的投资仅占 6.5%，个体企业占 3.5%，集体企业 2.8%，股份合作和联营企业总共仅占内资企业全社会固定资产投资的 1.1%。

（三）企业运营与盈利能力

盈利是企业最根本动力和目标，为此，企业以盈利为"天职"，企业的正常运营是企业盈利的基本前提。2013 年中部规模以上工业企业营业收入 207120.23 亿元、利润总额 12139.88 亿元，其中利润 - 营业收入比为 5.86%。在中部六省中河南省规模以上工业企业主营业收入和利润均在中部六省中最高，分别为 59454.79 和 4410.82 亿元，分别占中部六省总的

28.71%和36.33%。同时，河南省工业企业的利润占营业收入的比重最高，达到7.42%。而湖北省主营业务收入和利润总额均排在第二位，分别达到37864.54和2080.66亿元，分别占中部六省总量的18.28%和17.14%，同时湖北省利润－收入比5.50%，居河南、江西（6.58%）之后。山西则是中部六省中无论主营业收入还是利润总额最小的省份，分别仅为18404.65和547.91亿元，占中部比重分别为8.89%和4.51%。从利润－收入比来看，低于中部平均水平的省有山西、安徽、湖北和湖南四省，其中山西省最低仅为2.98%。

表9　2013年中部规模以上工业企业营业收入和利润总额

单位：亿元，%

比较指标		山西	安徽	江西	河南	湖北	湖南	中部总
营业收入	金额	18404.65	33079.46	26700.22	59454.79	37864.54	31616.57	207120.23
	占比	8.89	15.97	12.89	28.71	18.28	15.26	100.00
利润总额	金额	547.91	1758.77	1756.66	4410.82	2080.66	1585.06	12139.88
	占比	4.51	14.49	14.47	36.33	17.14	13.06	100.00
利润－营业收入		2.98	5.32	6.58	7.42	5.50	5.01	5.86

（四）企业研发能力

企业研发投入是企业持续发展的重要保障，2013年中部六省规模以上工业企业R&D人员全时当量为434018，其中河南省最高为125091，占中部总量的28.8%。安徽和湖北二省均达到85000的量级，分别为86000和85826，占中部总量的19.8%。湖南省规模以上工业企业R&D人员全时当量73558，占比为16.9%。而江西则为最低，仅达到29519，占比为6.8%。山西省相比江西略高，为34024，占中部总量的7.8%。

从R&D经费来看，中部六省全年规模以上工业企业R&D经费共约13596771万元，其中湖北省最高，为3117987万元，其次是河南省2953410万元，湖南省2703987万元，江西和山西最低，分别为1106443万元和1237698万元。从各省所占比重来看，每省达到中部20%的共有湖北、河南和湖南三省，分别为22.9%、21.7%和20.0%。江西和山西省均低于10%，分别为8.1%和9.1%。

2013 年中部规模以上工业企业 R&D 项目数共 50771 项，其中安徽省最多，达到 14394 项，然后依次为河南省 11257 项、湖北省 9522 项和湖南省 8425 项，江西省 4288 项和山西省 2885 项。

表 10　2013 年中部地区规模以上企业研发

		山西	安徽	江西	河南	湖北	湖南	中部总
规模以上工业企业 R&D 人员	全时当量(人年)	34024	86000	29519	125091	85826	73558	434018
	占比(%)	7.8	19.8	6.8	28.8	19.8	16.9	100.0
规模以上工业企业 R&D	经费(万元)	1237698	2477246	1106443	2953410	3117987	2703987	13596771
	占比(%)	9.1	18.2	8.1	21.7	22.9	20.0	100.0
规模以上工业企业 R&D	项目数(项)	2885	14394	4288	11257	9522	8425	50771
	占比(%)	5.7	28.4	8.4	22.2	18.8	16.6	100.0

对企业而言，R&D 投入的成效，主要表现在新产品的开发和销售上。2013 年规模以上工业企业新产品项目数为 55600 项，规模以上工业企业开发新产品经费 14151620 万元，新产品销售收入 222598435 万元，新产品出口销售收入 29556575 万元。新产品项目数安徽省最多，达到 17320 项，占中部总量的 31.2%，约为山西省的 5 倍。在新产品开发经费上湖北省继续占据优势，安徽和湖南分别位居第二和第三，三省占中部的比重分别为 23.4%、22.9% 和 20.9%。在新产品销售收入上，湖南省最高，达到 57246324 万元，占中部的 25.7%；其次分别为河南和湖北省，山西省则最低。在新产品出口上，河南省出口销售收入为 19677786 万元，在中部六省总量的 66.6%。

表 11　2013 年中部地区规模以上工业企业新产品开发

	比较项	山西	安徽	江西	河南	湖北	湖南	中部总
新产品	项目数(项)	2938	17320	4381	11150	10722	9089	55600
	占比(%)	5.3	31.2	7.9	20.1	19.3	16.3	100.0
开发新产品	经费(万元)	991958	3244687	977849	2660106	3317175	2959845	14151620
	占比(%)	7.0	22.9	6.9	18.8	23.4	20.9	100.0
新产品销售收入	销售收入(万元)	10272735	43790809	16829309	47914474	46544784	57246324	222598435
	占比(%)	4.6	19.7	7.6	21.5	20.9	25.7	100.0
新产品出口	销售收入(万元)	1266926	2774115	1575374	19677786	2021102	2241272	29556575
	占比(%)	4.3	9.4	5.3	66.6	6.8	7.6	100.0

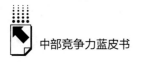

（五）企业就业与福利

吸纳就业既是企业的一个重要社会贡献，更是企业发展赖以支撑的人力资本。2013 年中部六省总的城镇私营企业和个体就业人员共有 4485.77 万人，其中湖北省私营及个体就业人员 1156.07 万人，占中部私营企业及个体总就业人口的 25.80%。湖南省则为 797 万人，占中部的 17.80%。作为我国经济大省和人口大省的河南省私营企业和个体企业就业人员则仅为 729.9 万人，占中部 16.30%。山西省私营企业和个体企业就业数最低，为 425.24 万人。从中部六省私营企业就业行业来看，批发和零售业就业人员人数最多，达 1988.53 万人，其次是制造业共有就业人员 778.05 万人，住宿和餐饮业就业人员 314.2 万人，居民服务和其他服务业就业人员 295.67 万人，租赁和商务服务业有 244.24 万人，建筑业 144.43 万人，交通运输、仓储和邮政业 114.51 万人。具体到每个省私营企业第一大就业行业均为批发和零售业，第二大就业行业均为制造业。

表 12　2013 年私营企业和个体企业就业人员构成

单位：万人，%

		总就业数	制造业	建筑业	交通运输、仓储和邮政业	批发和零售业	住宿和餐饮业	租赁和商务服务业	居民服务和其他服务业
山西	人数	425.24	64.74	14.48	14.23	195.47	29.23	13.68	27.84
	占比	9.50	8.30	10.00	12.40	9.80	9.30	5.60	9.40
安徽	人数	705.06	153.46	31.11	12.09	313.97	41.32	29.89	43.55
	占比	15.70	19.70	21.50	10.60	15.80	13.20	12.20	14.70
江西	人数	672.5	134.29	18.95	20.18	300.61	35.96	33.17	40.83
	占比	15.00	17.30	13.10	17.60	15.10	11.40	13.60	13.80
河南	人数	729.9	145.04	24.93	11.13	353.29	44.04	27.69	51.12
	占比	16.30	18.60	17.30	9.70	17.80	14.00	11.30	17.30
湖北	人数	1156.07	180.32	32.04	42.48	481.25	123.67	44.66	91.67
	占比	25.80	23.20	22.20	37.10	24.20	39.40	18.30	31.00
湖南	人数	797	100.2	22.92	14.4	343.94	39.98	95.15	40.66
	占比	17.80	12.90	15.90	12.60	17.30	12.70	39.00	13.80
中部	人数	4485.77	778.05	144.43	114.51	1988.53	314.2	244.24	295.67
	占比	100.00	100.00	100.00	100.00	100.00	100.00	100.00	100.00

从就业人员的平均工资看，城镇单位就业人员年平均工资最高的省是安徽省，为47806元，其次为山西省46407元，河南省的工资最低，仅为38301元。从单位看，对山西省而言，股份有限公司就业人员平均工资最高为56052元、有限责任公司就业人员平均工资51715元。安徽省平均工资最高的是股份有限公司50289元，其次是国有单位48683元。江西省平均工资最高的是股份有限公司，工资为46405元，其次是国有企业45315元。河南省则是港、澳、台商投资单位的平均工资最高，为42801元。湖北省外商投资企业单位就业人员平均工资最高，为52642元。湖南省平均工资最高的是股份有限公司，平均工资为51502元。

表13　2013年不同企业属性的城镇单位就业人员平均工资比较

城镇单位就业人员平均工资		山西	安徽	江西	河南	湖北	湖南
		46407	47806	42473	38301	43899	42726
1	国有单位	42175	48683	45315	42270	44746	44153
2	城镇集体单位	36409	37926	36004	33135	33216	32975
3	股份合作单位	29855	48334	30107	41673	46113	48713
4	联营单位	33956	43769	33950	34299	38658	36631
5	有限责任公司	51715	48036	40603	34323	42990	40178
6	股份有限公司	56052	50289	46405	41388	44069	51502
7	其他单位	28337	36624	38416	32572	35169	34237
8	港、澳、台商投资单位	39421	39665	37310	42801	40436	38589
9	外商投资单位	45108	47165	38038	36985	52642	44027

B.9
中部企业排行榜

摘　要：　首先，对中部各省发布的 2014 年 100 强企业排行榜，部分省发布的 100 强民营企业排行榜、100 家高成长性企业（百高企业）排行榜，以及已发布的世界和中国 500 强企业排行榜中的中部企业进行整理和排序；然后，根据安信证券交易和行情查询软件的数据库对中部六省在沪深两个交易所上市的主板、创业板、中小企业板等上市公司按照资产总额、负债水平、营业收入、利润或净利润等指标进行全排序。在此基础上，对五百强入榜企业数、上市公司数量、中小板和创业板数量进行分省比较以及按照资产和营业收入对中部上市公司百强进行分省比较。

关键词：　企业排行榜　上市公司　创业板

一　中部各省百强企业

（一）安徽省百强企业（2014）

表1　安徽省百强企业（2014）

单位：万元

排序	企业名称	营业收入
1	铜陵有色金属集团控股有限公司	12222433
2	安徽海螺集团有限责任公司	9324274
3	马钢(集团)控股有限公司	8210520
4	淮南矿业(集团)有限责任公司	7125232

排序	企业名称	营业收入
5	安徽省徽商集团有限公司	6161577
6	淮北矿业(集团)有限责任公司	6009133
7	中铁四局集团有限公司	5197464
8	中国石化销售有限公司安徽石油分公司	4144508
9	安徽江淮汽车集团有限公司	3901861
10	安徽省皖北煤电集团有限公司	3816730
11	合肥市百货大楼集团股份公司	3520000
12	安徽建工集团有限公司	3099769
13	奇瑞汽车股份有限公司	2704690
14	安徽国贸集团控股有限公司	2670779
15	芜湖新兴铸管有限责任公司	2200274
16	格力电器(合肥)有限公司	1910377
17	美的集团合肥公司	1694783
18	安徽省高速公路控股集团公司	1579912
19	安徽辉隆农资集团股份有限公司	1557105
20	安徽新华发行(集团)控股公司	1518962
21	联宝(合肥)电子科技有限公司	1485194
22	安徽省能源集团有限公司	1458387
23	安徽安粮控股股份有限公司	1439051
24	安徽出版集团有限责任公司	1414733
25	安徽淮海实业发展集团有限公司	1150733
26	安徽华源医药股份有限公司	1070977
27	蚌埠玻璃工业设计研究院	1054724
28	合肥美菱股份有限公司	1053893
29	徽商银行股份有限公司	1017251
30	铜陵精达铜材(集团)有限公司	954973
31	铜陵化学工业集团有限公司	936191
32	中国十七冶集团有限公司	930497
33	安徽中鼎控股(集团)有限公司	817392
34	安徽楚江投资集团有限公司	783612
35	国投新集能源股份有限公司	781215
36	合肥京东方光电科技有限公司	770576
37	安徽省交通投资集团有限公司	748654

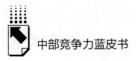

排序	企业名称	营业收入
38	中粮生物化学(安徽)股份公司	733986
39	合肥宝龙达信息有限公司	705275
40	安徽宝迪肉类食品有限公司	671250
41	安徽叉车集团有限公司	664001
42	安徽山鹰纸业股份有限公司	657806
43	华菱星马汽车(集团)股份公司	656051
44	安徽天康(集团)股份有限公司	646107
45	安徽亚夏实业股份有限公司	639140
46	安徽省外经建设(集团)有限公司	621325
47	合肥建工集团有限公司	620966
48	安徽省盐业总公司	610860
49	安徽省华鑫铅业集团有限公司	578958
50	安徽华力建设集团有限公司	574841
51	安徽古井集团有限责任公司	561028
52	安徽丰原集团有限公司	560568
53	安徽鸿路钢结构(集团)股份公司	555613
54	合肥荣事达三洋电器股份有限公司	532532
55	安徽中杭集团有限公司	513111
56	合肥华泰集团股份有限公司	487318
57	芜湖市富鑫钢铁有限公司	486667
58	合肥世纪精信机械制造有限公司	476824
59	安徽迎驾集团股份有限公司	471732
60	南京医药合肥天星有限公司	456251
61	安徽省安庆环新集团有限公司	450842
62	安徽鑫科新材料股份有限公司	437872
63	安徽天大企业(集团)有限公司	436920
64	安徽湖滨建设集团有限公司	436634
65	黄山永佳(集团)有限公司	422788
66	安徽华茂集团有限公司	403519
67	安徽国祯集团股份有限公司	400003
68	安徽康佳电子有限公司	393929
69	安徽昊源化工集团有限公司	392506
70	安徽庆发集团股份有限公司	383821

续表

排序	企业名称	营业收入
71	安徽凯源建设集团有限公司	380830
72	安徽皖维集团有限责任公司	380160
73	马鞍山钢铁建设集团有限公司	371804
74	安徽鸿润（集团）股份有限公司	369094
75	中盐安徽红四方股份有限公司	362960
76	中冶华天工程技术有限公司	351594
77	安徽全柴集团有限公司	351461
78	安徽晋煤中能化工股份有限公司	348059
79	安徽海德石油化工有限公司	341981
80	安徽省旅游集团有限责任公司	341081
81	安徽三星化工有限公司	340310
82	安徽亚坤建设集团有限公司	326075
83	安徽金惶建设集团有限公司	323027
84	安徽金种子集团有限公司	318703
85	蒙牛乳业（马鞍山）有限公司	310669
86	安徽金禾实业股份有限公司	297723
87	安徽省皖中集团有限责任公司	295432
88	马鞍山当涂发电有限公司	287009
89	安徽文峰置业有限公司	284327
90	安徽东昌建设集团有限公司	281510
91	安徽尊贵电器集团有限公司	276518
92	安徽华电宿州发电有限公司	272436
93	国电蚌埠发电有限公司	271872
94	申洲针织（安徽）有限公司	270218
95	安徽省贵航特钢有限公司	268982
96	安徽龙云建设投资集团有限公司	265189
97	安徽广电传媒产业集团	264141
98	黄山兴乐铜业集团有限公司	245160
99	安徽口子酒业股份有限公司	244715
100	华菱电缆集团有限公司	242829

注：本排行榜整理和转录自芜湖市、安徽省企业联合会、安徽省企业家联合会发布的"安徽省百强企业2014"。

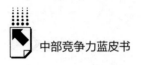

（二）河南省百强企业与百高工业企业（2014）

表2　河南省百强企业与百高（100家高成长）工业企业排行榜（2014）

排名	百强企业名称	百高工业企业（百家高成长企业）名称
1	河南能源化工集团有限公司	河南华泰特种电缆有限公司
2	鸿富锦精密电子（郑州）有限公司	郑州安耐克实业有限公司
3	河南中烟工业有限责任公司	郑州跃博汽车电器有限公司
4	中国平煤神马能源化工集团有限责任公司	郑州市郑蝶阀门有限公司
5	河南省电力公司	郑州中联收获机械有限公司
6	河南省漯河市双汇实业集团有限责任公司	郑州飞机装备有限责任公司
7	郑州宇通集团有限公司	郑州新大方重工科技有限公司
8	中国石油化工股份有限公司洛阳分公司	郑州思念食品有限公司
9	郑州日产汽车有限公司乘用车分公司	恒天重工股份有限公司
10	天瑞集团有限公司	郑州三全食品股份有限公司
11	安阳钢铁集团有限责任公司	郑州正力聚合物科技有限公司
12	金龙精密铜管集团股份有限公司	生茂光电科技股份有限公司
13	郑州煤炭工业（集团）有限责任公司	中铁隧道装备制造有限公司
14	河南省南街村（集团）有限公司	河南牧翔动物药业有限公司
15	中国石化集团河南石油勘探局	郑州安图绿科生物工程有限公司
16	登封电厂集团有限公司	河南辉煌科技股份有限公司
17	河南省青山金汇不锈钢产业有限公司	郑州电缆有限公司
18	河南神火集团有限公司	河南航天液压气动技术有限公司
19	河南龙成集团有限公司	河南太龙药业股份有限公司
20	万基控股集团有限公司	郑州市钻石精密制造有限公司
21	许继集团有限公司	郑州新开普电子股份有限公司
22	乐天澳的利饮料有限公司	中原利达铁路轨道技术发展公司
23	河南亚新钢铁集团有限公司	河南瑞创通用机械制造有限公司
24	河南省志元食品有限公司	河南晋开化工投资控股集团公司
25	河南黄河实业集团股份有限公司	开封制药集团有限公司
26	华能沁北发电有限责任公司	南车洛阳机车有限公司
27	河南中原黄金冶炼厂有限责任公司	河南杭萧钢构有限公司
28	河南大用（集团）实业有限公司	中航光电科技股份有限公司
29	中国一拖集团有限公司	河南柴油机重工有限责任公司
30	河南豫光金铅集团有限责任公司	洛阳百成内燃机配件有限公司
31	中信重工机械股份有限公司	四季沐歌（洛阳）太阳能有限公司
32	洛阳栾川钼业集团股份有限公司	河南杜康酒业股份有限公司

排名	百强企业名称	百高工业企业（百家高成长企业）名称
33	辅仁药业集团有限公司	洛阳轴研科技股份有限公司
34	郑州煤矿机械集团股份有限公司	洛阳金诺机械工程有限公司
35	河南省北徐集团有限公司	普莱柯生物工程股份有限公司
36	河南省淅川铝业（集团）有限公司	河南方圆炭素集团有限公司
37	郑州日产汽车有限公司	中农颖泰林州生物科园有限公司
38	新乡县刘庄农工商联合社	宝舜科技股份有限公司
39	河南森源集团有限公司	濮阳可利威化工有限公司
40	河南众品食业股份有限公司	宏业生化股份有限公司
41	伊川电力集团总公司	濮阳濮耐高温材料有限公司
42	河南钧鼎电子科技发展有限公司	河南信宇石油机械制造股份公司
43	河南济源钢铁（集团）有限公司	中原特种车辆有限公司
44	中石化中原石油工程有限公司	濮阳鸿宇压力容器有限公司
45	周口金丝猴食品有限公司	河南天海电器有限公司
46	漯河临颍县亲亲食品有限公司	河南太行振动机械股份有限公司
47	河南省淇县永达食业有限公司	辉县市汽车配件有限责任公司
48	河南省龙云集团有限公司	河南科隆集团
49	开曼铝业（三门峡）有限公司	新乡海滨药业有限公司
50	东方希望（三门峡）铝业有限公司	新乡巴山航空材料有限公司
51	富泰华精密电子（郑州）有限公司	华兰生物工程股份有限公司
52	河南金大地化工有限责任公司	河南省高远公路养护设备股份公司
53	河南财鑫集团有限责任公司	新乡市中科科技有限公司
54	济源市万洋冶炼（集团）有限公司	厦工机械（焦作）有限公司
55	富泰华精密电子（济源）有限公司	河南超威电源有限公司
56	风神轮胎股份有限公司	蒙牛乳业（焦作）有限公司
57	卫华集团有限公司	焦作市科瑞森机械制造有限公司
58	安阳华诚特钢有限公司	河南中轴股份有限公司
59	格力电器（郑州）有限公司	河南飞孟金刚石工业有限公司
60	河南电力有限公司平顶山发电分公司	多氟多化工股份有限公司
61	中国船舶重工集团公司第七二五研究所	焦作市迈科冶金机械有限公司
62	河南金利金铅有限公司	西继迅达（许昌）电梯有限公司
63	洛阳市紫金银辉黄金冶炼有限公司	河南统一电器制造有限公司
64	灵宝市金源矿业有限责任公司	河南豪丰机械制造有限公司
65	宏源（许昌）焦化有限公司	许昌远东传动轴有限公司
66	郑州裕中能源有限责任公司	许昌恒源发制品股份有限公司
67	河南利源煤焦集团有限公司	许昌豫辰精细化工有限公司

排名	百强企业名称	百高工业企业（百家高成长企业）名称
68	河南省莲花味精集团有限公司	许昌施普雷特建材科技有限公司
69	昊华骏化集团有限公司	禹州市华兴电瓷电器制造有限公司
70	许昌亮源焦化有限公司	河南曙光健士医疗器械集团有限公司
71	林州重机集团控股有限公司	巧巧（漯河）食品有限公司
72	豫飞重工集团	河南骏通车辆有限公司
73	河南省顺成集团煤焦有限公司	三门峡速达交通节能科技有限公司
74	黄河水利水电开发总公司（小浪底建管局）	河南省宛西制药股份有限公司
75	河南省中原内配股份有限公司	河南福森药业有限公司
76	漯河晋江福源食品工业有限公司	南阳天冠集团有限公司
77	林州市桥宏实业有限公司	南阳市防爆集团
78	新乡立白实业有限公司	南阳二机石油装备（集团）有限公司
79	焦作隆丰皮草企业有限公司	南阳森霸光电有限公司
80	河南平高电气股份有限公司	柘城县新源超硬材料制品公司
81	黄洋铜业有限公司	河南香雪海家电科技有限公司
82	河南环宇集团有限公司	河南省力量新材料有限公司
83	河南联塑实业有限公司	河南亚东量具有限公司
84	焦作万方铝业股份有限公司	河南冰熊制冷设备有限公司
85	郑州华润燃气有限公司	河南羚锐制药股份有限公司
86	沙钢集团安阳永兴钢铁有限公司	河南黄国粮业股份有限公司
87	豫西工业集团有限公司	扶沟县力神机械有限公司
88	济源市金马焦化有限公司	河南乾丰暖通科技股份有限公司
89	河南省科迪食品集团股份有限公司	河南金丹乳酸科技股份有限公司
90	新乡娃哈哈昌盛饮料有限公司	周口市凯旺电子科技有限公司
91	濮阳县家雄灯饰有限公司	太康县银晨锅炉有限公司
92	河南省耕生耐火材料有限公司	河南普瑞制药有限公司
93	南阳浙减淅川汽车减振器厂	河南徐福记食品有限公司
94	灵宝郭氏矿业有限责任公司	驻马店中集华骏车辆有限公司
95	新乡航空工业（集团）有限公司	天方药业股份有限公司
96	新乡新亚集团股份有限公司	河南懿丰油脂有限公司
97	河南心连心化工集团有限公司	河南贝迪新能源制冷工业有限公司
98	河南金驹实业股份有限公司	河南华泰粮油机械工程有限公司
99	河南凤宝特钢有限公司	河南省矿山起重机有限公司
100	河南明泰铝业股份有限公司	中原圣起有限公司

注：本排行榜转录和整理自河南省政府官方网站公布的河南省2014年度百强和百高工业企业名单（2014年10月9日）。

（三）湖北省百强企业（2014）

表3 湖北省百强企业（2014）

排序	百强企业名称
1	东风汽车公司
2	武汉钢铁（集团）公司
3	中国建筑第三工程局有限公司
4	大冶有色金属集团控股有限公司
5	湖北宜化集团有限责任公司
6	湖北中烟工业有限责任公司
7	中国葛洲坝集团公司
8	武汉铁路局
9	中铁十一局集团有限公司
10	中国石油化工股份有限公司武汉分公司
11	九州通医药集团股份有限公司
12	中国石油化工股份有限公司荆门分公司
13	中交第二航务工程局有限公司
14	武汉武商集团股份有限公司
15	中国石化集团江汉石油管理局
16	中百控股集团股份有限公司
17	湖北新冶钢有限公司
18	山河建设集团有限公司
19	稻花香集团
20	中铁大桥局集团有限公司
21	卓尔控股有限公司
22	宜昌兴发集团有限责任公司
23	中国移动通信集团湖北有限公司
24	武汉邮电科学研究院
25	福星集团
26	华新水泥股份有限公司
27	新八建设集团有限公司
28	三环集团公司
29	中国航天三江集团公司
30	武汉中商集团股份有限公司
31	中国一冶集团有限公司
32	中国电信股份有限公司湖北分公司

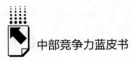

续表

排序	百强企业名称
33	骆驼集团股份有限公司
34	新七建设集团有限公司
35	湖北能源集团股份有限公司
36	湖北三宁化工股份有限公司
37	湖北枝江酒业集团
38	湖北省烟草公司武汉市公司
39	中国十五冶金建设集团有限公司
40	武昌船舶重工有限责任公司
41	湖北东圣化工集团有限公司
42	新龙药业集团
43	湖北银丰实业集团有限责任公司
44	宝业湖北建工集团有限公司
45	宜城市襄大农牧有限公司
46	武汉市城市建设投资开发集团有限公司
47	中国联合网络通信有限公司湖北省分公司
48	中兴能源(湖北)有限公司
49	黄石东贝机电集团有限责任公司
50	中冶南方工程技术有限公司
51	武汉经济发展投资(集团)有限公司
52	武汉农村商业银行股份有限公司
53	湖北新洋丰肥业股份有限公司
54	中航工业机电系统股份有限公司
55	武汉新十建筑集团有限公司
56	劲牌有限公司
57	中国核工业第二二建设有限公司
58	武汉建工股份有限公司
59	湖北奥星粮油工业有限公司
60	人福医药集团股份公司
61	国药控股湖北有限公司
62	武汉常阳新力建设工程有限公司
63	益海嘉里(武汉)粮油工业有限公司
64	武汉工贸有限公司
65	汉口银行股份有限公司
66	南车长江车辆有限公司
67	湖北省工业建筑集团有限公司

排序	百强企业名称
68	武汉东湖高新集团股份有限公司
69	武汉商贸国有控股集团有限公司
70	湖北省烟草公司恩施州公司
71	武汉市市政建设集团有限公司
72	长飞光纤光缆股份有限公司
73	中国五环工程有限公司
74	湖北华电襄阳发电有限公司
75	湖北白云边酒业股份有限公司
76	武汉市汉商集团股份有限公司
77	黄石新兴管业有限公司
78	湖北省农业生产资料集团有限公司
79	华能武汉发电有限责任公司
80	湖北立晋钢铁集团有限公司
81	湖北三杰粮油食品集团有限公司
82	中铁第四勘察设计院集团有限公司
83	汉江水利水电(集团)有限责任公司
84	鄂州鸿泰钢铁有限公司
85	湖北省齐星集团
86	中维世纪建设集团有限公司
87	湖北长安建筑股份有限公司
88	武汉海尔电器股份有限公司
89	中国化学工程第六建设有限公司
90	中铁电气化局集团第二工程有限公司
91	武汉顺乐不锈钢有限公司
92	武汉市燃气热力集团有限公司
93	湖北景天棉花产业集团有限公司
94	武汉船用机械有限责任公司
95	武汉东方建筑集团有限公司
96	湖北祥云(集团)化工股份有限公司
97	湖北宏泰实业投资有限公司
98	赤东建设集团有限公司
99	长江勘测规划设计研究院
100	源高新科技集团股份有限公司

注：本排行榜转录整理自湖北省企业联合会、湖北省统计局和湖北日报传媒集团发布的湖北省百强企业排行榜（2014年9月28日）。

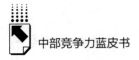

（四）湖南省百强企业（2014）

表4　湖南省百强企业（2014）

排名	百强企业名称
1	五矿有色金属控股有限公司
2	湖南华菱钢铁集团有限责任公司
3	中联重科股份有限公司
4	三一集团有限公司
5	中国烟草总公司湖南省公司
6	国网湖南省电力公司
7	中国建筑第五工程局有限公司
8	中国石化销售有限公司湖南石油分公司
9	湖南省建筑工程集团总公司
10	大汉控股集团有限公司
11	晟通科技集团有限公司
12	湖南博长控股集团有限公司
13	物产中拓股份有限公司
14	中国移动通信集团湖南有限公司
15	中国建设银行股份有限公司湖南省分行
16	南车株洲电力机车有限公司
17	中国石化集团资产经营管理有限公司巴陵石化分公司
18	南车株洲电力机车研究所有限公司
19	中国水利水电第八工程局有限公司
20	湘电集团有限公司
21	湖南南方水泥集团有限公司
22	步步高商业连锁股份有限公司
23	嘉凯城集团股份有限公司
24	湖南九龙经贸集团有限公司
25	湖南金龙国际集团
26	中国电信股份有限公司湖南分公司
27	中国联合网络通信有限公司湖南省分公司
28	湖南省煤业集团有限公司
29	泰格林纸集团股份有限公司
30	湖南省新华书店有限责任公司
31	湖南路桥建设集团有限责任公司

排名	百强企业名称
32	华融湘江银行股份有限公司
33	大唐华银电力股份有限公司
34	湖南友谊阿波罗控股股份有限公司
35	湖南安石企业(集团)有限公司
36	湖南高岭建设集团股份有限公司
37	中国电子科技集团公司第四十八研究所
38	华润电力投资有限公司湖南分公司
39	湖南五凌电力有限公司
40	泰富重装集团有限公司
41	湖南兰天集团有限公司
42	长沙银行股份有限公司
43	湖南辰州矿业股份有限公司
44	湖南电广传媒股份有限公司
45	湖南宇腾有色金属股份有限公司
46	中国石油化工股份有限公司巴陵分公司
47	特变电工衡阳变压器有限公司
48	江南工业集团有限公司
49	长沙新振升集团有限公司
50	国药控股湖南有限公司
51	长沙通程控股股份有限公司
52	湖南佳惠百货有限责任公司
53	湖南省邮政公司
54	江麓机电集团有限公司
55	湖南省茶业集团股份有限公司
56	南车株洲电机有限公司
57	华能湖南岳阳发电有限责任公司
58	长丰集团有限责任公司
59	全洲药业集团有限公司
60	郴州市金贵银业股份有限公司
61	株洲旗滨集团股份有限公司
62	湖南望新建设集团股份有限公司
63	方正证券股份有限公司
64	湖南鸿冠集团有限公司
65	湖南粮食集团有限责任公司
66	快乐购物股份有限公司

排名	百强企业名称
67	中国铁建重工集团有限公司
68	金杯电工股份有限公司
69	长安益阳发电有限公司
70	华天实业控股集团有限公司
71	湖南对外建设集团有限公司
72	南车长江车辆有限公司株洲分公司
73	大唐湘潭发电有限责任公司
74	株洲联诚集团有限责任公司
75	心连心集团有限公司
76	湖南省沙坪建筑有限公司
77	湖南福晟集团有限公司
78	湖南黄花建设集团股份有限公司
79	湖南省轻工盐业集团有限公司
80	湖南湘江涂料集团有限公司
81	中华联合财产保险股份有限公司湖南分公司
82	中盐湖南株洲化工集团有限公司
83	湖南顺天建设集团有限公司
84	中冶长天国际工程有限责任公司
85	湖南郴电国际发展股份有限公司
86	道道全粮油股份有限公司
87	山河智能装备股份有限公司
88	湖南华电长沙发电有限公司
89	湖南东信集团有限公司
90	湖南正虹科技发展股份有限公司
91	百雄堂控股集团有限公司
92	爱尔眼科医院集团股份有限公司
93	株洲千金药业股份有限公司
94	株洲百货股份有限公司
95	袁隆平农业高科技股份有限公司
96	湖南金正方企业集团股份有限公司
97	现代投资股份有限公司
98	大唐耒阳发电厂
99	湖南龙骧交通发展集团有限责任公司
100	湖南南岭民用爆破器材股份有限公司

注：本排行榜由湖南省工业经济联合会、湖南省企业联合会、湖南省企业家协会发布。

（五）江西省百强企业与百强民营企业（2014）

表 5 江西省百强企业与百强民营企业（2014）

排名	百强企业名称	百强民营企业名称
1	江西铜业集团公司	双胞胎(集团)股份有限公司
2	江铃汽车集团公司	正邦集团有限公司
3	双胞胎(集团)股份有限公司	江西萍钢实业股份有限公司
4	新余钢铁集团有限公司	晶科能源有限公司
5	正邦集团有限公司	方大特钢科技股份有限公司
6	江西萍钢实业股份有限公司	江西济民可信集团有限公司
7	中国石化股份有限公司九江分公司	江西民生集团有限公司
8	江西省煤炭集团公司	江西博能实业集团有限公司
9	江西省建工集团有限责任公司	泰豪集团有限公司
10	江西稀有金属钨业控股集团有限公司	鸭鸭股份公司
11	江西钨业集团有限公司	毅德置业（赣州）有限公司
12	中国移动通信集团江西有限公司	江西永盛矿冶股份有限公司
13	晶科能源有限公司	九江信华集团有限公司
14	江西中烟工业有限责任公司	汇仁集团有限公司
15	方大特钢科技股份有限公司	江西耀升钨业股份有限公司
16	南昌市政公用投资控股有限责任公司	仁和(集团)发展有限公司
17	景德镇市焦化工业集团有限公司	江西利达装饰工程有限公司
18	江西中烟工业有限公司南昌卷烟厂	江西新金叶实业有限公司
19	江西济民可信集团有限公司	江西省美华建筑装饰工程有限责任公司
20	中国石油化工股份有限公司江西赣州石油分公司	上饶和丰铜业有限公司
21	共青城赛龙通信技术有限责任公司	江西青峰药业有限公司
22	中国电信股份有限公司江西分公司	中阳建设集团有限公司
23	华意压缩机股份有限公司	江西金弘实业有限公司
24	国网江西省电力公司赣西供电分公司	发达控股集团有限公司
25	江西博能实业集团有限公司	江西赛维 LDK 太阳能高科技有限公司
26	江西省烟草公司赣州市公司	四特酒有限责任公司
27	江西万年青水泥股份有限公司	江西自立环保科技有限公司
28	泰豪集团有限公司	江西省丰和营造集团有限公司
29	中航工业江西洪都航空工业集团有限责任公司	红旗集团江西铜业有限公司
30	江西新金叶实业有限公司	江西城开建设集团有限公司
31	志高空调(九江)有限公司	江西瑞晶太阳能科技有限公司
32	江西省交通工程集团公司	横峰县中旺铜业有限公司

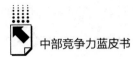

续表

排名	百强企业名称	百强民营企业名称
33	国网江西省电力公司赣州供电分公司	九江联盛实业有限公司
34	江西金汇铜业有限公司	全南晶环科技有限责任公司
35	诚志股份有限公司	华林特钢集团有限公司
36	江西赣粤高速公路股份有限公司	赣州晨光稀土新材料股份有限公司
37	华能国际电力股份有限公司井冈山电厂	江西交建工程集团有限公司
38	江西耀升钨业股份有限公司	崇义章源钨业股份有限公司
39	仁和(集团)发展有限公司	江西汇能电器科技有限公司
40	江西回圆服饰有限公司	九江市嘉盛粮油工业有限公司
41	中铁大桥局集团第五工程有限公司	江西省第五建设集团有限公司
42	江西江锂科技有限公司	南昌矿山机械有限公司
43	江西青峰药业有限公司	江西太阳陶瓷有限公司
44	赣州银行股份有限公司	江西广裕投资集团
45	中阳建设集团有限公司	江西洪达医疗器械集团有限公司
46	发达控股集团有限公司	江西联达冶金有限公司
47	江西赛维 LDK 太阳能高科技有限公司	江西百神药业股份有限公司
48	江西深傲服装有限公司	江西际洲建设工程集团有限公司
49	凤凰光学集团有限公司	江西金土地粮油股份有限公司
50	江西自立环保科技有限公司	江西中远现代农业投资开发有限公司
51	红旗集团江西铜业有限公司	江西保太有色金属集团有限公司
52	国电九江发电有限公司	江西高能投资集团有限公司
53	中国移动通信集团江西有限公司赣州分公司	江西省万事发粮油有限公司
54	江西赣州南方万年青水泥有限公司	江西九州通药业有限公司
55	鹰潭阳光照明有限公司	江西新厦建设集团有限公司
56	江西长运股份有限公司	九江诺贝尔陶瓷有限公司
57	江西挪宝电器有限公司	江西美庐乳业集团有限公司
58	全南晶环科技有限责任公司	江西锦溪水泥有限公司
59	中铁二十四局集团南昌铁路工程有限公司	江西旭阳雷迪高科技股份有限公司
60	赛得利(江西)化纤有限公司	江西合力泰科技股份有限公司
61	中国农业银行股份有限公司赣州分行	江西凯安铜业有限公司
62	崇义章源钨业股份有限公司	江西九州医药有限公司
63	新余农村商业银行股份有限公司	丰城市华丰金属制品有限责任公司
64	九江市嘉盛粮油工业有限公司	江西益康医疗器械集团有限公司
65	江西省修水香炉山钨业有限责任公司	果喜实业集团有限公司
66	南昌水业集团有限责任公司	江西省金三角陶瓷有限公司
67	江西恩达麻世纪科技股份有限公司	高安红狮水泥有限公司

排名	百强企业名称	百强民营企业名称
68	江西联创光电科技股份有限公司	江西世龙实业股份有限公司
69	江西省天然气（赣投气通）控股有限公司	江西省绿滋肴实业有限公司
70	南昌印钞有限公司	上饶光电高科技有限公司
71	江西省金瑞铜业有限公司	江西省人之初科技集团有限公司
72	赣州晨光稀土新材料股份有限公司	九江博莱肉类食品有限公司
73	江西省圣塔实业集团有限公司	江西三川集团有限公司
74	赣州虔东稀土集团股份有限公司	思创数码科技股份有限公司
75	江西铜材有限公司	江西新威动力能源科技有限公司
76	中邮人寿保险股份有限公司江西分公司	煌上煌集团有限公司
77	中粮粮油工业（九江）有限公司	江西永峰工贸有限公司
78	九江铨讯电子有限公司	贵溪大三元实业（集团）股份有限公司
79	中国银行股份有限公司赣州市分行	江西金龙化工有限公司
80	江西省景程实业有限公司	鑫业集团有限公司
81	汇森家具（龙南）有限公司	九江齐鑫化工有限公司
82	中铁城建集团南昌建设有限公司	江西众一矿业集团有限公司
83	九江诺贝尔陶瓷有限公司	九江恒生化纤股份有限公司
84	蓝星化工新材料股份有限公司江西星火有机硅厂	江西康华企业发展有限公司
85	江西美庐乳业集团有限公司	南氏实业投资集团有限公司
86	江西瑞晶太阳能科技有限公司	江西天新药业有限公司
87	中国工商银行股份有限公司赣州分行	江西特种电机股份有限公司
88	江西合力泰科技有限公司	南康市开源矿业有限公司
89	江西凯安铜业有限公司	江西德源兴茂铜业有限公司
90	江西兴成新材料股份有限公司	江西龙事达集团公司
91	华腾地毯（新余）产业园有限公司	红板（江西）有限公司
92	果喜实业集团有限公司	江西青龙集团有限公司
93	高安红狮水泥有限公司	广昌县众发铜业有限公司
94	上饶光电高科技有限公司	江西青春康源集团有限公司
95	江西省水利水电建设有限公司	江西仁翔药业有限公司
96	江西省人之初科技集团有限公司	江西罗纳尔陶瓷集团有限公司
97	江西三川集团有限公司	南康市众鑫矿业有限公司
98	江西新华金属制品有限责任公司	江西吉源生物医药科技有限公司
99	江联重工股份有限公司	江西正博实业有限公司
100	鑫业集团有限公司	江西金利达钾业有限责任公司

注：本排行榜转录和整理自江西省企业联合会、江西省企业家协会、江西省工信委发布的"江西省百强企业2014"。

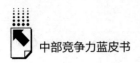

（六）山西省百强企业（2014）

表6　山西省百强企业（2014）

排名	百强企业名称
1	山西焦煤集团有限责任公司
2	晋能有限责任公司
3	大同煤矿集团有限责任公司
4	山西潞安矿业(集团)有限责任公司
5	山西晋城无烟煤矿业集团有限责任公司
6	阳泉煤业(集团)有限责任公司
7	太原钢铁(集团)有限公司
8	山西煤炭进出口集团有限公司
9	太原铁路局
10	中煤平朔集团有限公司
11	山西省国新能源发展集团有限公司
12	山西建筑工程(集团)总公司
13	山西能源交通投资有限公司
14	太原重型机械集团有限公司
15	山西潞宝集团
16	美锦能源集团有限公司
17	中条山有色金属集团有限公司
18	天脊煤化工集团股份有限公司
19	首钢长治钢铁有限公司
20	晋西工业集团有限责任公司
21	晋城福盛钢铁有限公司
22	山西兰花煤炭实业集团有限公司
23	山西中阳钢铁有限公司
24	山西大昌汽车集团有限公司
25	中化二建集团有限公司
26	中煤集团山西华昱能源有限公司
27	中国北车大同电力机车有限责任公司
28	中电投山西铝业有限公司
29	孝义市兴安化工有限公司
30	山西美特好连锁超市股份有限公司
31	中石化山西太原石油分公司
32	山西宝力金属材料集团有限公司

排名	百强企业名称
33	山西振东实业集团有限公司
34	阳城国际发电有限责任公司
35	赛鼎工程有限公司
36	山西昆明烟草有限责任公司
37	山西南耀集团
38	中钢集团山西有限公司
39	孝义市金达煤焦有限公司
40	山西省平遥煤化(集团)有限责任公司
41	山西襄矿集团有限公司
42	山西天泽煤化工集团股份公司
43	华通路桥集团有限公司
44	山西中煤东坡煤业有限公司
45	太原市梗阳实业集团有限公司
46	山西尧都农村商业银行股份有限公司
47	孝义市金岩电力煤化工有限公司
48	山西华宇集团有限公司
49	山西漳山发电有限责任公司
50	太原市第一建筑工程集团有限公司
51	沁和能源集团有限公司
52	太原市河西农产品有限公司
53	山西楼东俊安煤气化有限公司
54	山西中煤平朔宇辰有限公司
55	山西运城市龙飞有色金属有限公司
56	山西晋丰化工有限责任公司
57	山西通洲煤焦集团股份有限公司
58	山西平遥峰岩煤焦集团有限公司
59	太原轨道交通装备有限责任公司
60	山西榆社化工股份有限公司
61	山西宏厦建筑工程第三有限公司
62	大唐太原第二热电厂
63	山西沁新能源集团股份有限公司
64	朔州中煤平朔能源有限公司
65	长治市长宁钢铁集团有限公司
66	长治清华机械厂
67	大唐阳城发电有限责任公司

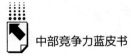

续表

排名	百强企业名称
68	山西凯嘉能源集团有限公司
69	山西鲁能河曲发电有限公司
70	山西华翔集团有限公司
71	朔州大运果菜批发市场有限公司
72	山西海宁皮革城发展有限公司
73	山西亚鑫煤焦化有限公司
74	山西大唐国际神头发电有限责任公司
75	山西潞安弈神能源股份有限公司
76	太原建工集团有限公司
77	神华国能神头第二发电厂
78	经纬纺织机械股份有限公司榆次分公司
79	太原市市政工程总公司
80	山西葫芦堂煤业有限公司
81	山西华顿实业有限公司
82	山西省长治经坊煤业有限公司
83	山西煤矿机械制造有限责任公司
84	国投昔阳能源有限责任公司
85	招商银行股份有限公司太原分行
86	山西南娄集团股份有限公司
87	山西怀仁联顺玺达柴沟煤业有限公司
88	山西寿阳段王煤业集团有限公司
89	长治市霍家工业有限公司
90	山西天工电力发展有限公司
91	孝义市鹏飞实业有限公司
92	山西汾西重工有限责任公司
93	山西中煤杨涧煤业有限公司
94	淮海工业集团有限公司
95	山西平朔煤矸石发电有限责任公司
96	朔州市跃胜实业公司
97	智奇铁路设备有限公司
98	山西康宝生物制品股份有限公司
99	山西省太原唐久超市有限公司
100	交口县旺庄生铁有限责任公司

注：本排行榜转录和整理自山西省企业联合会、山西省企业家协会、山西企联网发布的"山西省百强企业 2014"。

二 企业排行榜中的中部企业排名

（一）"中国民营企业500强"中部入榜企业

表7 "中国民营企业 500 强"中部入榜企业

中部排名	全国排名	单位名称	省份
1	21	三一集团有限公司	湖南
2	48	新华联集团有限公司	湖南
3	71	双胞胎(集团)股份有限公司	江西
4	77	正邦集团有限公司	江西
5	87	九州通医药集团股份有限公司	湖北
6	91	全威(铜陵)铜业科技有限公司	安徽
7	93	江西萍钢实业股份有限公司	江西
8	99	金龙精密铜管集团股份有限公司	河南
9	111	天瑞集团股份有限公司	河南
10	115	大汉控股集团有限公司	湖南
11	117	晟通科技集团有限公司	湖南
12	134	郑州宇通集团有限公司	河南
13	143	山河建设集团有限公司	湖北
14	147	安徽国购投资集团	安徽
15	155	稻花香集团	湖北
16	177	步步高投资集团股份有限公司	湖南
17	201	湖南博长控股集团有限公司	湖南
18	202	河南龙成集团有限公司	河南
19	212	福星集团控股有限公司	湖北
20	215	金澳科技(湖北)化工有限公司	湖北
21	231	新八建设集团有限公司	湖北
22	235	美锦能源集团有限公司	山西
23	252	河南联合煤炭化工集团有限公司	河南
24	253	山西大昌汽车集团有限公司	山西
25	258	河南济源钢铁(集团)有限公司	河南

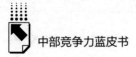
续表

中部排名	全国排名	单位名称	省份
26	260	山西建邦集团有限公司	山西
27	282	山西安泰控股集团有限公司	山西
28	283	河南黄河实业集团股份有限公司	河南
29	311	山西通达(集团)有限公司	山西
30	313	晶科能源有限公司	江西
31	317	蓝思科技股份有限公司	湖南
32	319	武汉市金马凯旋家具投资有限公司	湖北
33	324	方大特钢科技股份有限公司	江西
34	325	河南众品食业股份有限公司	河南
35	328	河南森源集团有限公司	河南
36	335	江西济民可信集团有限公司	江西
37	363	唐人神集团股份有限公司	湖南
38	366	华泽集团有限公司	湖南
39	375	山西沁新能源集团股份有限公司	山西
40	387	骆驼集团股份有限公司	湖北
41	388	山西通洲煤焦集团股份有限公司	山西
42	398	新七建设集团有限公司	湖北
43	403	湖北三宁化工股份有限公司	湖北
44	407	湖南九龙经贸集团有限公司	湖南
45	411	湖北枝江酒业集团	湖北
46	413	洛阳颐和今世福珠宝集团有限公司	河南
47	421	河南金汇不锈钢产业集团	河南
48	429	武汉康顺集团有限公司	湖北
49	438	河南金利金铅有限公司	河南
50	457	湖北东圣化工集团有限公司	湖北
51	458	湖南经阁投资控股集团有限公司	湖南
52	463	永泰能源股份有限公司	山西
53	477	铜陵精达铜材(集团)有限责任公司	安徽
54	485	湖南金龙国际集团	湖南
55	499	煌上煌集团有限公司	江西

注：整理自中国民营企业联合会、中国统计协会、中国管理科学研究院企业研究中心联合组织发布的《中国民营企业500强》。

（二）"2014年世界500强企业"中部入榜企业排名

表8　"2014 年世界 500 强企业"中部入榜企业排名

中部排名	世界排名	公司名称	营业收入(百万美元)	总部
1	113	东风汽车集团	74008.2	武汉
2	290	山西焦煤集团有限责任公司	38398.1	太原
3	309	晋能集团	37085.6	太原
4	310	武汉钢铁(集团)公司	36927.8	武汉
5	328	河南能源化工集团	35761.8	郑州
6	369	大同煤矿集团有限责任公司	32458.1	大同
7	372	潞安集团	32332.4	长治
8	381	江西铜业集团公司	31638.1	贵溪
9	386	山西晋城无烟煤矿业集团有限责任公司	31324.3	晋城
10	391	山西阳泉煤业(集团)有限责任公司	31193.5	阳泉

注：转录整理自《财富》世界 500 强排行榜，"财富中文网（www. FORTUNEChina. com）"，2014－7－7。

（三）"2014年中国企业500强"中部入榜企业

表9　"2014 年中国企业 500 强"中部入榜企业排名

中部排名	全国排名	省份	企业名称	营业收入(万元)
1	17	湖北	东风汽车公司	45503340
2	49	山西	山西焦煤集团有限责任公司	23608769
3	55	山西	晋能有限责任公司	22801762
4	56	湖北	武汉钢铁(集团)公司	22704781
5	60	河南	河南能源化工集团有限责任公司	21987835
6	72	山西	大同煤矿集团有限责任公司	19928050
7	73	山西	山西潞安矿业(集团)有限责任公司	19879287
8	74	江西	江西铜业集团公司	19452404
9	78	山西	山西晋城无烟煤矿业集团有限责任公司	19259494
10	79	山西	阳泉煤业(集团)有限责任公司	19179052
11	102	山西	太原钢铁(集团)有限公司	14604034
12	104	河南	中国平煤神马能源化工集团有限责任公司	14008232
13	113	山西	山西煤炭进出口集团有限公司	12726860
14	115	安徽	铜陵有色金属集团控股有限公司	12222433
15	147	安徽	安徽海螺集团有限责任公司	9324274

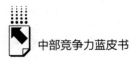
续表

中部排名	全国排名	省份	企业名称	营业收入（万元）
16	157	湖北	大冶有色金属集团控股有限公司	8348881
17	159	湖南	湖南华菱钢铁集团有限责任公司	8276252
18	160	安徽	马钢（集团）控股有限公司	8210520
19	163	湖北	湖北宜化集团有限责任公司	8020161
20	177	湖南	三一集团有限公司	7224984
21	178	安徽	淮南矿业（集团）有限责任公司	7125232
22	189	湖北	湖北中烟工业有限责任公司	6521318
23	201	安徽	安徽省徽商集团有限公司	6161577
24	206	安徽	淮北矿业（集团）有限责任公司	6009133
25	257	河南	河南省漯河市双汇实业集团有限责任公司	4720541
26	274	湖南	中南控股集团有限公司	4344719
27	288	江西	江铃汽车集团公司	4048710
28	289	河南	安阳钢铁集团有限责任公司	4046168
29	298	湖南	湖南省建筑工程集团总公司	4004835
30	304	安徽	安徽江淮汽车集团有限公司	3901861
31	309	安徽	安徽省皖北煤电集团有限责任公司	3816730
32	319	江西	新余钢铁集团有限公司	3620791
33	321	江西	正邦集团有限公司	3604589
34	329	安徽	合肥百货大楼集团股份有限公司	3520000
35	353	江西	江西萍钢实业股份有限公司	3321783
36	366	山西	山西省国新能源发展集团有限公司	3155430
37	392	河南	郑州煤炭工业（集团）有限责任公司	2951517
38	393	山西	山西建筑工程（集团）总公司	2947031
39	396	湖南	大汉控股集团有限公司	2915493
40	397	湖南	晟通科技集团有限公司	2897897
41	410	湖南	湖南博长控股集团有限公司	2822388
42	426	河南	河南神火集团有限公司	2730872
43	432	安徽	奇瑞汽车股份有限公司	2704690
44	433	河南	郑州宇通集团有限公司	2698448
45	441	安徽	安徽国贸集团控股有限公司	2670779
46	446	江西	江西省煤炭集团公司	2649384
47	470	湖北	稻花香集团	2486100
48	471	江西	江西省建工集团有限责任公司	2481544
49	479	山西	山西能源交通投资有限公司	2437883
50	488	湖北	卓尔控股有限公司	2392919
51	495	河南	万基控股集团有限公司	2350808

注：整理自中国企业联合会、中国企业家协会发布的"2014年中国500强企业"排行榜。

三 中部上市公司排行榜

（一）中部上市公司资产排行榜

表10 中部上市公司资产排行榜：A 股

排名	证券简称	省份	总资产（万元）
1	大秦铁路	山西	10999642
2	葛洲坝	湖北	10490025
3	海螺水泥	安徽	10225310
4	武钢股份	湖北	9962755
5	江西铜业	江西	9532237
6	中联重科	湖南	9375796
7	方正证券	湖南	8269147
8	太钢不锈	山西	7982486.5
9	华菱钢铁	湖南	7309099
10	马钢股份	安徽	6851117.5
11	长江证券	湖北	6792283
12	三一重工	湖南	6697068
13	国元证券	安徽	5314332
14	山煤国际	山西	5230310
15	潞安环能	山西	5150618
16	神火股份	河南	5113555
17	铜陵有色	安徽	5052064
18	永泰能源	山西	4926244
19	西山煤电	山西	4819695
20	中原高速	河南	3850523.5
21	湖北宜化	湖北	3737461.5
22	嘉凯城	湖南	3581044.75
23	湖北能源	湖北	3387521.5
24	安阳钢铁	河南	3214656.75
25	新钢股份	江西	3175390.5
26	平煤股份	河南	3145238
27	漳泽电力	山西	3095615.75
28	赣粤高速	江西	3082073

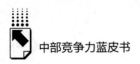
排名	证券简称	省份	总资产（万元）
29	阳泉煤业	山西	3009407.75
30	国投新集	安徽	2889403.25
31	福星股份	湖北	2877876.75
32	洛阳钼业	河南	2805487.75
33	太原重工	山西	2760071.25
34	华新水泥	湖北	2605670.75
35	江淮汽车	安徽	2602349.25
36	中孚实业	河南	2516812.5
37	宇通客车	河南	2382350
38	九 州 通	湖北	2318891.25
39	皖能电力	安徽	2298163
40	大同煤业	山西	2283793
41	双汇发展	河南	2198243.5
42	兰花科创	山西	2181231
43	山西证券	山西	2159834.75
44	兴发集团	湖北	2020894.75
45	中信重工	河南	1983194.25
46	江铃汽车	江西	1949652.75
47	东风汽车	湖北	1943925.25
48	山鹰纸业	安徽	1853042
49	蓝思科技	湖南	1823842.63
50	三安光电	湖北	1701663.25
51	现代投资	湖南	1700503
52	湘电股份	湖南	1667447.5
53	岳阳林纸	湖南	1660804.63
54	大有能源	河南	1618327.5
55	中航机电	湖北	1610323.38
56	中弘股份	安徽	1570876.88
57	鄂武商A	湖北	1565084.63
58	煤 气 化	山西	1543115.63
59	华银电力	湖南	1539121.38
60	中南传媒	湖南	1514025
61	电广传媒	湖南	1472639.63
62	烽火通信	湖北	1457724
63	国新能源	山西	1422759.38

排名	证券简称	省份	总资产（万元）
64	凯迪电力	湖北	1418093.88
65	恒源煤电	安徽	1381375.13
66	东湖高新	湖北	1348065.5
67	天音控股	江西	1292054.63
68	中文传媒	江西	1240370.63
69	一拖股份	河南	1235569.5
70	安徽水利	安徽	1233986.75
71	郑煤机	河南	1219221.5
72	人福医药	湖北	1216713.13
73	豫能控股	河南	1214142.38
74	郑州煤电	河南	1154782
75	皖通高速	安徽	1153244
76	许继电气	河南	1079219.63
77	山西焦化	山西	1072414.75
78	长源电力	湖北	1039257.88
79	时代新材	湖南	1027959.5
80	平高电气	河南	1021022.63
81	双环科技	湖北	1004587.81
82	旗滨集团	湖南	998556.81
83	南国置业	湖北	997471.13
84	美菱电器	安徽	994629.19
85	航天电子	湖北	982061.13
86	焦作万方	河南	960680.88
87	桑德环境	湖北	954893.38
88	方大特钢	江西	928745.31
89	安源煤业	江西	922149.13
90	华孚色纺	安徽	916318.81
91	楚天高速	湖北	901303.31
92	华天酒店	湖南	897067.38
93	洪都航空	江西	891121.38
94	中百集团	湖北	885534.19
95	万年青	江西	883661.38
96	华菱星马	安徽	882238.13
97	豫光金铅	河南	877189.19
98	精工钢构	安徽	864007.13

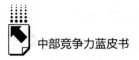

续表

排名	证券简称	省份	总资产（万元）
99	友阿股份	湖南	858445.38
100	大地传媒	河南	857573.31
101	步步高	湖南	849064.88
102	通宝能源	山西	838450.56
103	合肥百货	安徽	794972
104	东方金钰	湖北	784865.38
105	中茵股份	湖北	772332.38
106	风神股份	河南	766513.56
107	湖北广电	湖北	751529.56
108	武汉控股	湖北	750070
109	皖江物流	安徽	743634.19
110	神马股份	河南	740969.94
111	鸿路钢构	安徽	739435.31
112	安泰集团	山西	732577.81
113	皖维高新	安徽	729236.81
114	皖新传媒	安徽	720814.63
115	长江传媒	湖北	717448.25
116	东华科技	安徽	717312.63
117	华意压缩	江西	700037.13
118	郴电国际	湖南	692133.56
119	中粮生化	安徽	686419.81
120	林州重机	河南	684556.5
121	黑猫股份	江西	678632.13
122	雏鹰农牧	河南	674633.75
123	六国化工	安徽	674555.94
124	华茂股份	安徽	667770.75
125	山河智能	湖南	665182.38
126	正邦科技	江西	662699.06
127	大康牧业	湖南	657732.06
128	辉隆股份	安徽	638123.75
129	安琪酵母	湖北	628220.81
130	中航光电	河南	624013.56
131	赣能股份	江西	623283.5
132	古井贡酒	安徽	620291.75
133	时代出版	安徽	616564.19

排名	证券简称	省份	总资产（万元）
134	山西三维	山西	608244.94
135	物产中拓	湖南	604376.63
136	盛运环保	安徽	602197.5
137	株冶集团	湖南	593532.94
138	骆驼股份	湖北	593304.38
139	泰豪科技	江西	582152.25
140	合肥城建	安徽	579272.94
141	山西汾酒	山西	578610.19
142	金贵银业	湖南	564003.75
143	凯乐科技	湖北	559635.5
144	新野纺织	河南	558865.94
145	银鸽投资	河南	556378.88
146	新大新材	河南	555458.75
147	安徽合力	安徽	549627.88
148	中鼎股份	安徽	542624.69
149	明泰铝业	河南	522822.06
150	精达股份	安徽	520150.75
151	惠而浦	安徽	519546.59
152	新洋丰	湖北	518612
153	科大讯飞	安徽	516989.59
154	大冶特钢	湖北	502750.19
155	濮耐股份	河南	497585.91
156	洪城水业	江西	496860.81
157	黄河旋风	河南	496840.25
158	安凯客车	安徽	495491.19
159	江南红箭	湖南	490908.56
160	辰州矿业	湖南	490288.56
161	阳光电源	安徽	487935.09
162	同力水泥	河南	482254.91
163	宏发股份	湖北	474260.91
164	华工科技	湖北	469094.25
165	佰利联	河南	464236.16
166	中珠控股	湖北	454039.66
167	应流股份	安徽	452943.81
168	新乡化纤	河南	446852.94

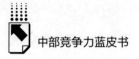

续表

排名	证券简称	省份	总资产（万元）
169	洽洽食品	安徽	428065.06
170	瑞贝卡	河南	427773.31
171	晋西车轴	山西	426757.31
172	江西长运	江西	419809.66
173	海螺型材	安徽	411576.31
174	长城信息	湖南	402936.72
175	江南化工	安徽	402521.88
176	诚志股份	江西	392086.41
177	牧原股份	河南	389461.28
178	华英农业	河南	381220.38
179	通程控股	湖南	377962.28
180	华灿光电	湖北	377855.88
181	华兰生物	河南	376963.72
182	隆平高科	湖南	374076.63
183	恒星科技	河南	371315.69
184	唐人神	湖南	366001.59
185	司尔特	安徽	364562.19
186	光迅科技	湖北	358576.78
187	中原特钢	河南	354285.81
188	三全食品	河南	353778.03
189	长信科技	安徽	352432.5
190	鑫科材料	安徽	348087.88
191	黄山旅游	安徽	343170.19
192	顺荣三七	安徽	341527.91
193	金种子酒	安徽	337215.97
194	金禾实业	安徽	337113.59
195	济川药业	湖北	335771.59
196	江中药业	江西	332701
197	森源电气	河南	324532.78
198	联创光电	江西	320770.09
199	亚夏汽车	安徽	319965.97
200	亚宝药业	山西	317779.41
201	章源钨业	江西	309666.22
202	南岭民爆	湖南	309478.22
203	多氟多	河南	307960.81

续表

排名	证券简称	省份	总资产(万元)
204	南风化工	山西	305540.66
205	富煌钢构	安徽	304866.28
206	华信国际	安徽	303665.72
207	沙隆达A	湖北	293429.97
208	湖南发展	湖南	292940.97
209	光电股份	湖北	292748.75
210	金马股份	安徽	290900.19
211	安彩高科	河南	290593.66
212	武汉中商	湖北	288426.91
213	金杯电工	湖南	286625.97
214	振东制药	山西	285833.97
215	豫金刚石	河南	280027.53
216	方兴科技	安徽	266479.13
217	太化股份	山西	265581.44
218	四创电子	安徽	263647.38
219	中江地产	江西	262066.95
220	五矿稀土	山西	261482.47
221	科力远	湖南	259089.97
222	国祯环保	安徽	258417.8
223	莲花味精	河南	257599.72
224	三峡新材	湖北	256700.05
225	国创高新	湖北	256452.3
226	武汉凡谷	湖北	255153.41
227	爱尔眼科	湖南	255043.05
228	高德红外	湖北	252013.91
229	美尔雅	湖北	250338
230	中原内配	河南	249235.09
231	西泵股份	河南	248159.8
232	仁和药业	江西	247391.27
233	全柴动力	安徽	245421.16
234	远东传动	河南	242104.55
235	江钻股份	湖北	239053.55
236	隆华节能	河南	238603.13
237	羚锐制药	河南	237994
238	轴研科技	河南	231992.45

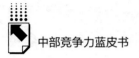

续表

排名	证券简称	省份	总资产(万元)
239	顾地科技	湖北	230458.16
240	加加食品	湖南	229803.7
241	中原环保	河南	229587.59
242	江特电机	江西	229229.59
243	太龙药业	河南	229170.66
244	鑫龙电器	安徽	227079.95
245	德力股份	安徽	226949.27
246	丰原药业	安徽	223753.27
247	尔康制药	湖南	222055.41
248	襄阳轴承	湖北	221964.97
249	百圆裤业	山西	220467.66
250	马应龙	湖北	218911.97
251	拓维信息	湖南	218075.8
252	金瑞科技	湖南	215865.75
253	九芝堂	湖南	214933.72
254	好想你	河南	214728.09
255	铜峰电子	安徽	211135.3
256	精诚铜业	安徽	210927.45
257	天茂集团	湖北	210849.77
258	三特索道	湖北	209068.63
259	千金药业	湖南	205574.11
260	天喻信息	湖北	202458.56
261	酒鬼酒	湖南	201558.97
262	华昌达	湖北	197694.67
263	通达股份	河南	196717.7
264	永新股份	安徽	196605.13
265	辉煌科技	河南	196346.31
266	赣锋锂业	江西	195445.17
267	湖南投资	湖南	194236.45
268	北玻股份	河南	194121.23
269	天舟文化	湖南	193944.91
270	京山轻机	湖北	193932.3
271	宜昌交运	湖北	192306.41
272	国风塑业	安徽	191663.45
273	景峰医药	湖南	191379.84

续表

排名	证券简称	省份	总资产（万元）
274	巢东股份	安徽	190763.77
275	丰乐种业	安徽	188897.16
276	美亚光电	安徽	188219.81
277	梦洁家纺	湖南	187630.61
278	盛和资源	山西	184108.44
279	神剑股份	安徽	182661.3
280	太原刚玉	山西	182520.75
281	汉威电子	河南	182037.98
282	博云新材	湖南	176248.31
283	安利股份	安徽	175685.77
284	千山药机	湖南	170506.2
285	泰尔重工	安徽	170392.06
286	长江通信	湖北	162868.66
287	湖南海利	湖南	162767.05
288	汉商集团	湖北	162657.3
289	煌上煌	江西	159998.92
290	皖通科技	安徽	156837.27
291	鼎龙股份	湖北	156301.61
292	健民集团	湖北	154681.81
293	广济药业	湖北	154609.97
294	永清环保	湖南	149652.81
295	快乐购	湖南	147249.69
296	雷鸣科化	安徽	145536.38
297	天桥起重	湖南	145327.3
298	太阳鸟	湖南	144160.69
299	华中数控	湖北	142774.13
300	三川股份	江西	141604.77
301	长高集团	湖南	140041.8
302	楚天科技	湖南	139674.06
303	大湖股份	湖南	139414.06
304	金健米业	湖南	137021.48
305	方圆支承	安徽	136858.81
306	汉森制药	湖南	136777.17
307	同德化工	山西	136613.63
308	湖北金环	湖北	134608.27

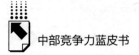

续表

排名	证券简称	省份	总资产(万元)
309	湘潭电化	湖南	131548.06
310	振兴生化	江西	130595.47
311	益丰药房	湖南	125095.06
312	新 五 丰	湖南	123662.61
313	回天新材	湖北	121903.1
314	三诺生物	湖南	121178.06
315	永安药业	湖北	118702.92
316	仟源医药	山西	118133.76
317	凯美特气	湖南	114554.1
318	华伍股份	江西	113333.32
319	华升股份	湖南	111080.02
320	凤凰光学	江西	110103.2
321	中科电气	湖南	109191.51
322	辅仁药业	河南	109103.63
323	湖南天雁	湖南	109043.42
324	鼎泰新材	安徽	105965.26
325	洛阳玻璃	河南	105706.77
326	克明面业	湖南	105427.05
327	荃银高科	安徽	104831.5
328	安 纳 达	安徽	104571.61
329	博雅生物	江西	101783.17
330	恒大高新	江西	97219.11
331	新天科技	河南	96476.31
332	方盛制药	湖南	92842.56
333	狮头股份	山西	92159.71
334	安科生物	安徽	91557.63
335	力源信息	湖北	91443.06
336	九华旅游	安徽	91155.5
337	熊猫金控	湖南	90257.78
338	台基股份	湖北	88087.22
339	开元仪器	湖南	87878.38
340	世龙实业	江西	87063.72
341	中发科技	安徽	85432.65
342	四 方 达	河南	84911.25
343	红宇新材	湖南	83527.1

续表

排名	证券简称	省份	总资产（万元）
344	合锻股份	安徽	83379.46
345	中元华电	湖北	82733.35
346	桑乐金	安徽	79875.75
347	岳阳兴长	湖南	77604.93
348	利达光电	河南	76278.35
349	盈方微	湖北	76111.11
350	菲利华	湖北	75752.31
351	三丰智能	湖北	75359.5
352	美锦能源	山西	71973.6
353	正虹科技	湖南	71124.15
354	张家界	湖南	68474.47
355	新开普	河南	64668.8
356	富邦股份	湖北	63656.78
357	智度投资	河南	62892.71
358	昌九生化	江西	62206.13
359	中钢天源	安徽	58981.53
360	紫光古汉	湖南	55940.63
361	精伦电子	湖北	55069.43
362	新开源	河南	47462.92
363	山水文化	山西	46119.65
364	国通管业	安徽	44066.59
365	金运激光	湖北	42852.71
366	万福生科	湖南	40886.55
367	恒立实业	湖南	38558.8
368	湘邮科技	湖南	37277.89
369	武昌鱼	湖北	36666.73
370	东方银星	河南	23494.7
371	道博股份	湖北	19153.28
372	万鸿集团	湖北	18365.77
373	蓝鼎控股	湖北	12888.3
374	当代东方	山西	12275.07
375	天润控股	湖南	11877.49
376	祥龙电业	湖北	10554.65
377	南华生物	湖南	9573.62
378	仰帆控股	湖北	9095.08

注：数据以 2015 年 4 月 17 日收盘后安信证券交易和行情查询软件的数据库为准。

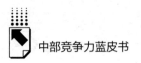

（二）中部上市公司负债水平排行榜

表 11　中部上市公司负债水平排行榜：A 股

排名	证券简称	省份	总资产（万元）	资产负债率（%）	负债水平（万元）
1	葛洲坝	湖北	10490025	74.91	7858078
2	武钢股份	湖北	9962755	62.09	6185875
3	华菱钢铁	湖南	7309099	79.89	5839239
4	长江证券	湖北	6792283	79.45	5396469
5	太钢不锈	山西	7982486.5	67.35	5376205
6	中联重科	湖南	9375796	56.01	5251383
7	方正证券	湖南	8269147	63.37	5240158
8	江西铜业	江西	9532237	50.67	4829984
9	马钢股份	安徽	6851117.5	62.21	4262080
10	山煤国际	山西	5230310	78.51	4106316
11	三一重工	湖南	6697068	60.86	4075836
12	神火股份	河南	5113555	79.62	4071412
13	国元证券	安徽	5314332	67.15	3568574
14	永泰能源	山西	4926244	72.28	3560689
15	铜陵有色	安徽	5052064	67.17	3393471
16	潞安环能	山西	5150618	64.07	3300001
17	海螺水泥	安徽	10225310	31.92	3263919
18	中原高速	河南	3850523.5	80.81	3111608
19	嘉凯城	湖南	3581044.75	83.45	2988382
20	湖北宜化	湖北	3737461.5	79.88	2985484
21	西山煤电	山西	4819695	61.18	2948689
22	大秦铁路	山西	10999642	26.21	2883006
23	漳泽电力	山西	3095615.75	80.08	2478969
24	安阳钢铁	河南	3214656.75	76.26	2451497
25	新钢股份	江西	3175390.5	73.93	2347566
26	太原重工	山西	2760071.25	80.38	2218545
27	国投新集	安徽	2889403.25	75.86	2191901
28	福星股份	湖北	2877876.75	72.06	2073798
29	平煤股份	河南	3145238	61.46	1933063
30	中孚实业	河南	2516812.5	75.5	1900193
31	江淮汽车	安徽	2602349.25	72.33	1882279
32	湖北能源	湖北	3387521.5	53.65	1817405

排名	证券简称	省份	总资产(万元)	资产负债率(%)	负债水平(万元)
33	阳泉煤业	山西	3009407.75	55.33	1665105
34	赣粤高速	江西	3082073	54.01	1664628
35	九州通	湖北	2318891.25	65.9	1528149
36	华新水泥	湖北	2605670.75	57.58	1500345
37	湘电股份	湖南	1667447.5	86.47	1441842
38	兴发集团	湖北	2020894.75	69.72	1408968
39	山西证券	山西	2159834.75	65.19	1407996
40	华银电力	湖南	1539121.38	90.85	1398292
41	宇通客车	河南	2382350	54.41	1296237
42	洛阳钼业	河南	2805487.75	46.02	1291085
43	煤气化	山西	1543115.63	81.39	1255942
44	山鹰纸业	安徽	1853042	67.32	1247468
45	中信重工	河南	1983194.25	60.41	1198048
46	鄂武商A	湖北	1565084.63	75.95	1188682
47	东湖高新	湖北	1348065.5	87.6	1180905
48	国新能源	山西	1422759.38	81.61	1161114
49	兰花科创	山西	2181231	53.13	1158888
50	东风汽车	湖北	1943925.25	59.3	1152748
51	岳阳林纸	湖南	1660804.63	67.61	1122870
52	中航机电	湖北	1610323.38	68.04	1095664
53	大同煤业	山西	2283793	47.6	1087085
54	蓝思科技	湖南	1823842.63	59.33	1082086
55	凯迪电力	湖北	1418093.88	76.25	1081297
56	现代投资	湖南	1700503	62.44	1061794
57	皖能电力	安徽	2298163	45.55	1046813
58	安徽水利	安徽	1233986.75	83.58	1031366
59	中弘股份	安徽	1570876.88	65.36	1026725
60	天音控股	江西	1292054.63	76.69	990876.7
61	江铃汽车	江西	1949652.75	45.64	889821.5
62	双环科技	湖北	1004587.81	85.31	857013.9
63	豫能控股	河南	1214142.38	69.4	842614.8
64	烽火通信	湖北	1457724	53.97	786733.6
65	长源电力	湖北	1039257.88	75.66	786302.5
66	南国置业	湖北	997471.13	73.57	733839.5
67	豫光金铅	河南	877189.19	83.65	733768.8

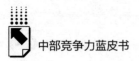

排名	证券简称	省份	总资产（万元）	资产负债率（%）	负债水平（万元）
68	时代新材	湖南	1027959.5	71.28	732729.5
69	山西焦化	山西	1072414.75	68.24	731815.8
70	华天酒店	湖南	897067.38	78.68	705812.6
71	一拖股份	河南	1235569.5	56.94	703533.3
72	恒源煤电	安徽	1381375.13	49.37	681984.9
73	郑州煤电	河南	1154782	57.14	659842.4
74	美菱电器	安徽	994629.19	64.92	645713.3
75	人福医药	湖北	1216713.13	52.92	643884.6
76	精工钢构	安徽	864007.13	71.3	616037.1
77	方大特钢	江西	928745.31	65.51	608421.1
78	大有能源	河南	1618327.5	37.31	603798
79	旗滨集团	湖南	998556.81	60.12	600332.4
80	中百集团	湖北	885534.19	65.59	580821.9
81	安源煤业	江西	922149.13	61.82	570072.6
82	双汇发展	河南	2198243.5	25.57	562090.9
83	华孚色纺	安徽	916318.81	61.27	561428.5
84	三安光电	湖北	1701663.25	32.66	555763.2
85	中文传媒	江西	1240370.63	44.1	547003.4
86	东华科技	安徽	717312.63	74.2	532246
87	黑猫股份	江西	678632.13	77.92	528790.2
88	楚天高速	湖北	901303.31	58.42	526541.4
89	东方金钰	湖北	784865.38	66.24	519894.8
90	株冶集团	湖南	593532.94	87.53	519519.4
91	华菱星马	安徽	882238.13	58.64	517344.4
92	步步高	湖南	849064.88	60.28	511816.3
93	鸿路钢构	安徽	739435.31	68.04	503111.8
94	焦作万方	河南	960680.88	52.26	502051.8
95	神马股份	河南	740969.94	67.75	502007.1
96	物产中拓	湖南	604376.63	81.91	495044.9
97	风神股份	河南	766513.56	64.18	491948.4
98	友阿股份	湖南	858445.38	57.22	491202.4
99	安泰集团	山西	732577.81	66.82	489508.5
100	银鸽投资	河南	556378.88	84.05	467636.4
101	万年青	江西	883661.38	52.43	463303.7
102	电广传媒	湖南	1472639.63	31.19	459316.3

续表

排名	证券简称	省份	总资产(万元)	资产负债率(%)	负债水平(万元)
103	许继电气	河南	1079219.63	42.23	455754.4
104	林州重机	河南	684556.5	65.73	449959
105	航天电子	湖北	982061.13	45.23	444186.2
106	六国化工	安徽	674555.94	65.66	442913.4
107	正邦科技	江西	662699.06	66.26	439104.4
108	山西三维	山西	608244.94	71.59	435442.6
109	合肥城建	安徽	579272.94	74.03	428835.8
110	桑德环境	湖北	954893.38	44.75	427314.8
111	辉隆股份	安徽	638123.75	66.54	424607.5
112	华意压缩	江西	700037.13	60.53	423732.5
113	合肥百货	安徽	794972	53.27	423481.6
114	赣能股份	江西	623283.5	67.89	423147.2
115	中南传媒	湖南	1514025	27.86	421807.4
116	山河智能	湖南	665182.38	63.25	420727.9
117	郴电国际	湖南	692133.56	59.66	412926.9
118	通宝能源	山西	838450.56	49.13	411930.8
119	平高电气	河南	1021022.63	40.11	409532.2
120	中茵股份	湖北	772332.38	52.44	405011.1
121	洪都航空	江西	891121.38	44.58	397261.9
122	雏鹰农牧	河南	674633.75	58.68	395875.1
123	盛运环保	安徽	602197.5	65.21	392693
124	皖江物流	安徽	743634.19	52.48	390259.2
125	金贵银业	湖南	564003.75	67.02	377995.3
126	中粮生化	安徽	686419.81	54.78	376020.8
127	凯乐科技	湖北	559635.5	66.8	373836.5
128	新野纺织	河南	558865.94	65.62	366727.8
129	皖维高新	安徽	729236.81	49.41	360315.9
130	泰豪科技	江西	582152.25	61.11	355753.2
131	安凯客车	安徽	495491.19	71.19	352740.2
132	安琪酵母	湖北	628220.81	51.75	325104.3
133	武汉控股	湖北	750070	42.61	319604.8
134	皖通高速	安徽	1153244	26.73	308262.1
135	洪城水业	江西	496860.81	61.53	305718.5
136	惠而浦	安徽	519546.59	57.97	301181.2
137	大地传媒	河南	857573.31	34.76	298092.5

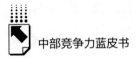
续表

排名	证券简称	省份	总资产（万元）	资产负债率（%）	负债水平（万元）
138	中航光电	河南	624013.56	47.38	295657.6
139	华茂股份	安徽	667770.75	40.7	271782.7
140	南风化工	山西	305540.66	88.75	271167.3
141	应流股份	安徽	452943.81	59.21	268188
142	郑煤机	河南	1219221.5	21.39	260791.5
143	黄河旋风	河南	496840.25	51.51	255922.4
144	江西长运	江西	419809.66	60.6	254404.7
145	阳光电源	安徽	487935.09	51.5	251286.6
146	富煌钢构	安徽	304866.28	82.15	250447.6
147	恒星科技	河南	371315.69	67.18	249449.9
148	湖北广电	湖北	751529.56	33.16	249207.2
149	时代出版	安徽	616564.19	38.57	237808.8
150	佰利联	河南	464236.16	51.21	237735.3
151	中鼎股份	安徽	542624.69	43.35	235227.8
152	濮耐股份	河南	497585.91	47.24	235059.6
153	长江传媒	湖北	717448.25	32.47	232955.4
154	新大新材	河南	555458.75	41.78	232070.7
155	华英农业	河南	381220.38	60.57	230905.2
156	亚夏汽车	安徽	319965.97	71.68	229351.6
157	明泰铝业	河南	522822.06	43.85	229257.5
158	新洋丰	湖北	518612	43.71	226685.3
159	古井贡酒	安徽	620291.75	35.08	217598.3
160	莲花味精	河南	257599.72	83.56	215250.3
161	精达股份	安徽	520150.75	41.14	213990
162	同力水泥	河南	482254.91	43.58	210166.7
163	新乡化纤	河南	446852.94	46.09	205954.5
164	安彩高科	河南	290593.66	70.61	205188.2
165	牧原股份	河南	389461.28	51.97	202403
166	瑞贝卡	河南	427773.31	47.02	201139
167	华灿光电	湖北	377855.88	53.21	201057.1
168	皖新传媒	安徽	720814.63	27.74	199954
169	太化股份	山西	265581.44	73.9	196264.7
170	中珠控股	湖北	454039.66	43.19	196099.7
171	隆平高科	湖南	374076.63	52.37	195903.9
172	光电股份	湖北	292748.75	65.72	192394.5

续表

排名	证券简称	省份	总资产(万元)	资产负债率(%)	负债水平(万元)
173	武汉中商	湖北	288426.91	66.26	191111.7
174	司尔特	安徽	364562.19	50.92	185635.1
175	山西汾酒	山西	578610.19	31.98	185039.5
176	通程控股	湖南	377962.28	48.78	184370
177	三峡新材	湖北	256700.05	70.74	181589.6
178	美尔雅	湖北	250338	72.12	180543.8
179	华工科技	湖北	469094.25	38.44	180319.8
180	国祯环保	安徽	258417.8	69.47	179522.8
181	骆驼股份	湖北	593304.38	30.05	178288
182	中江地产	江西	262066.95	66.32	173802.8
183	大冶特钢	湖北	502750.19	34.01	170985.3
184	四创电子	安徽	263647.38	64.83	170922.6
185	国创高新	湖北	256452.3	66.49	170515.1
186	辰州矿业	湖南	490288.56	34.39	168610.2
187	三全食品	河南	353778.03	47.39	167655.4
188	唐人神	湖南	366001.59	45.71	167299.3
189	章源钨业	江西	309666.22	52.74	163318
190	长城信息	湖南	402936.72	40.11	161617.9
191	诚志股份	江西	392086.41	40.26	157854
192	中原特钢	河南	354285.81	42.53	150677.8
193	安徽合力	安徽	549627.88	27.4	150598
194	海螺型材	安徽	411576.31	36	148167.5
195	洽洽食品	安徽	428065.06	34.13	146098.6
196	科力远	湖南	259089.97	55	142499.5
197	多氟多	河南	307960.81	46.09	141939.1
198	中原环保	河南	229587.59	60.67	139290.8
199	鑫科材料	安徽	348087.88	39.94	139026.3
200	亚宝药业	山西	317779.41	43.64	138678.9
201	豫金刚石	河南	280027.53	48.31	135281.3
202	长信科技	安徽	352432.5	38.35	135157.9
203	全柴动力	安徽	245421.16	53.55	131423
204	西泵股份	河南	248159.8	51.81	128571.6
205	科大讯飞	安徽	516989.59	24.54	126869.2
206	宏发股份	湖北	474260.91	26.33	124872.9
207	金禾实业	安徽	337113.59	36.66	123585.8

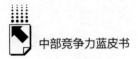

排名	证券简称	省份	总资产（万元）	资产负债率（%）	负债水平（万元）
208	联创光电	江西	320770.09	38.19	122502.1
209	森源电气	河南	324532.78	37.49	121667.3
210	光迅科技	湖北	358576.78	33.72	120912.1
211	江中药业	江西	332701	35.88	119373.1
212	顾地科技	湖北	230458.16	51.52	118732
213	金种子酒	安徽	337215.97	35.16	118565.1
214	金瑞科技	湖南	215865.75	54.87	118445.5
215	黄山旅游	安徽	343170.19	34.42	118119.2
216	江钻股份	湖北	239053.55	48.5	115941
217	太龙药业	河南	229170.66	48.24	110551.9
218	襄阳轴承	湖北	221964.97	49.74	110405.4
219	洛阳玻璃	河南	105706.77	103.73	109649.6
220	丰原药业	安徽	223753.27	48.74	109057.3
221	济川药业	湖北	335771.59	31.68	106372.4
222	晋西车轴	山西	426757.31	24.51	104598.2
223	太原刚玉	山西	182520.75	57.21	104420.1
224	江南化工	安徽	402521.88	24.73	99543.66
225	南岭民爆	湖南	309478.22	32.05	99187.77
226	湘潭电化	湖南	131548.06	74.26	97687.59
227	精诚铜业	安徽	210927.45	46.02	97068.81
228	汉商集团	湖北	162657.3	59.67	97057.61
229	鑫龙电器	安徽	227079.95	41.84	95010.25
230	轴研科技	河南	231992.45	40.8	94652.92
231	三特索道	湖北	209068.63	45.11	94310.86
232	沙隆达	湖北	293429.97	31.59	92694.53
233	江南红箭	湖南	490908.56	18.77	92143.54
234	景峰医药	湖南	191379.84	48.06	91977.15
235	方兴科技	安徽	266479.13	34.22	91189.16
236	天喻信息	湖北	202458.56	44.93	90964.63
237	隆华节能	河南	238603.13	37.32	89046.69
238	振东制药	山西	285833.97	31.08	88837.2
239	金马股份	安徽	290900.19	30.32	88200.94
240	广济药业	湖北	154609.97	56.66	87602.01
241	宜昌交运	湖北	192306.41	45.34	87191.73
242	羚锐制药	河南	237994	36.18	86106.23

排名	证券简称	省份	总资产(万元)	资产负债率(%)	负债水平(万元)
243	湖南海利	湖南	162767.05	51.71	84166.84
244	振兴生化	江西	130595.47	64.3	83972.89
245	巢东股份	安徽	190763.77	42.73	81513.36
246	安利股份	安徽	175685.77	44.08	77442.29
247	京山轻机	湖北	193932.3	39.46	76525.69
248	大康牧业	湖南	657732.06	11.44	75244.55
249	辅仁药业	河南	109103.63	67.49	73634.04
250	金杯电工	湖南	286625.97	25.4	72803
251	千山药机	湖南	170506.2	42.59	72618.59
252	千金药业	湖南	205574.11	35.14	72238.74
253	好想你	河南	214728.09	33.16	71203.83
254	湖北金环	湖北	134608.27	51.99	69982.84
255	德力股份	安徽	226949.27	30.29	68742.93
256	益丰药房	湖南	125095.06	52.38	65524.79
257	神剑股份	安徽	182661.3	35.33	64534.24
258	辉煌科技	河南	196346.31	32.78	64362.32
259	天茂集团	湖北	210849.77	29.35	61884.41
260	泰尔重工	安徽	170392.06	36.25	61767.12
261	新五丰	湖南	123662.61	49.64	61386.12
262	梦洁家纺	湖南	187630.61	32.15	60323.24
263	铜峰电子	安徽	211135.3	28.42	60004.65
264	永清环保	湖南	149652.81	40.07	59965.88
265	华昌达	湖北	197694.67	30.3	59901.49
266	大湖股份	湖南	139414.06	41.68	58107.78
267	博云新材	湖南	176248.31	32.87	57932.82
268	汉威电子	河南	182037.98	31.54	57414.78
269	顺荣三七	安徽	341527.91	16.81	57410.84
270	楚天科技	湖南	139674.06	41.08	57378.1
271	中原内配	河南	249235.09	23	57324.07
272	赣锋锂业	江西	195445.17	28.99	56659.55
273	加加食品	湖南	229803.7	24.26	55750.38
274	健民集团	湖北	154681.81	35.22	54478.93
275	丰乐种业	安徽	188897.16	28.81	54421.27
276	盛和资源	山西	184108.44	29.54	54385.63

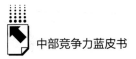

排名	证券简称	省份	总资产(万元)	资产负债率(%)	负债水平(万元)
277	尔康制药	湖南	222055.41	24.44	54270.34
278	九芝堂	湖南	214933.72	25.13	54012.84
279	武汉凡谷	湖北	255153.41	20.71	52842.27
280	国风塑业	安徽	191663.45	27.52	52745.78
281	马应龙	湖北	218911.97	23.51	51466.2
282	快乐购	湖南	147249.69	34.67	51051.47
283	太阳鸟	湖南	144160.69	35.17	50701.31
284	华中数控	湖北	142774.13	35.43	50584.87
285	国通管业	安徽	44066.59	112.4	49530.85
286	方圆支承	安徽	136858.81	36.04	49323.92
287	智度投资	河南	62892.71	76.15	47892.8
288	拓维信息	湖南	218075.8	21.44	46755.45
289	昌九生化	江西	62206.13	74.33	46237.82
290	爱尔眼科	湖南	255043.05	17.76	45295.65
291	金健米业	湖南	137021.48	32.94	45134.88
292	安纳达	安徽	104571.61	42.8	44756.65
293	合锻股份	安徽	83379.46	51.89	43265.6
294	仁和药业	江西	247391.27	17.35	42922.39
295	湖南投资	湖南	194236.45	21.9	42537.78
296	永新股份	安徽	196605.13	20.62	40539.98
297	山水文化	山西	46119.65	86.76	40013.41
298	北玻股份	河南	194121.23	20.01	38843.66
299	湖南天雁	湖南	109043.42	35.3	38492.33
300	凤凰光学	江西	110103.2	34.49	37974.59
301	九华旅游	安徽	91155.5	41.46	37793.07
302	百圆裤业	山西	220467.66	16.92	37303.13
303	皖通科技	安徽	156837.27	23.23	36433.3
304	华升股份	湖南	111080.02	32.66	36278.73
305	通达股份	河南	196717.7	18.41	36215.73
306	仟源医药	山西	118133.76	30.32	35818.16
307	世龙实业	江西	87063.72	39.89	34729.72
308	同德化工	山西	136613.63	25.38	34672.54
309	鼎泰新材	安徽	105965.26	32.05	33961.87
310	湖南发展	湖南	292940.97	11.39	33365.98
311	荃银高科	安徽	104831.5	30.5	31973.61

排名	证券简称	省份	总资产(万元)	资产负债率(%)	负债水平(万元)
312	华信国际	安徽	303665.72	10.38	31520.5
313	天桥起重	湖南	145327.3	21.68	31506.96
314	长江通信	湖北	162868.66	19.34	31498.8
315	酒鬼酒	湖南	201558.97	15.28	30798.21
316	克明面业	湖南	105427.05	28.25	29783.14
317	雷鸣科化	安徽	145536.38	20.28	29514.78
318	凯美特气	湖南	114554.1	25.18	28844.72
319	紫光古汉	湖南	55940.63	51.51	28815.02
320	江特电机	江西	229229.59	12.53	28722.47
321	力源信息	湖北	91443.06	30.87	28228.47
322	远东传动	河南	242104.55	11.31	27382.02
323	华伍股份	江西	113333.32	23.7	26860
324	美锦能源	山西	71973.6	36.92	26572.65
325	中科电气	湖南	109191.51	24.22	26446.18
326	鼎龙股份	湖北	156301.61	16.75	26180.52
327	中发科技	安徽	85432.65	29.81	25467.47
328	利达光电	河南	76278.35	33.06	25217.62
329	长高集团	湖南	140041.8	15.77	22084.59
330	盈方微	湖北	76111.11	29.01	22079.83
331	狮头股份	山西	92159.71	23.88	22007.74
332	正虹科技	湖南	71124.15	30.8	21906.24
333	汉森制药	湖南	136777.17	15.69	21460.34
334	熊猫金控	湖南	90257.78	22.67	20461.44
335	红宇新材	湖南	83527.1	22.82	19060.88
336	回天新材	湖北	121903.1	15.63	19053.45
337	三川股份	江西	141604.77	13.41	18989.2
338	恒大高新	江西	97219.11	19.27	18734.12
339	张家界	湖南	68474.47	27.21	18631.9
340	三丰智能	湖北	75359.5	24.12	18176.71
341	美亚光电	安徽	188219.81	9.49	17862.06
342	新天科技	河南	96476.31	16.49	15908.94
343	万鸿集团	湖北	18365.77	84.7	15555.81
344	武昌鱼	湖北	36666.73	39.47	14472.36
345	安科生物	安徽	91557.63	15.52	14209.74

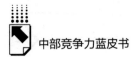

续表

排名	证券简称	省份	总资产（万元）	资产负债率（%）	负债水平（万元）
346	湘邮科技	湖南	37277.89	38.07	14191.69
347	恒立实业	湖南	38558.8	36.67	14139.51
348	万福生科	湖南	40886.55	33.43	13668.37
349	华兰生物	河南	376963.72	3.55	13382.21
350	精伦电子	湖北	55069.43	24.19	13321.3
351	四 方 达	河南	84911.25	14.88	12634.79
352	金运激光	湖北	42852.71	29.19	12508.71
353	桑 乐 金	安徽	79875.75	15.38	12284.89
354	天舟文化	湖南	193944.91	6.13	11888.82
355	煌 上 煌	江西	159998.92	7.38	11807.92
356	东方银星	河南	23494.7	49.23	11566.44
357	开元仪器	湖南	87878.38	12.91	11345.1
358	菲 利 华	湖北	75752.31	14.34	10862.88
359	当代东方	山西	12275.07	87.68	10762.78
360	岳阳兴长	湖南	77604.93	13.54	10507.71
361	蓝鼎控股	湖北	12888.3	81.49	10502.68
362	三诺生物	湖南	121178.06	8.29	10045.66
363	新 开 普	河南	64668.8	14.82	9583.916
364	南华生物	湖南	9573.62	99.31	9507.562
365	中钢天源	安徽	58981.53	16.02	9448.841
366	博雅生物	江西	101783.17	9.23	9394.587
367	方盛制药	湖南	92842.56	9.32	8652.927
368	高德红外	湖北	252013.91	3.34	8417.265
369	永安药业	湖北	118702.92	6.67	7917.485
370	富邦股份	湖北	63656.78	12.38	7880.709
371	仰帆控股	湖北	9095.08	82.55	7507.989
372	新 开 源	河南	47462.92	15.67	7437.44
373	中元华电	湖北	82733.35	8.69	7189.528
374	祥龙电业	湖北	10554.65	64.49	6806.694
375	台基股份	湖北	88087.22	6.53	5752.095
376	道博股份	湖北	19153.28	24.41	4675.316
377	五矿稀土	山西	261482.47	1.56	4079.127
378	天润控股	湖南	11877.49	20.34	2415.881

注：数据以 2015 年 4 月 17 日收盘后安信证券交易和行情查询软件的数据库为准。

（三）中部上市公司营业收入排行榜

表12 中部上市公司营业收入排行榜：A股

排名	证券代码	证券简称	省份	营业收入
1	600362	江西铜业	江西	19883348
2	600068	葛洲坝	湖北	7160539
3	000825	太钢不锈	山西	6846778
4	000630	铜陵有色	安徽	6544923
5	600005	武钢股份	湖北	6110140
6	600585	海螺水泥	安徽	6075850
7	600808	马钢股份	安徽	5982094
8	000932	华菱钢铁	湖南	5559974
9	600546	山煤国际	山西	4900501
10	000895	双汇发展	河南	4569573
11	601006	大秦铁路	山西	4058496
12	600998	九州通	湖北	3062815
13	600569	安阳钢铁	河南	2685176
14	600031	三一重工	湖南	2673861
15	600782	新钢股份	江西	2669789
16	000157	中联重科	湖南	2585120
17	600066	宇通客车	河南	2572830
18	000550	江铃汽车	江西	2553729
19	600418	江淮汽车	安徽	2516284
20	000829	天音控股	江西	2492796
21	000983	西山煤电	山西	2439092
22	000933	神火股份	河南	2396712
23	600575	皖江物流	安徽	2103516
24	600348	阳泉煤业	山西	2072268
25	000422	湖北宜化	湖北	1818191
26	600006	东风汽车	湖北	1747125
27	000501	鄂武商	湖北	1716084
28	000759	中百集团	湖北	1690902
29	601666	平煤股份	河南	1611945
30	601699	潞安环能	山西	1603032
31	600801	华新水泥	湖北	1599615
32	600961	株冶集团	湖南	1510225

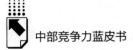
续表

排名	证券代码	证券简称	省份	营业收入
33	000906	物产中拓	湖南	1501598
34	300433	蓝思科技	湖南	1449701
35	000543	皖能电力	安徽	1286627
36	600121	郑州煤电	河南	1223614
37	002157	正邦科技	江西	1214888
38	600507	方大特钢	江西	1150930
39	600397	安源煤业	江西	1065164
40	600373	中文传媒	江西	1050314
41	002567	唐人神	湖南	1006949
42	000417	合肥百货	安徽	997217.4
43	600595	中孚实业	河南	967285
44	002251	步步高	湖南	928629.4
45	600577	精达股份	安徽	926809.8
46	601098	中南传媒	湖南	903876.1
47	600169	太原重工	山西	902332.2
48	601038	一拖股份	河南	892931.6
49	600531	豫光金铅	河南	887917.5
50	600502	安徽水利	安徽	840943.1
51	000400	许继电气	河南	835919.4
52	000902	新洋丰	湖北	835222.5
53	002171	精诚铜业	安徽	822264.3
54	600810	神马股份	河南	809587.3
55	600498	烽火通信	湖北	756062.2
56	600403	大有能源	河南	748084.1
57	600133	东湖高新	湖北	745120.1
58	000708	大冶特钢	湖北	735254.4
59	002556	辉隆股份	安徽	717438.5
60	000930	中粮生化	安徽	715319.7
61	000719	大地传媒	河南	710254.8
62	600079	人福医药	湖北	705162.8
63	601001	大同煤业	山西	675295.1
64	600761	安徽合力	安徽	670095.1
65	000926	福星股份	湖北	668644.4
66	000789	万年青	江西	668275.9
67	603993	洛阳钼业	河南	666238.2

排名	证券代码	证券简称	省份	营业收入
68	000966	长源电力	湖北	659582.2
69	600963	岳阳林纸	湖南	658252.7
70	601918	国投新集	安徽	656249.9
71	601677	明泰铝业	河南	649216.5
72	600971	恒源煤电	安徽	644466.4
73	600744	华银电力	湖南	621042.5
74	002068	黑猫股份	江西	616790.8
75	601717	郑煤机	河南	612445.7
76	600567	山鹰纸业	安徽	603959.3
77	600469	风神股份	河南	601882.5
78	600458	时代新材	湖南	600777.7
79	600255	鑫科材料	安徽	589186.5
80	600157	永泰能源	山西	581098.1
81	601801	皖新传媒	安徽	574467.9
82	000918	嘉凯城	湖南	572516.4
83	002155	辰州矿业	湖南	568062.3
84	600416	湘电股份	湖南	556421.8
85	600617	国新能源	山西	550286.1
86	002018	华信国际	安徽	541759.9
87	600551	时代出版	安徽	536373.9
88	000883	湖北能源	湖北	532036.3
89	601608	中信重工	河南	528629.5
90	601311	骆驼股份	湖北	516718.7
91	000887	中鼎股份	安徽	504019.1
92	600375	华菱星马	安徽	499736.2
93	600740	山西焦化	山西	496515.1
94	002013	中航机电	湖北	493894.8
95	600879	航天电子	湖北	490179.8
96	000868	安凯客车	安徽	483529.4
97	600780	通宝能源	山西	477314.6
98	600496	精工钢构	安徽	468971.6
99	600757	长江传媒	湖北	468682.1
100	600703	三安光电	湖北	457966.5
101	000783	长江证券	湖北	454820.9
102	000785	武汉中商	湖北	445583.1

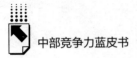

续表

排名	证券代码	证券简称	省份	营业收入
103	000826	桑德环境	湖北	437429.7
104	002716	金贵银业	湖南	429739.2
105	000419	通程控股	湖南	429532.3
106	002541	鸿路钢构	安徽	422515.1
107	600063	皖维高新	安徽	412609.3
108	002216	三全食品	河南	409437.1
109	600269	赣粤高速	江西	408050.8
110	600885	宏发股份	湖北	406283
111	600983	惠而浦	安徽	405651.4
112	600470	六国化工	安徽	404509.5
113	000990	诚志股份	江西	401085.8
114	000707	双环科技	湖北	400061
115	000755	山西三维	山西	394856.3
116	000885	同力水泥	河南	393786.9
117	000917	电广传媒	湖南	393641.2
118	600809	山西汾酒	山西	391606.8
119	600123	兰花科创	山西	383922.9
120	002607	亚夏汽车	安徽	383255.3
121	000612	焦作万方	河南	379222.5
122	600298	安琪酵母	湖北	365411.5
123	601901	方正证券	湖南	360186.6
124	000596	古井贡酒	安徽	352865.4
125	002179	中航光电	河南	349124.6
126	000728	国元证券	安徽	348603.6
127	600316	洪都航空	江西	345074
128	002087	新野纺织	河南	339946.1
129	002140	东华科技	安徽	338034.3
130	001896	豫能控股	河南	335595
131	002597	金禾实业	安徽	321471.1
132	002533	金杯电工	湖南	317712.8
133	000553	沙隆达	湖北	313118.6
134	002557	洽洽食品	安徽	311323.2
135	300274	阳光电源	安徽	306224.8
136	600069	银鸽投资	河南	300524.3
137	600566	济川药业	湖北	298641.2

排名	证券代码	证券简称	省份	营业收入
138	600590	泰豪科技	江西	292071
139	600141	兴发集团	湖北	285494.4
140	000939	凯迪电力	湖北	284872.5
141	000949	新乡化纤	河南	284080.4
142	600750	江中药业	江西	283412.4
143	601636	旗滨集团	湖南	276268.3
144	300413	快乐购	湖南	273801.1
145	600218	全柴动力	安徽	271289
146	000521	美菱电器	安徽	269042.1
147	600281	太化股份	山西	263354.4
148	000737	南风化工	山西	251891.5
149	600495	晋西车轴	山西	250259
150	600408	安泰集团	山西	248181.5
151	002281	光迅科技	湖北	243305.3
152	300015	爱尔眼科	湖南	240204.8
153	000979	中弘股份	安徽	237297.6
154	000988	华工科技	湖北	235332.8
155	600012	皖通高速	安徽	233957
156	600969	郴电国际	湖南	226979.5
157	300080	新大新材	河南	225903.5
158	600020	中原高速	河南	223162.7
159	603939	益丰药房	湖南	223022.6
160	002601	佰利联	河南	205129.6
161	000519	江南红箭	湖南	203573.3
162	000767	漳泽电力	山西	202086.3
163	000850	华茂股份	安徽	198186.2
164	600561	江西长运	江西	197783
165	000908	景峰医药	湖南	195743
166	600363	联创光电	江西	195705
167	000899	赣能股份	江西	195492.6
168	600439	瑞贝卡	河南	193226
169	000404	华意压缩	江西	192556.1
170	002277	友阿股份	湖南	192107.7
171	300158	振东制药	山西	191948.5
172	600207	安彩高科	河南	191273.2

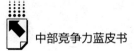

续表

排名	证券代码	证券简称	省份	营业收入
173	002535	林州重机	河南	187434.9
174	600184	光电股份	湖北	183604.5
175	002743	富煌钢构	安徽	183481.5
176	000702	正虹科技	湖南	180131.7
177	002226	江南化工	安徽	179255.1
178	002096	南岭民爆	湖南	179116.9
179	000665	湖北广电	湖北	178143.2
180	002230	科大讯飞	安徽	177521.1
181	002194	武汉凡谷	湖北	177236
182	002208	合肥城建	安徽	176034.4
183	600976	健民集团	湖北	175348.8
184	002714	牧原股份	河南	174373.3
185	600260	凯乐科技	湖北	174309.1
186	000968	煤 气 化	山西	172358
187	000748	长城信息	湖南	170982.6
188	000153	丰原药业	安徽	169894.6
189	002650	加加食品	湖南	168475.1
190	600990	四创电子	安徽	168452.8
191	600127	金健米业	湖南	168090.4
192	002014	永新股份	安徽	166845.2
193	600172	黄河旋风	河南	166206.2
194	300088	长信科技	安徽	164338.1
195	600086	东方金钰	湖北	161628.7
196	000900	现代投资	湖南	160770.7
197	002042	华孚色纺	安徽	160740.2
198	000650	仁和药业	江西	160487.6
199	002378	章源钨业	江西	157115.1
200	002397	梦洁家纺	湖南	156605.4
201	600199	金种子酒	安徽	155102.6
202	600479	千金药业	湖南	153232.5
203	002661	克明面业	湖南	152709.9
204	600392	盛和资源	山西	151450.1
205	600054	黄山旅游	安徽	148991
206	600186	莲花味精	河南	146564.2
207	000819	岳阳兴长	湖南	146086.8

排名	证券代码	证券简称	省份	营业收入
208	600461	洪城水业	江西	144847.8
209	600351	亚宝药业	山西	141338.3
210	002132	恒星科技	河南	140638.6
211	000989	九芝堂	湖南	140535.1
212	002097	山河智能	湖南	138990.6
213	000713	丰乐种业	安徽	137880
214	002694	顾地科技	湖北	137467
215	300267	尔康制药	湖南	137035.8
216	300205	天喻信息	湖北	135468.7
217	002500	山西证券	山西	135288.5
218	300218	安利股份	安徽	133219.5
219	002321	华英农业	河南	131409.1
220	000859	国风塑业	安徽	131177.3
221	600390	金瑞科技	湖南	130388.9
222	600222	太龙药业	河南	125423
223	002361	神剑股份	安徽	124958.5
224	002007	华兰生物	河南	124348.8
225	002423	中原特钢	河南	121850.2
226	300090	盛运环保	安徽	121013.7
227	002406	远东传动	河南	118684
228	002536	西泵股份	河南	117982.6
229	600168	武汉控股	湖北	117820.5
230	600993	马应龙	湖北	115145.3
231	000852	江钻股份	湖北	113281
232	600035	楚天高速	湖北	113024.3
233	000980	金马股份	安徽	111138.1
234	002477	雏鹰农牧	河南	110519.2
235	002448	中原内配	河南	108398.5
236	600568	中珠控股	湖北	106998.7
237	603308	应流股份	安徽	105606.5
238	000428	华天酒店	湖南	104800.6
239	002748	世龙实业	江西	104788.8
240	002377	国创高新	湖北	102723.5
241	300388	国祯环保	安徽	102267.3
242	000678	襄阳轴承	湖北	99689

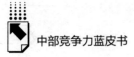

续表

排名	证券代码	证券简称	省份	营业收入
243	600985	雷鸣科化	安徽	98776.65
244	002627	宜昌交运	湖北	98659.38
245	002695	煌 上 煌	江西	98398.03
246	002571	德力股份	安徽	94784.7
247	600293	三峡新材	湖北	93532.15
248	000821	京山轻机	湖北	92308.11
249	300054	鼎龙股份	湖北	91863.78
250	600318	巢东股份	安徽	91355.24
251	600156	华升股份	湖南	90708.67
252	002360	同德化工	山西	89679.96
253	600745	中茵股份	湖北	87328.78
254	002460	赣锋锂业	江西	86948
255	002358	森源电气	河南	86869.56
256	600975	新 五 丰	湖南	85807.9
257	600478	科力远	湖南	85470.67
258	002640	百圆裤业	山西	84182.06
259	002613	北玻股份	河南	83814.22
260	000998	隆平高科	湖南	82146.45
261	002298	鑫龙电器	安徽	80940.88
262	000627	天茂集团	湖北	80644.25
263	600731	湖南海利	湖南	80228.53
264	300263	隆华节能	河南	79904.78
265	002176	江特电机	江西	79329.9
266	002331	皖通科技	安徽	78130.07
267	000795	太原刚玉	山西	77941.53
268	002136	安 纳 达	安徽	76497.46
269	002412	汉森制药	湖南	73742.46
270	002538	司 尔 特	安徽	72702.21
271	600228	昌九生化	江西	72581.99
272	002560	通达股份	河南	72388.13
273	002189	利达光电	河南	70772.71
274	300323	华灿光电	湖北	70608.15
275	002225	濮耐股份	河南	70291.21
276	000831	五矿稀土	山西	70190.15

排名	证券代码	证券简称	省份	营业收入
277	300066	三川股份	江西	69793.32
278	002305	南国置业	湖北	68097.31
279	300095	华伍股份	江西	67790.31
280	600774	汉商集团	湖北	66956.4
281	000723	美锦能源	山西	66790.18
282	002690	美亚光电	安徽	66117.5
283	600345	长江通信	湖北	66036.18
284	002365	永安药业	湖北	65841.7
285	300254	仟源医药	山西	65365.51
286	600312	平高电气	河南	65361.36
287	600071	凤凰光学	江西	64989.18
288	300187	永清环保	湖南	64115.05
289	600285	羚锐制药	河南	63635.55
290	300184	力源信息	湖北	63077.8
291	300041	回天新材	湖北	61553.07
292	002352	鼎泰新材	安徽	61434.61
293	600876	洛阳玻璃	河南	61254.11
294	000619	海螺型材	安徽	59949.36
295	002555	顺荣三七	安徽	59822.53
296	300216	千山药机	湖南	59135
297	002505	大康牧业	湖南	58460
298	000544	中原环保	河南	57827.78
299	300298	三诺生物	湖南	54492.3
300	300009	安科生物	安徽	54240.58
301	000615	湖北金环	湖北	53952.67
302	600237	铜峰电子	安徽	50718.55
303	002523	天桥起重	湖南	50199.51
304	002125	湘潭电化	湖南	48429.37
305	000430	张家界	湖南	48400.94
306	002452	长高集团	湖南	47836.55
307	300087	荃银高科	安徽	46902.26
308	002407	多氟多	河南	45858.9
309	300064	豫金刚石	河南	45048.48
310	600698	湖南天雁	湖南	44429.07

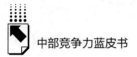

排名	证券代码	证券简称	省份	营业收入
311	300294	博雅生物	江西	43779.28
312	300278	华昌达	湖北	43685.85
313	600257	大湖股份	湖南	42768.1
314	300161	华中数控	湖北	41924.3
315	603998	方盛制药	湖南	41561.3
316	603199	九华旅游	安徽	41073.85
317	300007	汉威电子	河南	39930.68
318	002414	高德红外	湖北	39798.05
319	002582	好想你	河南	38850.5
320	002159	三特索道	湖北	38629.93
321	600355	精伦电子	湖北	38329.69
322	000952	广济药业	湖北	38042.8
323	300259	新天科技	河南	38032.59
324	000676	智度投资	河南	37307.55
325	002046	轴研科技	河南	36724.56
326	002147	方圆支承	安徽	35828.68
327	603011	合锻股份	安徽	33883.87
328	600107	美尔雅	湖北	33284.78
329	300248	新开普	河南	31536.08
330	600781	辅仁药业	河南	31187.09
331	300338	开元仪器	湖南	30739.05
332	000403	振兴生化	江西	30067.55
333	300395	菲利华	湖北	28721.55
334	300247	桑乐金	安徽	28412.1
335	002297	博云新材	湖南	27945.6
336	000799	酒鬼酒	湖南	27114
337	002347	泰尔重工	安徽	26449.15
338	002057	中钢天源	安徽	25954.77
339	300123	太阳鸟	湖南	25945.5
340	300109	新开源	河南	25334.34
341	300276	三丰智能	湖北	24362.27
342	002296	辉煌科技	河南	23576.3
343	600520	中发科技	安徽	23282.07
344	300387	富邦股份	湖北	22113.52
345	300345	红宇新材	湖南	21321.74

续表

排名	证券代码	证券简称	省份	营业收入
346	002549	凯美特气	湖南	21076.45
347	000548	湖南投资	湖南	20568.35
348	600552	方兴科技	安徽	19983.75
349	300179	四方达	河南	18907.31
350	600599	熊猫金控	湖南	18663.4
351	300358	楚天科技	湖南	18302.98
352	002591	恒大高新	江西	17767.82
353	000670	盈方微	湖北	17491.56
354	002261	拓维信息	湖南	16516.52
355	600476	湘邮科技	湖南	16138.63
356	300035	中科电气	湖南	14814.07
357	000590	紫光古汉	湖南	14423.12
358	300018	中元华电	湖北	14156.04
359	300220	金运激光	湖北	13689.3
360	300148	天舟文化	湖南	8790.66
361	600053	中江地产	江西	7929.87
362	600136	道博股份	湖北	7096.9
363	300268	万福生科	湖南	6535.22
364	600444	国通管业	安徽	6181.31
365	600681	万鸿集团	湖北	5987.91
366	000971	蓝鼎控股	湖北	5252.16
367	000722	湖南发展	湖南	5128.12
368	000622	恒立实业	湖南	4248.71
369	300046	台基股份	湖北	3894.95
370	600421	仰帆控股	湖北	3540.83
371	600539	狮头股份	山西	2069.04
372	600769	祥龙电业	湖北	1976.25
373	000673	当代东方	山西	1846.59
374	002113	天润控股	湖南	1678.95
375	000504	南华生物	湖南	1385.87
376	600275	武昌鱼	湖北	1191.24
377	600234	山水文化	山西	793.42
378	600753	东方银星	河南	281.71

注：数据以2015年4月17日收盘后安信证券交易和行情查询软件的数据库为准。

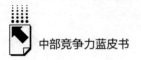

（四）中部中小板企业营业收入排行榜

表13　中部中小板企业营业收入排行榜

单位：万元

排名	证券代码	证券简称	省份	营业收入	营业利润
1	002157	正邦科技	江西	1214888	−15750.5
2	002567	唐人神	湖南	1006949	18774.11
3	002251	步步高	湖南	928629.4	41324.76
4	002171	精诚铜业	安徽	822264.3	6458.16
5	002556	辉隆股份	安徽	717438.5	11481.26
6	002068	黑猫股份	江西	616790.8	10456.15
7	002155	辰州矿业	湖南	568062.3	13283.67
8	002018	华信国际	安徽	541759.9	12428.36
9	002013	中航机电	湖北	493894.8	22228.32
10	002716	金贵银业	湖南	429739.2	6961.38
11	002541	鸿路钢构	安徽	422515.1	15612.74
12	002216	三全食品	河南	409437.1	−979.21
13	002607	亚夏汽车	安徽	383255.3	−844.92
14	002179	中航光电	河南	349124.6	42514.44
15	002087	新野纺织	河南	339946.1	3783.62
16	002140	东华科技	安徽	338034.3	30554.76
17	002597	金禾实业	安徽	321471.1	15965.12
18	002533	金杯电工	湖南	317712.8	14003.85
19	002557	洽洽食品	安徽	311323.2	35038.03
20	002281	光迅科技	湖北	243305.3	13160.92
21	002601	佰利联	河南	205129.6	6211.16
22	002277	友阿股份	湖南	192107.7	20677.01
23	002535	林州重机	河南	187434.9	5693.97
24	002743	富煌钢构	安徽	183481.5	4197.24
25	002226	江南化工	安徽	179255.1	29069.28
26	002096	南岭民爆	湖南	179116.9	25064.5
27	002230	科大讯飞	安徽	177521.1	28806.39
28	002194	武汉凡谷	湖北	177236	16171.75

排名	证券代码	证券简称	省份	营业收入	营业利润
29	002208	合肥城建	安徽	176034.4	22969.18
30	002714	牧原股份	河南	174373.3	-1853.5
31	002650	加加食品	湖南	168475.1	17292.25
32	002014	永新股份	安徽	166845.2	16522.53
33	002042	华孚色纺	安徽	160740.2	1482
34	002378	章源钨业	江西	157115.1	7804.06
35	002397	梦洁家纺	湖南	156605.4	18181.32
36	002661	克明面业	湖南	152709.9	7784.49
37	002132	恒星科技	河南	140638.6	1633.12
38	002097	山河智能	湖南	138990.6	-5346.53
39	002694	顾地科技	湖北	137467	7404.25
40	002500	山西证券	山西	135288.5	50945.95
41	002321	华英农业	河南	131409.1	-3662.61
42	002361	神剑股份	安徽	124958.5	9493.45
43	002007	华兰生物	河南	124348.8	58364.73
44	002423	中原特钢	河南	121850.2	-5997.43
45	002406	远东传动	河南	118684	14760.44
46	002536	西泵股份	河南	117982.6	3004.35
47	002477	雏鹰农牧	河南	110519.2	-6934.7
48	002448	中原内配	河南	108398.5	20063.59
49	002748	世龙实业	江西	104788.8	9483.32
50	002377	国创高新	湖北	102723.5	1860.45
51	002627	宜昌交运	湖北	98659.38	6121.27
52	002695	煌上煌	江西	98398.03	11958.96
53	002571	德力股份	安徽	94784.7	385.78
54	002360	同德化工	山西	89679.96	18592.14
55	002460	赣锋锂业	江西	86948	9214.12
56	002358	森源电气	河南	86869.56	20011.07
57	002640	百圆裤业	山西	84182.06	4533.91
58	002613	北玻股份	河南	83814.22	1816.49
59	002298	鑫龙电器	安徽	80940.88	918.05
60	002176	江特电机	江西	79329.9	4563.56

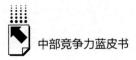

续表

排名	证券代码	证券简称	省份	营业收入	营业利润
61	002331	皖通科技	安徽	78130.07	5760.41
62	002136	安纳达	安徽	76497.46	-728.08
63	002412	汉森制药	湖南	73742.46	13718.1
64	002538	司尔特	安徽	72702.21	5840.6
65	002560	通达股份	河南	72388.13	8376.75
66	002189	利达光电	河南	70772.71	1011.3
67	002225	濮耐股份	河南	70291.21	5483.31
68	002305	南国置业	湖北	68097.31	20671.67
69	002690	美亚光电	安徽	66117.5	24785.45
70	002365	永安药业	湖北	65841.7	3273.35
71	002352	鼎泰新材	安徽	61434.61	3001.54
72	002555	顺荣三七	安徽	59822.53	5760.76
73	002505	大康牧业	湖南	58460	290.33
74	002523	天桥起重	湖南	50199.51	992.12
75	002125	湘潭电化	湖南	48429.37	-5411.74
76	002452	长高集团	湖南	47836.55	9702.87
77	002407	多氟多	河南	45858.9	348.92
78	002414	高德红外	湖北	39798.05	4164
79	002582	好想你	河南	38850.5	3405.78
80	002159	三特索道	湖北	38629.93	252.57
81	002046	轴研科技	河南	36724.56	324.05
82	002147	方圆支承	安徽	35828.68	-1326.95
83	002297	博云新材	湖南	27945.6	239.88
84	002347	泰尔重工	安徽	26449.15	925.84
85	002057	中钢天源	安徽	25954.77	841.64
86	002296	辉煌科技	河南	23576.3	2075.93
87	002549	凯美特气	湖南	21076.45	3940.45
88	002591	恒大高新	江西	17767.82	1628.02
89	002261	拓维信息	湖南	16516.52	11839.44
90	002113	天润控股	湖南	1678.95	53.66

注：数据以 2015 年 4 月 17 日收盘后安信证券交易和行情查询软件的数据库为准。

（五）中部创业板企业利润排行榜

表14　中部创业板企业利润排行榜

单位：万元

排名	证券代码	证券简称	省份	营业利润	利润总额	净利润
1	300433	蓝思科技	湖南	113719.9	136139.9	117685.7
2	300015	爱尔眼科	湖南	42935.06	40708.67	30918.61
3	300267	尔康制药	湖南	33045.68	33565.19	28828.85
4	300274	阳光电源	安徽	27878.85	32565.83	28328.63
5	300090	盛运环保	安徽	21450	23978.67	23385.9
6	300298	三诺生物	湖南	19803.15	23019.73	19733.92
7	300088	长信科技	安徽	16542.84	19007.74	16569.23
8	300054	鼎龙股份	湖北	16813	18396.81	13438.55
9	300066	三川股份	江西	14781.65	16918.93	12542.62
10	300216	千山药机	湖南	13400.55	16087.85	13452.4
11	300413	快乐购	湖南	13099.76	15491.62	15411.13
12	300294	博雅生物	江西	12939.28	13590.92	10417.96
13	300009	安科生物	安徽	12267.17	12671.24	10985.13
14	300259	新天科技	河南	10224.75	12157.12	10409.35
15	300323	华灿光电	湖北	1160.31	10706.95	9090.61
16	300263	隆华节能	河南	9509.49	9887.32	8210.62
17	300041	回天新材	湖北	7914.55	8691.6	7649.1
18	300395	菲利华	湖北	7679.87	8161.25	6962.96
19	300388	国祯环保	安徽	6880.35	7051.42	5200.12
20	300007	汉威电子	河南	3309.08	6645.52	5734.16
21	300205	天喻信息	湖北	5881.78	6399.76	5862.08
22	300218	安利股份	安徽	4732.3	6124.26	5324.15
23	300254	仟源医药	山西	5164.6	6021.66	4099.74
24	300064	豫金刚石	河南	5483.39	6001.03	4967.95
25	300338	开元仪器	湖南	4579.3	5732.41	4893.77
26	300148	天舟文化	湖南	5657.5	5657.5	4645.55
27	300095	华伍股份	江西	5303.1	5547.3	4108.47
28	300278	华昌达	湖北	4935.51	5515.73	4913
29	300187	永清环保	湖南	5424.43	5468.56	4708.48
30	300158	振东制药	山西	2348.55	4896.08	4195.81
31	300248	新开普	河南	3173.35	4316.35	3775.66
32	300387	富邦股份	湖北	3513.45	3976.59	3503.87

续表

排名	证券代码	证券简称	省份	营业利润	利润总额	净利润
33	300179	四方达	河南	-2105.9	3701.37	3745.81
34	300109	新开源	河南	3489.26	3509.68	3011.78
35	300080	新大新材	河南	1734.55	3336.87	4585.41
36	300018	中元华电	湖北	2693.11	3202.86	2648.15
37	300184	力源信息	湖北	2878.56	2960.86	2030.98
38	300358	楚天科技	湖南	2539.73	2810.98	2504.87
39	300087	荃银高科	安徽	1520.7	2657.53	522.96
40	300123	太阳鸟	湖南	1320.18	2545.49	2310.33
41	300276	三丰智能	湖北	2140.92	2289.12	2119.29
42	300247	桑乐金	安徽	2066.29	2283.59	1943.18
43	300035	中科电气	湖南	1549.25	1989.48	1856.7
44	300345	红宇新材	湖南	1185.68	1386.31	1130.89
45	300220	金运激光	湖北	1068.05	1126.81	971.52
46	300161	华中数控	湖北	-4139.97	1114.87	128.61
47	300046	台基股份	湖北	725.41	734.78	624.57
48	300268	万福生科	湖南	-2808.21	-2718.62	-2718.62

注：数据以2015年4月17日收盘后安信证券交易和行情查询软件的数据库为准。

（六）中部上市公司净利润排行榜

表15　中部上市公司净利润排行榜

单位：万元

排名	证券代码	证券简称	省份	营业利润	利润总额	净利润
1	601006	大秦铁路	山西	1441419	1434531	1116499
2	600585	海螺水泥	安徽	1382348	1488281	1099302
3	000895	双汇发展	河南	510851.7	537271.1	403986.4
4	600362	江西铜业	江西	379466.9	386381.5	285064.9
5	600066	宇通客车	河南	290271.1	305084	261262.2
6	600068	葛洲坝	湖北	354209.5	390527.3	228699.2
7	000550	江铃汽车	江西	185197.7	242929.5	210785.2
8	603993	洛阳钼业	河南	213819	214806	182425.5
9	000783	长江证券	湖北	218357.6	219425.1	170543.9
10	600031	三一重工	湖南	162504.4	192024.6	159234.2
11	601901	方正证券	湖南	188085.6	189257.4	148223.9

续表

排名	证券代码	证券简称	省份	营业利润	利润总额	净利润
12	601098	中南传媒	湖南	139559.3	154944.1	146875.7
13	600703	三安光电	湖北	133285.7	182857.2	146232.8
14	000728	国元证券	安徽	179504.8	179330.2	137174.5
15	600801	华新水泥	湖北	168938.6	199334.3	122155.9
16	300433	蓝思科技	湖南	113719.9	136139.9	117685.7
17	000883	湖北能源	湖北	145958.2	163695.7	113641
18	000400	许继电气	河南	132122.3	139547.1	106227.8
19	601699	潞安环能	山西	116182.7	115049.1	98199.3
20	000543	皖能电力	安徽	209305.1	210041.7	92792.68
21	600012	皖通高速	安徽	117010.4	117153.2	86086.55
22	600373	中文传媒	江西	87225.49	95202.86	80916.68
23	000826	桑德环境	湖北	92563.96	94291.72	80395.31
24	600348	阳泉煤业	山西	90330.6	90556.3	79165.93
25	600005	武钢股份	湖北	108150.2	112215.3	77039.85
26	000926	福星股份	湖北	108883.8	108271.3	70486.96
27	600269	赣粤高速	江西	78397.8	90048.06	69548.21
28	601801	皖新传媒	安徽	69294.59	70347.93	69423.43
29	000966	长源电力	湖北	97010.57	95537.71	69025.2
30	601311	骆驼股份	湖北	74948.17	79881.61	67124.06
31	000501	鄂 武 商	湖北	90589.1	88660.11	65969.46
32	000719	大地传媒	河南	58384.67	65172.8	64172.3
33	000157	中联重科	湖南	66292.18	86313.88	59406.81
34	000902	新 洋 丰	湖北	69105.8	70945.99	57109.11
35	600507	方大特钢	江西	78021.21	80467.65	56929.11
36	600761	安徽合力	安徽	58974.63	72171.88	56901.85
37	000887	中鼎股份	安徽	68180.81	69910.42	56658.94
38	601001	大同煤业	山西	-9297.85	115357.8	56445.95
39	000825	太钢不锈	山西	43680.05	42859.93	55195.63
40	000789	万 年 青	江西	99060.74	109106.3	54993.21
41	002007	华兰生物	河南	58364.73	62782.63	53841.73
42	600020	中原高速	河南	65008.13	65889.8	53230.19
43	600566	济川药业	湖北	56447.66	60464.56	51939.26
44	000553	沙 隆 达	湖北	66691.86	66866.6	49177.19
45	000596	古井贡酒	安徽	61063.4	62516.21	46035.75

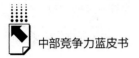

排名	证券代码	证券简称	省份	营业利润	利润总额	净利润
46	600079	人福医药	湖北	79486.07	82149.24	45177.09
47	600617	国新能源	山西	58074.41	58345.38	43506.53
48	600885	宏发股份	湖北	65556.59	70125.27	42986.93
49	600780	通宝能源	山西	58186.43	57461.46	42432.35
50	600418	江淮汽车	安徽	24521.85	48121.96	41956.48
51	601608	中信重工	河南	28774.65	45391.12	40747.46
52	000519	江南红箭	湖南	46671.98	47734.45	39669.65
53	600157	永泰能源	山西	36705.37	58767.01	39375.35
54	600551	时代出版	安徽	30352.45	40212.71	38990.45
55	002230	科大讯飞	安徽	28806.39	43374.92	37942.98
56	000850	华茂股份	安徽	38852.9	44017.07	37794.76
57	002500	山西证券	山西	50945.95	50607.62	37128.62
58	001896	豫能控股	河南	58137.91	59339.01	37036
59	000417	合肥百货	安徽	58948.85	62659.8	36601.84
60	600498	烽火通信	湖北	35762.8	44726.01	36475.93
61	000979	中弘股份	安徽	41179.85	40147.95	36273.71
62	600809	山西汾酒	山西	50883.62	47736.87	35575.8
63	002179	中航光电	河南	42514.44	43762.12	33959.78
64	002251	步步高	湖南	41324.76	43432.4	33572.98
65	000917	电广传媒	湖南	40141.48	41135.65	32514.01
66	600168	武汉控股	湖北	21718.1	39523.18	32486.9
67	300015	爱尔眼科	湖南	42935.06	40708.67	30918.61
68	600469	风神股份	河南	36008.69	36907.67	30633.75
69	600983	惠而浦	安徽	33689.35	35445.07	30336.35
70	000630	铜陵有色	安徽	27010.4	40138.17	30175
71	600998	九州通	湖北	32602.22	38874.57	29573.35
72	600133	东湖高新	湖北	41536.78	42629.01	29564.76
73	002557	洽洽食品	安徽	35038.03	37585.85	29345.25
74	000900	现代投资	湖南	38874.21	39266.12	29170.1
75	300267	尔康制药	湖南	33045.68	33565.19	28828.85
76	600035	楚天高速	湖北	43821.68	43962.8	28385.13
77	300274	阳光电源	安徽	27878.85	32565.83	28328.63
78	000899	赣能股份	江西	36390.09	36447.8	28171.81
79	000983	西山煤电	山西	44236.46	46658.8	27319.9

续表

排名	证券代码	证券简称	省份	营业利润	利润总额	净利润
80	000708	大冶特钢	湖北	29341.7	29675.7	26805.7
81	600750	江中药业	江西	32992.76	33444.34	26484.78
82	002140	东华科技	安徽	30554.76	30402.41	26316.6
83	000908	景峰医药	湖南	29359.11	30609.25	25102.92
84	002690	美亚光电	安徽	24785.45	29301.98	25098.36
85	600879	航天电子	湖北	26418.39	30033.3	24643.39
86	000989	九 芝 堂	湖南	20420.1	29424.22	24574.05
87	000665	湖北广电	湖北	23688.55	24556.26	24503.68
88	300090	盛运环保	安徽	21450	23978.67	23385.9
89	002013	中航机电	湖北	22228.32	27595.52	23295.45
90	600502	安徽水利	安徽	37947.71	38268.1	23062.59
91	600172	黄河旋风	河南	25268.82	25762.38	22359.92
92	600808	马钢股份	安徽	5808.15	51211.64	22061.6
93	600496	精工钢构	安徽	21075.67	25091.23	21266.61
94	600757	长江传媒	湖北	10443.36	21046.45	21103.14
95	600054	黄山旅游	安徽	32530.64	30712	20924.2
96	000939	凯迪电力	湖北	15021.42	22769.24	20528.77
97	601717	郑煤机	河南	21592.97	23258.32	20519.3
98	000650	仁和药业	江西	27977.49	28281.25	20018.72
99	601666	平煤股份	河南	21374.23	29836.55	19861.76
100	002096	南岭民爆	湖南	25064.5	26584.84	19790.6
101	300298	三诺生物	湖南	19803.15	23019.73	19733.92
102	600392	盛和资源	山西	23187.96	23063.57	19227.1
103	000759	中百集团	湖北	28852.15	25861.05	18624.65
104	002448	中原内配	河南	20063.59	20905.55	18119.96
105	600993	马 应 龙	湖北	20183.35	20300.65	17991.64
106	600063	皖维高新	安徽	19629.7	23687.82	17981.73
107	002358	森源电气	河南	20011.07	21721.2	17922.02
108	601677	明泰铝业	河南	24303.73	25243.17	17747.84
109	600567	山鹰纸业	安徽	17514.27	23349.32	17296.92
110	002208	合肥城建	安徽	22969.18	23203.06	17262.98
111	600969	郴电国际	湖南	28723.94	26765.5	17111.78
112	600086	东方金钰	湖北	22603.57	22603.59	16947.59
113	000988	华工科技	湖北	15136.98	20469.35	16835.13

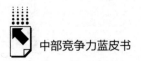

排名	证券代码	证券简称	省份	营业利润	利润总额	净利润
114	000885	同力水泥	河南	8079.81	33631.09	16824.89
115	601636	旗滨集团	湖南	8014.31	19582.9	16795.25
116	601038	一拖股份	河南	547.81	21189.4	16769.82
117	002597	金禾实业	安徽	15965.12	17780.75	16640.39
118	300088	长信科技	安徽	16542.84	19007.74	16569.23
119	000612	焦作万方	河南	18315.88	18748.15	16337.55
120	002226	江南化工	安徽	29069.28	29890.33	16192.59
121	600439	瑞贝卡	河南	3711.1	18007.82	15632.55
122	002014	永新股份	安徽	16522.53	17911.2	15449.1
123	300413	快乐购	湖南	13099.76	15491.62	15411.13
124	002277	友阿股份	湖南	20677.01	20455.51	14895.55
125	600461	洪城水业	江西	17794	18579.1	14832.32
126	002397	梦洁家纺	湖南	18181.32	18472.82	14829.6
127	600298	安琪酵母	湖北	19307.42	23789.39	14719.12
128	002281	光迅科技	湖北	13160.92	15188.7	14412.85
129	000419	通程控股	湖南	18344.22	19649.9	14315.3
130	600006	东风汽车	湖北	16966.35	19632.57	14058.37
131	603939	益丰药房	湖南	18482.67	19131.5	14056.12
132	600495	晋西车轴	山西	13108.92	16013.8	14037.05
133	600351	亚宝药业	山西	18000.6	17710.75	13938.47
134	002305	南国置业	湖北	20671.67	20601.2	13921.98
135	002541	鸿路钢构	安徽	15612.74	17072.9	13796.32
136	002194	武汉凡谷	湖北	16171.75	16364.87	13663.48
137	600782	新钢股份	江西	15583.79	19035.17	13559.5
138	000829	天音控股	江西	9756.92	10229.82	13537.6
139	600577	精达股份	安徽	18777.65	20050.96	13488.47
140	300216	千山药机	湖南	13400.55	16087.85	13452.4
141	300054	鼎龙股份	湖北	16813	18396.81	13438.55
142	600363	联创光电	江西	13152.2	14381.72	13334.42
143	002650	加加食品	湖南	17292.25	17948.78	13289.01
144	002155	辰州矿业	湖南	13283.67	14260	13178.38
145	002406	远东传动	河南	14760.44	15075.37	12907.8
146	002533	金杯电工	湖南	14003.85	15652.94	12790.46
147	300066	三川股份	江西	14781.65	16918.93	12542.62
148	002360	同德化工	山西	18592.14	18991.82	12390.49

排名	证券代码	证券简称	省份	营业利润	利润总额	净利润
149	000403	振兴生化	江西	6034.98	13070.07	11994.71
150	002412	汉森制药	湖南	13718.1	13963.07	11758.78
151	002716	金贵银业	湖南	6961.38	11085.32	11728.5
152	000998	隆平高科	湖南	7502.47	9483.67	11604.85
153	600976	健民集团	湖北	12740.76	13141.62	11597.03
154	600318	巢东股份	安徽	15747.15	15915.77	11339.32
155	600403	大有能源	河南	29220.97	15492.5	11056.67
156	300009	安科生物	安徽	12267.17	12671.24	10985.13
157	002261	拓维信息	湖南	11839.44	12012.28	10760.5
158	002018	华信国际	安徽	12428.36	12670.17	10668.55
159	300294	博雅生物	江西	12939.28	13590.92	10417.96
160	300259	新天科技	河南	10224.75	12157.12	10409.35
161	600316	洪都航空	江西	10744.37	11863.62	9871
162	002695	煌上煌	江西	11958.96	12032.05	9862.91
163	600985	雷鸣科化	安徽	13045.91	13238.82	9797.05
164	002068	黑猫股份	江西	10456.15	12743.48	9663.48
165	600397	安源煤业	江西	8650.32	14022.87	9542.3
166	603308	应流股份	安徽	10896.38	11367.21	9259.03
167	300323	华灿光电	湖北	1160.31	10706.95	9090.61
168	000748	长城信息	湖南	3427.43	11543.03	9082.38
169	000949	新乡化纤	河南	8793.83	9433.24	9056.57
170	002452	长高集团	湖南	9702.87	10534.44	9041.24
171	002556	辉隆股份	安徽	11481.26	12626.55	8699.57
172	002361	神剑股份	安徽	9493.45	10067.38	8664.05
173	600561	江西长运	江西	8578.36	15421.62	8631.62
174	002460	赣锋锂业	江西	9214.12	10126.78	8572.73
175	002087	新野纺织	河南	3783.62	10043.3	8443.51
176	002042	华孚色纺	安徽	1482	10036.36	8441.96
177	000627	天茂集团	湖北	10106.55	10895.07	8382.26
178	300263	隆华节能	河南	9509.49	9887.32	8210.62
179	002748	世龙实业	江西	9483.32	9677.66	8207.19
180	002567	唐人神	湖南	18774.11	18835.15	8127.42
181	603998	方盛制药	湖南	9500.12	10085.5	8099.25
182	002216	三全食品	河南	-979.21	3421.2	8085.68
183	600990	四创电子	安徽	6505.95	9292.75	8016.57

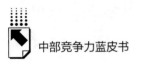

续表

排名	证券代码	证券简称	省份	营业利润	利润总额	净利润
184	300041	回天新材	湖北	7914.55	8691.6	7649.1
185	000932	华菱钢铁	湖南	-276.35	17431.56	7463.43
186	000990	诚志股份	江西	-129.99	8521.44	7322.41
187	600546	山煤国际	山西	46222.35	46372.2	7159.82
188	000906	物产中拓	湖南	8885.85	11059.96	7124.12
189	300395	菲利华	湖北	7679.87	8161.25	6962.96
190	002414	高德红外	湖北	4164	7663.6	6795.92
191	000767	漳泽电力	山西	8281.37	8308.25	6775.18
192	000544	中原环保	河南	5674.1	7915.53	6616.99
193	603199	九华旅游	安徽	8714.46	8816.16	6598.68
194	002661	克明面业	湖南	7784.49	8797.28	6579.97
195	600810	神马股份	河南	6834.06	6771.97	6529.31
196	002694	顾地科技	湖北	7404.25	7797.92	6516.48
197	600479	千金药业	湖南	7470.2	8069.87	6374.12
198	002601	佰利联	河南	6211.16	7332.97	6314.06
199	600285	羚锐制药	河南	6901.52	7123.37	6214.18
200	600184	光电股份	湖北	6456.6	6712.62	6184.53
201	000713	丰乐种业	安徽	5550.77	6412.65	6096.83
202	000430	张家界	湖南	8653.96	8433.87	6050.95
203	002378	章源钨业	江西	7804.06	8160.31	6013.39
204	300205	天喻信息	湖北	5881.78	6399.76	5862.08
205	600590	泰豪科技	江西	6240.6	9396.21	5859.58
206	300007	汉威电子	河南	3309.08	6645.52	5734.16
207	002331	皖通科技	安徽	5760.41	7244.65	5713.24
208	600199	金种子酒	安徽	8827.36	9000.94	5625.37
209	000521	美菱电器	安徽	6031.75	6016.9	5496.08
210	300218	安利股份	安徽	4732.3	6124.26	5324.15
211	002171	精诚铜业	安徽	6458.16	8317.03	5239.81
212	002538	司尔特	安徽	5840.6	6142.18	5226.65
213	300388	国祯环保	安徽	6880.35	7051.42	5200.12
214	002627	宜昌交运	湖北	6121.27	6962.43	5153.02
215	002535	林州重机	河南	5693.97	6778.81	5093.5
216	300064	豫金刚石	河南	5483.39	6001.03	4967.95
217	300278	华昌达	湖北	4935.51	5515.73	4913
218	300338	开元仪器	湖南	4579.3	5732.41	4893.77

排名	证券代码	证券简称	省份	营业利润	利润总额	净利润
219	600345	长江通信	湖北	3615. 35	4252. 68	4812. 01
220	002549	凯美特气	湖南	3940. 45	5113. 37	4753. 4
221	600260	凯乐科技	湖北	5723. 93	5932. 49	4751. 65
222	002225	濮耐股份	河南	5483. 31	5667. 74	4733. 6
223	300187	永清环保	湖南	5424. 43	5468. 56	4708. 48
224	002560	通达股份	河南	8376. 75	8546. 3	4688. 26
225	300148	天舟文化	湖南	5657. 5	5657. 5	4645. 55
226	300080	新大新材	河南	1734. 55	3336. 87	4585. 41
227	600458	时代新材	湖南	2238. 36	4888. 18	4526. 93
228	600595	中孚实业	河南	-55823	-19609. 1	4266. 6
229	000980	金马股份	安徽	3285. 68	4975. 41	4196. 85
230	300158	振东制药	山西	2348. 55	4896. 08	4195. 81
231	300095	华伍股份	江西	5303. 1	5547. 3	4108. 47
232	300254	仟源医药	山西	5164. 6	6021. 66	4099. 74
233	000153	丰原药业	安徽	4591. 08	5639. 33	4099. 08
234	000819	岳阳兴长	湖南	4855. 16	5146. 06	4057. 26
235	600961	株冶集团	湖南	-7227. 3	5870. 93	3981. 23
236	002743	富煌钢构	安徽	4197. 24	4463. 58	3890. 83
237	002176	江特电机	江西	4563. 56	5321. 81	3873. 98
238	000404	华意压缩	江西	8100. 83	8124. 5	3854. 73
239	002555	顺荣三七	安徽	5760. 76	6039. 25	3821. 34
240	300248	新 开 普	河南	3173. 35	4316. 35	3775. 66
241	300179	四 方 达	河南	-2105. 9	3701. 37	3745. 81
242	002132	恒星科技	河南	1633. 12	3923. 01	3645. 11
243	600218	全柴动力	安徽	2737. 93	4397. 73	3567. 9
244	000930	中粮生化	安徽	-5709. 62	5972. 62	3523. 16
245	300387	富邦股份	湖北	3513. 45	3976. 59	3503. 87
246	600228	昌九生化	江西	-3671. 65	4085. 85	3498. 83
247	002582	好 想 你	河南	3405. 78	3605. 28	3490. 96
248	002536	西泵股份	河南	3004. 35	3743. 75	3451. 56
249	002640	百圆裤业	山西	4533. 91	4825. 58	3345. 08
250	600416	湘电股份	湖南	-702. 85	3524. 37	3317. 91
251	600568	中珠控股	湖北	5949. 43	5987. 66	3240. 63
252	000737	南风化工	山西	-288. 82	5610. 43	3219. 25
253	600169	太原重工	山西	-7825. 91	2033. 6	3213. 49

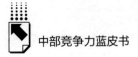

续表

排名	证券代码	证券简称	省份	营业利润	利润总额	净利润
254	600222	太龙药业	河南	6420.62	6517.7	3203.48
255	002365	永安药业	湖北	3273.35	3718.68	3172.23
256	000852	江钻股份	湖北	3123.3	3170.26	3135.85
257	000422	湖北宜化	湖北	2380.88	10805.73	3102.62
258	002296	辉煌科技	河南	2075.93	3589.25	3095.68
259	300109	新开源	河南	3489.26	3509.68	3011.78
260	600569	安阳钢铁	河南	2742.76	3951.96	2852.95
261	300018	中元华电	湖北	2693.11	3202.86	2648.15
262	002352	鼎泰新材	安徽	3001.54	3065.59	2631.35
263	600255	鑫科材料	安徽	2902.09	4525.62	2613.85
264	000785	武汉中商	湖北	7691.46	8226.23	2610.56
265	000702	正虹科技	湖南	2278.54	3580.81	2602.66
266	000722	湖南发展	湖南	3349.55	3351.06	2509.55
267	300358	楚天科技	湖南	2539.73	2810.98	2504.87
268	600552	方兴科技	安徽	2735.92	2839.57	2408.55
269	000868	安凯客车	安徽	−23585.5	6618	2353.75
270	600531	豫光金铅	河南	−19433.5	1983.84	2344.46
271	300123	太阳鸟	湖南	1320.18	2545.49	2310.33
272	600141	兴发集团	湖北	4307.5	4834.62	2218.56
273	600698	湖南天雁	湖南	1347.14	2519.9	2164.75
274	300276	三丰智能	湖北	2140.92	2289.12	2119.29
275	600312	平高电气	河南	2285.45	3047.33	2096.56
276	300184	力源信息	湖北	2878.56	2960.86	2030.98
277	603011	合锻股份	安徽	2501.49	2366.25	2001.99
278	600740	山西焦化	山西	3371.96	2200.05	1976.73
279	300247	桑乐金	安徽	2066.29	2283.59	1943.18
280	300035	中科电气	湖南	1549.25	1989.48	1856.7
281	002613	北玻股份	河南	1816.49	2550.07	1855.99
282	002057	中钢天源	安徽	841.64	2070.98	1806.39
283	000548	湖南投资	湖南	3024.78	2636.81	1786.71
284	600123	兰花科创	山西	3316.23	2833.65	1757.35
285	000755	山西三维	山西	487.16	698.68	1755.49
286	600781	辅仁药业	河南	1881.14	2376.17	1643.71
287	600876	洛阳玻璃	河南	−6325.66	846.82	1600.45
288	002591	恒大高新	江西	1628.02	1809.92	1589.15

续表

排名	证券代码	证券简称	省份	营业利润	利润总额	净利润
289	002505	大康牧业	湖南	290.33	2283.7	1568.28
290	000615	湖北金环	湖北	1529.03	1609.65	1566.71
291	600971	恒源煤电	安徽	-1946.63	3454.5	1557.28
292	002298	鑫龙电器	安徽	918.05	2035.1	1499.85
293	000678	襄阳轴承	湖北	-229.32	1624.79	1490.06
294	002189	利达光电	河南	1011.3	1307.68	1375.45
295	002523	天桥起重	湖南	992.12	1306.16	1370.07
296	600963	岳阳林纸	湖南	-31608.4	4941.5	1328.62
297	600599	熊猫金控	湖南	2864.24	2655.78	1250.8
298	600127	金健米业	湖南	-7030.06	1588.05	1228.21
299	000795	太原刚玉	山西	-14449.7	1206.52	1224.1
300	600745	中茵股份	湖北	3825.28	3396.96	1151.81
301	002097	山河智能	湖南	-5346.53	1373.15	1145.64
302	300345	红宇新材	湖南	1185.68	1386.31	1130.89
303	002046	轴研科技	河南	324.05	1543.35	1112.17
304	002347	泰尔重工	安徽	925.84	1324.14	1090.25
305	000821	京山轻机	湖北	2741.28	2763	1058.81
306	300220	金运激光	湖北	1068.05	1126.81	971.52
307	002571	德力股份	安徽	385.78	699.91	959.96
308	000619	海螺型材	安徽	1299.92	1607.91	934.37
309	002377	国创高新	湖北	1860.45	1929.85	862.55
310	600293	三峡新材	湖北	772.77	815.68	843.7
311	002407	多氟多	河南	348.92	601.8	833.75
312	000707	双环科技	湖北	-6535.7	1479.35	768.53
313	600476	湘邮科技	湖南	270.75	765.06	721.62
314	300046	台基股份	湖北	725.41	734.78	624.57
315	000859	国风塑业	安徽	-2862.83	632.3	624.53
316	600355	精伦电子	湖北	-144.24	597.01	607.67
317	600053	中江地产	江西	752.5	745.47	586.32
318	002607	亚夏汽车	安徽	-844.92	2126.7	583.57
319	600275	武昌鱼	湖北	967.85	569.91	576.22
320	300087	荃银高科	安徽	1520.7	2657.53	522.96
321	000670	盈方微	湖北	34.45	709.1	518.72
322	000971	蓝鼎控股	湖北	-996.35	410.15	410.15
323	600731	湖南海利	湖南	1254.97	1671.92	393.73

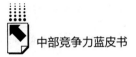

续表

排名	证券代码	证券简称	省份	营业利润	利润总额	净利润
324	000723	美锦能源	山西	639.68	677.34	338.61
325	002297	博云新材	湖南	239.88	861.53	325.33
326	002136	安 纳 达	安徽	-728.08	378.93	325.18
327	000673	当代东方	山西	323.17	309.48	303.95
328	002714	牧原股份	河南	-1853.5	269.92	269.92
329	600681	万鸿集团	湖北	464.08	465.22	209.67
330	002147	方圆支承	安徽	-1326.95	-326.2	208.08
331	600774	汉商集团	湖北	-234.63	27.38	195.74
332	600281	太化股份	山西	-2337.76	143.35	189.65
333	600257	大湖股份	湖南	466.92	481.64	153.65
334	000590	紫光古汉	湖南	535.42	456.1	135.38
335	600769	祥龙电业	湖北	118.74	140.33	130.28
336	300161	华中数控	湖北	-4139.97	1114.87	128.61
337	002321	华英农业	河南	-3662.61	322.9	116.31
338	600136	道博股份	湖北	381.33	375.05	95.41
339	002113	天润控股	湖南	53.66	64.12	64.12
340	600421	仰帆控股	湖北	83.75	158.6	52.99
341	600753	东方银星	河南	-195.63	-200.16	-180.16
342	600444	国通管业	安徽	-442.76	-432.82	-400.16
343	600107	美 尔 雅	湖北	865.71	960.52	-559.21
344	000428	华天酒店	湖南	1928.95	1837.82	-860.57
345	600520	中发科技	安徽	-1503.17	-1137.02	-1213.03
346	600234	山水文化	山西	-1584.56	-1536.28	-1303.56
347	000504	南华生物	湖南	-1321.78	-1291.87	-1327.6
348	000622	恒立实业	湖南	-1895.89	-1813.99	-1636.62
349	300268	万福生科	湖南	-2808.21	-2718.62	-2718.62
350	600390	金瑞科技	湖南	-3274.71	-1738.14	-2804.11
351	600156	华升股份	湖南	-4588.98	-3078.79	-3168.49
352	600237	铜峰电子	安徽	-3998.01	-3529.1	-3550.08
353	002159	三特索道	湖北	252.57	411.87	-3726.53
354	600071	凤凰光学	江西	-5768.33	-5865.56	-3788.15
355	600975	新 五 丰	湖南	-7092.93	-4782.55	-3927.06
356	002125	湘潭电化	湖南	-5411.74	-4062.73	-3980.13

续表

排名	证券代码	证券简称	省份	营业利润	利润总额	净利润
357	600539	狮头股份	山西	-4723.68	-4971.1	-4163.28
358	600478	科力远	湖南	-8107.56	-4267.71	-4593.87
359	002423	中原特钢	河南	-5997.43	-4468.95	-4664.22
360	000831	五矿稀土	山西	-9623.67	-7953.33	-5579.85
361	000918	嘉凯城	湖南	9758.71	9694.38	-5827.66
362	000952	广济药业	湖北	-8152.12	-6491.35	-6121.68
363	000676	智度投资	河南	-8318.55	-7660.55	-6858.97
364	002477	雏鹰农牧	河南	-6934.7	-6101.08	-7418.06
365	000799	酒鬼酒	湖南	-10472.9	-8518.73	-7603.35
366	600470	六国化工	安徽	-17140.1	-13067.5	-8476.8
367	002157	正邦科技	江西	-15750.5	-14521	-11550
368	600186	莲花味精	河南	-19527.6	-13031.7	-12908.5
369	600121	郑州煤电	河南	-634.96	-745.03	-17353.5
370	600744	华银电力	湖南	-21518.9	-19046.1	-17467.6
371	600207	安彩高科	河南	-25681.1	-24914.4	-26995.3
372	600408	安泰集团	山西	-43128.7	-41139.4	-31497
373	000933	神火股份	河南	-28608.8	-23463.8	-36652.9
374	600375	华菱星马	安徽	-46805	-43177.2	-37636.6
375	600069	银鸽投资	河南	-92904.4	-90766.9	-69649.3
376	000968	煤气化	山西	-113722	-115356	-99492.4
377	601918	国投新集	安徽	-187843	-197375	-196926
378	600575	皖江物流	安徽	-237093	-272074	-274978

注：数据以 2015 年 4 月 17 日收盘后安信证券交易和行情查询软件的数据库为准。

四 企业排名分省排行榜

（一）中部各省入榜"中国企业500强"的企业数比较

表16 2014 年中国 500 强中部企业入榜数

省份	河南	安徽	湖北	山西	江西	湖南	中部合计
入榜数	8	11	7	11	7	7	51

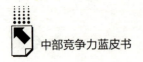

（二）中部上市公司数量排名

表17 中部地区 A 股上市企业数比较

区域	山西	江西	湖南	湖北	安徽	河南	中部总
数量	34	34	79	82	82	67	378
占比（%）	8.99	8.99	20.90	21.69	21.69	17.72	100.00

注：以2015年4月17日沪深交易所所有即时交易上市公司为准。

（三）中部中小板公司数量排名

表18 中部中小板公司数量排名

区域	山西	江西	湖南	湖北	安徽	河南	中部总
数量	3	8	20	10	26	23	90
占比（%）	3.33	8.89	22.22	11.11	28.89	25.56	100.00
排名	6	5	3	4	1	2	

注：以2015年4月17日沪深交易所所有即时交易上市公司为准。

（四）中部创业板公司数量排名

表19 中部创业板公司数量排名

区域	山西	江西	湖南	湖北	安徽	河南	中部总
数量	2	3	14	13	7	8	47
占比（%）	4.26	6.38	29.79	27.66	14.89	17.02	100.00
排名	6	5	1	2	4	3	

注：以2015年4月17日沪深交易所所有即时交易上市公司为准。

（五）中部上市公司按总资产排名前100强入榜数

表20 中部上市公司按总资产排名前100强入榜数

省份	湖北	安徽	河南	山西	湖南	江西	合计
入榜数	24	16	19	15	16	10	100

（六）中部上市公司按总营业收入排名前100强入榜数

表21　中部上市公司按总营业收入排名前 100 强入榜数

省份	安徽	河南	湖北	湖南	山西	江西	合计
入榜数	24	18	21	15	12	10	100

B.10 中部企业竞争力模型及评价

摘　要：　构建了以"环境－能力－潜力"为核心的"三大构件、六项指征"的区域企业竞争力指标评价模型和指标体系。在此基础上对中部六省 2013 年 25 个企业竞争力指标进行测算，中部六省企业竞争潜力排名依次为河南、湖北、安徽、湖南、山西和江西；企业竞争能力排名依次为河南、湖北、湖南、安徽、江西和山西；企业竞争环境排名依次为河南、湖北、湖南、安徽、山西和江西。综合而言，中部六省企业发展和竞争力水平可分为三个层次：第一层次是河南省，河南是中部第一经济大省，企业竞争力总体水平最高，并远高于中部平均水平；第二层次是湖北、安徽和湖南，湖北和安徽均高过中部平均水平，且两省企业竞争力得分相近，位次竞争激烈，湖南较弱，且与湖北和安徽省的差距呈现拉大趋势；第三层次是山西和江西二省，在各项竞争力指标均表现出较强的弱势。

关键词：　中部企业　竞争力　模型

一　区域企业竞争力理论

　　企业是市场经济最重要的生产者，是区域经济发展的主体力量，企业发展是一个地区经济发展的重要构成。区域企业竞争力既不同于单个企业的竞争力，也不同于区域竞争力，而是某区域内企业相对于其他区域所具有的竞争能力和水平。区域企业竞争力代表了企业发展水平及其空间属性。但区域企业竞争力概念体现了有企业竞争力的内在属性。罗国勋（1999）认为，企业竞争力是"企业和企业家在适应、协调和驾驭外部环境的过程中，成功地从事经营活动的能力"。张志强等（1999）认为，企业竞争力是"独立经营的企业在市场经济环境中相对于其竞争对手所表现出来的生存能力和持续发展能力的综合"，包括企业现时的市场竞争能力、潜在竞争能力以及企业将潜在竞争能力转化为现实竞争优势的能力。胡大立（2001）进一步概括为"企业在市场竞争中的可持续发展状态的能力"。根据企业竞争力强弱，李显君（2002）按照企业竞争能力的强弱将其划分为强势竞争力、均势竞争力和弱势竞争力三种类型。

区域企业竞争力同时也隶属于区域竞争力概念范畴。为此，M. Porter（1990）曾这样阐释区域竞争力，即"一个地区在保持和不断提高居民生活水平的同时，吸引和保持那些在经济活动中具有稳定的或不断增加市场份额的企业的能力。"波特从市场机制入手较好地综合了企业和区域竞争力的双重内涵。[1] 经济合作与发展组织（OECD，1996）进一步将其上升为"国家竞争力"。[2] Huovari 等（2001）认为，区域竞争力"是为了让居民能够享受相对良好的经济福利，一个区域培育、吸引和支持经济活动的能力，"[3] 其中包括生产竞争力、市场竞争力、技术竞争力、资本竞争力四个方面。

由上，区域企业竞争力概念具有如下属性：（1）区域企业竞争力是一个比较概念，是一个区域相对于其他区域企业所表现出来的竞争力总和。评价区域企业竞争力需建立适宜比较的参照系。否则评价一个地区的企业竞争力将毫无意义。（2）区域企业竞争力是个微观概念而不是宏观概念。企业竞争

---

[1] Porter M. The Competitive Advantage of Nations. Basingstoke, Macmillan. 1990.

[2] Organization for Economic Co - operation and Development. Industrial Competitiveness. OECD, Paris. 1996.

[3] Huovari Janne, Aki Kangasharju and AkuAlanen. Constructing an Index for Regional Competitive - ness. Pellervo Economic Research Institute Working Paper, Helsinki, 2001. No. 44.

力通常是一个企业相对于其他企业而言在市场竞争中所表现出来的竞争优势，区域企业竞争力则是区域内所有企业表现出来的竞争优势，这种优势可能是潜在的，更可能是过去长期积累的结果。区域企业竞争力的表现往往并不直接由企业竞争力表现出来。（3）区域企业竞争力是多重竞争力测量的综合。包括有企业竞争环境、企业发展水平以及企业发展能力等多重相对优势和能力。

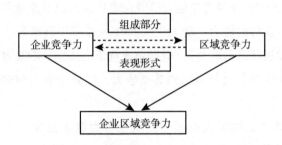

图1　区域企业竞争力概念形成关系

二　中部企业竞争力评价体系

（一）中部企业竞争力评价模型

中部企业竞争力隶属于区域企业竞争力范畴，特指中部各省企业群体所表现出的竞争优势和能力。国际学术界普遍采纳波特"国家钻石模型"的分析框架进行竞争力评价。"国家钻石模型"从需求条件、要素条件、企业策略、相关与辅助产业的状况、结构与竞争者、机遇以及政府行为六个因素来分析国家的国际竞争力。波特的分析框架被形象地称之为的产业国际竞争力的"国家菱图"或"国家钻石"模型。对于中部企业竞争力评价而言，波特所强调的需求条件、辅助产业、政府行为等因素具有重要的启示意义和重要的解释力。波特钻石模型被广泛应用于企业竞争力评价和研究中，如陈晓红、解海涛、常燕（2006）以由"钻石模型"构建出"星形模型（Star Model）"。但相对于"国家钻石"模型，星型模型忽视了在企业区域竞争优势的形成中政府的作用以及市场环境等的作用。同时，企业以赢利为目的，企业的社会公益贡献不应归入企业竞争力范畴。故结合钻石模型和星形模型（Star Model）形成如下图示的"区域企业竞争力钻石模型"。①

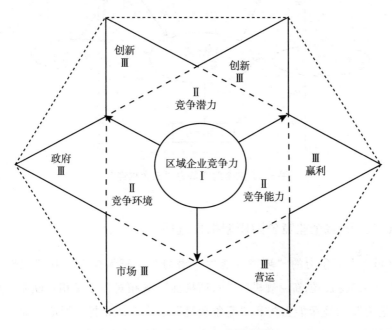

图 2 区域企业竞争力钻石模型

区域企业竞争力形成或表现具有三大构件，即：（1）企业所具有的能增强未来竞争优势的潜在竞争能力（竞争潜力）；（2）企业表现现实竞争能力；（3）企业所拥有的有利于竞争优势形成的环境（竞争环境）。"竞争环境"因素主要包括"政府"和"市场"两大环境；"竞争能力"则分为企业"营运"能力和"赢利"能力；"竞争潜力"包括有企业创新条件和规模效应。据此衍生出"六项指征"即"政府－市场、营运－赢利、创新－规模"，形成完整的区域企业竞争力评价体系。其中"环境"决定"能力"，而"能力"决定"潜力"。竞争潜力和竞争能力分为潜在的和现实的两个维度。另外，从时间维度看"环境－能力－潜力""三构件"分别代表了区域企业竞争力优势及形成演变的"过去－现在－未来"。从而，使得企业竞争力评价在时间维度上更完整，竞争力评价更具科学性。

---

① 陈晓红、解海涛、常燕：《基于"星形模型"的中小企业区域竞争力研究》，《财经研究》，2006 年第 10 期。

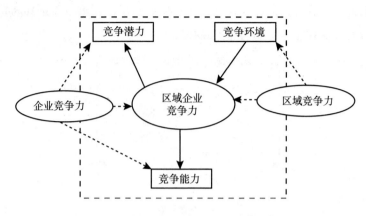

图3 区域企业竞争力"三大构件"

（二）区域企业竞争力模型指标选择

区域企业竞争力的"环境－能力－潜力""三大构件"和"政府－市场、营运－赢利、创新－规模""六项指征"既相对独立又相互联系。形成"竞争潜力"、"竞争能力"和"竞争环境"三个一级指标，形成"企业发展规模指数"、"企业创新能力指数"、"企业获利能力指数"、"企业营运能力指数"、"政府支持相关指数"、"市场环境相关指数"六个二级指标。针对中部地区企业区域竞争力内涵，在"三级指标"设置和"实际指标"选择上将遵循客观性原则、系统性原则、可比性原则和实用性原则。具体指标选择和设置如下。

1. 竞争环境

（1）政府支持相关指数

政府为企业创造的政策环境，是企业发展的基础和前提，是企业最重要的竞争环境。政府支持相关指数反映政府对企业发展的支持和扶持力度。由于政府的经济行为最终都通过企业得以实现，并且政府经济行为的强弱都直接或间接反映出对企业发展支持的力度，如政府的社会建设规模越大、政府投资越大，将为企业创造更多的市场需求，为企业创造更多的发展机会。同时，为企业服务是政府重要的公共服务职能。而最能直接反映政府对一个地区企业支持的是一个地区的国有及国有控股企业的发展水平和实力水平。因为，在我国国有经济和国有企业占据主导地位的情况下，国有企业的竞争力或国有企业的发展则能较好地反映一个地区的企业发展现状。为此，企业得到的相关政府支持，可从政府主导下的社会建设、政府投资、社会服务以及国有企业发展四个面寻找相关的指标数据支持。其中，社会建设选择全社会固定资产投资作为实际指标，政府投资以国有全社会固定资产投资为指标代表。政府服务是全方位的，既有公共社会事务的服务也包含基础设施建设服务，为了确保指标的可比性，选择社会福利企业机构数代表社会服务。国有企业则以国有及国有控股工业企业的发展指标工业总产值作为替代指标。

表1　政府支持相关指标选择

序号	政府支持事项	选择指标
1	社会建设	全社会固定资产投资(亿元)
2	政府投资	国有全社会固定资产投资(亿元)
3	社会服务	社会福利企业机构数(个)
4	国有企业发展	国有控股工业企业单位数(个)

（2）市场环境相关指数

市场是企业竞争的场所，市场促使企业竞争，带来需求也产生着供给。对单一企业来讲，市场条件不可改变。但对一个地区的所有企业而言，市场条件的优劣可成为该地区所有企业整体竞争力评判的先行指征。通常，市场容量、市场的外向度、一个地区竞争性产业或主导产业的高级化程度、人均市场购买能力等影响一个地区企业的发展。对应的实际指标分别如下表。

表2　市场环境相关指数指标选择

序号	市场环境相关事项	实际指标
1	区域经济总量	地区生产总值
2	区域经济外向程度	经营单位所在地出口总额(千美元)
3	产业高级化程度	第三产业增加值
4	人均经济条件	城镇单位就业人员平均工资

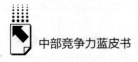

2. 竞争能力

（1）企业获利能力指数

企业获利能力大小的评判，最直接的指标即为企业的利润总额，通常企业利润总额越大说明企业的获利能力越强。为此，通过直接比较不同性质和规模企业的利润总额可大体得出一个地区的企业总体的获利能力。企业类型和实际指标选择如下。

表3　企业获利能力指数

序号	选择企业类型	实际指标
1	规模以上企业	规模以上工业企业利润总额(亿元)
2	国有及国有控股	国有及国有控股工业企业利润总额(亿元)
3	大中型工业企业	大中型工业企业工业利润总额(亿元)

（2）企业营运能力指数

企业营运除了需要确保营运正常、安全外，更需要有效地实现企业资金的最大化使用、成本最大化节省以及最小化库存。为此，企业营运能力可采用企业营运的资金周转、成本控制和产品销售等事项进行描述和评判。同时由于规模以上工业企业是企业群体的主体，故选择规模以上企业的营运指标具有较强的代表性。

表4　企业营运能力指数

序号	企业营运相关事项	实际指标
1	资金周转	规模以上工业企业流动资产合计(亿元)
2	资产效率	大中型工业企业主营业务税金及附加(亿元)
3	产品销售	规模以上工业企业新产品销售收入(万元)

3. 竞争潜力

（1）企业发展规模指数

企业的竞争潜力由企业具备的发展基础和能力决定。通常一个地区所有企业总产值越高、总资产规模越大、资产使用效率越高越说明该地区企业作为一个整体抗风险能力越强、规模效应越突出、在竞争中获胜的可能性越大。为此，分别以规模以上工业企业主营业务收入、规模以上工业企业资产、规模以上工业企业所有者权益合计以及工业增加值作为实际指标对企业发展规模及规模效应进行描述。

表5 企业发展规模指数

序号	企业发展指标	实际指标
1	营业收入	规模以上工业企业主营业务收入(亿元)
2	企业资产	规模以上工业企业资产总计(亿元)
3	资本权益	规模以上工业企业所有者权益合计(亿元)
4	工业产值	工业增加值

（2）企业创新能力指数

创新是企业的灵魂，创新能力的投入和培育是企业在竞争中获胜的根本。但创新投入以及现有的创新性成果并不能直接成为战胜对手的竞争力，更多的是以一种潜在竞争力的形式存在着。为此，创新人力的投入、专利的申请数以及专利的授权数、新产品开发的投入以及新产品产值等指标均代表了企业创新能力的大小以及竞争能力可能达到的水平。

表6 企业创新能力指数

序号	企业创新指标	实际指标
1	人力资本	规模以上工业企业新产品项目数
2	专利技术	规模以上工业企业开发新产品经费(万元)
3	创新投入	规模以上工业企业新产品出口销售收入(万元)
4	新产品开发	规模以上工业企业新产品项目数

4. 排名补充项

排名补充项通过各类微观的企业排名反映一省企业发展状况。鉴于企业排名版本很多，故选择较能全面反映一省企业发展总体状况的中部六省上市公司排名和中国五百强入榜企业数。公司上市情况尤其是上市公司数能较好反映一省企业投融资和企业规范化发展的总体状况。全国五百强企业中中部六省的入榜数作为比较，则可较好地反映中部各省与全国其他省市企业发展差距。

表7 排名补充项

序号	比较项	实际指标
1	公司上市数	上市公司数
2	五百强入榜企业数	五百强入榜数
3	中部百强企业入榜数	中部上市公司按总营业收入排名前100强入榜数

（三）企业竞争力指标基准赋值

竞争是相对于对手而言，为此竞争性、竞争力都是一个相对概念。竞争力的大小仅仅是比较后的相对大小和强弱。竞争力赋值只有指明了比较对象以及对象的赋值大小，才有实际意义。同时，竞争力大小不可能有最大值、最小值以及理想值的赋值区间，但为了便于比较区域企业竞争力程度和水平，可给每个指标一个基准赋值。基准对象的选择则根据研究内容以及研究目的而定。为了便于比较，将按照25项实际指标中的最高值作为基准值，且确保基准值为100分。这样得到一个中部六省企业竞争力的理想分值，即100分。其中基于区域企业竞争力的"环境－能力－潜力""三大构件"以及"六项指征"的平等重要性，"环境－能力－潜力""三大构件"的一级指标的理想基值为24分，六个二级指标各12分。三级指标则根据指标内涵分别赋值3分或4分，确保二级指标理想基准值能达到12分。排名补充项是通过目前各项企业排名对"环境－能力－潜力"区域企业竞争力指标的补充分析，为此用以补充100分差值，即余下的28分，指标体系赋值如表8。

表8 区域企业竞争力指标体系设计表

一级指标	二级指标	三级指标	序号	赋值	实际指标参数
1 竞争潜力 (24分)	1.1 企业发展规模指数（12分）	营业收入	1	3	规模以上工业企业主营业务收入(亿元)
		企业资产	2	3	规模以上工业企业资产总计(亿元)
		资本权益	3	3	规模以上工业企业所有者权益合计(亿元)
		工业产值	4	3	工业增加值
	1.2 企业创新能力指数（12分）	人力资本	5	3	规模以上工业企业R&D人员全时当量(人年)
		专利技术	6	3	规模以上工业企业新产品项目数
		创新投入	7	3	规模以上工业企业开发新产品经费(万元)
		新产品开发	8	3	规模以上工业企业新产品出口销售收入(万元)

一级指标	二级指标	三级指标	序号	赋值	实际指标参数
2 竞争 能力 (24分)	2.1 企业获利能力指数(12分)	规模以上企业发展	9	4	规模以上工业企业利润总额(亿元)
		国有及国有控股发展	10	4	国有及国有控股工业企业利润总额(亿元)
		大中型工业企业发展	11	4	大中型工业企业工业利润总额(亿元)
	2.2 企业营运能力指数(12分)	资金周转	12	4	规模以上工业企业流动资产合计(亿元)
		资产效率	13	4	大中型工业企业主营业务税金及附加(亿元)
		产品销售	14	4	规模以上工业企业新产品销售收入(万元)
3 竞争 环境 (24分)	3.1 政府支持相关指数(12分)	社会建设	15	3	全社会固定资产投资(亿元)
		政府投资	16	3	国有全社会固定资产投资(亿元)
		社会服务	17	3	社会福利企业机构数(个)
		国有企业	18	3	国有控股工业企业单位数(个)
	3.2 市场环境相关指数(12分)	区域经济总量	19	3	GDP
		区域经济外向程度	20	3	经营单位所在地出口总额(千美元)
		产业高级化程度	21	3	第三产业增加值
		人均经济条件	22	3	城镇单位就业人员平均工资
4 排名 补充 值(28)	4.1 上市公司排名	公司上市数	23	14	上市公司数
	4.2 企业排行榜	五百强入榜企业数	24	7	五百强入榜数
		中部百强企业入榜数	25	7	中部上市公司按总营业收入排名前100强入榜数

三 企业竞争力比较

(一)模型运算与指标处理

以中部六省中各实际指标的最高值为基准进行赋值,其他指标省则以最大值为基准获得竞争力得分。以 $Ecpt$（Enterprise Competitiveness）表示区域的企业竞争力值，且 $Ecpt = Ecpt_{\mathrm{I}} + Ecpt_{\mathrm{II}} + Ecpt_{\mathrm{III}}$，其中 $Ecpt_{\mathrm{I}}$、$Ecpt_{\mathrm{II}}$ 和 $Ecpt_{\mathrm{III}}$ 分别表示模型"三大构件"即"竞争潜力、竞争能力、竞争环境"的指标得分。以 $Index_i$ 表示第 i 个指标的实际值，其中 $i \in \{1 \cdots 22\}$。IS_i（$Index_i - score$）表示第 i 个指标的竞争力得分。从而，$Ecpt = Ecpt_{\mathrm{I}} + Ecpt_{\mathrm{II}} + Ecpt_{\mathrm{III}} = \sum_1^{22} IS_i$，$IS_i = f(Index_i)$。$IS_i = f(Index_i)$ 函数式跟基准选择以及基准赋值（Base value）相关，令 Bv_i（Base value）表示第 i 个指标的基准值。$Index_i^B$ 表所选择参考对象第 i 个指标的实际值，很显然 IS_i^B（$Index_i^B - score$）$= Bv_i$（$Base_i - value$）。而每个省的 $IS_i^{RG} = Bv_i \times Index_i^{BG} / Index_i^B$，从而 $Ecpt^{RG} = \sum_1^{22} (Bv_i \times Index_i^{RG} / Index_i^B)$，其中 Bv_i 等于 3 或 4。中部六省平均 $Index_i^{cc} = (Index_i^{SX} + Index_i^{AH} + Index_i^{He-N} + Index_i^{HB} + Index_i^{Hu-N} + Index_i^{JX}) / 6$，$IS_i^{CC} = Bv_i \times Index_i^{CC} / Index_i^B$，$Ecpt^{CC} = \sum_1^{22} (Bv_i \times Index_i^{CC} / Index_i^B)$。对排名补充项按照相似的方法进行指标值处理和计算。

表9　六省企业区域竞争力计算原始数据

指标序号	山西	安徽	江西	河南	湖北	湖南
1	18404.65	33079.46	26700.22	59454.79	37864.54	31616.57
2	28058.27	25168.07	13640.12	42021.92	30131.82	19031.64
3	8047.27	10210.97	6237.98	21515.5	13163.43	8746.88
4	5842.14	8880.45	6452.41	14937.72	10139.24	10001
5	34024	86000	29519	125091	85826	73558
6	2938	17320	4381	11150	10722	9089
7	991958	3244687	977849	2660106	3317175	2959845
8	1266926	2774115	1575374	19677786	2021102	2241272
9	547.91	1758.77	1756.66	4410.82	2080.66	1585.06
10	345.83	368.24	229.01	357.98	695.34	358.47
11	427.39	958.4	966.4	2389.01	1302.5	787.5
12	11371.37	11281.46	6233.24	19504.21	13595.46	8326.78
13	137.45	340.06	207.23	500.61	600.88	653.89
14	1266926	2774115	1575374	19677786	2021102	2241272
15	11031.89	18621.9	12850.25	26087.46	19307.33	17841.4

指标序号	山西	安徽	江西	河南	湖北	湖南
16	4023.3	4046.2	2368.21	3351.26	4205.65	4835.83
17	424	357	331	937	625	550
18	752	643	475	796	689	739
19	12665.25	19229.34	14410.19	32191.30	24791.83	24621.67
20	7995574	45518969	36746634	59956868	36380076	25175308
21	5311.18	6572.14	5108.66	11475.7	9974.92	10077.39
22	46407	47806	42473	38301	43899	42726
23	34	82	34	67	82	79
24	11	11	7	8	7	7
25	12	24	10	18	21	15

在以上数据基础上找出各指标的极大值（MAX）和极小值（MIN），计算六省的平均值（AVE），AVE 的计算按照六省指标值加总后再除以 6 计算得出，得出理想值最大偏离数距（MAX - MIN），平均值偏离理想值的数距（MAX - AVE）以及均值在最大数距间的百分比位置 [1 - （MAX - AVE）/（MAX - MIN）]。经处理得到表 10 数据。

表 10　数据分析

指标序号	MIN	AVE	MAX	MAX - MIN	MAX - AVE	1-(MAX-AVE)/(MAX-MIN)（%）
1	18404.65	34520.0	59454.79	41050.1	24934.8	39.3
2	13640.12	26342.0	42021.92	28381.8	15679.9	44.8
3	8047.27	11320.3	21515.5	13468.2	10195.2	24.3
4	5842.14	9375.5	14937.72	9095.6	5562.2	38.8
5	29519	72336.3	125091	95572.0	52754.7	44.8
6	2938	9266.7	17320	14382.0	8053.3	44.0
7	977849	2358603.3	3317175	2339326.0	958571.7	59.0
8	1266926	4926095.8	19677786	18410860.0	14751690.2	19.9
9	547.91	2023.3	4410.82	3862.9	2387.5	38.2
10	229.01	392.5	695.34	466.3	302.9	35.1
11	427.39	1138.5	2389.01	1961.6	1250.5	36.3

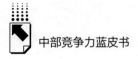
续表

指标序号	MIN	AVE	MAX	MAX - MIN	MAX - AVE	1 - (MAX - AVE)/(MAX - MIN)(%)
12	6233.24	11718.8	19504.21	13271.0	7785.5	41.3
13	137.45	406.7	653.89	516.4	247.2	52.1
14	1266926	4926095.8	19677786	18410860.0	14751690.2	19.9
15	11031.89	17623.4	26087.46	15055.6	8464.1	43.8
16	2368.21	3805.1	4835.83	2467.6	1030.8	58.2
17	331	537.3	937	606.0	399.7	34.0
18	475	682.3	796	321.0	113.7	64.6
19	12,665.25	21318.3	32,191.30	19526.1	10873.0	44.3
20	7995574	35295571.5	59956868	51961294.0	24661296.5	52.5
21	5108.66	8086.7	11475.7	6367.0	3389.0	46.8
22	38301	43602.0	47806	9505.0	4204.0	55.8
23	34	63.0	82	48.0	19.0	60.4
24	7	8.5	11	4.0	2.5	37.5
25	10	16.7	24	14.0	7.3	47.6

表11 各指标极大 - 极小值省份分布

指标序号	三级指标	实际指标参数	MIN	MAX
1	营业收入	规模以上工业企业主营业务收入	山西	河南
2	企业资产	规模以上工业企业资产总计	江西	河南
3	资本权益	规模以上工业企业所有者权益合计	江西	河南
4	工业产值	工业增加值	山西	河南
5	人力资本	规模以上工业企业R&D人员全时当量	江西	河南
6	专利技术	规模以上工业企业新产品项目数	山西	安徽
7	创新投入	规模以上工业企业开发新产品经费	江西	湖北
8	新产品开发	规模以上工业企业新产品出口销售收入	山西	河南
9	规模以上企业发展	规模以上工业企业利润总额	山西	河南
10	国有及国有控股发展	国有及国有控股工业企业利润总额	江西	湖北
11	大中型工业企业发展	大中型工业企业工业利润总额	山西	河南
12	资金周转	规模以上工业企业流动资产合计	江西	河南
13	资产效率	大中型工业企业主营业务税金及附加	山西	湖南
14	产品销售	规模以上工业企业新产品销售收入	山西	河南
15	社会建设	全社会固定资产投资	江西	河南

指标序号	三级指标	实际指标参数	MIN	MAX
16	政府投资	国有全社会固定资产投资	江西	湖南
17	社会服务	社会福利企业机构数	江西	河南
18	国有企业发展	国有控股工业企业单位数	江西	河南
19	区域经济总量	GDP	山西	河南
20	区域经济外向程度	经营单位所在地出口总额	山西	河南
21	产业高级化程度	第三产业增加值	江西	河南
22	人均经济条件	城镇单位就业人员平均工资	河南	安徽
23	公司上市数	上市公司数	山西	湖北和安徽
24	五百强入榜企业数	五百强入榜数	湖南、江西、湖北	山西和安徽
25	中部百强企业入榜数	中部上市公司按总营业收入排名前100强入榜数	江西	安徽

从 25 个单项指标极大值分布来看，河南省共有 16 个指标居中部六省之首，主要集中在营业收入、企业资产、资本权益、工业产值、人力资本、新产品开发、规模以上企业、大中型工业企业、资金周转、产品销售、社会建设、社会服务、国有企业、区域经济总量、区域经济外向程度、产业高级化程度等方面。安徽省共有四项位居中部第一，主要为专利技术、人均经济条件、公司上市数、上市公司百强入榜数等。湖北省的优势在于创新投入、国有及国有控股企业发展以及上市公司发展三个方面。湖南省的优势在于资产效率、政府投资两个方面。相对而言，山西在世界 500 强企业排名具有一定优势。

从以极小值为代表的竞争弱势来看，江西和山西二省在中部六省中的竞争劣势较为明显。江西省共有 13 个指标为中部六省中的极小值，主要表现在企业资产、资本权益、人力资本、创新投入、国有及国有控股、资金周转、社会建设、政府投资、社会服务、国有企业、产业高级化程度、五百强入榜企业数和中部百强企业入榜数等方面。同样山西省共有 11 项指标值为中部六省中的最小值，主要表现在营业收入、工业产值、专利技术、新产品开发、规模以上企业、大中型工业企业、资产效率、产品销售、区域经济总量、区域经济外向程度以及公司上市数等方面。河南省企业发展环境尤其是人均经济条件在中部六省中最弱。湖南、湖北在五百强企业入

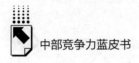

榜数上地位较为滞后。

按照模型计算得到表12结果。

表12　竞争力指标计算值

序号	MAX	山西	安徽	江西	河南	湖北	湖南	AVE	MIN	MAX/MIN
1	3	0.93	1.67	1.35	3	1.91	1.6	1.74	0.93	3.2
2	3	2	1.8	0.97	3	2.15	1.36	1.88	0.97	3.1
3	3	1.12	1.42	0.87	3	1.84	1.22	1.58	1.12	2.7
4	3	1.17	1.78	1.3	3	2.04	2.01	1.88	1.17	2.6
5	3	0.82	2.06	0.71	3	2.06	1.76	1.73	0.71	4.2
6	3	0.51	3	0.76	1.93	1.86	1.57	1.61	0.51	5.9
7	3	0.9	2.93	0.88	2.41	3	2.68	2.13	0.88	3.4
8	3	0.19	0.42	0.24	3	0.31	0.34	0.75	0.19	15.8
9	4	0.5	1.59	1.59	4	1.89	1.44	1.83	0.5	8.0
10	4	1.99	2.12	1.32	2.06	4	2.06	2.26	1.32	3.0
11	4	0.72	1.6	1.62	4	2.18	1.32	1.91	0.72	5.6
12	4	2.33	2.31	1.28	4	2.79	1.71	2.4	1.28	3.1
13	4	0.84	2.08	1.27	3.06	3.68	4	2.49	0.84	4.8
14	4	0.26	0.56	0.32	4	0.41	0.46	1	0.26	15.4
15	3	1.27	2.14	1.48	3	2.22	2.05	2.03	1.27	2.4
16	3	2.5	2.51	1.47	2.08	2.61	3	2.36	1.47	2.0
17	3	1.36	1.14	1.06	2	1.76	1.72	1.06	2.8	
18	3	2.83	2.42	1.79	3	2.6	2.79	2.57	1.79	1.7
19	3	1.18	1.79	1.34	3	2.31	2.29	1.99	1.18	2.5
20	3	0.4	2.28	1.84	3	1.82	1.26	1.77	0.4	7.5
21	3	1.39	1.72	1.34	3	2.61	2.63	2.11	1.34	2.2
22	3	2.91	3	2.67	2.4	2.75	2.68	2.74	2.4	1.3
23	14	5.8	14	5.8	11.44	14	13.49	10.76	5.8	2.4
24	7	7	7	4.45	5.09	4.45	4.45	5.41	4.45	1.6
25	7	3.5	7	2.92	5.25	6.13	4.38	4.86	2.92	2.4
合计	100	44.42	70.37	40.63	87.72	73.6	64.31	63.51	35.48	2.8

　　根据模型，在中部六省企业竞争力的内部比较中，如某省25个指标值均为中部六省最高，则获得竞争力满分100分。其他省则根据对应指标与最高值指标的比值进行折算。中部六省平均得分63.51，极小分值为35.48。中部六

省中河南省得分最高，为 87.72，其次是湖北省 73.60；另有安徽省超过 70 分，为 70.37；湖南省综合得分略高于中部六省平均得分，为 64.31；山西和江西二省综合得分分别为 44.42 和 40.63。

从指标得分差距来看，企业竞争综合得分最高分值是最低分值的 2.8 倍。从具体指标来看，最大－最小比值在 10 倍以上的指标有新产品开发和销售，对应的实际指标规模以上工业企业新产品出口销售收入和规模以上工业企业新产品销售收入，最大－最小比值分别为 15.8 和 15.4。最大－最小比值在 5 倍以上的指标主要集中在专利技术、规模以上企业利润、大中型工业企业利润、区域经济外向程度等方面，其倍率分别为 5.9、8、5.6 和 7.5。最大－最小值在 3～5 间的指标共有 7 个，对应的发展指标分别有营业收入、企业资产、人力资本、创新投入、国有及国有控股、资金周转和资产效率。企业发展最大－最小差距低于 3 的发展指标主要有资本权益、工业产值、社会建设、政府投资、社会服务、国有企业、区域经济总量、产业高级化程度、人均经济条件等。其中国有企业数量、人均经济条件、五百强入榜企业数差距均较小，分别为 1.7、1.3 和 1.6。

表 13　低于平均水平的指标统计

序号	指标类型	低于平均水平的指标						中部均值
		山西	安徽	江西	河南	湖北	湖南	
1	营业收入	√	√	√			√	1.74
2	企业资产		√	√			√	1.88
3	资本权益	√	√	√			√	1.58
4	工业产值	√	√	√				1.88
5	人力资本	√		√				1.73
6	专利技术	√		√			√	1.61
7	创新投入	√		√				2.13
8	新产品开发	√	√	√		√	√	0.75
9	规模以上企业	√		√			√	1.83
10	国有及国有控股发展	√	√	√	√			2.26
11	大中型工业企业发展	√	√	√				1.91
12	资金周转	√	√	√			√	2.4
13	资产效率	√	√	√				2.49

续表

序号	指标类型	低于平均水平的指标						中部均值
		山西	安徽	江西	河南	湖北	湖南	
14	产品销售	√	√	√		√	√	1
15	社会建设	√		√				2.03
16	政府投资			√				2.36
17	社会服务	√	√	√				1.72
18	国有企业发展		√	√				2.57
19	区域经济总量	√	√	√				1.99
20	区域经济外向程度	√					√	1.77
21	产业高级化程度	√		√				2.11
22	人均经济条件							2.74
23	公司上市数	√		√				10.76
24	五百强入榜企业数	√		√	√	√	√	5.41
25	中部百强企业入榜数	√		√			√	4.86
	综合得分	√		√			√	63.51
	低于平均水平的指标数	20	15	23	2	3	13	

以中部六省的平均水平为准，在 25 个指标中低于平均水平最多的省为江西省，共有 23 个，其次是山西省 20 个，安徽省 15 个指标低于中部平均水平，湖南省 13 个指标低于中部平均水平。在中部企业发展中河南省和湖北省的优势较为全面，但依然分别有 2 和 3 个指标低于中部平均水平。河南省低于中部平均水平的指标分别为国有及国有控股企业利润总额和五百强入榜企业数，湖北省为新产品开发和销售以及五百强入榜企业数。与之相应的是山西省在企业资产、政府投资、人均经济条件以及五百强入榜企业数等方面具有较为突出的优势。江西省在区域经济外向程度和人均经济条件则优势显著。

表 14 企业竞争力指标值分省排名

比较项		由高到低排名						AVE	MIN
指标	排名	1	2	3	4	5	6		
1	省份	河南	湖北	安徽	湖南	江西	山西	1.74	0.93
	得分	3	1.91	1.67	1.6	1.35	0.93		
2	省份	河南	湖北	山西	安徽	湖南	江西	1.88	0.97
	得分	3	2.15	2	1.8	1.36	0.97		

比较项		由高到低排名						AVE	MIN
指标	排名	1	2	3	4	5	6		
3	省份	河南	湖北	安徽	湖南	山西	江西	1.58	1.12
	得分	3	1.84	1.42	1.22	1.12	0.87		
4	省份	河南	湖北	湖南	安徽	江西	山西	1.88	1.17
	得分	3	2.04	2.01	1.78	1.3	1.17		
5	省份	河南	安徽	湖北	湖南	山西	江西	1.73	0.71
	得分	3	2.06	2.06	1.76	0.82	0.71		
6	省份	安徽	河南	湖北	湖南	江西	山西	1.61	0.51
	得分	3	1.93	1.86	1.57	0.76	0.51		
7	省份	湖北	安徽	湖南	河南	山西	江西	2.13	0.88
	得分	3	2.93	2.68	2.41	0.9	0.88		
8	省份	河南	安徽	湖南	湖北	江西	山西	0.75	0.19
	得分	3	0.42	0.34	0.31	0.24	0.19		
9	省份	河南	湖北	安徽	江西	湖南	山西	1.83	0.5
	得分	4	1.89	1.59	1.59	1.44	0.5		
10	省份	湖北	安徽	河南	湖南	山西	江西	2.26	1.32
	得分	4	2.12	2.06	2.06	1.99	1.32		
11	省份	河南	湖北	江西	安徽	湖南	山西	1.91	0.72
	得分	4	2.18	1.62	1.6	1.32	0.72		
12	省份	河南	湖北	山西	安徽	湖南	江西	2.4	1.28
	得分	4	2.79	2.33	2.31	1.71	1.28		
13	省份	湖南	湖北	河南	安徽	江西	山西	2.49	0.84
	得分	4	3.68	3.06	2.08	1.27	0.84		
14	省份	河南	安徽	湖南	湖北	江西	山西	1	0.26
	得分	4	0.56	0.46	0.41	0.32	0.26		
15	省份	河南	湖北	安徽	湖南	江西	山西	2.03	1.27
	得分	3	2.22	2.14	2.05	1.48	1.27		
16	省份	湖南	湖北	安徽	山西	河南	江西	2.36	1.47
	得分	3	2.61	2.51	2.5	2.08	1.47		
17	省份	河南	湖北	湖南	山西	安徽	江西	1.72	1.06
	得分	3	2	1.76	1.36	1.14	1.06		
18	省份	河南	山西	湖南	湖北	安徽	江西	2.57	1.79
	得分	3	2.83	2.79	2.6	2.42	1.79		
19	省份	河南	湖北	湖南	安徽	江西	山西	1.99	1.18
	得分	3	2.31	2.29	1.79	1.34	1.18		

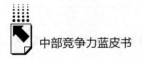

比较项		由高到低排名						AVE	MIN
指标	排名	1	2	3	4	5	6		
20	省份	河南	安徽	江西	湖北	湖南	山西	1.77	0.4
	得分	3	2.28	1.84	1.82	1.26	0.4		
21	省份	河南	湖南	湖北	安徽	山西	江西	2.11	1.34
	得分	3	2.63	2.61	1.72	1.39	1.34		
22	省份	安徽	山西	湖北	湖南	江西	河南	2.74	2.4
	得分	3	2.91	2.75	2.68	2.67	2.4		
23	省份	安徽	湖北	湖南	河南	山西	江西	10.8	5.8
	得分	14	14	13.5	11.4	5.8	5.8		
24	省份	山西	安徽	河南	江西	湖北	湖南	5.41	4.45
	得分	7	7	5.09	4.45	4.45	4.45		
25	省份	安徽	湖北	河南	湖南	山西	江西	4.86	2.92
	得分	7	6.13	5.25	4.38	3.5	2.92		
综合	省份	河南	湖北	安徽	湖南	山西	江西	63.5	35.5
	得分	87.72	73.6	70.4	64.3	44.4	40.6		

从中部六省25个指标竞争位次来看，在中部排名第一的河南省有16项指标，安徽4项，湖北2项，湖南2项，山西1项；排名第二的省份中，湖北省14项，安徽7项，河南1项，山西2项，湖南1项；排名第三的省份中，湖南省8项，安徽省共5项，河南和湖北省各4项，另山西2项，江西2项。在排名第四的省份中，湖南8项，安徽7项，河南2项，湖北4项，山西和江西各2项；在排名第五的省份中，江西9项，山西7项，湖南5项，湖北1项，安徽2项，河南1项；山西11项，12项，另河南和湖南各1项。

（二）中部企业竞争力分析

根据区域企业竞争力"环境 - 能力 - 潜力"模型以及"三大构件"、"六项指征"测算值。在总的区域企业竞争力指数中河南省以87.72分获得最高分。在竞争潜力、竞争能力和竞争环境三项测评指数中河南省的得分均位于中部第一。在区域企业竞争力的"六项指征"即企业发展规模、创新能力、获利能力、企业营运能力、政府支持与市场环境等分项指标中河南省均位列第一。在基于企业排行榜以及企业上市情况的补充项中安徽省以指数得分28排名第一。

表15　企业竞争力分省排名

	分值由高到低						AVE	MIN
	1	2	3	4	5	6		
1 竞争潜力	河南	湖北	安徽	湖南	山西	江西	13.3	6.48
	22.34	15.17	15.08	12.54	7.64	7.08		
1.1 企业发展规模指数(12分)	河南	湖北	安徽	湖南	山西	江西	7.08	4.19
	12	7.94	6.67	6.19	5.22	4.49		
1.2 企业创新能力指数(12分)	河南	安徽	湖北	湖南	江西	山西	6.22	2.29
	10.34	8.41	7.23	6.35	2.59	2.42		
2 竞争能力	河南	湖北	湖南	安徽	江西	山西	11.89	4.92
	21.12	14.95	10.99	10.26	7.4	6.64		
2.1 企业获利能力指数(12分)	河南	湖北	安徽	湖南	江西	山西	6	2.54
	10.06	8.07	5.31	4.82	4.53	3.21		
2.2 企业营运能力指数(12分)	河南	湖北	湖南	安徽	山西	江西	5.89	2.38
	11.06	6.88	6.17	4.95	3.43	2.87		
3 竞争环境	河南	湖北	湖南	安徽	山西	江西	17.29	10.91
	22.48	18.92	18.46	17	13.84	12.99		
3.1 政府支持相关指数(12分)	河南	湖南	湖北	安徽	山西	江西	8.68	5.59
	11.08	9.6	9.43	8.21	7.96	5.8		
3.2 市场环境相关指数(12分)	河南	湖北	湖南	安徽	江西	山西	8.61	5.32
	11.4	9.49	8.86	8.79	7.19	5.88		
4 排名补充值	安徽	湖北	湖南	河南	山西	江西	21.03	13.17
	28	24.58	22.32	21.78	16.3	13.17		
总得分	河南	湖北	安徽	湖南	山西	江西	63.51	35.48
	87.72	73.6	70.37	64.31	44.42	40.63		

从竞争潜力看，竞争潜力由企业发展规模指数和企业创新指数构成，在于反映企业因现有规模所形成的规模竞争力和因创新投入或创新培育所具有的创新竞争力。在最具竞争潜力分值为24分的情况下，中部六省平均竞争潜力指数得分为13.3分，其中企业发展规模指数为7.08分，企业创新能力指数6.22分。六省企业竞争潜力排名依次为河南、湖北、安徽、湖南、山西和江西。

从竞争潜力指数得分差距看，河南、湖北、安徽三省高于六省平均水平（13.3），湖南、山西和江西则低于中部平均水平，分别为12.54、7.64和

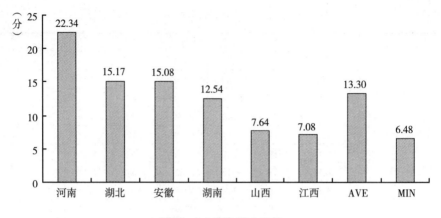

图4 企业竞争潜力比较

7.08。山西和江西二省相对于分值最高的河南而言，存在较大的差距，河南省超过二省的总和。

从竞争潜力的企业规模竞争力来看，六省排名依次为河南、湖北、安徽、湖南、山西和江西。在企业规模竞争力最大值12分的情况下，河南省获得满分12分。在中部六省中除河南和湖北二省外，其他四省企业发展规模指数均低于中部平均分7.08分。而江西省的得分则约为河南省的1/3。

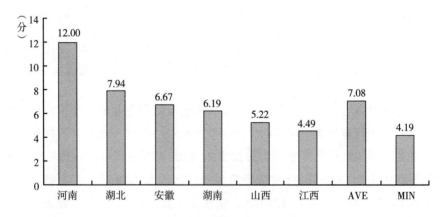

图5 企业规模竞争力比较

从企业创新竞争力排名来看，依次为河南、安徽、湖北、湖南、江西和山西。得分最高的河南省10.34分，得分最低的山西省仅为2.42分，江西省也仅为 2.59 分。相对而言，中部仅江西和山西二省低于中部平均得分。且江西和山西两省不仅与最高分的河南差距巨大，与中部六省的平均值（6.22 分）相比也有较大差距。

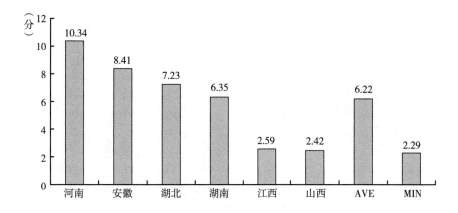

图 6　企业创新竞争力比较

从企业竞争能力指数来看，河南省以 21.12 分在中部六省中得分最高，其次是湖北省 14.95 分，再次是湖南省 10.99 分，安徽省 10.26 分，江西和山西居最后两位，分别得分 7.4 分和 6.64 分。其中，湖南、安徽、江西和山西四省均低于平均得分。

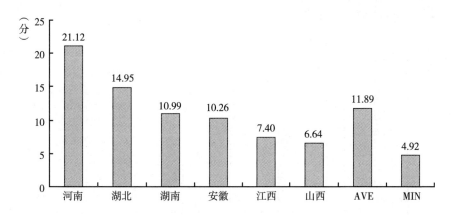

图 7　企业竞争能力比较

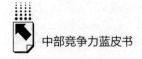

从企业赢利竞争能力排名分别为河南（10.06）、湖北（8.07）、安徽（5.31）、湖南（4.82）、江西（4.53）、山西（3.21）。相对于均值6分而言，河南省企业的获利能力较为突出，与其他省的差距较大，尤其是江西得分仅3.21分，不足河南省的1/3。

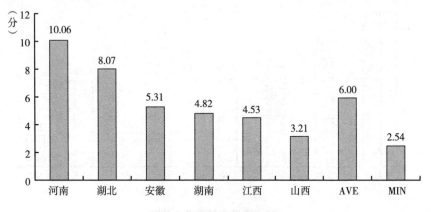

图8　企业获利能力比较

从企业运营能力指数来看，由高到低排名依次为河南、湖北、湖南、安徽、山西和江西，其中六省平均值为5.89分。相对而言，河南省在运营能力得分为11.06分，约为中部平均分的2倍，湖北和湖南二省得分分别为6.88和6.17，在中部属于第二梯队。相对而言，安徽、山西和江西三声则低于平均分值，得分分别为4.95、3.43和2.87。

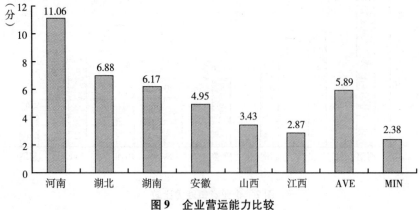

图9　企业营运能力比较

企业竞争环境得分排名依次为河南、湖北、湖南、安徽、山西和江西，其中平均得分 17.29 分。得分最高的河南省为 22.48 分，最低的江西省为 12.99 分。从企业竞争环境中政府支持排名来看，由大到小分别为河南、湖南、湖北、安徽、山西和江西。企业市场环境排名依次为河南、湖北、湖南、安徽、江西和山西。

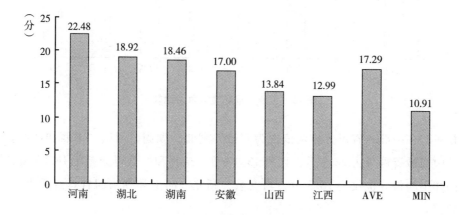

图 10　企业竞争环境指标得分比较

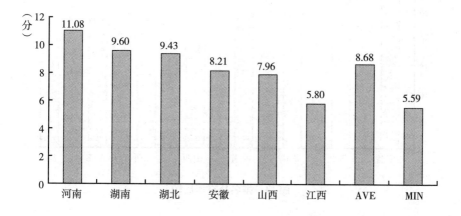

图 11　企业的政府支持竞争力环境比较

指标补充项最高赋值 28 分，分别通过微观企业排行榜中各省入榜数为原始数据，对以省为单位的企业"潜力－能力－环境"总量研究的补充和

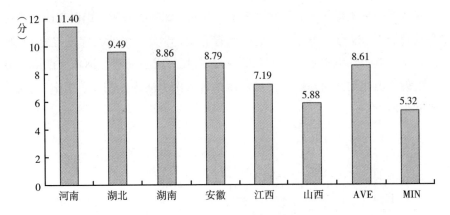

图 12　企业市场环境竞争力比较

校正。在中部六省得分排名依次为安徽、湖北、湖南、河南、山西和江西。其中安徽省得分为 28 分，江西省 13.17 分，最高和最低得分差距 14.83 分，同样山西得分也仅为 16.3 分，与安徽、湖北、河南和湖南四省具有较大的差距。

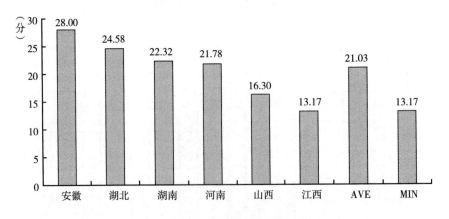

图 13　排名补充值比较

总体来看，在最高分值为 100 分情况下，区域企业竞争力排名依次为河南、湖北、安徽、湖南、山西和江西。其中河南省为 87.72 分、湖北省为 73.6 分、安徽 70.37 分、湖南 64.31 分、山西省 44.42 分、江西省 40.63 分。相对而言，河南省的优势较为突出，但面临被湖北和安徽跟进和赶超的竞争压力。

且河南、湖北、安徽和湖南四省企业竞争力已开始逐步拉大与山西和江西两省的差距。

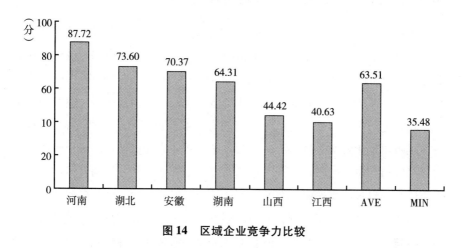

图14 区域企业竞争力比较

四 研究结论与对策启示

（一）中部各省经济环境和发展地位呈现分化趋势，竞争位次锁定开始松动，"你追我赶"的竞争格局正在形成

河南省和山西省表现出明显的经济地位下降趋势，湖北、湖南、安徽三省在全国的经济地位则呈现上升的趋势。但企业增长性环境总体不及全国总体增速，山西省经济增速下滑显著。而作为长江中游四省的湖北、湖南、江西和安徽均较全国经济增速更好。综合而言，中部六省内部分化趋势形成，河南作为中部第一经济大省增速下降，优势在逐渐减弱。山西省面临的发展形势进一步恶化。随着我国以及中部地区区域间竞争的加剧，中部各省企业发展的经济环境并不乐观。中部地区作为一个整体，企业群体要提升在全国的竞争地位难度依然较大，而且竞争压力呈现进一步增强的势头。中部各省应充分把握"一带一路"、长江中游城市群建设、中原经济区建设等重要国家战略带来的发展机遇，拓展企业发展的外部空间，形成宽松、自由的发展环境。

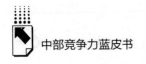

（二）中部地区产业结构优化水平和高级化程度依然不及全国平均水平，企业产业发展水平呈现两极分化趋势

山西省第一产业比重过低，农业发展脆弱，而中部其他五省粮食主体功能则相对突出。中部六省工业产值比重均高于全国平均水平，中部地区依然还处于高度工业化阶段。从2011~2013年发展趋势来看，中部六省第二产业比重下降趋势已经形成。尽管中部各省工业产值比重较高，但江西和山西二省工业规模并未表现出明显的绝对值优势。山西省工业产值下滑势头严重，而湖南、安徽、江西和湖北省增势较好。中部六省第三产业增加值比重均低于全国的总体水平，但均有较强的增长势头。总体而言，中部地区产业结构升级和产业高级化的任务还很重，高端服务业的发展还较为滞后。为此，中部各省应立足于资源优势和主体功能定位，大力发展新型农业和第三产业，打造一批具有全国影响力的服务型企业，尤其是旅游服务业和生态服务业，逐年减少对工业企业尤其是矿产资源类企业的过度依赖。

（三）中部地区工业企业数量和规模总体向好，但各省发展存在较大差距和特定属性差异

私营企业群体无论是数量还是产值规模均是中部各省的绝对主力。相对而言，山西省国有控股企业数在所有企业中的比重相对于其他省均较高，但山西省私营企业发展在中部最弱。中部六省外商和港澳台企业数和占比均不高，企业的外向发展程度低。在引进外来资本和投资上依然存在很大不足，所占比重过小。中部最大的投资主体是私营企业，股份有限公司的投资激励不够。为此，中部各省均需加快国有企业尤其是国有大型企业的改革和改制，加大产权改革力度和幅度。只有如此，才能增强国有企业的整体市场竞争力。同时，应加快创新企业成长机制，营造宽松的市场环境，促进民营企业大发展。只有中部民营企业实现了大发展，才能加速中部的崛起。

（四）中部地区企业运营与盈利能力差异较大，企业研发和创新能力不足

2013年，中部规模以上工业企业利润占营业收入比为5.86%。河南省规

模以上工业企业主营业收入和利润，以及利润－营业收入比均在中部六省中最高。山西则是中部六省中无论主营业收入还是利润总额均为最小的省份。湖北省规模以上工业企业 R&D 经费投入最高，但并未在新产品的开发与销售收入上表现出明显优势。河南省新产品出口销售收入优势显著，占中部六省总量的66.6%。在企业就业和福利上，中部六省企业吸纳就业能力有限，就业人员的平均工资较低，各省之间差异不显著。为此，中部各省应注重企业盈利能力和创新能力的建设，通过盈利能力的增强，改善员工福利待遇，为企业发展提供人力资源的持续保障。

（五）中部企业经营规范化和现代化建设相对滞后，在各类企业排行榜中表现不突出

相对于中部地区已经滞后的经济地位，中部地区企业发展在全国的地位则更为滞后。企业新生力量不足，国有矿产资源类企业一枝独大的现象较为明显。在世界 500 强企业排行榜中中部入榜 10 家，且全部为大型国有煤、矿等资源型公司。以全国性的企业排行榜为例，在全国 500 强企业中中部仅有 51家，并逐年减少。中部 A 股上市公司数仅 378 家、中小板企业 90 家、创业板47 家。且中部六省之间无论是企业上市数量还是企业发展，其差距都较为悬殊。可见，中部地区各级政府对公司上市的重视程度不够，对企业规范化经营建设的要求和引导不足。为此，中部各省应加大力度支持中部各类企业上市，建立现代企业制度，通过规范化运作做大做强中部企业。

（六）中部六省企业发展和竞争力差距显著，并呈现扩大化趋势

中部六省企业发展和竞争力水平可分为三个层次：第一层次是河南省，企业竞争力总体水平最高；第二层次是湖北、安徽和湖南，其中湖北和安徽均高过中部平均水平，且两省企业竞争力水平相近，位次胶着现象突出，湖南跟湖北、安徽省的差距则呈现拉大趋势；第三层次是山西和江西省。两省同属中部地区经济发展较为落后的省份，各项竞争力指标得分均较低。在最高分值为100 分情况下，河南省为 87.72 分、湖北省为 73.6 分、安徽 70.37 分、湖南64.31 分、山西省 44.42 分、江西省 40.63 分。另外，在企业竞争力的"环境－能力－潜力""三大构件"以及"六项指征"的竞争力测评中各省均具有

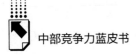

不同的属性差异。竞争潜力排名依次为河南、湖北、安徽、湖南、山西和江西。企业规模竞争力排名依次为河南、湖北、安徽、湖南、山西和江西。企业创新竞争力排名依次为河南、安徽、湖北、湖南、江西和山西。企业盈利竞争能力排名分别为河南、湖北、安徽、湖南、江西、山西。企业运营能力排名依次为河南、湖北、湖南、安徽、山西和江西。企业竞争环境得分排名依次为河南、湖北、湖南、安徽、山西和江西；企业竞争环境中政府支持排名分别为河南、湖南、湖北、安徽、山西和江西。企业市场环境排名依次为河南、湖北、湖南、安徽、江西和山西。总体来看，河南省在"三大构件"、"六项指征"竞争力测算中均位列中部第一，企业竞争力优势显著，但面临被湖北和安徽跟进和赶超的竞争压力。同时，河南、湖北、安徽和湖南四省企业发展已开始逐步拉大与山西和江西两省的发展差距。为此，提升中部各省企业整体竞争力应立足于各省实际情况，不能政策、制度"一刀切"。另外，加强各省间的合作和优势互补，避免恶性竞争和资源浪费。同时，中部各省要努力打造和培育一批有实力的知名企业"走出去"，拓展海外市场空间，提升企业的国际竞争力。

参考文献

陈晓红、解海涛、常燕：《基于星形模型的中小企业区域竞争力研究——关于中部六省的实际测算》，《财经研究》2006年第10期。

顾培亮：《系统分析与协调》，天津大学出版社，1998。

乐筱康：《企业竞争能量定量评价探讨》，《管理与效益》1990年第2期。

李卫东：《企业竞争力评价理论与方法研究》，北京交通大学博士论文，2007。

林本初等：《有关竞争力问题的理论综述》，《经济学动态》2001年第3期。

林德教、殷纯永、林映侠等：《采用威布尔函数模型评价企业的国际竞争力初探》，《经济问题探索》2001年第6期。

刘满凤：《企业竞争力的DEA评价》，《江西财经大学学报》2001年第2期。

吕晞：《中部地区企业区域竞争力评价研究》《区域经济评论》2014年第5期。

〔美〕迈克尔·波特：《竞争战略》，陈小悦译，华夏出版社，1997。

郝冀：《中国国有企业竞争力研究》，中共中央党校博士论文，2011。

贺琼、程希骏：《企业融资投资分析与决策》，科学出版社，2000。

杨杜:《企业成长论》，中国人民大学出版社，1996。

周广亮:《基于主成分分析的省级区域竞争力评价》，《经济研究参考》2010 年第 6 期。

Porter M. *The Competitive Advantage of Nations*. Basingstoke, Macmillan. 1990.

OECD. *Organization for Economic Co – operation and Development. Industrial Competitiveness*, Paris. 1996.

Huovari Janne, Aki Kangasharju and AkuAlanen. "Constructing an Index for Regional Competitive – ness". *Pellervo Economic Research Institute Working Paper*, Helsinki, 2001. No. 44.

科技评价篇

Science and Technology Evaluation

杨 丽*

2013 年中部六省科技竞争力排序

省份	综合得分排名	科技投入排名	科技产出排名	科技与经济社会协调发展排名	科技潜力排名
山西	5	5	6	5	3
安徽	3	2	2	3	6
江西	6	6	5	6	4
河南	2	3	1	4	2
湖北	1	1	3	1	1
湖南	4	4	4	2	5

2013 年中部六省科技资源配置效率及排名

省份	超效率	排名	总体效率	纯技术效率	纯规模效率	规模收益情况
山西	1.1839	3	1	1	1	规模收益不变
安徽	1.9155	1	1	1	1	规模收益不变
江西	1.7974	2	1	1	1	规模收益不变
河南	0.8470	5	0.8470	1	0.8470	规模收益递减
湖北	0.9177	4	0.9177	1	0.9177	规模收益递减
湖南	0.6618	6	0.6618	0.7373	0.8976	规模收益递减

---

* 杨丽，博士生，南昌大学理学院讲师，研究方向为资源与环境管理。

科技竞争力的内涵和指标体系设计

摘　要： 一个区域的科技竞争力是其竞争力的重要组成部分，进行科技竞争力评价是提升科技竞争力的有效途径。在科技竞争力内涵的基础上，以中部六省2013年科技数据为依据，参照国家有关科技竞争力评价指标，构建了中部六省科技竞争力评价指标体系。

关键词： 中部六省　指标体系　科技竞争力

一　科技竞争力的内涵与主要评价方法

科学技术是第一生产力，世界各国的经济社会发展历程已经证明了科技进步是经济发展永不枯竭的动力源泉。一个国家或地区经济社会的快速、健康并且可持续的发展离不开科技进步特别是科技创新，这已然成为全世界的广泛共识。党在十八大会议上提出"实施创新驱动发展战略"，指出"科技创新是提高社会生产力和综合国力的战略支撑，必须摆在国家发展全局的核心位置"。

我国中部地区是安徽、山西、江西、河南、湖北和湖南这六个省份，其发展一直备受重视，2006年促进中部地区崛起的重大战略决策、《促进中部地区崛起规划》（国函〔2009〕），以及《关于大力实施促进中部地区崛起战略的若干意见》（国发〔2012〕）都明确了促进中部崛起的重要性。2015年，为大力促进中部地区崛起，打造长江流域中国经济支撑带，国家又发布了《长江中游城市群发展规划》，与此同时，《促进中部地区崛起规划（2016—2025年）》的编制工作正逐步铺开。

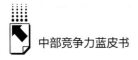

科技竞争力的定义主要是依据国家竞争力的内涵，国内外较少有更为深入的探究。虽然从行政管理地域来讲，国家和地区分属于不同的层次，但是由国家竞争力衍生出区域科技竞争力的内涵也具有一定的合理性和科学性。关于科技竞争力的内涵主要有以下几种代表性的观点。

（1）从区域经济产出的角度，将科技竞争力定义为某一区域直接或间接创造财富的一种能力，也就是说，可以使用经济总量指标来实现对科技竞争力的评价。

（2）从科技的投入与产出角度，区域的科技竞争力又可以用其科技资源配置效率来表示，即通过表示资源优化配置效率的指标来评价一个区域科技竞争力。

（3）一个区域向其他更大的区域提供商品与服务的能力强弱也在一定程度上表征了其可竞争力的大小，因此，一个区域的科技竞争力定义应该涵盖一个区域的产出适应大区域以及国内和国际市场需求的能力，在此基础上提升区域内居民的收入和生活水平的能力，以及进而促进区域内经济社会可持续发展的能力。

（4）从区域竞争的角度，将科技竞争力定义为一个区域与其所在更大范围内的其他区域进行资源竞争时所体现的综合能力。

综上所述，一个区域的科技竞争力可以定义为在某种科技发展环境中，一个区域通过科技研发以及科技创新等活动，进行科技孵化从而增强经济实力、促进社会和谐和推动社会可持续发展的能力。科技竞争力是评价区域科学技术对经济和社会可持续协调发展推动作用的一个关键指标，是一个国家或地区核心竞争力的主要组成部分和关键因素。

对科技竞争力进行评价，目前国内外有很多种评价方法，主要是通过建立评价指标体系并选取合理的方法确定各指标的权重。除了针对科技综合竞争实力这个规模指标，为了有效提高科技竞争力评价的客观性和准确性、减少分析结果的偏误，学者们也同时重视对科技资源的配置效率的研究。经常运用的有以下方法。

1. 熵权法

熵最初是物理学的概念，香农将它引入信息论，就有了"信息熵"的定义，信息熵的提出使得信息这个相对来说比较抽象的概念得以被量化，从而有效地解决了信息的度量问题。熵作为一种度量，在信息论的范畴中，是对不确定性的大小的一种表示。而熵权法则是一种在信息熵的基础上构建的客观地给变量或指标赋权的方法。具体做法是：首先，根据信息熵的概念计算各个指标的熵值，变量信息熵的值越大，说明变量的不确定性越大，所赋权重就越小；反之，变量的信息熵的值越小，说明变量的不确定性越小，所赋的权重就越大。

2. 数据包络法

数据包络法（Data Envelopment Analysis，DEA）是在 1978 年由著名运筹学家 Charnes，Cooper 和 Rhodes 提出来的，它是一种在相对效率的概念基础上构建的使用线性规划和凸分析来研究相同类型的决策单元（Decision Making Unit，DMU）之间的相对效率并进一步对各研究对象做出评价分析的方法。DEA 方法的独特优势，使它一经出现就得到众多学者和研究人员的青睐，在很多领域的绩效评价中发挥着重要的应用。DEA 作为一种非参数方法，融合了数学、管理学和经济学的概念与思想，已经成为解决多目标决策问题、处理在评价研究中多投入、多产出问题的有力工具。

3. 模糊评价法

模糊评价法的基础是模糊集理论，主要针对包含模糊因素的系统进行评价，但它在评价过程中存在着几点不足：首先是，无法处理由于变量之间的相关性而存在的信息重复问题；其次，没有系统、成熟的方法来确定隶属函数；最后，在选择迷糊推理合成法则时，也没有已成型的客观方法，仍需要依靠经验来判断。

4. 灰色系统评价法

灰色综合评估法是一种基于灰色关联分析理论、利用专家评判来进行综合性评估的方法。为了提高评估的准确性，可以结合层次分析法来进行其中的权重选择。灰色系统评价法的优势在于对数据量要求不苛刻，利用少量的数据即可进行建模，对数据的概率分布也没有非常严苛的要求。

5. 层次分析法

层次分析法可以对主观的判断使用一定的标度进行量化，是一种定性和定量相结合的分析方法。层次分析法能够把握住问题的重点部分，并利用数学方法对要解决的问题进行优化分析，逐层深入。其缺点是依据主观判断的数据，

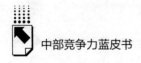

中部竞争力蓝皮书

结论缺乏客观性。

6. 神经网络法

人工神经网络适用于变量间存在繁复的非线性关系的系统，是一种智能化的评价方法，但是，其缺点就是需要的数据量大，在很多实际问题中往往很难获取足够量的数据。

7. 数理统计法

数理统计方法是最常用的评价方法，因子分析、主成分分析、聚类分析等都属于数理统计方法。因子分析法可以用少数几个因子去描述原始观测事实中大量信息；主成分分析法，利用了降维的思想，把多个指标缩减为少量的综合指标，可以处理多个变量的统计数据中存在的信息相关性或重叠性，并有效地消除了人为因素对指标的影响；聚类分析法，是一种将研究对象进行分组的方法，分组后每组都由相似的对象构成，一般会与主成分分析法或者因子分子法相结合使用。

8. 生产函数法

柯布－道格拉斯生产函数是在对美国制造业有关历史资料进行深入分析的基础上提出的，它将数学模型引入生产分析中来，使经济学家得以改变纯理论的研究方式转而进行实证分析。1942 年首届诺贝尔经济学奖获得者丁伯根（J. Tinbergen）对此生产函数作了改进，将常数 A 改进为随时间变化的变量，将技术进步引入了生产函数，把技术与产出两者结合起来，使得生产函数也被运用到对技术进步的研究中。

在这里，我们将针对科技竞争力的影响因素，采用规模评价和效率评价相结合的方法探讨中部六省的科技发展现状，从而更全面分析各省的优势和不足，以期为提升中部六省的科技竞争力提供借鉴。首先，构建科技竞争力评价指标体系，并利用熵权法对各指标进行赋权从而进行科技综合竞争力评价；然后，采用 DEA 与超效率 DEA 相结合的方法评价各省的科技资源配置效率。

二 中部科技竞争力指标体系设计

提升中部六省的科技竞争力是促进中部崛起的重要途径。中部的科技发展有自身的特点，中部科研院所和高等院校较多，科研开发能力较强，在科研人才队伍以及科研平台等的建设上也获取了一定的成效，特别随着创新型企业的出现以及区域产业集群的发展壮大，科研创新的成效已逐步凸显，经济实力得以提升。但是与东部发达地区相比，创新能力偏低，高科技产业集群在数量和规模上都有显著不足，而相比较于西部，政策支持力度有限。中部地区的科技发展的不足主要体现是科研投入低、科技创新成果少、多元化的科研未成体系、创新效率低下、科研产出投入比偏低等问题。

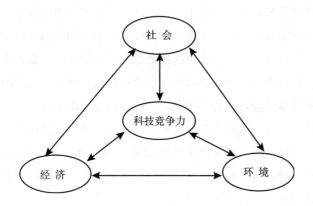

图1　经济、社会、环境与科技竞争力协调发展关系

构建科学的、切实可行的评价指标体系是对科技竞争力进行有效评价的基础和前提。区域科技竞争力与经济、社会、环境之间是相互影响、相互作用的，因此，在建立指标体系时必须考虑到这四方面相辅相成、协调发展的关系。科技与经济是社会有机体的重要构成部分，科技进步与经济、社会的发展是密切相关的，科技进步是社会和经济的可持续发展的重要原动力；反过来，科技的研发与创新活动的投入与规模会受到当地经济水平的制约，同样地，科技活动的举行以及科技成果的推广又会受到经济管理体制和社会经济政策体系的制约。

我们参考《中国科技发展研究报告2000》构建的"地区科技竞争力评价指标体系"，依据中部地区的实际情况和发展特点，综合考虑科技、经济、社会、环境四类指标，基于层次性和简略性相结合原则、均量指标与总量指标相结合的原则、可操作性原则和规范化原则选取了4项一级指标9项二级指标和33项三级指标，构建了中部六省的科技竞争力综合评价指标体系，具体的指

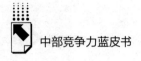

标体系见附录9。

首先，科技投入是开展科技活动的投入，也属于生产性投入。科技投入水平可以用来衡量一个国家和地区对科技重要性理解和注重的程度，指标体系从财力投入和人力投入两个方面来衡量科技投入。科技产出是科技活动成果的具体体现，主要用专利、科技产业化产出和科技论文产出三项的多少来描述。

其次，地区科技与经济、社会的协调发展是指在规模、速度上三者相互支持、协调和匹配发展的程度。由于经济、社会发展涉及的因素非常多，因此在构建指标体系时做到既能综合考虑各方面因素又具有很高的实际应用价值往往会比较困难，在这里，我们考虑到指标数据的可获取性，依据评价指标选取的一般性原则，从经济与环境资源两个维度来构建指标体系，构建的科技与经济和社会协调发展指标包含经济发展和环境资源两项二级指标。

最后，科技潜力，选用高等教育和信息化水平两项二级指标。其中，高等教育共设三项三级指标，即高等学校在校学生数、地方财政教育经费支出额、地方财政教育经费占地方财政比率；信息化水平选用人均邮电业务量和每百人公共图书馆藏书量。

基于熵权法的中部科技竞争力评价

摘　要：　根据构建的指标体系，利用熵权评价法的计算步骤对各省的
综合科技竞争力进行评价，对结果进行排名，并在此基础上
分析和比较各省的科技竞争力。

关键词：　熵权法　科技竞争力　中部六省

一　评价方法与模型

这里我们采用熵权法对中部六省的科技竞争力进行评价。熵最早是热力学的概念，经过许多年的发展，现在已经在经济、管理、工程技术等方面有了广泛的应用。在熵的概念基础上衍生出来的熵权法在给指标赋权时具有客观性，若针对同一指标不同评价对象对应的取值波动较大，该指标的熵权就会较大，从而该指标在综合评价中的发挥的作用就越大。熵权法步骤如下。

1. 形成原始数据矩阵

现有被评价对象 $M = (M_1, M_2 \cdots M_m)$，评价指标 $D = (D_1, D_2 \cdots D_n)$，被评价对象 M_i 对指标 D_j 的值记为 $X_{ij}(i = 1, 2, \cdots, m; j = 1, 2, \cdots, n)$，则形成原始数据矩阵为

$$X = \begin{pmatrix} X_{11} & X_{12} & \cdots & X_{1n} \\ X_{21} & X_{22} & \cdots & X_{2n} \\ \cdots & \cdots & \cdots & \cdots \\ X_{m1} & X_{m2} & \cdots & X_{mn} \end{pmatrix}_{m \times n}$$

其中，X_{ij} 为第 j 个指标下的第 i 个评价对象的值。

2. 对原始矩阵进行无量纲化处理

对于越大越优越型指标

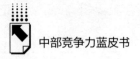
$$V_{ij} = \frac{X_{ij} - \min(X_j)}{\max(X_j) - \min(X_j)}$$

而对于越小越优越型指标

$$V_{ij} = \frac{\max(X_j) - X_{ij}}{\max(X_j) - \min(X_j)}$$

3. 计算第 j 个指标下的第 i 个评价对象的特征比重

记第 j 个指标下的第 i 个评价对象的特征比重为 P_{ij}，则

$$P_{ij} = V_{ij} / \sum_{i=1}^{m} V_{ij}$$

4. 计算第 j 项指标的熵值 E_j

$$E_j = -1/\ln(m) \sum_{i=1}^{m} P_{ij} \cdot \ln P_{ij}$$

5. 计算第 j 项指标的差异系数 D_j

$$D_j = 1 - E_j$$

6. 确定各指标的熵权 W_j

$$W_j = D_j / \sum_{j=1}^{n} D_j$$

7. 分别计算各个评价对象的综合评价值 V_i

$$V_i = \sum_{j=1}^{n} W_j P_{ij}$$

二 数据来源

附录 10 为本研究采用指标体系中相应指标的对应数据，数据来源自《山西统计年鉴（2014）》、《安徽统计年鉴（2014）》、《江西统计年鉴（2014）》、《河南统计年鉴（2014）》、《湖北统计年鉴（2014）》、《湖南统计年鉴（2014）》、《中国科技统计年鉴 2014》、《中国统计年鉴 2014》。

三 实证分析

基于构建的指标体系，运用熵权法的测算各个指标的熵值和熵权值，分别见图1和图2。

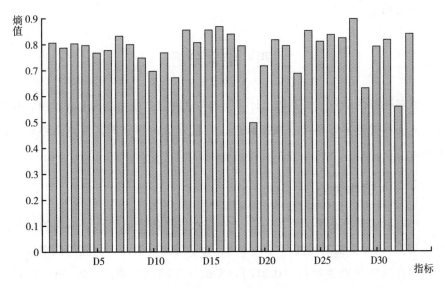

图1 各指标的熵值

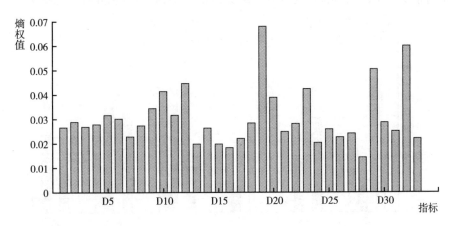

图2 各指标熵权值

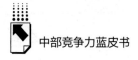

图 2 中显示 33 个指标的熵权值波动较大，熵权值明显较大的有 D10、D12、D19、D20、D23、D29、D32 这 7 项指标，表明六省在这些指标上差异较大。进一步分析发现这 7 项指标中有 4 项属于科技产出指标、2 项属于科技潜力指标、1 项属于科技与经济协调发展指标，综合考虑到图 1 中 D1～D8 这 8 个属于科技投入的指标熵权值都较高，可认定科技投入与科技产出为科技竞争力的核心指标。

四　结果分析

在各指标的熵权值的基础上计算中部各省科技竞争力的综合评价值，并对中部六省科技竞争力各项一级指标进行定量评价，并分析其整体态势和结构特征。

（一）整体态势

中部六省科技竞争力：2013 年，中部六省科技竞争力得分最高的是湖北（0.258），得分最低的是江西（0.063），介于最高最低两者之间的四个省份按得分由高到低分别为河南（0.217）、安徽（0.207）、湖南（0.156）和山西（0.099）。湖北与河南，相比较于其他省份来说，领先优势明显。接下来，我们将依次对中部六省科技竞争力的四项一级指标进行评价和分析（见图 3）。

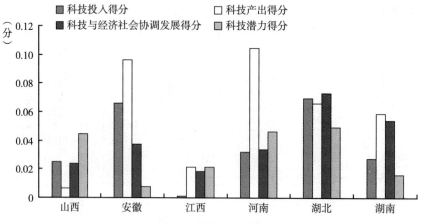

图3　2013 年各省科技竞争力的四个一级指标得分

（二）科技投入指标

科技竞争力的科技指标方面：2013年，湖北得分最高，为0.070，其次是安徽，得分为0.066，排在之后的分别是河南（0.032）、湖南（0.027）、山西（0.025）、江西（0.001），湖北、安徽明显领先于其他省份。从具体的指标来看，湖北省在R&D经费支出、人均R&D支出、R&D经费支出占GDP的比重、R&D人员数、R&D人员占从业人员的比重和每万人口R&D人员数这几个三级指标上都有较为明显的领先优势。江西排名最末，是因为在科技投入的这8个三级指标的数值在中部六省中均排名靠后。

（三）科技产出指标

科技竞争力的科技产出指标方面：2013年，得分从高到低排序为河南、安徽、湖北、湖南、江西、山西，得分依次为0.104、0.096、0.066、0.059、0.022、0.006，河南、安徽明显优于其他省份。从具体指标来看，河南省排名首位的主要原因是其在高技术产业销售收入、高技术产业增加值和高技术产品出口额上排名领先，说明河南在高技术产业方面在六省中具有明显优势；而对于排名最后的山西，其专利授权量、每万人专利授权量、高技术产业专利申请数、高技术产业销售收入、高技术产业产值占工业总产值的比重、高技术产业增加值、高技术产业对工业产值增长的贡献率、科技论文收录量这些三级指标均数值最低。

（四）科技与经济社会协调发展指标

科技竞争力的科技与经济社会协调发展指标方面：2013年，科技竞争力的科技与经济社会协调发展维度排序为湖北、湖南、安徽、河南、山西、江西，它们的得分分别为0.073、0.054、0.038、0.034、0.024、0.018。湖北、湖南明显优于其他省份，湖北的优势体现在人均GDP上，而湖南的第三产业增加值是六省中最高。科技与经济社会发展协调程度最低的是山西和江西，其中山西主要的劣势在于其万元GDP能耗太高，远远高于其他省份，而江西省排名最末则主要是因为其第三产业增加值和固体废弃物综合利用率在中部六省中都是最低的。

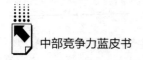

（五）科技潜力指标

科技竞争力的科技潜力维度在 2013 年的排序为湖北、河南、山西、江西、湖南、安徽，它们的得分分别为 0.049、0.046、0.045、0.021、0.016、0.008，前三名湖北、河南、山西得分比较接近。湖北省在人均邮电业务量和每百人公共图书馆藏书量上指标上具有优势；河南的优势则主要体现在高等学校在校学生数、地方财政与经费支出额以及地方财政教育经费占地方财政比率上；排名最末的是安徽，其高等学校在校学生数和人均邮电业务量在六省中均最低。

综合来看，湖北的科技竞争力很强。从四个二级指标来看，除了科技产出一项，湖北省均排在第一位。安徽、河南紧随其后，安徽的优势主要体现在科技投入和科技产出这两方面，而其科技潜力排名靠后；而河南科技产出和科技潜力优势明显，科技与经济社会协调发展排名较弱。湖南、山西和江西科技竞争力优势不明显，湖南科技与经济社会协调发展相对其他指标得分较高，而山西、江西的科技潜力相对于其他指标得分较高。

B.13
中部六省科技活动投入产出比较分析

摘　要：科技进步是各项科技活动的结果。从科技活动人员投入、经费投入、科技论文收录和专利授权四个方面对中部六省2013年科技活动情况进行了比较分析。

关键词：科技活动　科技投入　科技产出　中部六省

一　科技活动投入比较分析

首先，通过各省科技活动人员投入、经费投入相关数据来初步反映科技活动情况。

（一）科技活动人员投入

R&D人员全时当量是按工作量折合计算的R&D人员投入数，采用这个指标具有较强可比性。

表1　中部六省科技活动人员投入情况（2013年）

省份	R&D人员全时当量（人年）	年末人口数（万人）	每万人R&D人员全时当量（人年/万人）
山西	49035	3630	13.51
安徽	119342	6929	17.22
江西	43512	4522	9.62
河南	152251	10601	14.36
湖北	133060	6171	21.56
湖南	103413	7147	14.47
全国	3532817	136072	25.96

资料来源：《中国科技统计年鉴（2014）》《中国统计年鉴（2014）》。

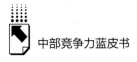

从科技活动人员投入情况看，与全国平均水平相比，中部六省科技活动人员投入明显不足。六省科技活动人员投入均低于全国平均水平，只有湖北比较接近平均水平，而最少的江西每万人科技活动人员投入量为全国平均水平的37%。

从中部六省内部来看，科技活动人员投入由多到少依次为湖北、安徽、湖南、河南、山西、江西。江西每万人 R&D 人员全时当量投入仅为湖北的47%。中部六省平均投入量为15.12人年，约为全国平均水平的58%。

（二）科技活动经费投入

1. R&D 投入强度

R&D 投入强度（R&D 经费占 GDP 的比重）是反映一个国家或地区科技发展水平的一个重要评价指标，在全国科技进步统计监测指标体系中把该指标的标准值设定为 2.5。绝大多数发达国家该指标为 3% 左右，有的甚至超过 4%。

表2　中部六省科技活动经费投入情况（2013 年）

省份	R&D 经费投入强度（%）	R&D 项目数（项）	每 R&D 全时当量人员项目数（项/人）
山西	1.23	13655	0.28
安徽	1.85	45183	0.38
江西	0.94	22112	0.51
河南	1.11	32931	0.22
湖北	1.81	53039	0.40
湖南	1.33	42985	0.42
全国	2.08	1164993	0.33

资料来源：《中国科技统计年鉴（2014）》。

从科技活动经费投入强度看，中部六省科技经费投入显得仍然匮乏，均小于全国平均水平，最少的江西省 R&D 经费投入强度还不到全国平均水平的46%。从 R&D 人均项目数来看，只有山西和河南低于全国平均水平，江西省最多，为全国平均水平的 1.5 倍。

在中部六省中，R&D 经费投入强度由高到低依次为安徽、湖北、湖南、山西、河南、江西，该指标的位序与 R&D 人员投入位序一致。在中部六省中，低于 1% 的只有江西一个省份；介于 1% ~ 1.5% 之间的有山西、河南和湖南三个省份，河南省刚刚跨过 1% 的门槛；介于 1.5% ~ 2% 之间的有湖北和安徽两个省份。

2. 规模以上工业企业科技活动参与度

企业是创新的主体，规模以上工业企业参与科技活动的程度能反映出一个国家或地区的科技意识。

表 3　中部六省规模以上工业企业科技活动投入情况（2013 年）

省份	规模以上工业企业数(个)	有 R&D 活动的企业数(个)	有 R&D 活动的企业占总企业数的比重(%)	R&D 经费占利润总额比重(%)
山西	3979	327	8.21	25.22
安徽	16184	2369	14.64	16.67
江西	8126	954	11.74	7.52
河南	20573	1705	8.29	7.85
湖北	14650	1714	11.70	17.99
湖南	13599	1914	14.07	15.97
全国	369741	54832	14.83	17.34

资料来源：根据《中国科技统计年鉴（2014）》数据整理。

总体上来看，中部六省科技创新意识还不够强，规模以上工业企业中有 R&D 活动的企业比例均低于全国平均水平，最低的山西省仅为全国平均水平的 55.4%。山西和湖北两省规模以上工业企业 R&D 经费占利润总额的比例要高于全国平均水平，其他四个省份均低于全国平均水平。

在中部六省中，规模以上工业企业科技活动参与度由高到低依次是安徽、湖南、湖北、河南、江西和山西。该指标在中部六省中具有分化的特征，弱参与度的山西、江西和河南三省份的平均值为强参与度的安徽、湖北和湖南三个省份平均值的 50%。规模以上工业企业 R&D 经费支出占利润总额的比重由高到低依次为山西、湖北、安徽、湖南、河南和江西，其中河南、江西两省比其他四个省有较大的差距，江西、河南两省的平均值仅为山西、安徽、湖北、湖南四省平均值的 41%。

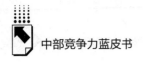

二 科技活动产出比较分析

科技产出主要形式就是科技出版物和专利等。

(一)科技论文收录情况

国外主要检索工具收录科技论文数可以在一定程度上反映科研实力和质量。

从每万人 R&D 活动人员收录量来看,中部六省科技创新实力相对比较薄弱。SCI 人均收录量湖北和湖南两个省高于全国平均水平,EI 人均收录量湖北和湖南两个省高于全国平均水平,CPCI-S 人均收录量江西、河南、湖北三省高于全国平均水平。

表4 中部六省国外主要检索工具收录科技论文数 (2013 年)

省份	收录总量(篇)			每万 R&D 活动人员收录量(篇/万人)		
	SCI	EI	CPCI-S	SCI	EI	CPCI-S
山西	1297	1039	539	264.69	211.89	109.92
安徽	4313	3060	1125	361.40	256.41	94.27
江西	1355	1078	1065	311.41	247.75	244.76
河南	2707	2228	2577	177.80	146.34	169.26
湖北	7936	5753	3097	596.42	432.36	232.75
湖南	5340	5708	1631	516.38	551.96	157.72
全国	158615	116429	56351	448.98	329.57	159.51

注:R&D 活动人员为全时当量折合数。
资料来源:根据《中国科技统计年鉴 (2014)》数据整理。

总体上来看,中部六省中湖北和湖南两省的科技创新水平较强。SCI 人均收录量由多到少依次是湖北、湖南、安徽、江西、山西和河南,河南省人均收录量为湖北省的30%。EI 人均收录量由多到少依次是湖南、湖北、安徽、江西、山西和河南,河南省人均收录量为湖南省的27%。CPCI-S 人均收录量由多到少依次是江西、湖北、河南、湖南、山西、安徽,安徽省人均收录量为江西的39%。

（二）专利授权情况

专利分发明、实用新型和外观设计三种类型。根据知识产权局专家论证，发明专利授权量（在美国申请授权）每年大于3万项为专利核心国，1万~3万项为专利强国，0.3万~1万项为专利大国。

表5　中部六省国内专利授权量（2013年）

	授权总量（项）			每万 R&D 活动人员授权量（项/万人）		
	发明	实用新型	外观设计	发明	实用新型	外观设计 S
山西	1332	5708	1525	271.64	1164.07	311.00
安徽	4241	36003	8605	355.37	3016.79	721.04
江西	923	5913	3134	212.13	1358.94	720.26
河南	3173	21153	5156	208.41	1389.35	338.65
湖北	4052	19655	5053	304.58	1477.42	379.82
湖南	3613	15205	5574	349.38	1470.32	539.00
全国	143535	686208	398670	406.29	1942.38	1128.48

资料来源：根据《中国科技统计年鉴（2014）》数据整理。

三类专利人均授权量除安徽省的实用新型高于全国平均水平外，其他指标全部低于全国平均水平。从发明专利占专利总量的比重来看，山西（15.55%）、湖北（14.09%）和湖南（14.81%）高于全国平均水平（11.68%）；江西（9.26%）和河南（10.76%）略低于全国平均水平；安徽（8.68%）比全国平均水平低3个百分点，仅达到全国平均水平的74%。

在中部六省，每万 R&D 活动人员三类专利授权总量由多到少依次是安徽（4093项）、湖南（2359项）、江西（2291项）、湖北（2162项）、河南（1936项）和山西（1747项）。发明专利人均授权量由多到少依次是安徽、湖南、湖北、山西、江西和河南。

B.14
科技资源配置效率分析

摘　要： 在研究各省科技竞争力综合竞争实力这个规模指标的同时，为了更客观、更全面地反映各省科技竞争力的实际情况，使用超效率 DEA 方法计算中部六省科技资源配置效率，研究分析各省对现有投入资源的利用情况。

关键词： 科技资源　DEA　配置效率　超效率 DEA

在衡量各省的科技竞争力综合实力这个规模指标的同时，比较分析各省的科技资源配置效率，才能更为客观地反映中部六省域科技竞争力的真实状况。

一　科技资源配置效率分析方法

我们将使用数据包络分析（data envelopment analysis，DEA）方法对中部六省的科技资源配置效率进行评价，DEA 方法是一种在相对效率概念基础上构建的使用线性规划和凸分析来研究相同类型的决策单元（Decision making unit，DMU）之间的相对效率并进一步对各研究对象做出评价分析的方法。

DEA 方法具有独特的优势，一经出现就受到学者和研究人员的关注，特别是在系统工程、管理学、决策分析等领域的绩效评价中，DEA 方法已经成为一种不可或缺的工具，发挥着重要的作用。DEA 作为一种非参数方法，融合了数学、管理学和经济学的概念与思想，已经成为解决多目标决策问题、处理在评价研究中多投入、多产出问题的有力工具。

假设投入、产出的权向量分别为 $v = (v_1, v_2, \cdots, v_m)^T$ 和 $u = (u_1, u_2, \cdots, u_s)^T$，

$$\theta_j = \frac{u^T Y_j}{v^T X_j} = \frac{\sum\limits_{r=1}^{s} u_r y_{rj}}{\sum\limits_{i=1}^{m} v_i x_{ij}}, \quad (j = 1, 2, \cdots n)$$ 为第 j 个决策单元 DMU_j 的效率评价指数。对

决策单元 $DMU_o (o \in \{1, 2, \cdots, n\})$，当 u 和 v 尽可能地变化时下述 CCR 模型中的效率最优值 θ_o 若小于 1，即该决策单元为非 DEA 有效，而当效率值为 1 时，决策单元为 DEA 有效：

$$\max \frac{\sum\limits_{r=1}^{s} u_r y_{ro}}{\sum\limits_{i=1}^{m} v_i x_{io}} = \theta_o,$$

约束条件
$$\begin{cases} \dfrac{\sum\limits_{r=1}^{s} u_r y_{rj}}{\sum\limits_{i=1}^{m} v_i x_{ij}} \leq 1, j = 1, 2, \cdots, n, \\ \\ u_r \geq 0, v_i \geq 0, \forall r, i \end{cases}$$

如果所求出的效率最优值小于 1，则表明被评价的决策单元为非 DEA 有效。而当效率值为 1 时，决策单元为 DEA 有效。CCR 模型计算出来的效率可能存在多个效率值为 1 的情形，下述基于 CCR 模型的超效率 DEA 模型为可以实现决策单元的完全排序：

$$\min \theta,$$

约束条件
$$\begin{cases} \sum\limits_{\substack{j=1 \\ j \neq 0}}^{n} x_{ij} \lambda_j \leq \theta x_{io}, i = 1, 2, \cdots, m \\ \\ \sum\limits_{\substack{j=1 \\ j \neq 0}}^{n} y_{rj} \lambda_j \geq y_{ro}, r = 1, 2, \cdots, m \\ \\ \lambda_j \geq 0, j \neq 0 \end{cases}$$

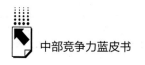

二　指标选取

在计算科技资源配置效率时，科学地选取科技资源投入以及科技相关产出的指标是相当关键的，选取的指标不合理就会造成计算结果与真实效率之间的偏差。基于科学性原则、全面性原则和可操作性原则，这里选取 R&D 经费支出、R&D 人员数两项作为投入指标，选取高技术产业销售收入、专利授权量和科技论文收录篇数作为产出指标。

（一）投入指标

R&D 经费支出和 R&D 人员投入直接反映了一个地区对科研活动的重视程度和投入力度。R&D 经费支出作为科研活动和科技创新的基础体现了一个地区对科研活动的支持力度以及当地科研人员的科研环境和工作条件。而 R&D 人员数目也是科技活动的一项重要投入，对该地区的科研活动和技术创新起着关键性作用。考虑到中部六省各省的人口总数不同，为了更客观、科学地比较各省的科技资源配置效率，这里使用万人科技活动人员数指标，即用每一万名人口中 R&D 人员的数量，来替代 R&D 人员总数，从而消除各省人口基数不同带来的影响。

（二）产出指标

高技术产业销售收入额直接体现了一个地区的科技产出；专利是一种知识形态的科技活动产出，专利授权量反映了一个地区拥有自主产权的科技和设计成果的状况，体现了一个地区科技创新能力的高低；科技论文主要相关的领域是基础研究和应用研究，因此科技论文的发表量反映了一个地区在某个时间区间内进行知识创新与积累以及知识产出的总体状况。

同时，考虑到科技投入与科技产出两者之间会存在着一定程度的时滞性，我们对科技投入和科技产出分别选择了前后相邻两年的数据，即科技投入对应指标的数据选取自 2012 年而科技产出对应指标的数据选取自 2013 年（具体数据见表 1）。

表 1 中部六省科技投入和产出原始指标

省份	R&D 经费 支出(亿元)	R&D 人员 （万人）	高技术产业销售 收入(亿元)	专利授 权量(件)	科技论文 收录(篇)
山西	132.3458	4.7029	707.7633	8565	2611
安徽	281.7953	10.3047	1831.3823	48849	3202
江西	113.6552	3.8152	2289.5913	9970	1894
河南	310.7802	12.8323	4284.4370	29482	3625
湖北	384.5239	12.2748	2445.2730	28760	5642
湖南	287.6780	10.0032	2564.8890	24392	1685

三 实证分析

我们使用 DEA 分析软件 EMS1.3 和 MAXDEA 6.4 对中部六省的科技资源配置总体效率、纯技术效率、纯规模效率、超效率、生产前沿面目标投入以及生产前沿面目标产出进行测算，具体的测算结果与分析如下。

（一）中部六省科技资源配置总体效率

根据表 2 中对中部六省的科技资源配置总体效率的测算结果，六省中有一半的省份达到了 DEA（弱）有效，它们是山西、安徽和江西，这三个省的总体效率值都为 1，在 DEA 有效区域，说明这三省在科技资源配置上是有效的。湖北省和河南省的总体效率分别为 0.9177 和 0.8470，接近于 DEA 有效区域（0.8≤θ≤1），属于边缘非效率单位，这两个省若要达到最优效率，可以通过在短期内微调投入产出量达到。湖南科技资源配置效率为 0.6618，属于中等水平（0.5≤θ≤0.8），在六省中科技资源配置效率最低。

表 2 中部六省科技资源配置总体效率

省份	山西	安徽	江西	河南	湖北	湖南
总体效率	1	1	1	0.847	0.9177	0.6618

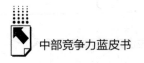

（二）中部六省科技资源配置纯技术效率

纯技术效率是指决策单元在产出固定且不考虑规模大小的情形下，消耗投入最少的能力，纯技术效率与科技投入的结构、投入系统的组织能力、领导者的管理能力等有关。除湖南之外，中部六省科技资源配置纯技术效率均为1，说明六省中绝大多数都在技术上是有效的（见表3）。

表3　中部六省科技资源配置纯技术效率

省份	山西	安徽	江西	河南	湖北	湖南
纯技术效率	1	1	1	1	1	0.7373

（三）中部六省科技资源配置纯规模效率

纯规模效率反映了投入规模发生变化所带来的产出变化的多少。中部六省科技资源配置纯规模效率有效的有山西、安徽和江西，另外，河南、湖北和湖南的纯规模效率分别为 0.847、0.9177 和 0.8976，也都接近有效（见表4）。

表4　中部六省科技资源配置纯规模效率

省份	山西	安徽	江西	河南	湖北	湖南
纯规模效率	1	1	1	0.847	0.9177	0.8976

（四）中部六省生产前沿面目标投入——R&D经费投入额

中部六省生产前沿面投入（R&D经费投入额）情况见表5。河南的 R&D 经费支出径向改进值为 -47.5453 亿元，R&D 经费投入存在 15.30% 的投入冗余；湖北的 R&D 经费支出径向改进值为 -31.6625 亿元，松弛变量改进值为 -18.7101 亿元，说明其 R&D 经费投入存在 13.10% 的投入冗余；湖南的 R&D 经费支出径向改进值为 -97.2858 亿元，松弛变量改进值为 -1.3179 亿元，说明其在 R&D 经费投入上有 34.28% 的投入冗余，冗余比例最高；其他省份不存在投入冗余或不足。

表5　中部六省生产前沿面目标投入（R&D 经费投入额）

省份	总体效率	R&D 经费支出 （亿元）（原始值）	径向改进值 （亿元）	松弛变量改进值 （亿元）	R&D 经费支出 （亿元）（目标值）
山西	1	132.3458	0	0	132.3458
安徽	1	281.7953	0	0	281.7953
江西	1	113.6552	0	0	113.6552
河南	0.8470	310.7802	− 47.5453	0	263.2349
湖北	0.9177	384.5239	− 31.6625	− 18.7101	334.1513
湖南	0.6618	287.6780	− 97.2858	− 1.3179	189.0743

（五）中部六省生产前沿面目标投入——R&D 人员数

中部六省生产前沿面投入（R&D 人员数）情况见表6。其中，河南的径向改进值和松弛变量改进值都为负值，分别为 − 1.9632 万人和 − 1.8089 万人，说明其在 R&D 人员投入上存在29.40%的投入冗余；湖北的径向改进值为 − 1.0107，说明其 R&D 人员投入存在8.23%的投入冗余；湖南的径向改进值为 − 3.3828，说明其在 R&D 人员投入上存在33.82%的投入冗余，投入冗余最高；其他省份不存在 R&D 人员投入的冗余或不足。

表6　中部六省生产前沿面目标投入（R&D 人员数）

省份	总体效率	R&D 人员（万人） （原始值）	径向改进值 （万人）	松弛变量改进值 （万人）	R&D 人员（万人） （目标值）
山西	1	4.7029	0	0	4.7029
安徽	1	10.3047	0	0	10.3047
江西	1	3.8152	0	0	3.8152
河南	0.8470	12.8323	− 1.9632	− 1.8089	9.0602
湖北	0.9177	12.2748	− 1.0107	0	11.2641
湖南	0.6618	10.0032	− 3.3828	0	6.6204

（六）中部六省生产前沿面目标产出——高技术产业销售收入额

中部六省生产前沿面投入（高技术产业销售收入额）情况见表7。其中，湖北的松弛变量改进值为 3931.0114 亿元，说明其在高技术产业销售收入上存在 160.76% 的产出不足，产出不足比率很高；其他省份不存在高技术产业销售收入产出不足。

表7　中部六省生产前沿面目标产出（高技术产业销售收入额）

省份	总体效率	高技术产业销售收入（亿元）（原始值）	径向改进值（亿元）	松弛变量改进值（亿元）	高技术产业销售收入（亿元）（目标值）
山西	1	707.7633	0	0	707.7633
安徽	1	1831.3823	0	0	1831.3823
江西	1	2289.5913	0	0	2289.5913
河南	0.8470	4284.4370	0	0	4284.4370
湖北	0.9177	2445.2730	0	3931.0114	6376.2844
湖南	0.6618	2564.8890	0	0	2564.8890

（七）中部六省生产前沿面目标产出——专利授权量

中部六省生产前沿面投入（R&D 人员数）情况见表8。径向改进量和松弛变量改进值全都为0，说明各省在专利授权量上没有产出不足的情况。

表8　中部六省生产前沿面目标产出（专利授权量）

省份	总体效率	专利授权量（件）（原始值）	径向改进值（件）	松弛变量改进值（件）	专利授权量（件）（目标值）
山西	1	8565	0	0	8565
安徽	1	48849	0	0	48849
江西	1	9970	0	0	9970
河南	0.8470	29482	0	0	29482
湖北	0.9177	28760	0	0	28760
湖南	0.6618	24392	0	0	24392

（八）中部六省生产前沿面目标产出——科技论文收录数

根据表9中的六省生产前沿面目标投入（科技论文收录数）的结果可知，

河南松弛变量改进值为 366 篇，存在 10% 的产出不足；湖南的松弛变量改进值为 983 篇，存在 58.31% 的不足；中部六省其他省份的科技论文收录数不存在产出不足的情况。

表9　中部六省生产前沿面目标产出（科技论文收录数）

省份	总体效率	科技论文收录（篇）（原始值）	径向改进值（篇）	松弛变量改进值（篇）	科技论文收录（篇）（目标值）
山西	1	2611	0	0	2611
安徽	1	3202	0	0	3202
江西	1	1894	0	0	1894
河南	0.8470	3625	0	366	3991
湖北	0.9177	5642	0	0	5642
湖南	0.6618	1685	0	983	2668

（九）中部六省科技资源配置规模收益情况

规模收益说明了投入与产出的增加情况，即投入的增加如何影响产出，规模收益不变说明了当前规模是合理的，投入与产出增加的速度一致，规模收益递增则表示科技产出的增加速度将高于科技投入，规模收益递减则反之。由表10 可知，山西、安徽和江西的规模收益不变；而河南、湖北和湖南的规模效益处于递减状态，需要适度缩减科技规模来提升科技资源利用效率，使资源总体配置达到最优。

表10　中部六省科技资源配置规模收益情况

省份	山西	安徽	江西	河南	湖北	湖南
规模收益情况	不变	不变	不变	递减	递减	递减

（十）中部六省科技资源配置超效率测算

为了更进一步比较分析各省份的科技资源配置效率，对同样的数据再次使用超效率 DEA 模型来计算并给出六省的超效率排名。根据超效率的测算结果，中部六省中排名第一的是安徽，其次为江西，第三到第五位分别为山西、湖北和河南，排名最末的是湖南。安徽和江西的超效率分别为 1.9155 和 1.7974，明显优于其他省份，说明这两省可以再分别增加 91.55% 和 79.74% 的科技投入仍可保持在六省中相对有效性（见表11）。山西的超效率是 1.1839，说明可再增加 18.39% 的科技投入。

表11　中部六省科技资源配置超效率

省份	山西	安徽	江西	河南	湖北	湖南
超效率	1.1839	1.9155	1.7974	0.847	0.9177	0.6618
排名	3	1	2	5	4	6

四　结果分析

由上面的计算结果可知，中部六省中有一半的省份包括安徽、江西和山西的科技投入产出效率 DEA 是有效的，这与符合省情的科技政策、科技战略和科技相关法律体系是密不可分的。另外三省河南、湖北和湖南在资源配置效率上处于 DEA 弱有效或无效状态，说明现有的投入水平下存在产出偏低的问题，或者现有的产出水平下存在投入冗余的问题。这三省中，河南和湖北的纯技术效率已达到有效，表明该两省已经对 R&D 经费和 R&D 人员实现了充分的利用，但是这两个省处于规模收益递减区域，因此需要适度缩减科技规模来提升这两个省的科技投入产出效率以达到最优。湖南省的科技资源配置效率比较低，其存在的问题最显著的就是科技产出与科技的投入水平严重不匹配，产出严重不足，效率排名处于中部六省中最末，纯技术效率和纯规模效率都偏低，规模效益递减，若要达到科技资源配置效率最优化，就需要实施提高科技管理水平，增强科技生产力水平，优化科技生产规模等措施。

在 Excel 中建立 2013 年中部六省科技竞争力和超效率指标综合值的属性数据库，并通过 ArcGIS10.2 软件实现空间数据与属性数据的关联，形成 2013 年中部六省综合科技竞争力和超效率空间可视化图（见图1）。

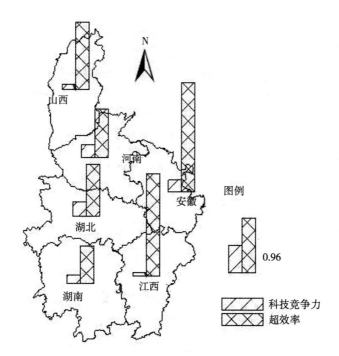

图 1 中部六省综合科技竞争力和超效率空间可视化示意

由图 1，中部六省整体情况是综合得分与效率值近似负相关，例如科技竞争力综合得分最高的湖北在超效率上表现欠佳；另外，综合竞争力低的省份反而在效率上占有优势，例如江西；总体来看，安徽省在竞争力评价和效率两方面都比较均衡，且排名靠前。

B.15
提升中部科技竞争力的对策建议

摘　要： 在对2013年中部六省基于熵权法的科技竞争力综合评价、科技投入产出比较分析和基于DEA方法的科技资源配置效率分析的基础上，综合中部六省科技竞争力的整体特点和省际差异，提出培育和提升中部科技竞争力的政策建议。

关键词： 科技竞争力　政策建议　中部六省

在科学技术迅猛发展的今天，科技已经成为推动一个国家或地区社会经济快速发展的主要动力。一个国家或地区的科技政策体现了当地政府对科技的重视程度以及发展科技的决心，具体而言，就是地方政府为当地科技事业的发展制定方向、战略、策略、措施和原则。合理的科技政策和良好的科技发展环境可以给当地经济、科技的发展提供有效支撑和合理规范，有助于更好地提升当地的综合竞争力。为了提升中部六省科技实力，促进科技与经济社会协调可持续发展，让科技在实现"中部崛起"战略和"构建和谐社会"过程中切实发挥其关键性作用，现基于之前的研究和分析结果，提出以下建议。

一　提升科技投入水平，促成投入体系多元化

没有投入，产出就无从谈起。对于一个地区科技的发展，研发经费的投入有着举足轻重的作用，充裕的人力投入和财力投入是科技成果丰硕的保障，是地区综合科技竞争实力提升的重要前提。但总体来看，中部六省科技资源总体呈稀缺态势，科技人员和经费投入与全国相比都比较匮乏。从科技活动人员投入情况看，与全国平均水平相比，中部六省科技活动人员投入明显不足，只有湖北比较接近平均水平，而最少的江西每万人科技活动人员投入量接近全国平

均水平的37%。而从科技活动经费投入强度看，中部六省科技经费投入显得仍然匮乏，均小于全国平均水平，最少的江西省 R&D 经费投入强度还不到全国平均水平的46%。中部各省，特别是江西、山西、安徽。由此，中部六省要切实强化对科技投入的重视，把科技投入摆在首要位置，多方面探索积极科技资金投入模式，积极扶持民营科技机构，努力拓宽科技投入的资金来源渠道，健全公共财政下的政府科技投入管理框架，建立以市场经济为主导的多元科技投入创新体系。

二　合理利用六省科技资源互补性，增强中部区域科技合作

在中部六省中，湖北是科技强省，从一级指标来看科研经费支出、科研人员占从业人员的比重、科技论文收录量、GDP 增长率、地方财政教育经费支出都居中部地区第一位；从二级指标来看，科技投入、科技潜力、科技与经济社会协调发展湖北省都排在第一位。河南省是科技产出最高省份，科技竞争力排名第二。安徽、江西和山西三省的科技竞争力综合排名靠后，但是其科技投入产出效率相对高于其他三省，山西、江西均为科技投入水平不高的省份，特别是江西省的科技投入在六省中最少，但这两省的 DEA 超效率分别排名第一和第二。总之，中部的六个省份，既有科技实力相对雄厚的省份比如湖北，也有科技实力有待进一步提高的地区比如江西、山西；既有安徽、江西这样的科技资源配置效率较高的省份，也有湖北、湖南这样科技投入高，但科技投入产出效率偏低的省份。中部六省在科技资源方面有各自的特色和优劣势，存在较明显的互补性。在社会经济发展中科技发挥愈来愈重要作用的今天，拥有广泛合作基础的中部六省应该顺应区域合作和科技发展的趋势，一方面，可以通过科技双边合作或多边的交流合作降低科研成本，充分利用有限的科技资源，推动科技资源与科技成果共享；另一方面，积极促使一些科技项目的建设形成有效规模，合理利用彼此的优势弥补自身劣势，合作攻关重大科技难题，从而实现知识经济的边际报酬递增的整体高效率。

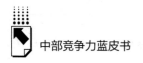

三　高效配置科技资源，重视基础研究

中部各省的政府应尽可能发挥宏观调控作用，健全政府科技投入管理模式，不断提高科技资源配置效率。首先，中部六省要合理规划科技资源投入规模，使资源配置的整体效率和规模效率达到最优。由前面的研究可知，河南、湖北和湖南三个省份的科技投入产出效率是 DEA 弱有效（无效）的，科技资源的配置缺乏合理性。科技资源的合理配置，主要体现在 R&D 人员和研发资金的投入上，研发人员投入数量和研发资金投入额度应与各省的省情相适应，不宜过多或者过少，投入过量则必然造成科研资源的不必要浪费，投入不足则会阻碍科技研发、科技创新、科技推广等活动的正常推进。其次，中部六省在调配科研资源投入时，要进行长远打算，充分重视基础研究。基础学科由于其自身的特点，其研究过程存在着科研周期长、科研成果难以快速市场化、科研风险大等问题，容易遭受冷落。但从科技竞争力的可持续性角度来讲，只有基础学科壮大了，科技竞争力才会稳步增强，科技资源配置效率才会得到提高。最后，中部六省要重视科技系统宏观结构以及科技机构内部专业、组织、人才结构的合理性，以避免不合理的结构设置阻碍科技资源的使用效率。

四　完善企业主体地位，激活科技创新能力

中部六省科技创新实力相对比较薄弱，中部六省科技创新意识还不够强。从每万人 R&D 活动人员收录量来看，一半以上省份的论文收录量低于全国平均水平，而三类专利人均授权量除安徽省的实用新型高于全国平均水平外，其他指标全部低于全国平均水平；另外规模以上工业企业中有 R&D 活动的企业比例均低于全国平均水平，规模以上工业企业 R&D 经费占利润总额的比例除了山西和湖北两省要高于全国平均水平，其他四个省份均低于全国平均水平。因此，中部六省要进一步建立和健全以企业为龙头、产学研三方面结合的技术创新体系，加快建设有效的科技成果转化平台，使科技研发与科技产业化两者能够实现无缝对接。首先，中部六省要提升企业特别是科技型企业的战略地

位。作为市场经济活动的主体，企业引领和推动了科技研发活动和科技创新活动，其科技创新能力是一个国家或地区科技竞争力的显著标志。其次，中部六省应积极促使科研机构与企业联合进行科技研发和创新活动，引导科研机构逐渐参与到企业的生产经营活动中去，使科研机构成为企业研发活动的有力支撑，积极倡导企业和研究机构共建技术研发平台，并允许科研机构以技术投资的形式参与到企业的研发和经营活动中去。

五　建立良好的人才培养、引进和激励制度

人才的竞争是科技竞争的实质。人才对推动中部地区科技的发展起着不可或缺、举足轻重的作用，也是中部地区经济可持续发展的最终依靠。从科技活动人员投入数目、每万人 R&D 活动人员收录量和三类专利人均授权量来看，中部六省科技活动人员投入明显不足，科技创新实力相对比较薄弱。因此，中部六省应积极制定适合各省省情的人才培养和人才引进战略。首先，在人才培养方面，中部六省要抓好基础教育，保障未来劳动者的整体高素质，又要结合当前经济结构的战略性调整，在职业教育和成人培训上做足功夫，把人才优先战略坚持下去；同时，各省要注重提升高等教育建设的规模以及层次，使居民整体素质得以提高，使科技工作者的知识层次得以提高，专业知识得以丰富，切实符合各省的发展需求。为科技竞争力的提升和社会经济全面发展、实现"中部崛起"做好智力储备和人才支撑。其次，在人才引进上，中部六省要根据自身的科技发展现状和需求，制定科技人才引进战略，对现有的人才引进机制进行完善。最后，在人才激励方面，中部六省要建立有效的人才奖励和激励机制，改善人才外流的现象，调动科研人员的积极性，提高科研人员和科研机构的工作效率，激励科研人员主动挖掘自身最大的才能和潜力，全身心投入到科技创新中去。

区域发展篇

Regional Development

李 晶*

摘 要： 中部地区的各项发展指标表明，中部已经走向了经济腾飞的
"快车道"，经济发展迅速，GDP的增长速度超过全国平均
增长，GDP已经超过全国的50%。中部有着我国最大的市
场，吸引资本能力剧增，是我国重要的工业基地和产业基
地，在新时期有着极大的发展潜力和发展空间，是我国新常
态发展中最有活力的发展区域。本部分通过建立资本、人
力、基础设施、自然资源、外商投资以及市场发展程度指标
体系，系统分析了中部六省在经济发展驱动力方面的特征和
定位，同时运用1995~2013年的面板数据，着重研究资本、
人力、基础设施、自然资源情况以及市场发展程度和开放程
度对中部崛起的影响以及中部地区经济增长驱动力在全国范
围内的定位分析。

关键词： 驱动竞争力 中部地区 市场化水平

---

* 李晶，博士，南昌大学中国中部经济社会发展研究中心专职研究员。主要从事能源环境经济
学，宏观经济学研究。

B.16
中部地区经济发展驱动竞争力评价

一 评价体系的建立

本部分利用1995~2013年中部六省面板数据,通过建立中部六省经济发展驱动力的指标体系,对中部六省在中部崛起政策制定前后的发展驱动因素进行评价分析。接下来,本文对面板数据回归中各项指标进行分析。在指标体系选择方面,为衡量经济增长,本部分选择中部六省1995~2013年实际GDP、实际GDP增长率来衡量经济增长水平,这也是衡量经济增长的最重要指标。数据来自于《中国统计年鉴》。在指标选择方面,本部分选择了六个指标作为解释变量,分别如下。

固定资产。固定资产采用"永续盘存法"进行估算。由于中国没有进行过大规模的资产普查,所以我们在本文中所采用的方法是在估计一个基准年后运用永续盘存法按不变价格计算各省区市的资本存量。本文选择以1952年为基准年份进行估算。估算数据均来自《中国统计年鉴》。然后利用各省人数计算人均资本量。六省人均固定资产表,见表1。通过表1可以看出,2013年六省中人均固定资产比较高的为江西,人均突破3万元,其次是河南,安徽的人均固定资产最低,不足1万元。

表1 中部六省人均固定资产比较

单位:元

年份	山西省	安徽省	江西省	河南省	湖北省	湖南省
2009年	8288.152	2689.542	15860.43	9959.935	7187.023	5315.213
2010年	10033.89	3140.737	18660.68	12317.43	8426.434	6298.058
2011年	11625.59	3792.6	21611.47	15190.48	9902.791	7378.188
2012年	13800.6	4428.332	24848.86	18165.05	11660.25	8715.819
2013年	16435.72	6049.708	32558.1	21341.28	14498.28	10647.92

人力资本。人力资本采用公民受教育年限进行估计。受教育年限是文献中衡量人力资本的重要指标。中部六省的人力资本比较见表2。总体而言，2013年山西和湖北受教育程度较高，人均受教育程度达到9年以上，而江西受教育程度偏低。

表2 中部六省人力资本比较

单位：年

年份	山西省	安徽省	江西省	河南省	湖北省	湖南省
2009 年	8.810586	8.255454	7.440298	8.33583	8.485509	8.432773
2010 年	9.2228	8.9318	7.7294	8.7286	8.7562	8.9378
2011 年	8.656	7.463	7.776	8.704453	9.047179	8.807087
2012 年	9.222721	8.826	8.29306	8.769315	9.107632	8.873531
2013 年	9.454471	8.930735	8.575015	8.737718	9.256367	8.810719

外资情况。外资投入采用各省实际的外商直接投资。外商直接投资数据来自《中国统计年鉴》。接下来利用外资总额除以各省人口数得到人均的外资数量。从六省五年的情况看，2013年江西和湖北在引进外资方面优于其他省份，河南鉴于人口规模大，虽然其外资总量并不低，但人均数量上却处于劣势地位。

表3 中部六省人均外资数量

单位：美元

年份	山西省	安徽省	江西省	河南省	湖北省	湖南省
2009 年	527.705	415.648	761.364	310.744	595.342	416.928
2010 年	598.191	455.064	832.581	365.764	659.091	437.090
2011 年	640.739	508.645	983.864	402.977	748.953	493.151
2012 年	887.800	551.007	1093.489	451.138	901.358	530.027
2013 年	885.199	667.364	1195.781	492.680	1008.371	578.115

基础设施。基础设施包括铁路、公路和内河里程，将铁路里程、公路里程和内河里程作为各省基本设施的代理变量。表4分析了五年来，中部六省的铁路、公路和内河人均里程，从一方面体现出各省基础设施情况。2013年六省运输人均里程数的排名分别为：湖北、山西、湖南、江西、安徽、河南。值得

注意的是，近几年高铁开始普及化，高铁里程成为经济发展的重要推动力，在高铁方面湖北、湖南的发展速度也要明显优于其他省份。

表4　中部六省人均运输里程

单位：公里

年份	山西省	安徽省	江西省	河南省	湖北省	湖南省
2009年	37.69094	25.63553	32.29625	26.08483	34.89021	31.18461
2010年	38.32311	25.71031	32.79815	26.09151	36.43762	32.24992
2011年	38.01438	26.49453	33.40867	26.64944	38.02921	37.01493
2012年	38.69989	26.51668	34.55644	26.96153	38.9686	37.50707
2013年	39.32962	29.06475	35.31746	27.19606	39.8401	37.56083

自然资源。本部分利用各省能源数量折合为标准煤总量来衡量。2013年自然资源排名为：湖北、山西、湖南、江西、安徽、河南省。

表5　中部六省人均自然资源

单位：吨

年份	山西省	安徽省	江西省	河南省	湖北省	湖南省
2009年	37.69094	25.63553	32.29625	26.08483	34.89021	31.18461
2010年	38.32311	25.71031	32.79815	26.09151	36.43762	32.24992
2011年	38.01438	26.49453	33.40867	26.64944	38.02921	37.01493
2012年	38.69989	26.51668	34.55644	26.96153	38.9686	37.50707
2013年	39.32962	29.06475	35.31746	27.19606	39.8401	37.56083

市场发展程度。本部分构建市场发展程度数据来说明中部六省1995～2013年的市场发展程度。我国1994年开始发展社会主义市场经济，使用1995年以来的数据能够更好地反映市场经济建设以来中部六省市场发展情况。虽然樊纲等人的市场化指数比较完善和客观地反映了各省的市场发育水平，但他们的数据只有1997～2009年数据，时间要短于本文研究的时间段，因此，本文借鉴王小鲁（2009）等人的做法使用非国有企业比重作为代理变量，通过非国有企业工业生产总值占比来衡量中部六省的市场发展水平。从市场化水平指标看，各省的市场化水平都在逐年递增，其排序依次为湖北、河南、湖南、江西、安徽、山西。这一顺序也与经济增长顺序能够基本吻合，可见，市场开放

是经济增长的重要因素。值得注意的是，鉴于山西的经济结构以煤炭采掘业等资源密集型行业为主，而资源密集型行业的国有企业占比较高，所以山西的市场化水平在六省中较弱。

表6　中部六省市场化水平（非国有企业占比）

单位：%

年份	山西省	安徽省	江西省	河南省	湖北省	湖南省
2009 年	48.13	56.68	69.28	73.15	55.59	66.25
2010 年	43.91	59.55	74.16	75.36	58.03	70.36
2011 年	46.96	63.15	75.19	75.84	60.14	71.78
2012 年	48.75	67.62	76.90	77.99	62.55	74.59
2013 年	47.05	70.21	70.34	77.99	80.75	75.36

二　实证及评价结果分析

在经典文献的基础上，本文通过增加市场发展程度指标，建立静态面板数据回归方程对经济增长中的影响因素特别是市场因素进行分析。本文的实证模型构建如下：

$$gdp_{it} = \beta_1 mar_{it} + \beta_2 cap + \beta_3 edu + \beta_4 fdi_{it} + \beta_5 ins_{it} + \beta_6 res_{it} + \alpha_i + \delta_t + \varepsilon_{it}$$

其中，i 和 t 分别表示省份和时间，mar 为市场化程度，cap 为人均资本存量，edu 为劳动力受教育程度，fdi 为人均外商直接投资，ins 为人均基础设施，res 为自然资源总量，为了克服异方差，保证模型的稳健性，本文将变量进行对数化处理然后进行回归分析。

在面板数据回归中，本文考虑到固定效应与随机效应的使用，通过hausman 检验，检验结果更加支持固定效应模型。因此，我们采用固定效应模型进行实证分析。

回归结果表明：除了外商直接投资外，资本存量、劳动力受教育程度、基础设施建设、自然资源以及市场化发展程度对 GDP 以及人均 GDP 的提升都是显著的。其中，资本存量、劳动力受教育程度、自然资源、市场化发展水平对经济增长都发挥着积极的作用，但是基础设施建设与经济增长呈现负相关。以市场化程度为例，当市场化程度提升1%，GDP 的提升约为 0.76%。

表7 面板数据回归结果分析

var	GDP			人均 GDP		
	coefficient	t – value	p – value	coefficient	t – value	p – value
mar	0.758 (0.226 ***)	3.35	0.001	0.788 (0.219 ***)	3.59	0.001
cap	0.704 (0.147 ***)	4.79	0.000	0.720 (0.143 ***)	5.04	0.000
edu	3.744 (0.511 ***)	7.32	0.000	3.620044 (0.496 ***)	7.30	0.000
fdi	−0.125 (0.118)	−1.06	0.290	−0.182 (0.114)	−1.59	0.115
ins	−0.453 (0.110 ***)	−4.11	0.000	−0.409 (0.107)	−3.83	0.000
res	0.115 (0.030 ***)	3.82	0.000	0.106 (0.029)	3.73	0.000
	R2 = 61.50% Numbers of obs = 108			R2 = 73.40% Numbers of obs = 108		

通过面板数据回归分析，可以得到：资本是发展的保障，经济增长过程中资本的数量和利用方式对经济发展速度、产业结构调整都有着重要作用。在国家资本积累优势即将用尽的情况下，中部地区却体现出良好的生机，中部的资本积累更多地体现出高端化和培育优势的特征。中部地区当前形成了产业发展空间巨大，具有较高资本预期收益，可吸引更多域外资本，特别是高端资本的进入。

整个"十二五"期间，我国经济增长呈现下降趋势，但中部地区却表现出良好的经济增长势头，平均经济增长水平超过全国平均水平。从东、中、西部的经济增长驱动力比较来看：东部的固定资本积累对经济的贡献程度逐年下降，而中部正处于产业结构转型阶段，固定资本的积累对经济增长仍然发挥着显著的作用。因此，加大招商引资力度，提高投资水平依然可以保持中部各省的经济增长，特别是湖南、安徽、河南，通过招商引资，承接东部的产业转移给经济增长注入活力。

人口红利是我国改革开放以来东部沿海发展的巨大优势，大量流动人口的流入是东部崛起的关键所在。当前，东部的人口红利不断受到人力资本成本过

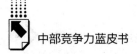

高、人力资本无法更好地与技术结合等问题的挑战。而中部依然有发挥人口红利的巨大空间。首先，作为劳动力输出大省，中部有着丰富的人力资源，只要留住劳动力回乡就业、回乡创业，人口红利在很长一段时间都能发挥作用。其次，中部有着丰富的教育资源，劳动力能够很好地与科技结合，有效提升劳动力素质。

在自然资源方面，中部在全国也有着其他省份不可比拟的优势，中部六省具有丰富的自然资源，山西、安徽都是煤炭大省，江西有着丰富的有色金属。同时，湖南、湖北、江西作为长江中游重要省份有着丰富的水资源和良好的生态资源。

在经济增长的诸多因素中，市场化水平是促进经济增长的重要因素，因此，中部六省如何在中部崛起过程中发挥市场作用促进中部崛起步伐至关重要。市场化水平也一直是中部地区与东部地区差异较大的指标。中部市场化水平最高的湖北、河南两省在全国也仅能排到第 11 名、12 名，远低于东部地区排名靠前的浙江省、江苏省和广东省。加快市场开放步伐，加大市场改革力度，采取有效的政策刺激多种所有制经济发展，加快民营企业发展也是中部崛起过程中的重要手段。

三　对策建议

有效的市场体系是提升市场化水平的重要环境。中部地区在新时期应完善商品市场、服务市场、创新市场以及金融市场体系。根据市场需求发展产业、围绕产业发展构建市场。同时，结合互联网＋、创新销售模式、拓展销售手段，加大构建电子网络销售平台。同时，中部应该积极构建可与东部比肩的创业、创新服务体系和发展环境。加快信息化社会建设，打造城市光纤到楼入户、农村宽带进村入户，创建智慧中部；在建立创业、创新投资基金基础上，加速建设中部创业、创新投资中心。就金融市场而言，中部地区应加快建立中部核心城市金融中心，在大力吸引金融机构集聚基础上，支持外资金融机构进驻，加大与国际金融机构合作，加快培育与国际接轨的金融市场，引进服务机制，同时，引进竞争，发展县域、中小、民营金融是关键。

　　同时中部地区应注重市场开放程度提升，一方面，中部六省应该加快开放步伐，加强省内市场、省级市场、国内市场乃至国际市场的开放力度。形成优势行业，加大省际、国际的产品流动。另一方面，中部六省应大力发展非国有经济，扶持特色民营大企业，促进中小企业的崛起和发展。加快股份制改革力度，从税收、金融、政策等多个角度促进多种所有制经济共同发展。在未来，中部六省应该继续坚持改革开放的基本国策，坚持市场化的方向不动摇，摒弃各种"左"倾思潮的干扰，来进一步提高中部六省的市场发展水平，只有如此，才能推导我国经济持续健康稳定发展。

附　录

B.17

附录1　中部经济社会竞争力综合评价指标体系

	一级指标	二级指标	三级指标
中部经济社会竞争力综合评价(A)	经济发展竞争力(B1)	规模维度(C1)	D1 GDP
			D2 人均GDP
			D3 财政收入总量
			D4 固定资产投资额
			D5 进出口总额
			D6 实际利用外资总额
			D7 社会零售消费品总额
			D8 GDP增长率
		速度维度(C2)	D9 人均GDP增长率
			D10 财政收入增长率
			D11 固定资产投资增长率
			D12 进出口总额增长率
			D13 实际利用外资额增长率
			D14 社会零售消费品总额增长率

	一级指标	二级指标	三级指标
中部经济社会竞争力综合评价(A)	经济发展竞争力（B1）	结构维度（C3）	D15 全要素生产率对经济发展贡献份额
			D16 第三产业占 GDP 比重
			D17 第二、三产业占三次产业总值的比重
			D18 高新技术产业占工业增加值比重
			D19 工业化率
			D20 外贸依存度
			D21 城镇化率
			D22 消费支出占 GDP 比重
	资源环境竞争力（B2）	资源维度（C4）	D23 人口总量
			D24 劳动力数量占总人口比重
			D25 人均粮食产量
			D26 人均耕地面积
			D27 人均矿产占有量
			D28 人均能源占有量
			D29 万人高速公路占有量
			D30 人均货运量
			D31 人均旅游总收入
		生态维度（C5）	D32 森林覆盖率
			D33 人均林地面积
			D34 单位面积森林蓄积量
			D35 绿化覆盖率
			D36 城市绿化覆盖率提高率
			D37 生物多样性
		环保维度（C6）	D38 环保投入占 GDP 比重
			D39 万元产值三废排放量
			D40 万元 GDP 能耗
			D41 万元 GDP 水耗
			D42 万元 GDP 电耗
			D43 人均能源消费量
			D44 工业污水处理率
			D45 工业固体废物综合利用率
			D46 农村改厕情况
			D47 农业化肥使用量

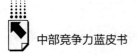

一级指标	二级指标		三级指标
中部经济社会竞争力综合评价(A)	科教文化竞争力(B3)	科技维度(C7)	D48 每万人拥有专业技术人员数
			D49 每万人拥有科学家和工程师数
			D50 R&D 活动人员全时当量
			D51 R&D 经费占 GDP 比重
			D52 每万人拥有专利授权量
			D53 高新技术市场成交额
		教育维度(C8)	D54 人均平均受教育年限
			D55 九年义务教育巩固率
			D56 每万人接受职业教育在校学生数
			D57 高等教育毛入学率
			D58 每万人高等学校在校学生数
			D59 财政性教育支出占 GDP 的比重
			D60 教育支出占财政总支出的比重
		文化维度(C9)	D61 文化产业从业人员比重
			D62 文化产业增加值占 GDP 比重
			D63 文化事业费支出占财政总支出比重
			D64 每万人公共文化设施数
			D65 广播电视覆盖率
			D66 互联网普及率
	民生保障竞争力(B4)	民生维度(C10)	D67 城镇居民人均可支配收入
			D68 农村居民人均纯收入
			D69 城乡居民收入比
			D70 基尼系数
			D71 CPI 指数
			D72 恩格尔系数
			D73 人均居住面积
			D74 居民储蓄存款
		社保维度(C11)	D75 失业保险覆盖率
			D76 医疗保险覆盖率
			D77 基本住房保障率
			D78 养老保险覆盖率
			D79 万人拥有病床数
			D80 城镇新增就业人数

续表

	一级指标	二级指标	三级指标
中部经济社会竞争力综合评价(A)	民生保障竞争力(B4)	安全维度(C12)	D81 城镇失业率
			D82 每万人刑事案件数
			D83 重大安全生产事故数
			D84 重大食品药品安全事故数
			D85 重大交通事故数
			D86 重大火灾事故发生数

附录2 22个都市圈城市构成

序号	都市圈	圈内城市
1	首都圈	北京 天津 承德 唐山 保定 廊坊 张家口
2	长春圈	长春 吉林 四平 辽源
3	成都圈	成都 绵阳 德阳 眉山 乐山 资阳
4	重庆圈	重庆
5	大连圈	大连
6	广州圈	广州 韶关 河源 清远 肇庆 佛山 东莞 惠州 深圳 江门 中山 珠海 阳江
7	杭州圈	杭州 嘉兴 湖州 宁波 绍兴 舟山
8	哈尔滨圈	哈尔滨 绥化
9	济南圈	济南 德州 淄博 莱芜 泰安 聊城
10	南京圈	南京 常州 扬州 镇江 滁州 芜湖 马鞍山
11	青岛圈	青岛 日照
12	沈阳圈	沈阳 铁岭 抚顺 辽阳 鞍山 营口 盘锦 本溪
13	石家庄圈	石家庄 保定 衡水 邢台
14	汕头圈	汕头 揭阳 潮州 汕尾
15	上海圈	上海 泰州 镇江 常州 无锡 南通 苏州 南京 扬州 嘉兴 杭州 宁波 绍兴 湖州 台州 舟山
16	太原圈	太原 阳泉 晋中 忻州
17	武汉圈	武汉 孝感 黄冈 鄂州 咸宁 黄石
18	西安圈	西安 咸阳 渭南 铜川 商洛
19	郑州圈	郑州 开封 平顶山 新乡 焦作 许昌 洛阳
20	合肥圈	淮南 安庆 六安 铜陵
21	南昌圈	南昌 九江 宜春 抚州 上饶 新余 鹰潭
22	长沙圈	长沙 株洲 湘潭 益阳 岳阳 常德

附录3 都市圈综合竞争力 评价指标体系

目标层	准则层	子准则层	方案层	内涵或特征
都市圈综合竞争力	发育指数	交通联系强度	高速公路密度	交通的便捷性
			铁路密度	
			普通公路密度	
			海河交通密度	
		经济落差	人均GDP落差	圈内经济联系的基础
			地均GDP落差	
		圈内城市体系	非农业人口比重	标准城市化水平
			圈内城市发育度	大中小城市结构和合理性
		中心城市地位	首位城市非农业人口	都市圈基本能量
			首位城市第三产业产值	首位城市为都市圈内其他城市服务的可能性
	实力指数	总体规模	GDP	经济实力
			财政收入	政府财力
			建成区面积	城市区域规模
		次区域发展强度	包括的百强县数	区域内农村区域强度
			包括的前100位城市数	区域内城市强度
		投入与消费能力	外商直接投资	对投资的吸引力和外向度
			固定资产投资	投入能力及强度
			社会消费品零售总额	消费能力
	绩效指数	发展水平与财富	人均GDP	经济发展水平
			职工平均工资	居民生活水平
			人均居民储蓄存款	财富积累
		产出能力与效益	地均GDP	经济密度
			规模以上工业企业资金利税率（含市辖县）	产出效益

附录4 都市圈各评价指标对目标层的最终影响权重

目标层	准则层	子准则	指标	各指标对目标层的最终影响权重
综合竞争力	发育指数0.5	交通联系强度0.25	交通联系强度1	0.125
		经济落差0.2	人均GDP落差0.5	0.05
			地均GDP落差0.5	0.05
		圈内城市体系0.25	非农业人口比重0.4	0.05
			圈内城市发育度0.6	0.075
		中心城市地位0.3	首位城市非农业人口0.4	0.06
			首位城市第三产业产值0.6	0.09
	实力指数0.3	总体规模0.4	GDP 0.5	0.06
			财政收入0.3	0.036
			建成区面积0.2	0.024
		次区域发展强度0.2	包括的百强县数0.4	0.024
			包括的前100位城市数0.6	0.036
		投入与消费能力0.4	外商直接投资0.4	0.048
			固定资产投资0.3	0.036
			社会消费品零售总额0.3	0.036
	绩效指数0.2	发展水平与财富0.6	人均GDP 0.4	0.048
			职工平均工资0.3	0.036
			人均居民储蓄存款0.3	0.036
		产出能力与效益0.4	地均GDP 0.6	0.048
			规模以上工业企业资金利税率(含市辖县)0.4	0.03

附录5 中部地区粮食产业竞争力评价指标权重值

一级指标		二级指标		三级指标	
名称	权重值	名称	权重值	名称	权重值
市场竞争力	0.59	产业规模	0.27	粮食作物总产值	0.09
				粮食作物总产量	0.10
				农业产业增加值	0.08
		产业效益	0.32	粮食作物单位面积产量	0.10
				每一农业劳动力平均粮食产量	0.07
				粮食产业增加值率	0.09
				农民人均农业收入	0.06
要素竞争力	0.30	产业资源	0.09	人均粮食播种面积	0.06
				平均每百亩耕地用水量	0.03
		资本投入	0.03	农业固定资产投资强度	0.03
		基础设施	0.10	农业机械化水平	0.04
				水利化程度	0.04
				公路密度	0.02
		科技水平	0.08	农民人均受教育年限	0.03
				良种覆盖率	0.05
环境竞争力	0.11	生态环境	0.07	森林覆盖率	0.04
				未受灾粮食面积比例	0.03
		政策环境	0.04	财政支农支出占财政总支出的比重	0.04

B.22

附录6 中部六省畜牧产业竞争力评价指标

一级指标		二级指标		三级指标	
名称	权重值	名称	权重值	名称	权重值
市场竞争力	0.65	产业规模	0.35	畜牧业总产值(亿元)	0.14
				肉类总产量(万吨)	0.11
				畜牧业增加值(亿元)	0.10
		产业效益	0.30	畜牧业增加值率(%)	0.11
				每一农业劳动力生产的肉类产量(千克)	0.09
				家庭经营性人均畜牧业收入(元)	0.10
要素竞争力	0.32	产业资源	0.21	牧草地面积(万公顷)	0.10
				森林覆盖率(%)	0.06
				水资源拥有量(亿立方米)	0.05
		资本投入	0.04	农业固定投资强度(%)	0.04
		科技水平	0.07	农民人均受教育年限(年)	0.03
				良种覆盖率(%)	0.04
环境竞争力	0.03	政策环境	0.03	财政支农支出占财政总支出的比重	0.03

附录7 中部地区工业竞争力
评价指标体系

一级指标	二级指标	权重值	三级指标（单位）	权重值
市场竞争力	产业规模	0.2	主营业务收入（亿元）	0.067
			增加值（亿元）	0.067
			资产合计（亿元）	0.066
	产业效益	0.3	利润税金总额（亿元）	0.05
			经济效益综合指数（%）	0.05
			增加值率（%）	0.05
			成本费用利润率（%）	0.05
			全员劳动生产率（%）	0.05
			产品销售率（%）	0.05
可持续发展能力	资产利用力	0.2	总资产贡献率（%）	0.067
			资产保值增值率（%）	0.067
			流动资产周转率（%）	0.066
	资源重复利用力	0.15	工业用水重复利用率（%）	0.075
			固体废物综合利用率（%）	0.075
	技术创新力	0.15	科技进步贡献率（%）	0.075
			研发投入比重（%）	0.075

B.24

附录8　中部六省旅游产业竞争力评价指标

一级指标	二级指标	三级指标
市场竞争力	产业规模	旅游产业收入（亿元）
		旅游外汇收入（万美元）
		接待游客总人数（万人次）
	产业效益	旅游景区利润率（%）
		旅游企业利润率（%）
		人均实现利润（万元/人）
		旅行社利润率（%）
资源竞争力	产业资源	旅游景点丰度指数
		旅行社数量（个）
		旅游从业人员总数（人）
		旅游企业个数（个）
	基础设施	旅游星级客房总数（间）
		星级饭店总数（家）
		公路密度（公里/百平方公里）
环境竞争力	消费需求	人均文化娱乐服务占消费总支出比重（%）
		城镇居民可支配收入（元）
	生态环境	森林覆盖率（%）
		湿地面积占辖区面积比重（%）

附录9 中部六省文化产业
竞争力评价指标

一级指标	二级指标	三级指标
市场竞争力	产业规模	文化产业机构数
		文化产业工作人员数
		占GDP比重(%)
	产业效益	文化产业人均增加值(万元)
		文化产业总收入(万元)
资源竞争力	产业资源	公共图书馆藏书册数(千册)
		报纸、杂志、图书出版数量(万份)
		文物藏品数量(件、套)
	基础设施	有线电视入户率(%)
		互联网普及率(%)
环境竞争力	政府支持	人均文化事业费(元)
		文化事业费占财政支出比重(%)
	生态环境	人均文化娱乐服务消费占消费支出比重(%)
		人均可支配收入(元)

附录10 中部科技竞争力综合评价指标体系

	一级指标	二级指标	三级指标
中部科技争力综合评价(A)	科技投入（B1）	科技财力投入（C1）	D1 R&D 经费支出
			D2 人均 R&D 支出
			D3 R&D 经费支出占 GDP 的比重
			D4 地方财政科技支出
			D5 地方财政科技支出占本级地方财政支出比重
		科技人力投入（C2）	D6 R&D 人员数
			D7 R&D 人员占从业人员的比重
			D8 每万人口 R&D 人员数
	科技产出（B2）	专利产出（C3）	D9 专利申请量
			D10 每万人专利申请量
			D11 专利授权量
			D12 每万人专利授权量
			D13 高技术产业专利申请数
			D14 高技术产业专利有效数
		科技产业化产出（C4）	D15 高技术产业销售收入
			D16 高技术产业产值占工业总产值的比重
			D17 高技术产业增加值
			D18 高技术产业对工业产值增长的贡献率
			D19 高技术产品出口额
		科技论文产出（C5）	D20 科技论文收录量
			D21 每万 R&D 人员科技论文收录量

续表

	一级指标	二级指标	三级指标
中部科技 争力综合 评价（A）	科技与经济社 会协调发展 （B3）	经济发展 （C6）	D22 GDP
			D23 人均 GDP
			D24 GDP 增长率
			D25 第三产业增加值
		环境资源 （C7）	D26 固体废物综合利用率
			D27 生活垃圾无害化处理率
			D28 万元 GDP 综合能耗
	科技潜力 （B4）	高等教育 （C8）	D29 高等学校在校学生数
			D30 地方财政教育经费支出额
			D31 地方财政教育经费占地方财政比 率
		信息化水平 （C9）	D32 人均邮电业务量
			D33 每百人公共图书馆藏书量

附录11 中部科技竞争力指标数据

项目	山西	安徽	江西	河南	湖北	湖南
D1 R&D 经费支出(万元)	1549799	3520833	1354972	3553246	4462043	3270253
D2 人均 R&D 支出(万元)	0.0448	0.0618	0.0324	0.0385	0.0797	0.0512
D3 R&D 经费支出占 GDP 的比重(%)	1.23	1.85	0.94	1.11	1.81	1.33
D4 地方财政科技支出(万元)	620613	1096698	463220	800000	772100	554600
D5 地方财政科技支出占本级地方财政支出比重(%)	2.04	2.52	1.33	1.43	1.77	1.18
D6 R&D 人员数(人)	73896	180632	70928	215608	204682	151044
D7 R&D 人员占从业人员的比重(%)	0.4	0.42	0.27	0.34	0.56	0.37
D8 每万人口 R&D 人员数(人)	20	26	16	20	33	21
D9 专利申请量(件)	18859	93353	16938	55920	50816	41336
D10 每万人专利申请量（件/万人）	5	16	4	6	9	6
D11 专利授权量(件)	8565	48849	9970	29482	28760	24392

项目	山西	安徽	江西	河南	湖北	湖南
D12 每万人专利授权量（件/万人）	2	8	2	3	5	4
D13 高技术产业专利申请数（件/万人）	452	3784	1456	1967	3351	2679
D14 高技术产业专利有效数	277	2722	967	950	2888	1307
D15 高技术产业销售收入（100 million 元）	707.763	1831.382	2289.591	4284.437	2445.273	2564.889
D16 高技术产业产值占工业总产值的比重（%）	11.89	20.51	35.58	26.84	23.21	25.65
D17 高技术产业增加值（亿元）	86.26	371.38	432.89	1026.64	417.97	684.18
D18 高技术产业对工业产值增长的贡献率（%）	37.12	41.13	56.41	69.05	52.49	79.33
D19 高技术产品出口额（million US dollar）	388.4698	300.2883	257.7431	1894.005	415.9362	488.5399
D20 科技论文收录量（篇）	1297	4313	1355	2707	7936	5340
D21 每万 R&D 人员科技论文收录量（篇/万人）	264.69	361.4	311.41	177.8	596.42	516.38
D22 GDP（亿元）	12602.20	19038.87	14338.50	32155.86	24668.49	24501.67
D23 人均 GDP（万元）	3.47	3.17	3.18	3.41	4.26	3.68
D24 GDP 增长率（%）	10.7	10.61	13.2	8.64	13.1	10.5
D25 第三产业增加值（万元）	17359000	6583000	5445700	11329200	11901900	13623700
D26 固体废物综合利用率（%）	64.92	87.64	55.83	76.62	75.74	64.19

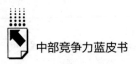

续表

项目	山西	安徽	江西	河南	湖北	湖南
D27 生活垃圾无害化处理率(%)	87.9	98.8	93.3	90	85.4	96
D28 万元 GDP 综合能耗(吨标准煤)	1.609	0.695	0.535	0.77	0.54	0.717
D29 高等学校在校学生数(普通高等学校+研究生)(名)	704290	629595	888179	1628960	1534141	646166
D30 地方财政教育经费支出额(万元)	5424434	7365882	6645302	11715200	6906300	8094540
D31 地方财政教育经费占地方财政比率(%)	17.9	16.93	19.15	20.99	15.8	17.26
D32 人均邮电业务量(元)	991.79	740.94	744.2	749.86	887.47	774.13
D33 每百人公共图书馆藏书量(本)	40	26	44	21	43	32

✤ 皮书起源 ✤

"皮书"起源于十七、十八世纪的英国，主要指官方或社会组织正式发表的重要文件或报告，多以"白皮书"命名。在中国，"皮书"这一概念被社会广泛接受，并被成功运作、发展成为一种全新的出版形态，则源于中国社会科学院社会科学文献出版社。

✤ 皮书定义 ✤

皮书是对中国与世界发展状况和热点问题进行年度监测，以专业的角度、专家的视野和实证研究方法，针对某一领域或区域现状与发展态势展开分析和预测，具备原创性、实证性、专业性、连续性、前沿性、时效性等特点的公开出版物，由一系列权威研究报告组成。

✤ 皮书作者 ✤

皮书系列的作者以中国社会科学院、著名高校、地方社会科学院的研究人员为主，多为国内一流研究机构的权威专家学者，他们的看法和观点代表了学界对中国与世界的现实和未来最高水平的解读与分析。

✤ 皮书荣誉 ✤

皮书系列已成为社会科学文献出版社的著名图书品牌和中国社会科学院的知名学术品牌。2011 年，皮书系列正式列入"十二五"国家重点出版规划项目；2012~2015 年，重点皮书列入中国社会科学院承担的国家哲学社会科学创新工程项目；2016 年，46 种院外皮书使用"中国社会科学院创新工程学术出版项目"标识。

中国皮书网

www.pishu.cn

发布皮书研创资讯，传播皮书精彩内容
引领皮书出版潮流，打造皮书服务平台

栏目设置：

☐ 资讯：皮书动态、皮书观点、皮书数据、
　　　皮书报道、皮书发布、电子期刊
☐ 标准：皮书评价、皮书研究、皮书规范
☐ 服务：最新皮书、皮书书目、重点推荐、在线购书
☐ 链接：皮书数据库、皮书博客、皮书微博、在线书城
☐ 搜索：资讯、图书、研究动态、皮书专家、研创团队

中国皮书网依托皮书系列"权威、前沿、原创"的优质内容资源，通过文字、图片、音频、视频等多种元素，在皮书研创者、使用者之间搭建了一个成果展示、资源共享的互动平台。

自 2005 年 12 月正式上线以来，中国皮书网的 IP 访问量、PV 浏览量与日俱增，受到海内外研究者、公务人员、商务人士以及专业读者的广泛关注。

2008 年、2011 年中国皮书网均在全国新闻出版业网站荣誉评选中获得"最具商业价值网站"称号；2012 年，获得"出版业网站百强"称号。

2014 年，中国皮书网与皮书数据库实现资源共享，端口合一，将提供更丰富的内容，更全面的服务。

法 律 声 明

　　"皮书系列"（含蓝皮书、绿皮书、黄皮书）之品牌由社会科学文献出版社最早使用并持续至今，现已被中国图书市场所熟知。"皮书系列"的LOGO（ ）与"经济蓝皮书""社会蓝皮书"均已在中华人民共和国国家工商行政管理总局商标局登记注册。"皮书系列"图书的注册商标专用权及封面设计、版式设计的著作权均为社会科学文献出版社所有。未经社会科学文献出版社书面授权许可，任何使用与"皮书系列"图书注册商标、封面设计、版式设计相同或者近似的文字、图形或其组合的行为均系侵权行为。

　　经作者授权，本书的专有出版权及信息网络传播权为社会科学文献出版社享有。未经社会科学文献出版社书面授权许可，任何就本书内容的复制、发行或以数字形式进行网络传播的行为均系侵权行为。

　　社会科学文献出版社将通过法律途径追究上述侵权行为的法律责任，维护自身合法权益。

　　欢迎社会各界人士对侵犯社会科学文献出版社上述权利的侵权行为进行举报。电话：010-59367121，电子邮箱：fawubu@ssap.cn。

社会科学文献出版社